Dithmarschen

Weites Land am Meer

Jürgen Rust

ISBN 978-3-86037-524-2

1. Auflage

©2013 Edition Limosa GmbH
Lüchower Straße 13a, 29459 Clenze
Telefon (0 58 44) 971 16-0, Telefax (0 58 44) 971 16-39
mail@limosa.de, www.limosa.de

Redaktion:
Jürgen Rust

Satz und Layout:
Zdenko Baticeli, Lena Hermann, Christin Brösel

Korrektorat:
Doreen Rinke

Unter Mitarbeit von:
Britta Arndt, Bianca Wittmer-Eigenbrodt, Ulrike Kauber

Medienberatung:
Nordfriesland Verlag Emmel, 25866 Rosendahl

Gedruckt in der Europäischen Union

Jürgen Rust

Dithmarschen
Weites Land am Meer

Ditmarschen bietet viele wundervolle Logenplätze am Meer!

Weites Land am Wattenmeer

Wer seine Aufmerksamkeit Dithmarschen widmet, dem »Weiten Land am Meer«, wie es so treffend im jüngsten Regionalbuch der Edition Limosa heißt, wird sich dem Erlebnis Weltnaturerbe Wattenmeer nicht verschließen können. Der weltweit einzigartige und unersetzliche Lebensraum vor der Dithmarscher Küste ist Teil des Weltnaturerbes und ist in einem Atemzug mit den Naturwundern des schattenlosen Grand Canyon im Norden des Bundesstaates Arizona oder dem Serengeti-Nationalpark in Tansania mit seiner Regenzeit von März bis Mai zu nennen. Wer sich auf Dithmarschen einlässt, erlebt Tag für Tag im Rhythmus der Tiden von auflaufendem und ablaufendem Wasser sein grünes Naturwunder.

Während Radfahrer und Fußgänger in Gesellschaft von frei grasenden Schafen vom Deich aus den entstressenden Blick in die Weite des Vorlandes und ins Binnenland genießen, kreuzen zahlreiche Vogelarten, die in den Speicherkögen ihre Rast- und Brutplätze haben, immer wieder Laut gebend ihren Wanderweg auf der Suche nach Nahrung im reich gedeckten Wattenmeer. Besondere Beobachtungshütten, sogenannte Hides, gewähren dem stillen Naturbeobachter und -fotografen an ausgewählten Punkten binnendeichs Deckung beim Blick in die Kinderstube der

Zugvögel. Das Spektiv am Deich ist so alltäglich wie die Teleskop-Wanderstöcke in den Händen der Touristen.

Watt, Meer und Deichkrone sind ein markanter Teil dessen, was der Lebensraum Dithmarschen zu bieten hat. Dazu kommen je zur Hälfte Marsch und Geest, das sind ehemaliger Meeresgrund und sandiger Boden, auf dem die ersten Dithmarscher bereits zu Zeiten der Neandertaler siedelten. Wo sich zu Urgroßvaters Zeiten noch Flundern im Schlamm versteckten, wächst heute bester Dithmarscher Kohl, dem die stets geselligen und gastfreundlichen Dithmarscher im Herbst ein sechstägiges Fest gewidmet haben: die Dithmarscher Kohltage, das größte Event seiner Art in ganz Deutschland.

An Größe übertrifft auch der Heider Marktplatz alle anderen zwischen Garmisch und Gammelby. Hier trafen sich im ausgehenden Mittelalter die 48 Regenten der Freien Bauernrepublik. Hier entschieden sie über Handel und Wandel, über Krieg und Frieden. Daran erinnert alle zwei Jahre der »Heider Marktfrieden«, ein historisches Sommerspektakulum mit echter Bauernhochzeit. Im Raum zwischen Elbe und Eider fand stets ein fruchtbarer und befruchtender Austausch zwischen bäuerlicher und bürgerlicher Kultur statt. So

mancher Hamburger Kunstschaffende hat seinen Galeristen an der Alster und genießt beim Malen den Blick aus dem Atelierfenster über das weite Land am Meer, Dithmarschen, dem nördlichsten Kreis der Metropolregion Hamburg.

Den 130 000 Wahl- und gebürtigen Dithmarscherinnen und Dithmarschern ist ihre Heimat eine attraktive Region im ländlichen Raum, deren Standortqualitäten nicht nur bioaktiven Gemüsen und regenerativer Energie, sondern mit ihren Bildungs- und Kulturlandschaften auch soziokulturellen Standards vollauf genügen.

So wie erst die Summe der einzelnen Facetten einer Gegend ihren besonderen Reiz als genaues Abbild von Land und Leuten ergeben, zeichnet das vorliegende Regionalbuch der Edition Limosa das Bild eines norddeutschen Landkreises, dessen Besuch ebenso lohnenswert wie die Lektüre der 240 Seiten umfassenden, reich illustrierten und sorgfältig redigierten Charakterbilder aus der Region für die Region am Weltnaturerbe Wattenmeer lesenswert ist.

Viel Freude beim Lesen wünscht Ihnen

Jörn Klimant

Landrat
Dr. Jörn Klimant

Dithmarscher Flagge im Nordseewind

Vorwort

Das Buch »Dithmarschen – Weites Land am Meer« ist eine Hommage an Land und Leute in einer ganz besonderen Region zwischen zwei Flüssen, einem Kanal und dem Meer. Allein diese außergewöhnliche geografische Lage wäre schon Grund genug gewesen, sich mit der ehemaligen Bauernrepublik Dithmarschen zu befassen. Selbst Eider, Elbe, der Nord-Ostsee-Kanal und die Nordsee sind Themen, die bereits andere Bücher gefüllt haben. Das Land in deren Mitte birgt so viel Einmaliges, Tiefgehendes, Rätselhaftes und Schönes, dass es sich für jeden lohnen wird, darüber mehr zu erfahren.

Dithmarschens Geschichte und Kultur sind sehr vielfältig und einzigartig, und der Stoff, der schließlich in dieses Buch Eingang gefunden hat, ergibt ein buntes und lebendiges Ganzes aus Vergangenheit und Gegenwart.

Viele Menschen in Dithmarschen und seiner Umgebung haben mit ihren Geschichten und Fotografien wertvolle Beiträge geleistet. Kreative Gespräche mit den Partnern des Buches erbrachten wichtige neue Kontakte zu Einheimischen oder Freunden der Landschaft. Deren großes Engagement hat dem Werk gut getan und um faszinierende Themen und Illustrationen bereichert.

Denjenigen, die das Buch mit großem Fachwissen und kreativen Ideen dann gestaltet haben, sei an dieser Stelle herzlich gedankt. Ihr Einsatz über eine lange Zeit hat das Werk ja erst möglich gemacht.

Es bleibt der Wunsch, dass die Leserinnen und Leser, die in diesem weiten und wunderschönen Land am Meer leben, ihren Urlaub verbringen oder dieses einmal vorhaben, viel Gewinn aus diesem Buch ziehen und ihre Freude daran weitergeben mögen.

Autor
Jürgen Rust

Inhalt

Das Werden einer Meereslandschaft

Ein eigener Menschenschlag

Der Norden – An Eider und Meer

Auch Möwen genießen die Freiheit der See.

Der Süden – Am Tor zur weiten Welt

Die Kirche von Hemme

Hof in der Südermarsch

Blick über die Eider

Helgoland

Auf der Kanalfähre von Ostermoor

Bei den Beiträgen mit **roten** Überschriften handelt es sich um (Selbst-) Darstellungen der Protagonisten dieses Buches. Die mit **grünen** Überschriften versehenen Beiträge sind redaktionelle Darstellungen zu verschiedenen Themen der Region Dithmarschen.

Willkommen in Dithmarschen

Herzliche Grüße aus einer großartigen Küstenlandschaft

Es fallen einem zu Dithmarschen, dieser unglaublich vielfältigen Landschaft zwischen Eider und Elbe, Kanal und Meer, so viele wundervolle Attribute ein, dass man am liebsten ein ganzes Buch damit füllen möchte. So ist es auch dem Autor ergangen – und er hat seinen Wunsch wahr gemacht.

Dithmarschen wird jeder Gast, je nach den eigenen Interessen und Ansprüchen, vermutlich anders erleben. Doch der untrügliche Eindruck, in einer ganz besonderen Küstenregion zu sein, bewahrheitet sich

Blick über den Büsumer Grünstrand hinaus ins Watt

auf Schritt und Tritt. Dithmarschen bietet demjenigen, der sich auf Land und Leute einlässt, eine unwiderstehliche Mischung aus herrlicher Natur, überraschender Historie, kultureller Tiefe und einer Menschlichkeit, die geradeaus und herzlich ist.

Die Entdeckungsreise, auf die wir uns begeben wollen, wird selbst weitgereisten Leserinnen und Lesern einen reichen Schatz an neuen Sichten und unbekannten Details offenbaren. Überall ranken sich hochinteressante Geschichten empor, nimmt man sprechende Steine wahr und beobachtet Dinge, die einem manchmal rätselhaft, manchmal unterhaltsam erscheinen.

Dazu genießt, wer den Anregungen des Buches folgt, all die heilsamen und erholsamen Seiten der hiesigen Lebensart: das gute Essen und Trinken mit den besten Empfehlungen der Dithmarscher Küstenküche, die gemütlichen Stunden in den Kneipen und Cafés »achtern Diek« oder »op de Geest«, eben auch das Plattdeutsche, das überall gegenwärtig ist, ob am Hafen, beim Kohlbauern, beim Kaufmann oder auf der Dorfbühne.

Die Mühle »Edda« am Ortsrand von St. Michaelisdonn

Vieh- und Pferdeweide bei Neukirchen

Die Dithmarscher im Hinterland und in den Küstenorten kennen sich mit Feriengästen aus und freuen sich, manchmal mit einem gewissen Augenzwinkern, ihnen ihre Heimat näher zu bringen. Hierfür haben sie ein reizvolles Netz von Museen, Erinnerungsstätten und Veranstaltungsplätzen über die Landschaft gelegt. Es gibt eigentlich keinen Ort, der nicht in irgendeiner Hinsicht etwas Einmaliges zu bieten hätte. Und dieses Angebot beschränkt sich keineswegs auf die Monate der Sommersaison. Dithmarschen kann und darf das ganze Jahr über besucht werden.

Zur Ferienzeit ballt sich das Gros der Gäste nur selten an einem Ort, weil die Landschaft eine sehr breite Palette von Erholungsmöglichkeiten besitzt. Alle Arten von Wassersport, Golf, Tennis, Radfahren und Wandern wechseln mit Sonnenbaden, Shopping, Marktbummel oder kulinarischen Genüssen. Außerdem gibt es jede Menge lohnenswerte Tagesziele in und um Dithmarschen, der klassische Ausflug ist dabei natürlich die Schiffstour zur einzigen deutschen Hochseeinsel Helgoland.

Und wem das noch zu wenig Abwechslung ist, der besucht eine der unzähligen Veranstaltungen, am besten gleich die einheimischen Highlights der Kohltage oder des Marner Karnevals.

Eines ist dem Kenner auf jeden Fall klar: Dithmarschen ist mehr als eine Reise wert!

Im Hafen von Friedrichskoog

Kate in Büsumer Deichhausen

Die Kirche in Hemme

Die See, der Wind und raues Leben

Ungebändigt und frei

So mag die entstehende Dithmarscher Küste einst ausgesehen haben.

Der Kampf der Elemente

Eigentlich ist Dithmarschen eine Insel, umgeben von Eider, Kanal, Elbe und Nordsee. Aber die östliche Grenze ist künstlich geschaffen und stammt mit dem Kaiser-Wilhelm-Kanal (Nord-Ostsee-Kanal) erst aus dem 19. Jahrhundert. Und wenn man die Entwicklung der Flussläufe und der Küstenlinien in den letzten Jahrtausenden betrachtet, wird einem klar, welche gewaltigen Naturkräfte am Werk gewesen sind, um das heutige Landschaftsbild zu erzeugen. Der Mensch hat hierbei nur eine ganz geringe Rolle gespielt. Seine so oft gerühmten Taten bei der Gewinnung und Verteidigung der Köge sollen nicht geschmälert werden, sind aber nur der vorläufige Abschluss der gegenwärtigen Küstensicherung. Die kommenden Jahrzehnte und Jahrhunderte mit dem zu erwartenden Anstieg des Meeresspiegels werden nicht nur die Menschen in Dithmarschen vor noch ungeahnte Herausforderungen stellen.

Doch blicken wir zunächst einmal zurück in die regionale Erdgeschichte. Die hoch aufragende Geest, die sich noch heute in Nord-Süd-Richtung wie ein robustes Rückgrat durch Dithmarschen zieht, bildete sich vor etwa 200 000 Jahren, als die damalige Riß-Vereisung die hiesigen Gebiete erreichte. Ihre Gletscher schoben große Massen an Moränenschutt aus dem skandinavischen Raum heran, dessen Ablagerungen nach dem Rückzug des Eises langfristiger Erosion ausgesetzt waren. Die nach Westen abfließenden Schmelzwasser und die ständigen Winde schufen eine Landschaft, deren exponierte Kuppen abgetragen wurden.

Nach der letzten Eiszeit vor etwa 7000 Jahren füllte sich das beinahe entleerte Becken der Nordsee dann mit dem überall ansteigenden Meeresspiegel wieder auf. Die Wogen der See schlugen nach sehr langer Zeit erneut gegen die Dithmarscher Gestade und formten diese dramatisch um. Etwa entlang des gegenwärtigen Geestrandes verwandelte das Meer die Landausläufer in eine markante Steilküste und baute ein weitläufiges Gefüge von Strandwällen und Dünen auf. Diese liegen heute im Binnenland, zum Beispiel bei Lunden und St. Michaelisdonn. Die ostwärtigen Niederungen wurden ungefähr um 1000 v.Chr. von der Nordsee nicht mehr erreicht, so dass sich dort Moore bildeten, deren spärliche Reste noch vorhanden sind.

Uferbewuchs an der Eider

Die mächtigen Urstromtäler, die sich im Bereich von Eider und Elbe zum Ende der norddeutschen Vergletscherung bildeten und die Schmelzwasser ins Nordseebecken leiteten, prägten natürlich auch die hiesige Landschaft mit. Die Lage zwischen diesen norddeutschen Flussmündungen

Wattkante an der Dithmarscher Nordwestküste

hat auch in den Jahrtausenden danach sichtbare Wirkungen hinterlassen, insofern die noch ungebändigten Strömungskräfte freien Zutritt zu den Küstenräumen besaßen. Der Anstieg des Meeresspiegels erfolgte damals ungefähr mit einer Geschwindigkeit von 1,30 Meter pro Jahrhundert.

An manchen Stellen konnten die Wassermassen vor der Zeit des Deichbaus bis weit ins Hinterland vordringen und wurden erst an den Hängen der Geest abgefangen.

Gleichzeitig mit dieser Küstenprägung begann auch die Marschenbildung in den Flächen vor der Geest. Die dortigen Nehrungen waren inzwischen durch die Abtragungen, die das Wasser an den Geesträndern verursacht hatte, mit Sand und Ton angereichert worden. Allmählich wuchsen mit den Ablagerungen, die das Meer nun in immer größeren Massen herantransportierte, auch die Grundschichten der ersten Marschen auf.

Im Verlaufe von Jahrtausenden nivellierte sich der Wasserstand der Nordsee und schuf eine abwechslungsreiche Ausgleichsküste. Dabei verbanden sich die Geestkerne miteinander durch sich verfestigende Erd- und Sandmassen, so dass schließlich der bis heute sichtbare Aufbau – von West nach Ost – entstand: Wattenmeer, Marsch, Moor und Geest. Dies geschah etwa ab der Zeit vor 4500 Jahren. Weite Flächen wurden damals nicht mehr von der Nordsee überspült. Überschüssiges Wasser sammelte sich in Mooren, Tälern, Seen und Schilfgebieten. Zudem konsolidierte die fortschreitende Besiedlung mit Pflanzen die Uferbereiche und den amphibischen Raum davor.

Für Dithmarschen hatten die tidebedingten Ablagerungen am Küstensaum ihre Ursprünge in zwei weit voneinander liegenden Seegebieten: den Regionen östlich der Straße von Dover und vor Mitteljütland. Die jeweiligen Strömungen transportierten ständig Sedimente hierher. Der Auflandungsprozess war an der Dithmarscher Küste intensiver und massereicher als in Nordfriesland und erbrachte ein leicht höheres Bodenniveau der Marschen. Damals wurde die Grundlage für die sehr ertragreiche hiesige Landwirtschaft, besonders des Ackerbaus, geschaffen. Bis in die Neuzeit hinein gilt Dithmarschen als Gebiet höchster Bodenerträge. Nicht von ungefähr war die Landgewinnung seit dem 12. Jahrhundert eine wirtschaftlich sehr reizvolle Maßnahme.

Das Ringen um die fruchtbaren Böden

In die neu entstehenden Küstenräume drangen allmählich auch erste Siedler vor. Ihre wechselnden Wohnplätze sind heute gut erforscht und zum Beispiel im Albersdorfer AÖZA in hochinteressanter und lebendiger Weise dargestellt. Von der

mittleren Steinzeit um 6000 v.Chr., in der sich die Menschen hier vom Fischen und Jagen ernährten, bis zum Sesshaftwerden um die Zeitenwende vergingen allerdings noch einige Jahrtausende. Mit dem Anwuchs der Marschen, die fruchtbare Böden lieferten, wandten sich die Menschen nun der Landwirtschaft zu und sicherten ihre Wohnsitze

gegen die angreifenden Sturmfluten der Nordsee. Sie bauten für ihre Behausungen Erdhügel in ihren Weide- und Ackerflächen, die später als Wurten bezeichnet werden.

Prägnante Zeugnisse der ersten Bauernkultur sind die Großsteingräber, die aus Findlingsblöcken

Abbruchkante alter Wattböden an einem Priel im Speicherkoog

Blick über die Burger Au auf den bewaldeten Geestrand

So stürmt die Nordsee seit Urzeiten gegen die Küste!

Von der Bauernrepublik zur Neuzeit

Zu Beginn des Mittelalters war Dithmarschen ein in vier Siedlungsräume gegliederter Sachsengau, wurde im Zuge der fränkischen Eroberung Sachsens christianisiert und kam im 11. Jahrhundert unter die bischöfliche Herrschaft Bremens. Vom 13. Jahrhundert an wahrte die Bauernrepublik Dithmarschen eine weitgehende Selbstständigkeit und konnte sich auch gegen die dänischen Könige, die 1474 das Land als Lehen erhielten, in der bekannten Schlacht von Hemmingstedt 1500 behaupten. Das Denkmal auf der Dusendduwelswarft, das an die Schlacht von Hemmingstedt erinnert, wurde zwar erst am 17. Februar 1900 zum 400. Jahrestag eingeweiht, darf aber als stilles Dithmarscher »Heiligtum« gelten. Immerhin schlug seinerzeit hier ein unausgebildetes Volksheer die Elitetruppe des dänischen Königs. Listenreich und entschlossen vernichteten die Bauern die berühmte »Schwarze Garde« und begründeten den wohl zeitlosen Ruhm des Dithmarscher Freiheitswillens. Auf dem Denkmal wurden die markigen Worte »Warr di Garr, de Buur de kummt« verewigt.

Erst 1559 mussten sich die Dithmarscher schließlich in der sogenannten »Letzten Fehde« der dänischen Krone unterwerfen.

Das Dithmarscher Vieh grast auch oftmals auf den Schlafdeichen des Hinterlandes.

errichtete Grabkammern darstellen und aus der Zeit 3300 bis 2800 v.Chr. stammen. In Albersdorf-Brutkamp, im dortigen Kurpark und in Dellbrück finden sich solche Steinbauten. Auch im Raum Schalkholz gibt es zahlreiche Fundstellen, die auch fachgerecht hergestellte Beile, Meißel, Dolche, Sicheln und Klingen zu Tage förderten. In der Bronzezeit kam der Fortschritt der gezielten Metallverarbeitung aus Kupfer und Zinn hinzu, wobei eine Verfeinerung der Gerätschaften erreicht wurde. Die nachfolgende Eisenzeit brachte diese technische Entwicklung zu einem vorläufigen Abschluss.

Die Menschen der beginnenden Bauernkultur führten zwar ein raues und entbehrungsreiches Leben, konnten sich aber langfristig gegen die unwirtliche Umgebung behaupten. Die Spuren, die diese Pioniere hinterließen, finden sich an vielen Stellen Dithmarschens und geben uns ein ziemlich genaues Bild ihrer Lebensverhältnisse. 1956 zeigten Ausgrabungen bei Brunsbüttel-Ostermoor, dass die Siedler bereits über einen recht brauchbaren Hausstand mit Keramikgefäßen und diversen Werkzeugen verfügten. Ihre Leistung lag unbestritten in der planvollen Kultivierung des fruchtbaren Vorlandes, wobei sie zum Umbrechen der Prielkanten Beetpflüge verwendeten. Münzenfunde an ihren Wohnstätten dokumentieren außerdem Verbindungen zu den römischen Handelswegen jener Zeit.

Ostermoor und andere Orte mögen erste Siedlungen gewesen sein, wurden aber aufgegeben, sobald es sicherere Wohnplätze gab. In Fahrstedt, Marne, Busenwurth, Trennewurth und Süderdeich sind frühe Dorfwurten nachweisbar, also aufgeschüttete kleine Hügel, die sich aus den Marschen ein gutes Stück erhoben und mehr Schutz vor den gefürchteten Sturmfluten boten. Auch das Vieh, das mit seinem Mist oftmals den Grundstock für diese Wurten lieferte, fand hier im Gefahrenfall Zuflucht. Die bebauten Äcker waren direkt um die Wurten gelegen, so dass die Menschen und Tiere ein Leben der kurzen Wege führen konnten. Ein wie auch immer geartetes Wegenetz gab es nicht. Fortbewegung war nur mit dem Boot oder zu Fuß möglich.

Die »Urbevölkerung« Dithmarschens bestand aus eingewanderten Sachsen, die gewohnt waren, auch von der Landwirtschaft zu leben. Insofern gehörte die Pioniertat der Marschkultivierung zu einem nahe liegenden Handeln vor Ort. Warum sie allerdings gerade die damals unwirtlichsten Gebiete hierfür wählten, ist nicht abschließend geklärt. Man kann mutmaßen, dass besonders junge Leute diese Herausforderung annahmen, um eigene Existenzen zu gründen. Oder es war die außerordentliche Fruchtbarkeit der Marschböden, die mutige Leute hierher zog.

Nach einigen Jahrhunderten, etwa zur Zeit der Völkerwanderung, erzwangen ungünstige Veränderungen des Meeresspiegels eine zeitweilige Aufgabe dieser Siedlungsplätze. Dies brachte allerdings auch eine teilweise Entleerung der Geestorte mit sich, die sich schwerer erklären lässt. Erst seit dem 7. Jahrhundert n.Chr. kam es zur Neubesiedlung Dithmarschens, das damals einer der drei norddeutschen Sachsengaue neben Holstein und Stormarn war. Gegen die feindlichen Einfälle der Slawen und Wikinger baute man im Süden die Bökelnburg (Burg) und im Norden die Stellerburg. Einige große Dorfwurten wie Wesselburen und Wellinghusen entstammen dieser neuen Siedlungsperiode.

Sielufer am alten Meldorfer Hafen

deutschen und internationalen Absatzmärkten. Fleisch, Getreide, Rüben und später Kohl aus Dithmarschen waren vor allem in den schnell wachsenden Großstädten gefragt.

Erst ab den 1960er Jahren wandelten sich nach einem halben Jahrhundert mit Kriegen, Notzeiten und einer verbrecherischen Diktatur die wirtschaftlichen und kulturellen Strukturen. Aus dem reinen Agrarland wurde eine moderne Küstenregion, die neben der weiterhin leistungsstarken Landwirtschaft nun auch in Industrie, Handel und Handwerk Spitzenpositionen eroberte. Hinzu kam der aufblühende Tourismus, der sich zwar zunächst auf Büsum konzentrierte, aber mit der Zeit das ganze Land erfasste. Nach der Februarflut 1962 profitierte die ohnehin schon forcierte Landgewinnung vom Generalplan »Deichverstärkung, Deichverkürzung und Küstenschutz in Schleswig-Holstein«. Im Zuge dieser Maßnahmen entstand zum Beispiel der bekannte Speicherkoog an der Meldorfer Bucht. Dithmarschen ist heute auch ein bevorzugtes Gebiet alternativer Energiegewinnung mit leistungsstarken Wind- und Solarparks sowie überall im Lande verteilten Biogasanlagen.

Der Geestabhang bei Kleve, ein vorzeitlicher Küstenteil

Frisch geernteter Weißkohl

Windparks finden sich überall in Dithmarschen.

Die folgenden Jahrhunderte brachten dem Land ein wechselvolles Schicksal. Der Dreißigjährige Krieg verlangte große Opfer und erschütterte die Grundlagen des bäuerlichen Wohlstandes. Anfang des 17. Jahrhunderts suchten schwere Sturmfluten Dithmarschen heim, die starke Schäden anrichteten. Auch Missernten und eine nachlässige Verwaltung richteten die Landschaft zugrunde. Eine gewisse Erholung der Verhältnisse kam durch die Friedensperiode ab dem Ende des 18. Jahrhunderts, als der technische Fortschritt, reiche Ernten und der Schleichhandel während der Kon-

tinentalsperre neuen Wohlstand brachten. Erst die Jahrhundertsturmflut vom Februar 1825, die weite Gebiete der Marschen überschwemmte, setzte diesem Aufschwung ein erneutes Ende.

Die Preußen steigerten ab 1866 mit dem entschlossenen Ausbau der Verkehrswege (Post- und Eisenbahnwesen, Kaiser-Wilhelm-Kanal) die Wirtschaftskraft im Lande und schufen erste Verbindungen zum Welthandel. Besonders die hohe Qualität der landwirtschaftlichen Produkte sicherte dem Land einen festen Platz an den

Am Nord-Ostsee-Kanal bei Ostermoor

Die Jungsteinzeit unter freiem Himmel erleben

Der Steinzeitpark Dithmarschen in Albersdorf

Entstehung

Im Juni 1997 fand die »erste Erdbewegung« zur Errichtung des Steinzeitparks Dithmarschen, auch als Archäologisch-Ökologisches Zentrum Albersdorf (AÖZA) bekannt, statt: Es wurden Wege gebaut, Knicks verschoben, in eine jungsteinzeitliche Landschaft passende Bäume gepflanzt, Hecken angelegt und Informationsschilder aufgestellt. Durch einen kontinuierlichen Ausbau ist mittlerweile eine Einrichtung entstanden, die – zusammen mit dem seit 2004 ebenfalls zum Steinzeitpark gehörenden archäologischen Kreismuseum – jährlich weit über 25 000 Besucher begrüßen kann.

Ausgangspunkt des Projektes ist der Versuch, eine südlich von Albersdorf gelegene archäologisch und ökologisch reich strukturierte Fläche von circa 40 Hektar Größe langfristig durch Landschaftsmanagement so zu entwickeln, dass sie einer über 5000 Jahre alten prähistorischen Kulturlandschaft in einigen Aspekten und Elementen vergleichbar ist.

Angebote

Schon seit Beginn des Projektes wird Öffentlichkeitsarbeit in Form von verschiedenen, zielgruppenspezifischen Veranstaltungen und Programmen geleistet, welche die Geländearbeiten wesentlich ergänzt. Darüber hinaus bietet der Steinzeitpark Dithmarschen mehrere, im Laufe eines Jahres wiederkehrende Veranstaltungen an, zum Beispiel die »Steinzeitmeile« mit Vorführrungen und Mitmachaktionen zu prähistorischen Handwerkstechniken, Seminare und Lehrerfortbildungen zur Archäologie und Umweltgeschichte der Steinzeit sowie Ausstellungen und Vorträge zu diesen Themen. Jederzeit buchbar sind die beliebten von Fachkräften geleiteten »Wanderungen in die Steinzeit« für Erwachsene, »Steinzeitrallyes« für Kinder und die große Zahl von pädagogischen

Rekonstruierter Opferplatz aus der Jungsteinzeit

Das Parkrindkalb entstammt einer aus der Jungsteinzeit bekannten Haustierrasse.

Angeboten, die für Schulklassen und andere Gruppen unter anderem in Zusammenarbeit mit der Jugendherberge Albersdorf durchgeführt werden.

Wie soll man sich aber nun die Welt der frühen Steinzeitbauern in Schleswig-Holstein vorstellen und was ist davon bisher in Albersdorf zu sehen? Bodenkundlich-geoökologische Untersuchungen haben für das Gelände des Steinzeitparks sowie angrenzender Bereiche ergeben, dass hier vor etwa 5000 Jahren Ackerbauern und Viehzüchter der Trichterbecherkultur die Landnutzung so intensiv betrieben haben, dass es zu einer Verheidung der Landschaft kam. Heideflächen entstanden dort, wo der Boden durch Beackerung und starke Beweidung über einen längeren Zeitraum verarmte. Außerdem fanden erste Bodenerosionen statt, die unter Wald nicht vorkommen. Als Leitbild für den Steinzeitpark kann somit eine halboffene Weidelandschaft mit einzelnen

Das Steinzeitdorf

Ackerfluren dienen, deren Gehölzanteil im Nahbereich der Siedlung stark reduziert ist.

Die einzelnen Parkareale

Die **Steinzeitsiedlung** stellt die Hauptaktivitätszone menschlichen Handelns dar. Die insgesamt sechs Häuser dieses kleinen Museumsdorfes wurden auf der Grundlage mehrerer norddeutscher Grabungsbefunde errichtet und zeigen unterschiedliche Formen trichterbecherzeitlichen Hausbaus. Verschiedene Projektgruppen nutzen das Dorfareal und versuchen hier eine möglichst große Bandbreite steinzeitlichen Handwerks zu demonstrieren. Dafür sorgen neben den Fördervereinsmitgliedern des Steinzeitparks auch regelmäßig Studentengruppen des Archäologischen Instituts der Universität Hamburg. Töpfern, Weben, Backen und Flintschlagen sind natürlich Aktivitäten, die nicht fehlen dürfen.

Neben dem Steinzeitdorf kann man entweder auf eigene Faust oder von Steinzeitbetreuern begleitet das weitläufige Gelände, den Steinzeitpark, erkunden. Über Wanderwege gelangt man in das siedlungsnahe **Offenland**. Dieses wird durch Tiere verschiedener alter Haustierrassen wie Soay-Schafen, Parkrindern und Juan-Fernandez-Ziegen belebt. Sie wirken als Landschaftspfleger und fördern durch ihr selektives Fraßverhalten langfristig die Entstehung einer typischen Hudelandschaft. Auf kleinen Ackerflächen wachsen außerdem die für die Jungsteinzeit nachgewiesenen Ackerfrüchte. Dazu zählen Einkorn, Emmer, Gerste, Ackerbohne und Lein.

Das 2010 neu errichtete spätneolithische Flintbek-Haus

Der Weg führt weiter in den Wald. Dieser wirkt in einigen Bereichen durch verstreute Rodungsinseln sehr aufgelockert. Hier in dem vom menschlichen Wirtschaften beeinflussten **Nutzwaldbereich** werden die verschiedenen Formen jungsteinzeitlicher Waldnutzung demonstriert. Im Einzelnen sind dies Waldweide, Schneitelwirtschaft und Wald-Feldbau. Die Schneitelwirtschaft diente der zusätzlichen Futterversorgung des Viehs. Man gewann das sogenannte Laubheu durch regelmäßiges Schneiteln der beblätterten Gehölztriebe.

Der Wald-Feldbau zur Zeit der Trichterbecherkultur wird auch als mittelneolithische Waldbrandkultur bezeichnet und beschreibt ein über mehrere Jahre dauerndes Rotationssystem aus Brandrodung, Getreideanbau, Waldweide und erneutem Einschlag des heranwachsenden Niederwaldes. Versuche haben ergeben, dass die Getreideerträge auf zuvor gebrannten Flächen erheblich höher ausfallen, als auf ungebrannten, da »Unkräuter« durch diese Maßnahme stark zurückgedrängt wurden. Auch diese Form der Landnutzung wird in Albersdorf auf einer Versuchsfläche demonstriert.

Entlang des Weges kann man in den Großsteingräbern und Hügelgräbern immer wieder die originalen Relikte der prähistorischen Kulturlandschaft bewundern. Schließlich gelangt man auf dem Rundweg in die siedlungsfernen Waldbereiche, die vom menschlichen Handeln unberührt bleiben und sich langfristig zu **Naturwaldparzellen** entwickeln werden.

Das Museum für Archäologie und Ökologie Dithmarschen

Wem dieser anschauliche Einblick in die Vergangenheit noch nicht ausreicht, kann sich die orginalen archäologischen Funde aus der Steinzeit im Museum für Archäologie und Ökologie Dithmarschen ansehen. Das Museum befindet sich direkt am Bahnhof in Albersdorf und erläutert die Landschafts- und Besiedlungsgeschichte der Region von den Anfängen in der Eiszeit bis in das Mittelalter hinein.

Durch die intensiven Forschungen der letzten Jahre und durch den neuartigen landschaftsgestalterischen Ansatz lassen sich in Albersdorf zum ersten Mal seit 5000 Jahren nun wieder wesentliche Aspekte der Jungsteinzeit unter freiem Himmel erleben. Also: **Herzlich willkommen in der Steinzeit!**

Museum für Archäologie und Ökologie Dithmarschen in Albersdorf

Beitrag von:
Steinzeitpark Dithmarschen · Süderstraße 47 · 25767 Albersdorf · Tel. (0 48 35) 97 10 97
www.steinzeitpark-dithmarschen.de

Öffnungszeiten: April bis Oktober Di – So von 11 – 17 Uhr
(jeden Sonntag mit archäologischen Mitmachaktionen und Führungen)
Das Gelände des Steinzeitparks ist jederzeit frei zugänglich.

Museum für Archäologie und Ökologie Dithmarschen · Bahnhofstraße 29 · 25767 Albersdorf
www.museum-albersdorf.de

Öffnungszeiten: März bis Anfang November und in den Weihnachtsferien jeden Mi – So von 11 – 17 Uhr

Feldarbeit bei Brunsbüttel unter rotierenden Windrädern

Klare Charaktere

Die hier geboren sind

Vom Leben im Freien zum Leben in Freiheit

Wer zum ersten Mal einen Menschen aus Dithmarschen trifft, wird es kaum bemerken. Zu gleichmacherisch agieren Medien, Behörden und Institutionen in unserer Zeit. Und das ist weder verwunderlich noch zu vermeiden. Eine Gesellschaft wie die heutige, die gerecht sein möchte, kann zu vielen individuellen Eigenarten und Wünschen nicht nachgehen.

Wenn man den Dithmarscher oder die Dithmarscherin allerdings näher kennenlernt, stößt man an ganz bestimmten Stellen auf seltsame Widerstände, auf plötzliches Beharren, auf eine zunächst unerklärliche Reserviertheit. Eigentlich ist es fast umgekehrt wie bei den benachbarten Nordfriesen. Die sind anfänglich meistens wortkarg und in sich gekehrt und tauen erst allmählich auf. Die Leute in Dithmarschen besitzen vielleicht ein tiefer angesiedeltes Selbst-

bewusstsein, dass erst zutage tritt, wenn eine bestimmte Grenze berührt oder überschritten wird. Dann ist auf einmal »Schluss mit lustig«, wie man hier sagen würde.

Dann fragt man sich unwillkürlich: Was ist dieses »Kernige«, dieses innen wohnende Unwandelbare? Ein Blick in die Traditionen dieses Küstenvolkes, in die bewegte Geschichte der achtundvierziger Geschlechter, in die fast jedem hier bekannten Kampfzeiten gegen neidische Nachbarn, gegen den Bremer Erzbischof, gegen die Dänen, gegen die Unbilden des Wetters und der See, auch gegen Armut und andere Nöte gibt Aufschluss. Es ist die Freiheit, selbst über sich und die Seinen zu bestimmen, die hier in Dithmarschen so hoch gehandelt wurde und wird. Es war kein Wunder, dass gerade hier die letzte europäische Bauernrepublik existierte, ein freies Land mit freien Menschen, die sich selbst genügten und ihr Auskommen aus ihren eigenen Ländereien schöpften.

Wenn man sich auch nur die Karte anschaut, wird einem klar, dass Dithmarschen über alle Zeiten seine Grenzen kaum verändert hat. Leichte Arrondierungen durch die Landgewinne an der Westküste und im Osten durch den Bau des Kanals fallen nicht ins Gewicht. Dithmarschen war und ist landschaftlich, politisch und kulturell das wohl stabilste Gebilde in Deutschlands Norden.

Und es ist diese in eigener Stärke begründete Stabilität, die es den Menschen hier möglich macht, Fremden ganz entspannt und freundlich gegenüber zu treten, sich mit ihnen zu unterhalten und von ihnen zu lernen. Wohlgemerkt: solange niemand den Kern antastet, den man Freiheitlichkeit

Klarschiff im Hafen von Friedrichskoog

Sommerliche Entspannung am Büsumer Grünstrand

Rosenmontagszug in Marne, der Karnevalshochburg im Norden

Blick über den geschichtsträchtigen Heider Marktplatz, der als der größte Deutschlands gilt.

Widerstand der Friedrichskooger gegen die von oben verordnete Stilllegung des malerischen Hafens

oder Unabhängigkeit nennen könnte. Und dies ist eigentlich nicht unangenehm im Umgang. Man sollte es nur wissen.

Als es vor einigen Jahren um eine Kreisreform ging, bissen die Landespolitiker in Kiel bei den Dithmarschern auf Granit. Anders als im ebenfalls abgeneigten Nordfriesland, ließ man es hier gar nicht erst zu irgendwelchen Diskussionen kommen. Eine wie auch immer geartete Veränderung der Landesgrenzen wurde durchweg mit großer Entschiedenheit abgelehnt. Überall im Lande bildeten sich »Widerstandsnester«, die Landtags- und Bundestagsabgeordnete sowie die Medien bearbeiteten, oftmals mit der vehement geschwungenen Landesflagge, die ohnehin schon an tausenden HEI-Fahrzeugen aufgepflanzt war. Die Reformer knickten schließlich jämmerlich ein und Dithmarschen blieb, wie es immer war: eine in sich ruhende Einheit von Land, Menschen, Politik, Natur und Kultur.

Doch wir sollten auch einmal weit zurückblicken in die Anfänge der Besiedlung. Im vorigen Kapitel ist von den mutigen Pionieren berichtet worden, die sich von den Geestinseln hinunter ins meerumtoste Vorland wagten, um dort die ersten Wattböden zu bebauen. Lange Zeit lebten sie, sozusagen im Atem der See und unter freiem Himmel, aber auch frei von nicht so waghalsigen Konkurrenten, die das Risiko im Zugriff des Meeres

scheuten. Diese Erfahrung änderte sich auch wenig mit der nächsten Siedlungsstufe auf den selbst geschaffenen Wurten. Salzwasser, Stürme und härteste Arbeitsbedingungen prägten das Dasein draußen in den Marschen.

Als es später darum ging, trotz immer wieder auftretender Land- und Menschenverluste, das mühsam Erreichte, nämlich die Kultivierung der Vorländer, zu verteidigen beziehungsweise wieder zu gewinnen, bildete sich wie von selbst der bis heute mitschwingende Freiheitswille. Der Gedanke, dass irgendein Fremder teilhaben sollte an dem bitter Errungenen, schreckte die Einheimischen derart, dass sie dagegen einschlägige Vorkehrungen trafen.

Die Achtundvierziger

Am 13. Februar 1447 erfolgte mit der Aufzeichnung des Dithmarscher Landrechts eine Neuordnung der bislang ziemlich lockeren Obrigkeitsverhältnisse. Die einzelnen Kirchspiele verloren ihre weitgehende Eigenständigkeit und mussten sich fortan dem Kollegium der Achtundvierziger unterordnen, einem Selbstverwaltungsorgan, das in Rechtssachen als Obergericht der Landschaft fungierte.

Die Bauernrepublik Dithmarschen, die der Form nach von 1227 bis 1559 bestanden hat, darf nicht im modernen Sinne als demokratisch-republikanisch angesehen werden. Allerdings gab es hier auch keine Adelsherrschaft wie in anderen Teilen Schleswig-Holsteins. Die Achtundvierziger, die schließlich bis zur Unterwerfung unter die dänische Krone 1559 die Landesregierung darstellten, waren keineswegs vom Volk frei gewählte Vertreter, sondern aus den Großbauernfamilien entsandte Männer. Diese Großbauerngeschlechter bildeten zahlenmäßig nur eine dünne Oberschicht und sicherten sich ihre Landherrschaft dadurch, dass sie gezielt untereinander heirateten.

Anfänglich war vorgesehen, dass jeder der fünf Landesteile, Döffte genannt, zwölf Vertreter in das Kollegium entsenden sollte. Da aber die Strandmannsdöfft die Verfassungsreform von 1447 nicht mittragen wollte, wurden nur 48 Richter aus den anderen vier Döfften berufen. Die Gründe, warum sich die Strandmannen im Süden nicht beteiligten, hingen damit zusammen, dass sie sich im Gegensatz zu den anderen Döfften, die friedlichen Handel wünschten, ständig im Streit mit der Hansestadt Hamburg befanden. Diese beanspruchte in den Gebieten an der Elbe das Stapelrecht für seine eingehenden Warentransporte und das Monopol am Dithmarscher Getreideverkauf. Die Leute im Süden antworteten darauf mit gewalttätigen Kaperaktionen, die in der ersten Hälfte des

Die Kahnfahrten auf der Burger Au sind eine beliebte Urlaubsattraktion.

Der »Krabbenexpress« am Büsumer Hafenplatz lädt zur Rundfahrt ein.

Am Badedeich von Büsumer Deichhausen

Gemütlichkeit hinter einer sicheren Seeschleuse

15. Jahrhunderts zu einer gewissen Spaltung unter den Dithmarschern führten.

Da aber die Rolle Hamburgs für das wirtschaftliche Wohlergehen der ganzen Landschaft lebenswichtig war, trafen sich die Vertreter der übrigen Gebiete seit 1434 beim zentral gelegenen Dorf Heide, um eine einvernehmliche Lösung zu finden. Dieser Versammlungsort wurde später zum Marktplatz von Heide, das in der Folge die Stadt Meldorf als Hauptort ganz Dithmarschens ablöste. 1447 schlossen sich die erwähnten vier Döffte unter den Achtundvierzigern zusammen, während der Süden sich 24 Herren wählte und zunächst weitgehend unabhängig blieb.

Für die Landschaft wurden fünf Märkte geschaffen, allesamt mit Hafenanbindung, und zwar in Meldorf, Wöhrden, Lunden, Brunsbüttel und Ulerdam an der Eider. Später kam auch Heide

hinzu, das gute Landverbindungen ins Holsteinische besaß.

Nach der »Letzten Fehde« 1559 endete zwar die Unabhängigkeit Dithmarschens, nicht aber die Herrschaft der Großbauern im Lande. Ihre Vertretung hieß nun nicht mehr Achtundvierziger, sondern »Regenten«. Diese kümmerten sich weiterhin – in etwas eingeschränktem Maße – um das Rechtswesen, aber vor allem um eine florierende Wirtschaft.

Menschen mit und ohne Ruf

Dithmarschen hat eine Vielzahl von außergewöhnlichen Persönlichkeiten hervorgebracht, egal ob unbekannt oder bekannt. In allen Jahrhunderten finden wir Namen, hinter denen sich höchst interessante Leistungen und Biografien verbergen, aber auch Namenlose, die im Gang der Ereignisse auf- und wieder untertauchen. Um sie herum das Volk, aus dem alle stammen und das ihnen ihre Prägungen mitgegeben hat.

Es würde den Rahmen dieses Kapitels sprengen, wenn man alle renommierten Personen der Vergangenheit und Gegenwart nennen wollte, doch einige wichtige seien hier erwähnt (siehe auch den Beitrag »Dithmarscher Berühmtheiten«, S. 124).

Wulf Isebrand, geboren zwischen 1465 und 1480, gestorben 1506, war der Volksheld, der die Dithmarscher Bauern in der Schlacht von Hemmingstedt 1500 zum glorreichen Sieg führte. *Johann Adolf Köster*, geboren um 1550, gestorben 1630, der sich Neocorus nannte, war der frühe Chronist Dithmarschens und Pastor in Büsum. Dort ist ihm vor der St. Clemens-Kirche eine sehenswerte Bronzeplastik des Brunsbütteler Künstlers Jens Rusch gewidmet. *Carsten Niebuhr* (März 1733, Lüdingworth bis 26. April 1815, Meldorf) war einer der bedeutendsten Forschungsreisenden

Schleswig-Holsteins, dessen Verdienste vor allem in der Erforschung des Orients liegen.

Der Schriftsteller *Klaus Groth* (24. April 1819, Heide bis 1. Juni 1899, Kiel) gilt als der wichtigste schleswig-holsteinische Dichter und Schriftsteller plattdeutscher Sprache, der dieser auch eine einheitliche Schreibweise verlieh. Der wohl bekannteste Dithmarscher ist *Friedrich Hebbel* (18. März 1813, Wesselburen bis 13. Dezember 1863, Wien), der als Dramatiker Weltgeltung erlangte (siehe auch Beitrag über das Hebbel-Museum in Wesselburen, S. 30–31).

Fritz Thiedemann (3. März 1918, Heide bis 8. Januar 2000 ebenda), einer der erfolgreichsten deutschen Springreiter, gewann von 1952 bis 1960 mehrere olympische Medaillen, darunter zweimal Gold. *Ernst Breit*, geboren am 20. August 1924 in Lohe-Rickelshof), war ein angesehener Gewerkschafter und von 1982 bis 1990 DGB-Vorsitzender. *Wilhelm Wieben* (geboren am 2. Juni 1935 in Hennstedt) ist bekannt geworden als ARD-Nachrichtensprecher und Schauspieler sowie Autor und Vortragender von plattdeutscher Literatur. Last but not least: *Jil Sander*, geboren am 27. November 1943 in Wesselburen, besitzt als Modedesignerin internationale Anerkennung.

Außer diesen herausragenden Persönlichkeiten, die aus Dithmarschen stammen, sei aber auch all derer gedacht, die weniger oder gar keine öffentliche Beachtung finden beziehungsweise gefunden haben. Ihnen begegnen wir eigentlich viel häufiger und oftmals intensiver, wenn wir über Dithmarscher Geschichte lesen, Filme anschauen oder als Feriengäste eintauchen in die hiesige Gesellschaft. Ob an Bord eines Ausflugschiffes, auf den Wochenmärkten, in den Einkaufsstraßen oder bei den zahllosen Gelegenheiten, an denen man mit den Einheimischen zusammentrifft, immer muss man eigentlich früher oder später feststellen: Die Leute in Dithmarschen sind ein ganz besonderer Menschenschlag.

Die Menschen zwischen Eider, Elbe, Kanal und Meer sind sehr bodenständig, besitzen fast alle Beziehungen in eine der alteingesessenen Bauernfamilien, auch die Firmen, Geschäfte und Handwerksbetriebe haben überwiegend lange Traditionen. Dazu gesellt sich ein kulturelles Selbstbewusstsein, das sich nicht nur im sehr aktiven Vereinsleben, sondern auch in der vielfältigen Museumslandschaft widerspiegelt. Seit Einführung des großflächigen Kohlanbaus vor über hundert Jahren ist auch diese Nutzpflanze zum »Kulturträger« geworden, wovon die alljährlichen »Kohltage« mit ihren unzähligen Veranstaltungen Zeugnis ablegen. Mit diesen und vielen anderen Angeboten versuchen die Einheimischen auch, die Hunderttausende von Feriengästen einzula-

Auf der Heider Eisbahn im Advent

Gedenkstein für den Dichter Klaus Groth in der Innenstadt von Heide

Eine Motoryacht wird vom Gieselau-Kanal Richtung Nord-Ostsee-Kanal durchgeschleust.

den, am Leben vor Ort teilzunehmen und sich hier einfach wohlzufühlen. Gerade die gelungene Mischung aus Natur, Kultur, Sport- und Freizeitmöglichkeiten sowie gemütlichen Unterkünften und bester Gastronomie macht Dithmarschen so beliebt. Kurzurlauber werden deshalb sehr häufig zu langjährigen Stammgästen!

Handgefertigtes Eingangsschild am sehenswerten Eggstedter Dorfmuseum

Der Sühnestein von Schalkholz erzählt hier seit 1580 von einer Totschlagsbuße.

Die Eider

Ein ungewöhnlicher Grenzfluss

Ein flüchtiger Blick auf die Landkarte Schleswig-Holsteins kann es nicht offenbaren: Die Eider ist seit dem berühmten Vertrag von Ripen vom 5. März 1460 kein wirklicher Grenzfluss zwischen den Gebieten Schleswig und Holstein, da diese nunmehr unter der dänischen Krone vereinigt wurden. Der Ripener Vertrag behielt seine Gültigkeit bis zur Auflösung des dänischen Gesamtstaates 1864. Ungeachtet dieser grundlegenden Vereinbarung war die Eider nahezu durchgehend seit 811 die Südgrenze Dänemarks gewesen. Rein rechtlich war Holstein mit Stormarn ab 1474 ein deutsches Reichslehen und, nach Ende des Heiligen Römischen Reiches deutscher Nationen, Mitglied des Deutschen Bundes. Damit galt die Eider nicht nur als dänische Südgrenze, sondern zugleich als deutsche Nordgrenze.

»Up ewig ungedeelt«

Die wohl bekannteste Passage aus dem Vertrag bezieht sich auf die Ritterschaft in den beiden Herzog-tümern und besagt, »dat se blieven ewich tosamende ungedelt«, woraus dann während der schleswig-holsteinischen Erhebung 1848 bis 1851 das umgedeutete Freiheitsmotto »Up ewig ungedeelt« wurde. Es geht auf ein Gedicht von August Wilhelm Neuber aus dem Jahre 1841 zurück und wurde auch auf der holsteinischen Ständeversammlung von 1844 zur Grundforderung erhoben, allerdings nun als schlagendes Argument für eine gemeinsame staatliche Unabhängigkeit Schleswig-Holsteins. Dazu ist es bekanntlich weder unter dänischer noch preußischer Herrschaft gekommen. Die Landesteile blieben allerdings miteinander verbunden. Lediglich der Versailler Vertrag und die an ihn gekoppelte Volksabstimmung 1920 brachte die Abtrennung Nordschleswigs mit der neuen Grenze zwischen Flensburg und Tondern.

Die Eider (dänisch Ejderen) ist mit 188 Kilometern nicht nur der längste Fluss Schleswig-Holsteins, sondern, wie wir gezeigt haben, auch

Die restaurierte Rathmannsdorfer Schleuse des alten Eiderkanals

Die Eiderbreite vor dem Sperrwerk bei Nordfeld

der Schicksalsfluss des Landes. Dies bezieht sich auch auf viele andere Aspekte, etwa auf die geologische Entwicklung, auf Handel und Wandel, auf die Seefahrt und sogar einmal auf die staatliche Gesundheitspolitik.

Es liegt nahe, dass ein solcher Fluss, der bis vor wenigen Jahrzehnten sogar noch einen freien Zutritt der Nordseegezeiten besaß und in weiten Teilen schiffbar war, für das Land eine große wirtschaftliche Bedeutung hatte. Von Rendsburg an der Obereider bis zum wichtigen Nordseehafen Tönning diente die Eider dem Handel und der Versorgung der Bevölkerung. Ob Fischfang, Ge-treide- und Fleischexport oder die Einfuhr ausländischer Waren, der Fluss gewährleistete einen zumeist ungestörten Schiffsverkehr. Nur die täglichen Tiden und gelegentliche schwere Sturmfluten machten den Bootsleuten und Anwohnern zu schaffen. Das Segeln erforderte große Aufmerksamkeit und Erfahrung, vor allem im westlichen Bereich zwischen Eiderstedt und Dithmarschen, wo tückische Strömungen und Prielverläufe lauerten. Zum Schutz vor den eindringenden Wassermassen, die bei Weststürmen in die Eider drängten, errichtete man entlang des gewundenen Flusslaufes viele Kilometer Deiche. Sie sind auch nach dem Bau der beiden

Eiderpartie bei Lexfähre

Eiderabdämmungen (1936 bei Nordfeld östlich von Friedrichstadt und 1973 durch den Mündungstrichter) nicht ohne Bedeutung und bilden sogenannte Schlafdeiche.

Ein vielgestaltiges Flussbett

Die Eider entspringt in zwei Quellteichen beim holsteinischen Gut Schönhagen und fließt vorbei an Bordesholm nach Flintbek am südwestlichen Stadtrand von Kiel, so dass auch die heutige Landeshauptstadt quasi von ihr berührt wird. Sie durchquert den Schulensee und mündet beim Flemhuder See in den Nord-Ostsee-Kanal, der von Rendsburg kommend in ihrem ursprünglichen Bett verläuft. Hier finden sich auch die Reste des alten Eiderkanals, der bereits 1784 die Obereider in Rendsburg mit der Kieler Förde verband. Westwärts konnte die vertiefte Eider über eine Länge von 130 Kilometern genutzt werden. Insgesamt umfasste der damals größte Seekanal der Welt eine Gesamtlänge von 173 Kilometer. Zwischen den Rendsburger Obereiderseen und Holtenau überwanden sechs Schleusen im Auf- und Abstieg einen Höhenunterschied von etwa sieben Metern. Während der Bauarbeiten kam es zu einem ausgesprochenen Kuriosum: Die Eider floss für einige Monate in die Ostsee! In der gut hundertjährigen Nutzung des Eiderkanals wurde er von rund 300 000 Schiffen befahren,

Die Eider wird noch immer von Schutzdeichen gesäumt.

die je nach Wind drei oder mehr Tage für die Passage benötigten. Es wurde auch mit Pferdegespannen getreidelt. In Holtenau, Rendsburg und Tönning stehen noch heute die mächtigen Packhäuser, wobei diejenigen an den Enden der Wasserstraße baugleich sind.

Die Eider erfüllt heute für den Nord-Ostsee-Kanal – wie seinerzeit für den Vorgänger – die unerlässliche Funktion der Wasserspeisung. Hinsichtlich des Schiffsverkehrs zwischen Eider und NOK stellt der Gieselau-Kanal, 1936/1937 erbaut, an der Dithmarscher Nordostgrenze seither die Verbindung her. Im Dithmarscher Bereich gibt es mehrere Flussquerungen: beim Sperrwerk, bei Tönning, Friedrichstadt, Pahlhude und Lexfähre. Fußgänger und Radfahrer können an den Saisonwochenenden auch bei Hohner Fähre und von Bargen aus übersetzen.

Der Anblick vom Flugzeug oder von den Höhen der Geest aus, wie die Eider durch die Niederungen nach Westen mäandert, ist immer wieder ein wunderbares Erlebnis. Hier schaut man leicht von Kirchturm zu Kirchturm, hier öffnen sich die Ufer erst ganz in Nordseenähe zu einer breiten Mündung, die dann durch das mächtige Sperrwerk aus den 1970er Jahren durchtrennt wird. Große Doppelsieltore, die bei Sturmflut geschlossen werden können, und eine Schleuse regeln die Wasserströme und den Schiffsverkehr. Draußen in der Außeneider, zwischen dem Wesselburenerkoog und Südwesteiderstedt, findet sich das urtümliche Watt wieder, aus dem bei Ebbe hohe Prielkanten herausragen und kraftvolle Tiden hin- und herziehen.

Das Eidersperrwerk von See her

Erinnerungsschild an die Februarflut 1962 in einer Eiderdeichstöpe

Der Landgasthof an der Eidersperrwerkstraße

Kirchspielskrug Welt »Möllner Hof«

Ein gepflegter Gasthof auf dem Lande

Familie Meister bietet in gemütlicher Atmosphäre vom Frühjahr bis zum Herbst behaglich eingerichtete Doppelzimmer. Im Restaurant werden nordfriesische Spezialitäten, Lamm-, Rind- und Geflügelgerichte aus eigener Schlachtung sowie Fisch- und Wildgerichte je nach Jahreszeit serviert.

Vom 1.5. bis 1.10.: montags »Matjes-Buffet«, dienstags »Schwienstag«, mittwochs »Skipper-Buffet«, freitags »Eiderstedter Buffet«, jeweils ab 18 Uhr, wochentags täglich wechselndes Tagesgericht. In den Sommermonaten bieten wir eine große Gartenterrasse mit Blick auf unseren Bauerngarten. Küchenzeiten von 12 bis 14 und 18 bis 21 Uhr. Donnerstag ist Ruhetag.

Beitrag von:
Kirchspielskrug Welt »Möllner Hof«
25836 Welt · Tel. (0 48 62) 1 07 70
www.kirchspielskrug-welt.de

Marienhöh – Welt

Fischgaststätte

In dem kleinen Ort Welt sind wir, die Familie Petersen, zu Hause. Unser ländlicher Gasthof inmitten einer landschaftlich reizvollen Natur und nur 2000 m zum Seedeich, bietet Ihnen ein wirklich erholsames, ideales und gemütliches Urlaubsdomizil. Nicht nur die gemütliche Gaststube mit der behaglichen Veranda und der sonnigen Garten-Terrasse, sondern auch die behaglichen Zimmer sowie ein Ferienappartement laden zu einem entspannenden Aufenthalt ein. Übernachtungen sind auch für eine Nacht möglich.

Sehr empfehlenswert ist in der Hauptsaison dienstags das vielfältige »Bratkartoffelbuffet«, mittwochs der Steakteller und freitags die Fischplatte. Montags ist Ruhetag.
Die Küche ist von 11.30 bis 14 Uhr und von 17 bis 21 Uhr geöffnet.

Beitrag von:
Landgasthof Marienhöh
Eiderdammstraße 1 · 25836 Welt
Tel. (0 48 62) 81 00
Fax (0 48 62) 1 75 52
urlaub@marienhoeh.de
www.marienhoeh.de

Eiderstedter oder Dithmarscher

Die Eiergrogfrage auf der anderen Eiderseite

Auf dem ländlichen Anwesen in Vollerwiek, hoch oben auf der Warft, wurde schon seit Ewigkeiten zu Winterbesuchen Eiergrog zubereitet. Wie auch bei den Verwandten in der Schankstube Katingsiel erfolgte dies nach einem alten Hausrezept.

Nach Aufgabe der Landwirtschaft wurde 1978 in dem Wohnhaus eine Gaststube eingerichtet und natürlich wurde den Gästen auch Eiergrog serviert. Dies wurde von der Verwandtschaft schon bald mit den Worten »Dat is keen Eiderstedter, dat is een Dithmarscher Eiergrog« kommentiert.

Einen Eiderstedter mit einem Dithmarscher zu vergleichen war schon heftig, aber zum Glück waren die alten Ressentiments bereits zu damaliger Zeit abgebaut.

So genießt man heute nach Krabben- oder Matjesgerichten den Eiergrog, ob nun Dithmarscher oder Eiderstedter, als Leckerei auf der Terrasse oder in gemütlicher Runde am Kamin.

Fröhliche Eiergrog-Runde

Beitrag von: Gaststube Op de Burg
Mühlendeich 24 · 25836 Vollerwiek
Tel. (0 48 62) 10 32 00
www.opdeburg.de

Die Töpferei Vollerwiek

Ein Besuch bei der Keramikmeisterin Ursula Schmidt

Die Keramikmeisterin Ursula Schmidt stellt ganz besondere Töpferware her. Ihr salzglasiertes Steinzeug ist geprägt von sanften Farben und Formen, denen man die einfühlsame Kreativität der Künstlerin schon auf den ersten Blick ansieht. Diese Markenzeichen ihrer Handwerkskunst finden sich in allen Produkten der Töpferei wieder. Die praktischen Dinge, die man hier kennenlernt und gerne für das eigene Heim erwirbt, sind von eindrucksvoller und schlichter Schönheit. Becher, Tassen, Töpfe, Kannen, Schalen und Vasen ergänzen sich mit den kleineren Artikeln des häuslichen Alltags zu Ensembles, die man sich selbst zusammenstellen kann.

Salzglasiertes Steinzeug der Keramikmeisterin Ursula Schmidt

Beitrag von:
Töpferei Vollerwiek
Altendeich 12
25836 Vollerwiek
Tel. (0 48 62) 83 36

Ein Lokal, das seinesgleichen nicht findet

Die Schankwirtschaft Andresen in Katingsiel

Auf Eiderstedt kennt ihn jeder. Und natürlich auch die malerische Schankwirtschaft hinterm alten Eiderdeich in Katingsiel, die seinen Namen trägt. Doch Wilhelm Andresen hatte eigentlich im Leben etwas völlig anderes vor, als Gastwirt zu werden. Er wollte hinaus in die Welt und erlebte Europa vom Lkw-Führersitz aus, ein Vierteljahrhundert lang, bevor er sich mit seiner eigenen Firma in Hamburg ansiedelte.

Und dann geschah das, was er immer wieder gerne erzählt und inzwischen zum festen Geschichtenschatz der Halbinsel gehört: Seine schon betagte Mutter Catharina Carstens, im Volksmund nur »die blonde Kathrein« genannt, rief ihn zurück in die Heimat, damit er die Schankwirtschaft übernehmen möge. Und diesen Wunsch konnte er ihr beim besten Willen nicht abschlagen. Sie hatte das Gasthaus über 64 Jahre geführt.

Und mit ihm war und ist ein faszinierendes Erbe verknüpft. Seit 345 Jahren, werden hier Gäste bewirtet. 20 Jahre nach dem Dreißigjährigen Krieg wurde das Haus an einem der damals belebtesten Plätze der Landschaft errichtet, nämlich direkt neben der Seeschleuse der Süderbootfahrt. Diese war 1613 von Katingsiel nach Garding gegraben worden, um die Stadt mit der Nordsee zu verbinden. Hier war schon damals ziemlich viel los, denn überall, wo Schiffe ankamen und abfuhren, wurden Geschäfte gemacht und begossen. An der Schleuse wurden die Frachten aus dem Inland auf Seeschiffe und deren Waren auf Kanalkähne umgeladen. Das Schleusengelände diente auch als Stapelplatz für den direkten Weiterverkauf, so dass Zöllner in jedem Fall gut zu tun hatten. Alle, die hier arbeiteten, wurden auch hungrig und durstig.

Katingsiel lag bis in die 1970er Jahre hinein an der Eidermündung und war dem eigentlichen Hafen der Halbinsel in Tönning einige Seemeilen voraus. Und Zeit war auch damals schon Geld. So entschieden sich einige Kapitäne, wenn es passte, für den kürzeren Weg. Erst als die Seeschiffe so groß wurden, dass sie Katingsiel nicht mehr anlaufen konnten, ging der Hafenbetrieb zurück. Noch einmal allerdings machten die Umsätze einen Sprung nach oben, als nämlich während der napoleonischen Kontinentalsperre zu Beginn des 19. Jahrhunderts der Schmuggel blühte. Dies galt auch für Tönning. Der Ausbau der Straßen- und Eisenbahnwesens ließ Katingsiel dann gänzlich unrentabel werden. 1906 hat hier das letzte Handelsschiff angelegt.

Wilhelm Andresen sagt Prost, den berühmten Eiergrog in der Hand.

Doch diese Entwicklung spiegelt sich im Umsatz der Schankwirtschaft keineswegs wider. Und das war einerseits das Verdienst der »blonden Kathrein«, andererseits unbestritten dem Engagement von Wilhelm Andresen zu verdanken. Er führte das Gasthaus mit sicherem Gespür in die »Neuzeit«, teils durch den legendären und werbeträchtigen Eiergrog, der noch von seiner Mutter kreiert worden war, teils durch sein eigenes einnehmendes Wesen. Beides, zusammen mit dem vorzüglichen kulinarischen Angebot, hat die Schankwirtschaft Andresen inzwischen zu einem Kultlokal werden lassen, das an der Westküste seinesgleichen nicht findet. Das urgemütliche Ambiente in und um das Reetdachhaus »achtern Diek«, die köstlich-deftigen Spezialitäten und die hausgebackenen Kuchen und Torten »verpflichten« einfach zum Wiederkommen!

Öffnungszeiten:
1. Mai bis 31. Oktober: 12 bis 23 Uhr
1. November bis 30. April: 14 bis 22 Uhr
Kein Ruhetag

Beitrag von:
Schankwirtschaft Andresen
Katingsiel 4 · 25832 Tönning
Tel. (0 48 62) 3 70 · Fax (0 48 62) 13 90
SchankwirtschaftW.Andresen@t-online.de
www.schankwirt.de

Die Schankwirtschaft in idyllischer Lage »achtern Diek«

Das Eidersperrwerk

Das größte deutsche Küstenschutzbauwerk

Die unberechenbaren Wassermassen der Nordsee, die bei Sturmfluten die schwersten Schäden oft gar nicht an der Seedeichlinie anrichteten, sondern viele Kilometer landeinwärts an den Eiderufern, waren für Dithmarschen, Eiderstedt und Stapelholm ein großes Problem.

Dies zeigte sich zuletzt im Februar 1962, als Hamburg Hunderte von Toten zu beklagen hatte, und auch Tönning damals überschwemmt wurde. Hier gab es zwar keine Opfer, aber man war nun eindringlich gewarnt.

Die Frage war: Erhöht man die Eiderdeiche oder errichtet man ein Sperrwerk? Die Antwort ist bekannt und führte von 1967 bis 1973 zum Bau der Eiderabdämmung mit dem integrierten Sperrwerk. Mit Baukosten von umgerechnet 87 Millionen Euro entstand so ein sehr effektiver Küstenschutz, der die Deichlinie im Eiderbereich von 60 Kilometer auf weniger als 5 Kilometer verkürzte. Das Jahrhundertbauwerk erlebte am 3. Januar 1976 während der bislang höchsten Sturmflut an unserer Küste seine Bewährungsprobe, als seine fünf Doppeltore und der Damm die tosende Nordsee erfolgreich abwehrten.

Die Eiderstedter und Dithmarscher hatten aber noch einen weiteren Grund, sich über das Sperrwerk zu freuen: Der 236 Meter lange Kerntunnel verbindet seither beide Landschaften und erschließt die gesamte Region für den zunehmenden Tourismus, indem er die langen Umwege über die Tönninger Straßenbrücke überflüssig macht. Gerade die beiden wichtigsten Badeorte St. Peter-Ording und Büsum rückten auf wenige Fahrminuten zusammen.

Auch ein anderes wesentliches Problem des Eiderraumes wurde zugleich gelöst. Mit Hilfe der 40 Meter breiten Tore des Sperrwerks konnte nicht nur die Wasserlösung des Hinterlandes über die Eider gewährleistet werden (Sielbetrieb), sondern auch ein optimaler Schutz im Falle einer Sturmflut (Sperrbetrieb). Dazwischen liegen der Normalbetrieb, der bei Öffnung aller Tore quasi einen natürlichen Strömungsverlauf herstellt (Tidebetrieb), und die Flutdrosselung, die zur Vermeidung zu hohen Sandeintrags in die Eider die seeseitigen Tore absenkt. Alle Betriebsarten lassen sich, wenn sie stattfinden, bequem von der »Fußgängerpromenade« oberhalb des Tunnels

Das Sperrwerk in seiner ganzen Breite, von der Eiderseite aus gesehen

Oberhalb des Fahrtunnels kann man vom Panoramaweg das ganze Sperrwerk überschauen.

Mit geschlossenen Toren bei Sturmflut

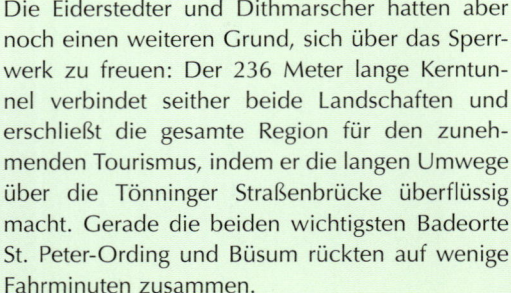

Einfahrt in die Schleuse von See her

beobachten. Großes Interesse haben die Zaungäste auch stets am Betrieb der Kammerschleuse, durch die Ausflugsschiffe, Fischkutter und Dienstfahrzeuge hin und her gelangen.

Vom Leitstand des Sperrwerks aus werden die gesamten Wasserverhältnisse des Eiderbereichs bis weit ins Landesinnere hinein reguliert. Dies hat manchmal auch zur Folge – was früher unmöglich war –, dass im Tönninger Hafen die Schiffe im Schlick trocken fallen, während draußen auf der Nordsee Hochflut herrscht. Dann wiederum geschieht es, dass im Sielbetrieb das Eiderwasser so lange aufgestaut wird, bis die Tore geöffnet werden und es mit der Ebbe abfließen kann.

Das gemütliche Koog Café im Wesselburenerkoog

Ein Stück Lebensfreude zwischendurch

Eine kurze Wegstrecke südlich des Eidersperrwerks lädt das reizvolle Koog Café von Berit Wilkens die Reisenden zwischen Dithmarschen und Eiderstedt zu einem ganz besonderen Aufenthalt ein. Wer durchgepustet von der Besichtigung des größten deutschen Küstenbauwerks wieder Energie auftanken möchte, wird sich hier sofort wohlfühlen.

Die ehemalige Schmiede, in der noch vor 50 Jahren die Pferde der umliegenden Bauernhöfe beschlagen wurden, besticht schon gleich durch die offene und liebevolle Gestaltung. Auf der können die Gäste es sich in Strandkörben bequem machen und ihre Blicke über die Marsch-Landschaft schweifen lassen. Das Koog Café bietet einfach erholsame Entspannung und kulinarisch immer etwas Besonderes.

In der kühlen Jahreszeit lieben die Gäste die schönen Momente vor dem flackernden Kamin, und im Sommer genießen alle die Sonne draußen auf der Terrasse. Mit frisch gebackenen Kuchen, Torten und duftenden Kaffeespezialitäten bietet das Koog Café alles, was einem die Nachmittagsstunde »versüßt«. Schon die Aufzählung der Stichworte bereitet eine gewisse Vorfreude: Zitro-

nenbaiser, Eierlikörkirsch, Mandarine Schmand, Birne Cappuccino ... oder die Kirsch-Mandel- und Apfel-Butter-Kuchen ... man möchte eigentlich alles einmal probieren. Stammgäste haben dieses kleine Problem längst auf ihre Weise gelöst.

Vom Latte Macchiato über Zimt-Cappuccino bis hin zum Koog Kaffee, dem ganz besonderen Hausgetränk, fällt die Wahl manchmal nicht so leicht. Letzterer besteht übrigens aus drei Schichten: ein Teil Eierlikör, ein Teil Kaffeelikör, drei Teile Kaffee und eine Haube aus frischer Schlagsahne – einfach traumhaft! Natürlich gibt es auch vorzügliche Tees und eine köstliche heiße Schokolade.

Herzhafte Kleinigkeiten wie frisches, belegtes Landbrot und hausgemachte Suppe runden das kulinarische Angebot ab.
Das Koog Café besitzt außerdem eine Geschenk-Boutique und einen Hofladen und stellt seine Räume gern für private Feierlichkeiten zur Verfügung.

Öffnungszeiten:
montags bis freitags von 14 bis 18 Uhr,
samstags & sonntags von 10 bis 18 Uhr

Kaffeegenuss im Freien

Das Café ist immer liebevoll dekoriert.

Das ländlich-gemütliche »Innenleben«

Die berühmte Eierlikörkirsch-Torte des Koog Cafés

Beitrag von:
Koog Café & Hofladen Wilkens
Dammstraße 20 · 25764 Wesselburenerkoog
Tel. (0 48 33) 42 58 85
info@koog-cafe.de · www.koog-cafe.de

Wie eine neue Verkehrsader das Landleben verändert

Auf einmal angeschlossen an die weite Welt

Es gibt wohl kaum ein besseres Beispiel an der Westküste für das »Erwachen« eines abgelegenen Winkels wie den Nordwesten Dithmarschens. Hier, wo über Jahrhunderte das Meer und das Wetter den Lebensrhythmus der Menschen bestimmten, tat sich mit dem Bau des Eidersperrwerks und der neuen Zuführung eine historische Chance auf.

Von heute auf morgen wandelte sich die landschaftliche Abgelegenheit fast in das Gegenteil. Je nach Jahreszeit leitete ein auf- und abschwellender Verkehrsstrom von Fahrzeugen auch potentielle Gäste durch die bis dahin vom Tourismus

Schmucke Ferienhaussiedlung an der Naturbadestelle im Wesselburenerkoog

Die Hofläden im Wesselburenerkoog werden von vielen Feriengästen geschätzt.

unberührte Region. Hatte man in den Kögen und Dörfern hinter dem Seedeich über Jahrhunderte nur von der Landwirtschaft gelebt, entwickelten sich allmählich auch die Erwerbszweige Ferienvermietung, Gastronomie und Gemüseverkauf in Hofläden, parallel dazu auch die Energiegewinnung aus Windkraft.

Die Gemeinde **Wesselburenerkoog**, die das Gebiet unmittelbar südlich des Eidersperrwerks umfasst, hat sich gezielt auf diese Entwicklung eingestellt und besitzt heute bei etwa 150 Einwohnern eine attraktive Infrastruktur. Zwei Reiterhöfe, das gemütliche »Koog Café«, der Gasthof »Zum Eiderdamm«, ein Campingplatz und ein kurtaxfreier Naturbadestrand laden Gäste, die das Ländliche lieben, zum Verweilen ein.

Ferien auf dem Bauernhof oder in einem der ruhigen Urlaubsdomizile mit Blick auf Marsch und Deich sind inzwischen sehr beliebt, auch wegen der modernen Wohnqualität und dem angenehmen Komfort. Die Ferienhaussiedlung direkt am Seedeich mit ihren schmucken Holzhäusern zieht bereits von der Sperrwerksstraße aus viele Blicke auf sich.

Der Deich vor dem neuen Wesselburenerkoog wurde 1862 in nur einem Jahr vollendet und kostete damals 318 000 Reichsthaler, die von den anliegenden Norddeich und Schülp getragen wurden. Die unglaublich schnelle Bauzeit über einen Sommer und das strikte Einhalten des Kostenvoranschlags ist für heutige Bauvorhaben dieser Größenordnung kaum mehr vorstellbar. Es wurde durch die Eindeichung eine anfängliche Nutzfläche von über 1000 Hektar fruchtbaren Bodens gewonnen.

Das »Nordwestkap« am Eidersperrwerk

Die nordwestlichen Kooggemeinden werden auch deshalb von Feriengästen heute gerne gebucht, weil eigentlich alles gut erreichbar ist: die Eider, das Meer, Büsum, Eiderstedt mit den weiten Stränden von St. Peter-Ording, aber auch Heide, Meldorf und für einen Ausflug in die Großstadt die Autobahn nach Hamburg.

Schülp mit seinen heute gut 450 Einwohnern wird bereits um 1000 n.Chr. schriftlich erwähnt und kann für sich beanspruchen, dass in Schülperaltensiel einer der ersten Deiche in Dithmarschen errichtet worden ist. Seine Reste sind noch heute erkennbar. Um 1600 gab es in Schülperneuensiel einen Eiderhafen, der noch im 19. Jahrhundert für den Getreideumschlag genutzt wurde.

Die Uferregion der Gemeinde Schülp einschließlich des kleinen Hafens von Schülperneuensiel gehört zum Naturschutzgebiet »Dithmarscher Eidervorland mit Watt«

und stellt ein wichtiges Rückzugs-gebiet für die hiesige Vogelwelt dar.

Der aus Kiel stammende Hans Diener brachte 1886 die ersten Begonien in das heutige »Blumen-dorf Schülp«, das sich durch seine Nachfahren und weitere Gärtner-familien zu einem Markenzeichen der Region entwickelt hat. Bis in die Gegenwart kamen Tulpenzwie-beln, Narzissen, Gladiolen und Gloxinien hinzu und schufen einen umweltfreundlichen Anziehungs-punkt für Gäste und Einheimische! Auch der Kohlanbau und die Kohl-pflanzenzucht, die über zwei Drit-tel des Dithmarscher Bedarfs deckt, sind hier zu Hause. Im Ortsteil Schülperweide sind zudem Restau-rant und Café »Bi Thies und Tanja To Huus« sowie die Kochschule des renommierten TV-Kochs Thies Möller beheimatet.

Ferienkate, wie man einige in Hillgroven findet.

Das malerische Dörfchen **Strübbel** (rund 100 Einwohner), das sich mit seiner Ruhe besonders für einen erholsamen Landurlaub eignet, besitzt eine ähnlich günstige Ver-kehrslage unweit der B5. Mitten im Ort bietet der »Landgasthof Best-mann« Übernachtungen und zünf-tige Dithmarscher Spezialitäten, die sich hier auch anlässlich des beliebten Klütenfestes auf der Spei-sekarte finden.

Hillgroven weiter westlich ist ein idyllisches Wohngebiet zwischen alten Schlafdeichen und ange-stammter Landwirtschaft. Etwa 70 Menschen bevölkern den kleinen Ort, der durch den Wesselburener-koog vom Meer getrennt wird. Hier finden sich einige pittoreske Reet-dachkaten, die teilweise als Zweit-wohnungen genutzt werden.

Sielwerk am Hillgrovener Schlafdeich

Die Gemeinde **Norddeich** bildet mit ihren etwa 450 Einwohnern eine sehr lebendige Dorfgemeinschaft. Etwa 25 Prozent der Menschen sind unter 18 Jahre alt, was sich aus einer weit-sichtigen Bebauungspolitik erklären lässt. Viele tragen zum regen Vereins-leben innerhalb der Gemeinde bei. Rund 30 Betriebe aus Gewerbe und Handwerk sowie einige selbststän-dige Landwirte bilden zusammen mit der Ferienvermietung die wirtschaft-liche Grundlage des Dorfes.

Oesterwurth zwischen Wessel-buren und Neuenkirchen ist eine Streusiedlung, in deren Ortsteil Haferwisch sich eine interessante Wurtenreihe befindet. Teile davon sind 1600 bis 1800 Jahre alt, wo-rauf archäologische Ausgrabungen hindeuten. Unter den Fundstücken gab es nicht nur einheimische Kera-miken, sondern auch eine Scherbe (terra sigillata) aus der römischen Zeit. Der Ort mit seinen rund 250 Einwohnern ist landwirtschaftlich geprägt und weist eine Anzahl Windräder auf.

Ackerfläche in Hillgroven

Typische Kooglandschaft in den älteren Kögen des Nordens

Winterfütterung der Schafe

Empfohlene Homepages:

www.wesselburenerkoog-ort.de
www.blumendorfschuelp.de
www.norddeich-sh.de

Beitrag von:
Gemeinde- und Amtsverwaltung
des Amtes Büsum-Wesselburen
Kaiser-Wilhelm-Platz · 25761 Büsum
Tel. (0 48 34) 99 40
info@amt-buesum-wesselburen.de
www.amt-buesum-wesselburen.de

Die Hebbelstadt Wesselburen

Kirche, Kunst und Kohl

Wesselburen ist eine typische Marschensiedlung und wurde vor über 1000 Jahren auf zwei Wurten erbaut. Die zentrale Dorfwurt geht auf das 8. bis 9. Jahrhundert zurück und hat im Laufe der Zeit weitere Aufschüttungen erlebt. Im 12. Jahrhundert wird der 1281 erstmals urkundlich belegte Ort bereits das gegenwärtige Weichbild gehabt haben. Von der höchsten Stelle, wo die Kirche errichtet wurde, führen die Hauptstraßen abwärts zum Niveau des Umlandes.

Erst ziemlich spät, nämlich seit 1625, gab es in Wesselburen einen Markt. Das heutige Erscheinungsbild der 3000-Seelen-Gemeinde ist nicht älter als knapp 300 Jahre, weil die Brandkatastrophe von 1736 nahezu die gesamte Stadt einäscherte. Der Wiederaufbau orientierte sich allerdings weitgehend am vorherigen Ortsplan.

Seit der preußischen Zeit (ab 1868) besaß Wesselburen ein Amtsgericht, das aber 1970 seinen Betrieb einstellte. Die 1869 hier eröffnete Zuckerfabrik machte sich die von dem Itzehoer Kaufmann Charles de Vos entdeckte Tatsache zunutze, dass die Rüben der Nordermarsch einen höheren Zuckergehalt aufwiesen als in vielen anderen Anbaugebieten. Noch vor dem Ersten Weltkrieg musste die Fabrik allerdings wegen sinkender Zuckerpreise und der Ferne zu den Hauptmärkten schließen. Auch der verkehrstechnische Fortschritt, als Wesselburen 1878 an das Eisenbahnnetz angebunden wurde – wenige Jahre später wurde die Strecke von Heide bis zum aufstrebenden Nordseebad Büsum weitergeführt – konnte dabei nicht helfen.

1893 erhielt der Ort sein erstes Elektrizitätswerk. Am 27. März 1899 wurde Wesselburen das Stadtrecht verliehen.

Mitten im Ersten Weltkrieg wurde 1915 in der ehemaligen Zuckerfabrik am südlichen Stadtrand eine Sauerkrautproduktion (ab 1948 Firma Philipp) begonnen, die erst 1995 eingestellt wurde. Grundlage der Produktion war der Umstand, dass inzwischen, genau genommen seit den 1890er Jahren, der Kohlanbau in Dithmarschen zur tragenden landwirtschaftlichen Säule geworden war.

Die Kohlpflanze erreichte hier durch das Verdienst des einheimischen Gärtners und »Kohlpioniers« Eduard Lass eine sprunghaft anwachsende Verbreitung. Er hatte herausgefunden, dass das

Um diese Pflanze dreht sich in Dithmarschen das halbe Leben!

Gemütlicher Winkel vor einem Traditionsrestaurant

Nordseeklima und die Bodenverhältnisse in Dithmarschen besonders günstige Bedingungen für den Anbau von Industriekohl boten. In der Folgezeit entwickelte sich Dithmarschen zum größten zusammenhängenden Kohlanbaugebiet Europas.

Nach der Schließung der Sauerkrautfabrik Philipp im Jahre 1995 war und ist es vor allem dem dort seinerzeit angestellten Lebensmittelchemiker Hubert Nickels zu verdanken, dass das Thema Kohl, welches so fest mit der Stadt Wesselburen verbunden ist, hier weiterhin aktuell ist. Mit ihm als treibender Kraft, anfänglich noch unterstützt von der vormaligen Besitzerfamilie Philipp, dann vom

Am idyllischen Marktplatz

2002 gegründeten Förderverein, wurde 2008 das »Kohlosseum« ins Leben gerufen. Es vereinigt in den Räumen der alten Sauerkrautfabrik die Bereiche Krautwerkstatt, Bauernmarkt und Kohlmuseum und sorgt seither für deutschlandweite Aufmerksamkeit. Das »Kohlosseum« als faszinierende bodenständige Attraktion hat auch den Wesselburener Tourismus sehr belebt (siehe auch den Beitrag auf S. 34–35).

Dies gilt in anderer Weise auch für die zweite Attraktion der Stadt, das Hebbel-Museum, in dem das Andenken an den großen deutschen Dichter gepflegt wird (siehe den Beitrag auf S. 30–31).

Die dritte Attraktion der Stadt ist auch die älteste und markanteste: die Sankt-Bartholomäuskirche. Sie »thront« auf der höchsten Stelle des Ortes und grüßt mit ihrem unverwechselbaren Zwiebelturm bis weit hinaus in die flache Marschenlandschaft. Sie wurde bereits im 12. Jahrhundert erbaut, fiel allerdings auch dem großen Brand von 1736 zum Opfer. Nur die mittelalterlichen Außenmauern blieben stehen.

Der Baumeister Johann Georg Schott nutzte die Gelegenheit und gestaltete das Gotteshaus 1737/1738 vollständig um. Gemäß dem Architekturideal seiner Zeit schuf er eine einmalige Barockkirche, die in Norddeutschland ihresgleichen sucht. Schott fing alle Teile unter einem haubargähnlichen Dach und lehnte sich in der Ausführung von Dachreiter und Spitze an den Stil russischer Kirchen an. Dies hatte einen finanziellen Hintergrund.

Der damals noch minderjährige Landesherr Karl Peter Ulrich von Schleswig-Holstein-Gottorf war Sohn des Herzogs Karl Friedrich von Schleswig-Holstein-Gottorf und dessen Ehefrau Anna Petrowna, einer Tochter des Zaren Peter I. und Stammmutter des Hauses Romanow-Holstein-Gottorp. Großfürst Peter wurde 1742 zum russischen Thronfolger bestimmt und heiratete nach seiner Volljährigkeit 1745 Prinzessin Sophie Auguste von Anhalt-Zerbst-Dornburg. Sie trat zum russisch-orthodoxen Glauben über und nahm den besser bekannten Namen Katharina an.

Der spätere Zar Peter III. war nach dem frühen Tod seines Vaters im Jahr 1739 mit elf Jahren dessen Nachfolger als Herzog von Holstein-Gottorf geworden. Sein Herzogtum hatte die im Schleswigschen gelegenen Gebiete 1713 an die dänische Krone verloren und existierte nur noch als Rumpfstaat. Zu eben diesem so genannten Großfürstlichen Anteil gehörten auch Wesselburen. Für den Wiederaufbau der hiesigen Kirche hatte der Landesherr nun entscheidende Geldmittel zugeschossen. So darf man die Hommage an das russische Element durchaus als unverblümten Dank an seine herzoglich-großfürstliche Hoheit ansehen.

Die St. Bartholomäuskirche mit ihrem russischen Zwiebelturm

Gärtöpfe aus der Wesselburener Krautwerkstatt

Friedrich Hebbel in Wesselburen

Der Dichter und seine Heimatstadt in Vergangenheit und Gegenwart

Der große deutsche Dichter hat seine ersten 22 Lebensjahre in Wesselburen verbracht. In einem Haus in der damaligen Norderstraße, jetzt Hebbelstraße, wurde Christian Friedrich Hebbel am

Nach einem Ölgemälde von Carl Rahl
(Ölgemälde/Hebbel-Museums)

18. März 1813 geboren. Im Jahr 1819 musste die Familie das Haus verlassen, da der Vater wegen einer leichtfertig eingegangenen Bürgschaft das Haus verlor.

Nach dessen frühen Tod kam Hebbel in den Dienst des Kirchspielvogts Mohr, wo er zunächst als Laufbursche, später dann als Schreiber tätig war. Sein Nachtlager musste er mit dem Kutscher in einem Alkoven unter der Bodentreppe teilen.

In der Schreiberstube der Kirchspielsvogtei fand Hebbel Zeit und Muße, Bücher seines studierten Dienstherrn zu lesen. Hier entstanden auch seine ersten Gedichte.

Die Hamburger Schriftstellerin Amalie Schoppe holte den 22-jährigen Hebbel 1835 nach Hamburg und ermöglichte ihm damit den Weg aus dem kleinen Wesselburen in die Welt. Hier lernte er seine Freundin und Gönnerin Elise Lensing kennen.

Außenansicht des Hebbel-Museums

Hebbel brach die Schulbildung am Hamburger Johanneum schon ein Jahr später ab und reiste über Heidelberg nach München, wo er bei Görres und Schelling studierte. Ohne Studienabschluss kehrte Hebbel von München nach Hamburg zurück, wo Elise Lensing auf ihn gewartet hatte. Dort schuf er seine ersten großen Dramen »Judith« und »Genoveva«. Sein Verleger wurde Julius Campe.

Ein Reisestipendium des dänischen Königs ermöglichte Hebbel 1842 bis 1845 Aufenthalte in Paris und Rom. Im Spätherbst 1845 erreichte Hebbel Wien. Es sollte eine Zwischenstation auf der Rückreise nach Hamburg sein. In der Donaumetropole verliebte er sich in die Burgschauspielerin Christine Enghaus, die er am 26. Mai 1846 heiratete.

Er starb in Wien am 13. Dezember 1863 an einer Krankheit, deren Ursachen in den entbehrungsreichen Jahren vor der Wiener Zeit zu suchen sind.

(siehe auch die ausführlichere Biografie im Beitrag »Dithmarscher Berühmtheiten«, S. 125)

Das Hebbel-Stipendium

Seit 1983 vergibt die Stadt Wesselburen das Hebbel-Stipendium. Es ist befristet auf drei Jahre. Ziel

Der Museumsleiter Volker Schulz

soll es sein, eine Doktorarbeit zu erstellen, die sich mit Friedrich Hebbel und seinem Werk auseinandersetzt.

Das Ein-Zimmer-Appartement im Hebbel-Museum kann übernommen werden.

Während der Anfertigung der Promotionsarbeit ist von Mai bis Oktober an Wochenenden der Besucherdienst im Hebbel-Museum zu übernehmen.

Das Hebbel-Museum in Wesselburen

Das Hebbel-Museum der Stadt Wesselburen befindet sich in der alten Kirchspielvogtei, in der Friedrich Hebbel sieben Jahre lang gelebt und gearbeitet hat. Die Ausstellung im Erdgeschoss zeigt in zehn Räumen Leben und Werk des großen Dramatikers. Kindheit und Jugend werden im Wesselburener Zimmer und im nachgebauten Geburtszimmer gegenwärtig. In der Schreiberstube führte Hebbel das Protokollbuch für den Kirchspielvogt. Hier entstanden auch seine ersten Gedichte. Beeindruckend ist der karge Alkoven unter der Bodentreppe, dessen Enge der junge Hebbel mit dem Kutscher teilen musste.

Die entbehrungsreichen Jahre in Hamburg und auf Reisen sind in zwei weiteren Räumen dokumentiert. In dieser Zeit sind die Dramen »Judith«, »Genoveva« und das heute noch am meisten gespielte Trauerspiel des Dichters »Maria Magdalena« entstanden.

Das Wiener Zimmer zeigt die vielfältigen Beziehungen mit bedeutenden Persönlichkeiten, die Friedrich Hebbels nach seiner Hochzeit mit der Burgschauspielerin Christine Enghaus von Wien aus pflegte. In der alten Kaiserstadt kam er zu Ruhm und Ansehen. Hier entstanden die Dramen »Herodes und Mariamne«, »Agnes Bernauer«, »Gyges und sein Ring« und die »Nibelungen«, für

Das Wiener Wohnzimmer im Hebbel-Museum

Die Geburtsstube im Hebbel-Museum

die Hebbel kurz vor seinem frühen Tod mit dem Schiller-Preis ausgezeichnet wurde.

Das Handschriften-Zimmer kann als die Schatzkammer des Museums bezeichnet werden. Eine Auswahl an Original-Handschriften gibt einen Einblick in die Korrespondenz, die der Dichter mit vielen seiner Zeitgenossen geführt hat.

Das Wiener Wohnzimmer schließlich vermittelt einen Eindruck vom Wohlstand des Dichters. Hier findet der Besucher wertvolle Möbel, Bilder und Gebrauchsgegenstände aus der Wohnung in Wien und aus dem Sommerhaus in Gmunden am Traunsee.

In den 100 Jahren seines Bestehens hat sich das Museum nicht nur zu einer repräsentativen Gedenkstätte, sondern auch zu einem Anlaufpunkt für Hebbel-Forscher aus aller Welt entwickelt.

Öffnungszeiten:
Mai – Oktober: Di – Do 11 – 13 Uhr und 14 – 17 Uhr
Fr – So 11 – 13 Uhr und 14 – 16 Uhr
November – April: Di + Do 14 – 17 Uhr

Beitrag von:
Hebbel-Museum
Österstraße 6 · 25764 Wesselburen
Tel. (0 48 33) 41 90 · Fax (0 48 33) 41 91
hebbel-museum@t-online.de
www.hebbelmuseum.de

Die Schreibstube im Hebbel-Museum

Beste Pflanzenqualität aus einem Dithmarscher Traditionsbetrieb

Die Gärtnerei H. Diener Sohn im Blumendorf Schülp

Viele Hände werden für die oft mühsame Arbeit benötigt.

Den Fachleuten ist die Gärtnerei H. Diener Sohn im Herzen von Norderdithmarschen wohlbekannt durch seine Qualitätsjungpflanzen für Gartenbau und Landwirtschaft. Für die vielen Dithmarschenfans, die jedes Jahr diese schöne Küstenlandschaft erkunden, soll hier einmal die Historie eines der traditionsreichsten Betriebe vorgestellt werden. Seine Produkte sehen, riechen und schmecken Einheimische und Gäste

Blumen sind ein Stück Lebensglück.

So sieht ein bunter Blumenteppich aus, bevor es zu den Händlern und auf die Märkte geht.

eigentlich auf Schritt und Tritt, nur weiß kaum jemand, wie alles vor über 125 Jahren begann und sich bis heute entwickelt hat. Es ist eine sehr interessante und vielleicht auch typisch Dithmarscher Geschichte.

Der Betrieb wurde von Hans Diener (1863–1942) im Jahre 1884 gegründet, wobei ab 1886 eine Knollenbegonienkultur zur Knollengewinnung entstand. Gleichzeitig erfolgte die Züchtung von Knollenbegonien und Samenvermehrung. Außerdem wurden Kulturen von Gemüse, Beerensträuchern und Maiblumen angelegt.

Ab 1900 betrieb auch er den Kohlanbau und widmete sich Zuchtarbeiten und der Vermehrung von Kohlsamen. Weiterhin wurde die Entwicklung der Blumenzüchtungen vorangebracht, ab 1905 Gladiolen, Gloxinienknollen und Calla in Kultur. Der Absatz erfolgte an Gärtnereien und den Großhandel. Damit war das Wachstum des Diener'schen Betriebes in der Gründerzeit vor dem Ersten Weltkrieg keineswegs abgeschlossen. Bis 1914 entstanden ca. 2000 m² Gewächshäuser und 5000 m² Frühbeete. Es wurden damals ca. 1 Million Knollenbegonien, 200 000 Stück Maiblumen, 2 Millionen Kohlpflanzen, 500 kg Kohlsamen, Gladiolen, Gloxinien-, Begonienknollen und Begonien-Jungpflanzen kultiviert.

1924 übernahm Hermann Diener (1897–1969) die Gärtnerei seines Vaters unter dem Namen »H. Diener Sohn«. Es wurden 5000 m² neue

Gewächshäuser und Lagerschuppen errichtet, außerdem 20 000 m² Frühbeete. Zusätzlich kultivierte man in Anpassung an die Marktnachfrage Tulpenzwiebeln und Narzissen.

In der Hauptzeit der Produktion wurden bis zu 180 Arbeitskräfte, darunter viele Gehilfen, beschäftigt. In allen Bereichen stand der Betrieb bestens da, insbesondere bei der Züchtung von einigen Millionen Kohlpflanzen.

Ab 1950 gründete Hermann Diener mit seinen Söhnen Hans Hermann, Karsten, Heinz und Uwe, eine GbR, um den Betrieb nach dem Weltkrieg auf eine breitere Basis zu stellen. Zudem wurden auch große Mengen Knollenbegonien-Jungpflanzen für den Versand an Gärtner kultiviert, davon schließlich 50% in europäische Länder.

Kohlkulturen im Gewächshaus

Hermann Diener 1924 im Kohlsamenstand

Seit 1992 führte Heinz Diener die Gärtnerei als Einzelunternehmer und seit 1994 als GbR mit seinem Sohn Olaf weiter. Die Gewächshäuser sind auf 21 000 m² erweitert worden. Knollenbegonien-Knollen werden nun auf 12 ha Fläche angebaut. Kulturen von 18–20 Millionen Kohlpflanzen sorgen für den einheimischen »Nachschub«, es werden aber auch Primeln, Stiefmütterchen und Myosotis, Beet-, Balkon- und Ampelpflanzen aller Art kultiviert. Die Knollenbegonien-Knollen werden zu etwa 80% exportiert, ansonsten erfolgt der Absatz direkt an Gärtnereien und den Großhandel. Heute, da der Betrieb von Olaf Diener als Einzelunternehmer in 4. Generation geführt wird, sind 6 Festan-

gestellte und bis zu 20 Saisonkräfte beschäftigt.

Auch wenn der Betrieb nicht von Kriegszeiten oder Wetterkatastrophen, zuletzt beim großen Hagelschaden am 7. August 2008, verschont blieb, so ist die Chronik von H. Diener Sohn doch eine echte Dithmarscher Erfolgsgeschichte.

Beitrag von:
H. Diener Sohn
Schülper Chaussee 10
25764 Schülp
Tel. (0 48 33) 45 04 0
Fax (0 48 33) 45 04 26
info@diener-jungpflanzen.de
www.diener-jungpflanzen.de

Dithmarscher Gastlichkeit und gute deutsche Küche

Restaurant »Stadt Hamburg« in Wesselburen

Die behagliche Gaststube

Nur wenige Schritte vom Wesselburener Marktplatz mit seiner markanten Kirche erwartet das Restaurant »Stadt Hamburg« seine Gäste zu einem entspannten Aufenthalt und leckeren Speisen und Getränken. Hier kann man in einheimischer Gemütlichkeit traditionelle Gerichte zu vernünftigen

Der Veranstaltungssaal

Preisen genießen oder sich im urigen Biergarten inmitten der schmucken Hebbelstadt erfrischen.

Das Haus ist bekannt für seinen preiswerten wechselnden Mittagstisch, und auch zur Kaffeestunde und zum Abendessen kann man sich hier verwöhnen lassen. Die Karte bietet eine reichhaltige Auswahl an Suppen, Salaten und kleinen

Das Restaurant Stadt Hamburg nahe dem Marktplatz

Speisen sowie regionalen Fleisch- und Fischgerichten. Die Küche steht für beste Zubereitung und Qualität der verarbeiteten Produkte. Und das kann man schmecken!

»Stadt Hamburg« ist auch ein beliebter Ort, um Jubiläen zu begehen, Familienfeste zu feiern oder sonstige Veranstaltungen durchzuführen. Hierfür stehen separate Räumlichkeiten zur Verfügung, wobei das Haus gerne, dem jeweiligen Anlass entsprechend, passende Menüvorschläge unterbreitet.

Küchenzeiten:
11.30 – 13.30 Uhr und 17.30 – 20.30 Uhr

Beitrag von:
Restaurant »Stadt Hamburg«
Inhaberin: Tanja Voß
Schülperstraße 5 · 25764 Wesselburen
Tel. (0 48 33) 42 93 90
stadthamburg-wesselburen@t-online.de
www.stadthamburg-wesselburen.de

Harmonie zwischen Mensch und Pferd

Die Sunny-Ranch in Wesselburen

Zur Lebensfreude vieler Einheimischer und Gäste gehört das harmonische Miteinander von Mensch und Pferd und eine Stallatmosphäre, die Ruhe und Zuwendung ausstrahlt. Beides steht auf der Sunny-Ranch am südlichen Ortsrand von Wesselburen stets im Vordergrund. Melanie Herold, Chefin und erfahrene Trainerin, beschreibt ihre Betriebs-

philosophie so: »Die Jungpferde werden ihrer Leistungsfähigkeit entsprechend angeritten. Dabei binden wir die Besitzer natürlich gerne ein.«

Die Sunny-Ranch bietet darüber hinaus Beritt-Einheiten für die gezielte Weiterentwicklung der Pferde an. Einzelne Übungen aus allen Leistungsklassen können so schneller erlernt, vertieft und gefestigt werden. Problempferden wird kompetent und einfühlsam geholfen. Auf dem weiteren Weg werden Pferd und Besitzer wieder zusammengeführt und in ihrer Gemeinsamkeit gefestigt.

Melanie Herold mit ihrem Nachwuchspferd Leotie

»Ich lege besonderen Wert auf individuellen Reitunterricht in Einzelstunden oder Kleinst-Gruppenstunden mit maximal zwei Teilnehmern. Wer kein Pferd besitzt, bekommt eines der von mir ausgebildeten, sicheren und verlässlichen Lehrpferde oder Lehrponys zur Verfügung gestellt. Egal ob ängstlicher Reiter, Anfänger oder Wiedereinsteiger, bei uns ist jeder in den besten Händen!«

Auch Herdenhaltung und Offenstallhaltung sind auf der Sunny-Ranch möglich. Interessierte kön-

Spaß und Freude mit dem Pferd sollten immer im Vordergrund stehen.

nen sich auf unserer Homepage näher informieren oder sind zu einem Vorbesuch auf der Sunny-Ranch jederzeit willkommen. (Alle Fotos: entzeitet.com)

Beitrag von:
Sunny Ranch · Melanie Herold
Schwarzer Weg 7 · 25764 Wesselburen
Tel. (0 48 33) 7 56 · Fax (0 48 33) 6 39
Mobil (01 51) 21 36 78 12
info@sunny-ranch.de · www.sunny-ranch.de

Das Kohlosseum in Wesselburen

Krautwerkstatt, Kohlmuseum und Bauernmarkt unter einem Dach

Am südlichen Stadtrand von Wesselburen befindet sich eine wohl weltweit einmalige Einrichtung zum Thema Kohl. Die Dithmarscher »Kultpflanze« hat hier mit ihren unglaublich vielfältigen Nutzungsmöglichkeiten ein ansehnliches Domizil gefunden.

Die Idee, in den Räumen der 1995 geschlossenen Sauerkrautfabrik, die bis vor wenigen Jahren noch im Besitz der Produzentenfamilie Philipp war, ein Informationszentrum zum Thema Kohl zu etablieren, schwang schon länger in den Köpfen einiger Einheimischer. Immerhin darf Wesselburen als Wiege des Dithmarscher Kohlanbaus gelten. Heute, etwa 120 Jahre nach dessen Beginn, wachsen verschiedene Kohlsorten, zumeist Weißkohl, auf über 3000 Hektar zwischen Eider und Elbe. Es ist das größte zusammenhängende Kohlanbaugebiet in Europa. Doch zunächst ein Blick zurück in die Geschichte.

Der Wesselburener Gärtner Eduard Lass begann 1889 gemeinsam mit einem Bauern den Anbau verschiedener Gemüsesorten auszuprobieren, darunter auch Kohl. Man merkte sehr bald, dass

Das Kohlosseum

Das Kohlmuseum zeigt eine Vielzahl von »kohlspezifischen« Gerätschaften.

sich mit Kohl die größten Umsätze machen ließen. Bald stießen auch die anderen Bauern auf diesen lukrativen Geschäftszweig. Innerhalb von zehn Jahren, von 1893 bis 1902, verhundertfachte sich die Anbaufläche rund um Wesselburen von 3 auf fast 300 ha. Frühkohl und der zu Sauerkraut verarbeitete Septemberkohl sowie der lagerfähige Dauerkohl eroberten den deutschen Markt. Geerntet wurden Frühkohl, Septemberkohl, der als Sauerkraut eingelegt wurde, und der besonders lagerfähige Dauerkohl.

Das Gebäude wurde 1865 von dem Belgier Charles de Vos gebaut, der darin eine Zuckerfabrik für die besonders ertragreichen Rüben aus der Nordermarsch einrichtete. Von 1878 bis 1909 befand sich die Fabrik im Besitz des Ökonomen Bernhard Schröder. Danach musste sie wegen Unrentabilität aufgeben. An die Stelle der Rüben trat im Ersten Weltkrieg der Kohl, der hier jetzt zu Sauerkraut verarbeitet wurde. Nach dem Zweiten Weltkrieg erwarb die Familie Philipp die Fabrik mit dem Gelände und setzte ab 1948 die Produktion fort. Bis Mitte der 1990er Jahre arbeiteten hier über 120 Mitarbeiter. Es wurden außer Sauerkraut auch Gemüse und Feinkostartikel produziert. Etwa 50 Landwirte lieferten die später auch biologisch angebauten Rohstoffe. Die Produkte gingen hinaus nach ganz Europa und in alle Welt bis nach Kanada, USA und Japan.

Unter den Mitarbeitern, die 1995 hier ihre Stellung verloren, befand sich auch Hubert Nickels, der bis dato Produktions- und Betriebsleiter gewesen war. Er, Martin Kehl, Achim Krumbiegel und andere gründeten 2005 den Förderverein für das Vorhaben »Kohlosseum«. Bald konnte der erste Hammerschlag getan werden. Der Plan war, unter dem Namen »Kohlosseum« eine Krautwerkstatt, einen Bauernmarkt und ein Kohlmuseum in dem historischen Gebäude zu vereinen.

Seit 2008 bietet das Kohlosseum Gästen und Einheimischen eigentlich alles, was man über Geschichte, die Verarbeitung und den Anbau von Kohlgemüse sowie dessen Bedeutung für die regionale Landwirtschaft in Erfahrung bringen kann.

Im Museum, das sich im ersten Stock befindet, geben zahlreiche Ausstellungsstücke wie Kohlpflanzmaschinen, Ackergeräte, Kohlschneidemaschinen, alte Holzsauerkrautfässer, diverse Kohl-Verarbeitungsgeräte sowie historische Bilder einen spannenden Eindruck in das konkrete landwirtschaftliche Geschehen. Man fühlt sich unmittelbar hinausversetzt auf die Kohlfeldern der Region. Dazu wird das Gesehene mit Schaukästen, Modellen und Vorträgen in einen informativen Zusammenhang gebracht.

Im Erdgeschoss lädt der rustikale Bauernmarkt mit Delikatessen rund um den Kohl zum Bummeln, Stöbern und Einkaufen ein. Hier trifft sich zum Beispiel während der alljährlichen Kohltage im September ganz Dithmarschen und halb Schleswig-Holstein.

Und in der Krautwerkstatt werden den Besuchergruppen, die oftmals von weither mit dem Bus anreisen, die Abläufe zur Herstellung eines Bio-«Natursauerkrauts» in Handarbeit vorgeführt, eine milde oder würzige Kostprobe stets inklusive. Hier ist das bevorzugte Reich von »Krautmeister« Hubert Nickels, der selbst eine Vielzahl von Kohlprodukten erfunden oder kreiert hat. Mit seiner herzlichen und natürlichen Art beweist er schon seit vielen Jahren, wie man das Wissen über Kohl und Sauerkraut sowie die gesunden Produkte des Dithmarscher Nationalgemüses unter die Menschen bringt.

Hubert Nickels ist aber nicht nur die Seele des Kohlosseums, sondern auch sein unermüdlicher

»Krautmeister« Hubert Nickels lässt seine Gäste frisch geschnittenen Kohl verkosten.

Im rustikalen Bauernmarkt

Marketing-Chef. Durch unzählige Medienauftritte kennt ihn eigentlich in Deutschland jeder, der heimatliche Kost von der Küste schätzt. Dazu kommen die Tausende von Kontakten, die er über seine Krautwerkstatt-Vorführungen schließt. Sein Publikum ist regelmäßig begeistert von seiner ländlich-herzlichen Art und deckt sich zumeist gleich vor Ort mit seinen Lieblingsprodukten ein, sei es das Frischekraut, der Sauerkrautschnaps oder eines der natürlichen Pflegeprodukte auf Kohlbasis.

Und wer als Feriengast, wenn er wieder zu Hause ist, Nachschub benötigt, kann sich alles über den Kohlosseum-Onlineshop problemlos zusenden lassen.

Die Palette der verschiedenen Krautvarianten

Beitrag von:
Kohlosseum GmbH
Bahnhofstraße 22a · 25764 Wesselburen
Tel. (0 48 33) 4 58 90 · Fax (0 48 33) 45 89 59
info@kohlosseum.de · www.kohlosseum.de

Die Nordsee vor der Tür

oder: Schiff ahoi!

Wie oft hören die Vermieter an der Westküste morgens beim Frühstück den Satz: »Hoffentlich wird mir nicht schlecht!«

Der Ausspruch hat natürlich nichts mit der Qualität von Brötchen, gekochtem Ei, Joghurt und frisch aufgebrühtem Kaffee zu tun. Gemeint ist das tollkühne Vorhaben eines Feriengastes, am Vormittag noch ein Ausflugsschiff zu besteigen und heftig in See zu stechen, und zwar in die Nordsee. Und die ist ja bekanntlich gerne einmal unruhig, um nicht zu sagen voller Wellen.

Zum Thema melden sich mit Sicherheit auch gleich die Draufgänger, Neunmalklugen und notorischen Ratgeber:

»Das beste Mittel gegen Seekrankheit: vorher gut frühstücken!«

Darauf antwortet man am besten ganz auf den individuellen Charakter des Fragenden bezogen: dem Ängstlichen macht man Mut, dem Mutigen macht man Angst! Auf diese Weise kann man davon ausgehen, dass sich am Ende an Bord eine

psychisch und körperlich ziemlich ausgeglichene, sprich gleichermaßen verunsicherte Truppe einfindet.

Und dann geht es los. Im etwas betagten Bus des örtlichen Reiseunternehmers nähert man sich nach einer knappen halben Stunde dem Eidersperrwerk, das an diesem frühen Sommervormittag die Brücke hochgezogen und die Schranken herabgelassen hat. Der Busfahrer klärt die gesammelten Helgolandschiffskartenbesitzer hinter ihm auf:

»Keine Sorge, das dauert nur fünf Minuten, da will nur ein Dienstfahrzeug raus!«

Im Bus erheben sich die Fotografierer und steigen hinten und vorne hinunter auf den Grünstreifen. Der Fahrer mahnt: »Aber nur kurz bitte, es geht gleich weiter.« Die anderen Fahrgäste, zu neunundneunzig Prozent die Frauen, sehen durch die Frontscheibe, wie sich ein grauer kurzer Mast nach Western durch die Schleuse schiebt. Dann senkt sich die Klappbrücke in wenigen Sekunden

An den Brunsbütteler Schleusen kann man Kaffeepause mit maritimen Aussichten verbinden.

wieder herab und die Schranken heben sich – nach zwanzig Minuten.

Die Ampel springt auf Grün und der letzte Fotografierer zurück in den Bus. Nur er hatte es geschafft, vom Deichkopf noch ein Bild zu schießen und lässt sich keuchend in den Sitz fallen. Wer fehlt ist die einzelne Dame, die eine rauchen wollte. Sie steht oben auf dem Eiderdamm, pafft und hält ihr Gesicht genüsslich in die Morgensonne. Der Busfahrer hupt. Sie wacht aus ihrem Tagtraum auf und sprintet Hals über Kopf zur vorderen Tür, tritt ihre Kippe aus, steigt ein und drängt sich mit einem »Puuh« zu ihrem Mann in die Sitzreihe. Der empfängt sie mit einem strengen Tadel: »Wegen deiner Mist-Qualmerei verpassen wir noch den Dampfer!« Wie recht er doch behalten sollte!

Auf der Dithmarscher Seite endlich angekommen, packt der Busfahrer eine erste Portion Heimatwissen aus: »Folgende Anekdote, verehrte Fahrgäste, möchte ich Ihnen nicht vorenthalten: Bei uns an der Küste ist es Brauch, dass bei der Einweihung eines neuen Siels, wie es das Sperrwerk damals war, eine Dame der einen Seite mit einem Herrn der anderen Seite und umgekehrt über den noch ungefluteten Sielboden tanzt. Das soll Glück bringen und wird hier seit Jahrhunderten so gehalten. 1973 bei der Einweihung des Sperrwerks hat das aber nicht geklappt. Die Eiderstedterinnen wollten nicht mit den Dithmarschern tanzen und umgekehrt. Um die Situation in Anwesenheit der Landes- und Bundesprominenz zu retten, haben beide dann untereinander das Tanzbein geschwungen. Seither ruht ein Fluch auf dem Eidersperrwerk!«

Das Eidersperrwerk aus der Flugzeugperspektive (Foto: Michael Pietsch)

Nach einer Weile betretenen Schweigens wagt sich eine resolute Dame aus Berlin vor: »Det vasteh ick aba nich: Wieso haben die denn nich miteenanda jetanzt?« Der Busfahrer, der gerade an der Norddeicher Ampel halten muss, während ein Riesenschlepper mit zwei Heuanhängern über die Hauptstraße brettert, klärt sie und den ganzen Bus auf: »Die Eiderstedter und die Dithmarscher mögen sich schon seit dem Mittelalter nicht besonders. Damals haben die Dithmarscher den Eiderstedtern die Frauen geklaut!«

Ein Lachsturm lässt den Bus erzittern. Der Busfahrer, dessen besorgter Blick über die Uhr in seinem Armaturenbrett gleitet, denkt still bei sich »Das Lachen wird ihnen wahrscheinlich noch vergehen.« An der nächsten Ampel bei der Wesselburerner Tankstelle ist wieder Rot. Eine Schülermeute prügelt sich hinüber Richtung Schule, allerdings völlig ohne Eile. Der Bus muss bei eigenem Grün lange warten, bis auch der letzte Nachzügler es geschafft hat. »Fehlt nur noch, dass einer sein Wasser nicht mehr halten kann«, geht es dem Busfahrer durch den Kopf. Und so ist es.

Zwei Damen von ganz hinten rufen angesichts der entdeckten Tankstelle, ob sie da nicht mal eben austreten könnten. Der Busfahrer stellt auf Dauerblinken rechts und öffnet die Hintertür mit der leicht genervten Bemerkung: »Eigentlich darf ich hier nicht halten«. Die beiden Damen ziehen noch einen Herrn mit, der sich ihnen mit staksigen Schritten anschließt. Auch die Raucherin nutzt die Unterbrechung für ein paar Lungenzüge auf dem Bürgersteig.

Am Wöhrdener Kreisverkehr wird beim Busfahrer die Befürchtung zur Gewissheit. Er hängt sich an sein Handy und versucht, den Helgolanddampfer, der in Büsum schon kurz vor dem Ablegen ist, zu einem zeitlichen Aufschub zu bewegen. Höhe Warwerort kommt die endgültige Absage. Das Schiff hat die Leinen bereits losgeworfen. Der Busfahrer ist zwar nicht verzweifelt, aber etwas ratlos. Er entschließt sich, erst einmal weiterzufahren und seiner Reisegesellschaft durch Konfrontation mit der harten Wirklichkeit reinen Wein einzuschenken.

Als der Bus am Büsumer Ankerplatz eintrifft, ist vom Helgolandschiff schon nichts mehr zu sehen. Ein Khakiuniformierter mit weißer Mütze tritt an das Fahrerfenster mit einem flatternden Zettel in der Hand und meint: »Achtundvierzig Umbucher für Freitag, okay?« Der Fahrer nickt bedächtig und teilt dann seinen Fahrgästen die bittere Wahrheit mit: »Wie Sie wahrscheinlich schon bemerkt haben, konnte das Schiff nicht auf uns warten. Die Helgolandkarten behalten natürlich ihre Gültigkeit.« Dann schlägt er nach Rücksprache mit seiner Zentrale über sein Mikrofon vor, dass man entweder zur Entschädigung eine unentgeltliche

Der Büsumer Binnenhafen mit dem Ankerplatz ist immer ein beliebter Urlaubertreff.

Friedrichskoog im Südwesten Dithmarschens

Dithmarschenrundfahrt machen oder heimwärts fahren könnte. Die Fahrgäste entscheiden sich einstimmig für die Dithmarschenrundfahrt.

Und nun erleben alle einen Busfahrer, der zu seiner touristischen Hochform aufläuft. Friedrichskooger Hafenschau, Neufelder Elbblick, Brunsbütteler Schleusenbesichtigung und zum Abschluss

eine fast professionelle Sperrwerksführung machen aus dem entgangenen Schiffsabenteuer einen wundervollen Landgang. Beim Abschied gibt es für den Busfahrer ein Trinkgeld, wie er es noch nie bekommen hat. Und er fragt sich ernsthaft, ob er nicht öfters einmal den Helgolanddampfer verpassen sollte. Warum in die Ferne schweifen, wenn das Gute liegt so nah!

Golfer überqueren die Sielbrücke in Warwerort.

Vorbei an Betrieben der ökologischen Landwirtschaft und der alternativen Energiegewinnung führen die Touren auch gerne einmal zu den Hofläden, wo man direkt vom Erzeuger Obst, Gemüse und Dithmarscher Spezialitäten aller Art bekommen kann. Wer die ganze Palette der Freizeitmöglichkeiten inklusive kulinarischer Highlights sucht, findet diese im nahe gelegenen Nordseebad Büsum.

Die kleinste Stadt Dithmarschens mit etwa 3000 Einwohnern ist **Wesselburen** inmitten der Nordermarsch, weithin erkennbar durch den markanten

Dieser Gedenkstein wurde zum 300-jährigen Koogjubiläum im Hedwigenkoog errichtet.

Meeresrauschen und immergrüne Marschen

Die Dörfer zwischen Wesselburen und Büsum

Fahrradfans lieben ganz besonders die herrlichen Marschentouren durch die kaum bewohnten Köge und entlang der Deiche, die Pausen mit den freien Blicken übers Meer oder bis hin zu den Bauten Wesselburens und Büsums. Dieser »sehr dithmarsische« Winkel schafft in einem das Gefühl, sich in einer alten Kulturlandschaft zu bewegen, die dennoch schon fast wieder zur reinen Natur geworden scheint. Dies ist auch das Verdienst einer vernünftigen Ausgewogenheit von Ökonomie und Ökologie, auch wenn man in dieser Hinsicht stets aufmerksam bleiben muss. Auch die moderne Landwirtschaft birgt Umweltgefahren, die dem Verlangen der Gäste nach einer unbelasteten Urlaubsregion zuwiderlaufen können.

Die Gemeinde **Hellschen-Heringsand-Unterschaar** mit seinen heute etwa 180 Einwohnern streckt sich von Süderdeich in einem weiten Bogen bis an die Nordsee und ist 1934 aus dem Westteil des Kirchspiels Wesselburen gebildet worden. Der Ort mit seiner Weite und Ruhe eignet

sich besonders für entspannte Familienferien abseits des sonstigen Trubels. Hier findet man noch viel Landwirtschaft, zum Beispiel Kohlanbau und Schafhaltung. Die nahe Nordsee bestimmt mit ihrem gesunden und manchmal rauen Klima das Lebensgefühl der Einheimischen und Gäste.

Der bereits vor etwa 300 Jahren eingedeichte **Hedwigenkoog** (rund 240 Einwohner) mit der gleichnamigen Gemeinde ist prädestiniert für alle Gäste, die das Individuelle lieben, aber nicht auf die Nähe eines größeren Kurortes verzichten möchten. Hedwigenkoog besitzt zwar auch selbst eine kurtaxenfreie Badestelle, liegt aber nur wenige Kilometer vor den Toren Büsums. Gut ausgebaute Fahrradstrecken, interessante Spazierwege und einsame Inliner-Strecken laden naturverbundene Gäste zu Outdoor-Aktivitäten und zum Erkunden des angrenzenden Nationalparks Wattenmeer ein. Hier wird Urlaub auf dem Bauernhof, auf dem Campingplatz oder in Ferienwohnungen und Ferienhäusern angeboten.

Malerisches Reetdachhaus in Süderdeich

Das Amtshaus am Wesselburener Marktplatz

Faszinierender Ballonstart auf dem Flughafen von Österdeichstrich (Foto: Michael Pietsch)

Lustige Landfiguren zwischen Wesselburen und Büsum

Zwiebelturm ihrer Kirche. Im Beitrag »Hebbelstadt Wesselburen« (S. 28–29) wird eine ausführliche Darstellung des Ortes geboten.

Am Ortsausgang Wesselburens Richtung Büsum liegt **Süderdeich**. Das 500-Seelen-Dorf ist von Heide und Büsum aus per Bahn gut zu erreichen, so dass auch Radwanderer die Gelegenheit nutzen können, hier ihre Tour beim kleinen Haltepunkt zu starten. Im Ort gibt es eine romantische Kaffeestube mit Gartencafé und am Ortsrand einen rührigen Bio-Hof, der seine Feriengäste zu erlebnisreichen Aufenthalten einlädt.

Das benachbarte **Wesselburener Deichhausen** mit seinen etwa 140 Einwohnern geht auf eine mittelalterliche Dorfwurtengründung zurück und besitzt heute ein aktives Dorfleben, ein paar Handwerksbetriebe, eine Tierarztpraxis und drei Landwirtschaften. Im Ortsteil Hassenbüttel erbrachten archäologische Ausgrabungen interessante Details aus der Zeit der Besiedlung. Sie zeigten, dass an dieser Stelle schon im 9./10. Jahrhundert auf niedrigem Marschboden Kleiwurten errichtet worden sind, die später im 10./11. Jahrhundert erhöht und erweitert wurden. Die genaue

Lage eines Wohnplatzes konnte hier durch den Fund eines Stallhauses ermittelt werden.

Reinsbüttel zeigt in seinem Ortsbild ein Stück der Dithmarscher Küstenentwicklung, denn mitten durch das Dorf zieht sich die einzige Langwarft Schleswig-Holsteins aus dem 12. Jahrhundert sowie der alte Seedeich aus dem 14. Jahrhundert. Bis zur Anbindung der Insel Büsum an das Festland 1585 durch den Wahrdamm und der Schließung des Wahrdammskooges 1609 lag Reinsbüttel direkt am Meer. Der Ort ist nicht nur bei Einheimischen wegen seiner Wohnqualität beliebt, sondern auch bei Feriengästen, die besonders die Herzlichkeit der Gastgeber und die ursprünglich-dörfliche Atmosphäre schätzen. Zusätzlich prägen Landwirtschaft und Windräder die Gemeinde mit ihren rund 430 Einwohnern, die im übrigen auf einen der renommiertesten Gasthöfe der Region stolz sein dürfen. 1963 baute die Kirchengemeinde Wesselburen die Claus-Harms-Kapelle im Rahmen des Kapellenbauprogramms in Form eines Zeltdaches.

Südlich von Reinsbüttel schließt sich die Gemeinde **Österdeichstrich** (etwa 290 Einwohner) an, die nur wenige Minuten von mehreren Nordseestränden entfernt liegt. Sie bietet eigentlich das ganze Programm ländlicher Erholung und verschiedene Arten von Feriendomizilen. In Österdeichstrich liegt der Flugplatz von Norderdithmarschen, von dem aus Rundflüge und Flüge zur deutschen Hochseeinsel Helgoland möglich sind. Das dortige Restaurant ist bekannt für seine hervorragende einheimische Küche (siehe auch die Beiträge auf S. 48–51).

Das kleinste der hier vorgestellten Orte des Amtes Büsum-Wesselburen ist mit knapp 50 Einwohnern **Friedrichsgabekoog**. Die Gemeinde wird wegen seiner geringen Einwohnerzahl gemäß der schleswig-holsteinischen Gemeindeordnung basisdemokratisch von einer Gemeindeversammlung geführt. Im Ort ist ein großes Bio-Gemüseunternehmen angesiedelt.

Nur 4 km vom Nordseebad Büsum entfernt liegt das beschauliche **Warwerort** direkt »achtern Diek«. Die Gäste der 300-Seelen-Gemeinde erwartet ein schöner Grünstrand, von dem aus man ein erfrischendes Bad in der Nordsee nehmen oder eine ausgedehnte Wattwanderung machen kann. Der asphaltierte Küstenweg lädt zu entspannenden Rad- und Inlinertouren ein. Vogelfreunde werden das nahe Naturschutzgebiet Speicherkoog und Liebhaber des Golfsports den herrlichen 18-Loch-Platz zu schätzen wissen.

Empfohlene Homepages:

www.hellschen.de
www.hedwigenkoog.de
www.wesselburen.de
www.reinsbuettel.de

Beitrag von:
Gemeinde- und Amtsverwaltung
des Amtes Büsum-Wesselburen
Kaiser-Wilhelm-Platz · 25761 Büsum
Tel. (0 48 34) 99 40
info@amt-buesum-wesselburen.de
www.amt-buesum-wesselburen.de

Fantastischer Sonnenuntergang am Seedeich (Foto: Michael Pietsch)

Um Büsum herum und ein Blick hinein

Einer der schönsten »Ferienwinkel« Schleswig-Holsteins

Das Haus des Gastes in Westerdeichstrich

Der Erholungsort **Westerdeichstrich** liegt nördlich von Büsum direkt an der Küste. Seine fast 900 Einwohner und die vielen Feriengäste genießen nicht nur die Nähe zum angrenzenden »Weltnaturerbe Wattenmeer«, sondern auch all die Möglichkeiten, die der Tourismus hier seit etwa 40 Jahren hervorgebracht hat. Dazu gehören zahlreiche gastronomische Betriebe sowie drei große Campingplätze, die zum Teil direkt hinter dem Seedeich und damit unmittelbar am Strand von Stinteck liegen.

Vom hoch gelegenen »Haus des Gastes« hat man einen herrlichen Rundblick über das Wattenmeer und das Hinterland, hier befinden sich auch für die Gäste ein Lese- und Fernsehraum sowie ein Veranstaltungssaal. Dieser dient im Sommer als Café. Der mehrere Kilometer lange Strand lädt zum Baden, Sonnen und Wattlaufen ein, nordwärts schließt sich ein FKK-Abschnitt an. Auch eine Grillhütte für gesellige Nordseeabende ist vorhanden.

Das Wahrzeichen Westerdeichstrichs: die Holländermühle »Margaretha«

In Westerdeichstrich sind eigentlich alle Sportarten zu Hause, die man in einer solchen ländlichen Strandregion ausüben kann: Surfen, Beach-Volleyball, Angeln, Reiten, aber auch Tennis und vor allem Wandern, und das teilweise auf historischen Wegstrecken. Das flache Land mit seiner reizvollen Natur ist außerdem ein Paradies für Fahrradfans.

Die Windmühle »Margaretha« ist Blickfang des renommierten Hotel- und Restaurantbetriebes »Der Mühlenhof«, der weit über die Gemeindegrenze bekannt ist. 1845 erbaute der Müller Söht

Idyllische Reetdachkate in Westerdeichstrich

diese Mühle im Holländerstil und benannte sie nach seiner Frau Margaretha.
Die Mühle ist nicht nur das Wahrzeichen der Gemeinde, sondern findet sich auch als eines von drei Symbolen im Ortswappen wieder. Dazu weist darin die Nixe auf den Badetourismus und der Spaten auf Deichbau und Landarbeit hin. Die Farben Gold, Grün und Blau stehen für Getreide, Marschenland und Meer.

Der kurtaxfreie Bade- und Erholungsort **Büsumer Deichhausen** hat sich in den letzten Jahrzehnten von einem landwirtschaftlich geprägten Flecken fast schon zu einem touristischen Kleinod entwickelt. Die schmucken Häuser des Dorfes mit ihren etwa 800 Gästebetten in Ferienwohnungen, Pensionen, Hotels und Privatzimmern, die Lage direkt an der Nordsee, der gepflegte Grünstrand am Wattenmeer in Blickweite zum »großen«

Badeleben am weiten Grünstrand von Büsumer Deichhausen

Hafen und Strand von Büsum (Foto: Michael Pietsch)

Nachbarn Büsum, all das lockt jedes Jahr viele Tages- und Dauergäste hierher.

Die Ruhe, ohne abgeschieden zu sein, die freundlichen Gastgeber, die Naturnähe und die vielen Freizeitmöglichkeiten machen Büsumer Deichhausen zu einem sehr lohnenswerten Urlaubsziel. Von hier aus lassen sich auch reizvolle Entdeckungsfahrten in die Umgebung unternehmen, sei es mit dem Rad oder mit dem Wagen. Die Wattwanderungen und Spaziergänge in der gesunden Nordseeluft gehören ohnehin dazu.

Das **Nordseeheilbad Büsum** als Teil der hier vorgestellten Amtsgemeinden soll an dieser Stelle nur an einigen grundlegenden Aspekten dargestellt werden. Es finden sich auf den weiteren Seiten einige ausführliche Beiträge über diese liebenswerte Stadt am Meer, über ihre bemerkenswerte Geschichte, den Hafen, die Entwicklung zu einem der leistungsstärksten Seebäder Deutschlands,

ihre unkomplizierten Menschen und die einmalige »ländlich-maritime« Urlaubsatmosphäre hier direkt am Weltnaturerbe Wattenmeer.

Ob einer der fast 5000 Einheimischen oder einer der Wahlbüsumer, diejenigen, die sich für diesen besonderen Ort entschieden haben oder hier geboren sind, teilen miteinander eine stille Leidenschaft: Sie leben allzu gerne mit einem Fuß an Land und mit einem Fuß im Meer. Dieser etwas poetische Vergleich trifft sehr wohl das Lebensgefühl der Büsumer an der richtigen Stelle. Wer sie nämlich längere Zeit von einem Straßencafé oder der Promenade oder dem Ankerplatz aus beobachtet, merkt sehr bald: Irgendwie streben alle, die Hiesigen eingeschlossen, einmal oder mehrmals täglich dem Hafen oder dem Strand zu, verweilen wie absichtslos dort einen Moment oder integrieren die Seeseite Büsums einfach in ihren täglichen Stadtspaziergang.

Büsum ist in Bewegung. Nicht das unentwegte Wogen der sommerlichen Menschenmenge durch die Fußgängerzone und um den Hafen ist gemeint und nicht das Kommen und Gehen der Schiffe, sondern der ständige Wandel der Stadt zum Neuen, ohne das Traditionelle zu verlieren. Dies allein ist schon ein immer wieder faszinierendes Erlebnis.

Empfohlene Homepages:
www.westerdeichstrich.de
www.buesumer-deichhausen.de

Beitrag von:
Gemeinde- und Amtsverwaltung
des Amtes Büsum-Wesselburen
Kaiser-Wilhelm-Platz · 25761 Büsum
Tel. (0 48 34) 99 40
info@amt-buesum-wesselburen.de
www.amt-buesum-wesselburen.de

Büsum – erholsam und sympathisch

Ein unterhaltsamer Spaziergang

Wer durch Büsum bummelt, wird stets begleitet von einem maritimen Gefühl, was natürlich kein Wunder ist. Angeregt von der würzigen Seeluft, die einen überall umstreicht, widmet man sich unwillkürlich all der Details etwas genauer, die links und rechts des Weges auftauchen. Als erstes fallen einige Straßennamen ins Auge, die man sofort mit den einschlägigen Vorstellungen verbindet: Westerwarft, Hafenstraße, Kattegat, Fischerkai ... und schon sieht man die roten, blauen und grünen Kutter, den gestreiften Leuchtturm, der 2013 sein 100-jähriges Jubiläum feiert, das Helgoland-schiff und weiter draußen die Seeschleuse, neben der ein paar Masten hin und her schwanken. Ein Fischerboot und eine Motoryacht verlassen in Kiellinie gerade den Hafen, und über allem kreisen und kreischen die Möwen. So oder so ähnlich hat man es sich vorgestellt. Beim Straßennamen »Westerwarft« war man allerdings kurz stutzig geworden, weil irgendjemand einem erzählt hat: In Dithmarschen heißen die Warften »Wurten«. Warften sagt man nur in Nordfriesland, oder? Der Sache sollte man einmal nachgehen.

Immer erst ans Wasser

Auf der Promenade schlendern die ersten Badegäste Richtung Grünstrand und beginnen sich auf den kommenden Sommertag einzurichten. Der Strandkorb wird stilgerecht besetzt mit übergeworfenen Handtüchern, beigestellten Schuhen und Taschen, wobei Zeitung, Zeitschriften und zwei, drei Bücher zusammen mit einer riesigen Thermoskanne säuberlich hineinplatziert werden. Dann macht man seinen Gang ans Watt, das noch unberührt vom Meer bleiern-silbergrau im Morgenlicht schimmert.

Aus der Alleestraße, der quirligen Fußgängerzone, ergießen sich erst rinnsalartig, dann in größeren Strömen die Gäste Richtung Nordsee. Alle sechs Stunden ändert sich das Gesicht des Meeres vor Büsum. Ebbe und Flut bestimmen des Rhythmus der Menschen, die hier leben. Auf der neuen Familienlagune Perlebucht können die Kleinen baden oder herumtoben.

Am Museumshafen

Maritime Utensilien am Binnenhafen

Die Alleestraße verbindet das Innere des Ortes mit Hafen, Promenade und Strand.

Die schmucke Büsumer St. Clemens Kirche ist eines der Wahrzeichen des Ortes.

Wenn sie zur Berichterstattung aus dem Watt herausklettern, springt jemand auf, um sie abzuduschen. Wieder Gekreische. Dann folgt ein langer Sermon, den die Erwachsenen fast kommentarlos über sich ergehen lassen, ehe man sie mit einem »Geht mal wieder ins Watt, ehe die Flut kommt« fortschickt. Man mag es zunächst nicht glauben, aber das ist Erholung: einfach nichts tun, oder zumindest nichts Besonderes!

In der Alleestraße

Dem Spaziergänger, der sich erst später in die Fluten werfen wird, eröffnet sich am Hafenplatz und weiter stadteinwärts ein etwas anderes Szenario. Allmählich träufeln die Normalaufsteher aus ihren Feriendomizilen, und soweit sie nicht garni untergebracht sind, belegen sie bald sämtliche Straßencaféplätze. Die Büsumer Gastronomie hat sich auf diese Frühstückerschicht eingestellt und wartet mit einer reichen Palette von Angeboten auf. Fast alle heimatlichen und europäischen Küstenregionen haben hier ihr eigenes nationales Frühstücksgedeck. Man kann den Tag, von Nord nach Süd, skandinavisch, dänisch, friesisch, büsumisch, hanseatisch, französisch oder mit frutti di mare beginnen, dazu allerdings recht eintönig immer der unvermeidliche Milchkaffee.

Einen solchen nimmt man dann auch selbst bei einer Spazierpause zu sich, umgeben von allen deutschen Dialekten. Auf der gegenüberliegenden Straßenseite hat bereits die Softeisausgabe begonnen, teils mit Schokoüberzug, teils in die Streuselschüssel getaucht. Die Menschenmenge ist jetzt gegen Mittag erheblich angewachsen und wogt wie eine Dünung unaufhörlich Richtung Hafen und Strand.

Beim Weiterbummeln merkt man, warum die Menschen Büsum so gerne mögen. Es ist diese gästefreundliche Stimmung, die man wie eine sympathische Visitenkarte vorzeigt und verteilt. Alle Geschäfte bis hin zum kleinsten Laden kommen den Leuten mit ihren bunten Auslagen sozusagen einen Schritt entgegen, heißen sie willkommen auf eine lockere Weise, die man an der eher »drögen« Küste kaum erwarten würde. Aber die Büsumer sind da etwas anders. Wenn die Sommersonne scheint und alles in ein südliches Licht taucht, fühlt man sich fast in mediterrane Gefilde versetzt. Die Cafés und Restaurants locken alle paar Meter mit ihren Straßenterrassen, Gaukler führen ihre Kunststücke vor, ein Musikantenpaar baut sich vor einem Hauseingang auf und beginnt mit einem plattdeutschen Shanty-Medley, einige Gäste halten an und schunkeln mit.

Eine unerwartete Geschichtsstunde

Vor dem Rathaus, hinter dem sich die pittoreske Kirche erhebt, schaut man sich das Treiben noch

An der Hafenmeile ist immer etwas los.

eine zeitlang von einer Parkbank aus an. Ein älterer Herr auf der Nebenbank genießt sein Krabbenbrötchen, schaut herüber und meint: »Mein Mittagessen!« Es beginnt unwillkürlich ein Gespräch, in dessen Verlauf man sich näher zusammensetzt. Der Mann ist Einheimischer. Vorsichtig tastet man sich vor und erkundigt sich nach der noch ausstehenden Antwort auf die Frage: Warum »Westerwarft« und nicht »Westerwurt«? Der gebürtige Büsumer, ein ehemaliger Postbote, erklärt, dass man das eigentlich wie ein Dachdecker halten könne, aber die Namen Westerwarft und Osterwarft stammten von ganz früher, aus dem 12. Jahrhundert, und sind nie geändert worden. Dann erzählt er, jetzt eher ungefragt, weiter, und so ist man bald im Besitz eines Wissens, dass einem kein noch so präziser Reiseführer hätte vermitteln können.

Büsum, das 1140 erstmals urkundlich erwähnt wird, ist seit dem 19. Jahrhundert Seebad und kann St. Peter-Ording und Westerland, was Übernachtungszahlen anlangt, fast das Wasser reichen. Apropos Wasser. Bis 1585 war Büsum noch eine Insel, dann wurde sie mit dem Festland verbunden, damit man den Sturmfluten besser gewachsen war – wegen der verkürzten Deichlinie. Der Piep, hochdeutsch Pfeife, verbindet den Ort quer durchs Wattenmeer mit der offenen See. Die kann aber in den Hafen nicht mehr eindringen, weil es inzwischen ein Sperrwerk gibt. Bei den großen historischen Sturmfluten von 1634, 1717 und 1825 hatte es im Büsumer Gebiet noch große Schäden an Deichen, Vieh und Menschen gegeben, aber bei der mächtigen Februarflut 1962 war man entgegen aller Befürchtungen heil davongekommen.

Und warum heißt Büsum eigentlich Büsum? Der »allwissende« Rentner weiß auch hier Bescheid: Das ginge auf ein Kirchspielregister des Bremer Bischofs zurück, worin der Ort als Biusne bezeichnet wird, was darauf hindeutet, dass es hier Binsen in den damaligen Dünen gegeben hat. Und mit Blick auf die vorbeiwandernden Strandtouristen fügte er hinzu: »Schade, dass wir keine natürlichen Dünen mehr haben.« Aber das hat dem Badeleben in Büsum letztlich keinen Abbruch getan. 1818 gab es hier schon die ersten Badekarren. Aber erst nach der großen Flut von 1825 ging es richtig los mit Gaststätte, festen Badehäuschen

und dem Beginn des »Marketings«, als man sich ab 1837 als Nordseebad bezeichnete.

Eine Dame um die fünfzig setzt sich neben den Mann und begrüßt ihn sehr vertraulich. Es stellt sich heraus: Es ist seine Tochter. Sie will ihn nach Hause mitnehmen. »Mittag gegessen hat er

Die Neocorus-Figur, geschaffen vom Dithmarscher Künstler Jens Rusch

Im Fischereihafen

schon«, sagt er zur Begrüßung und weist auf die zwei übrig gebliebenen Krabben hin. Die Tochter hat kein geringeres Erzähltalent als ihr Vater und mischt gleich mit. So erfährt man mühelos den Rest der Geschichte.

Eine gute Infrastruktur war schon damals der wichtigste Entwicklungsfaktor. 1872 wurde die Straße über Wöhrden nach Heide ausgebaut, 1883 die Bahnanbindung geschaffen. Jetzt entstanden frühe Strukturen eines leistungsfähigen Fremdenverkehrs mit Werbeprospekten, Plakaten, gepflegten Badeeinrichtungen und sogar einer geregelten Kurabgabeordnung. Der Erfolg ließ nicht auf sich warten: Um 1900 brachten mehrere hundert Badegäste bereits eine Zahl von fast 10 000 Übernachtungen.

1904 schüttete man einen Sandstrand auf, um den seinerzeitigen Grünstrand, eigentlich eine einfache Wiese am Watt, attraktiver zu gestalten. Das kam vor allem bei den Familien gut an. Vor dem Ersten Weltkrieg erreichte man schon die stolze Zahl von rund 6000 Gästen, und ab den 1920er Jahren kamen die beliebten Dampferfahrten nach Helgoland hinzu. Über alle Kriegs- und Notzeiten hinweg entwickelte sich das Nordseebad, das heute knapp 5000 Einwohner besitzt, weiter und erreichte 2002 rund 1,6 Millionen Übernachtungen. Heute bieten das Gesundheits- und Thalassozentrum Vitamaris und das Erlebnisbad »PiratenMeer« zwischen Hafen und Promenade auch Tagesgästen eine wetterunabhängige Oase der Erholung. Und auf dem Gebiet der ehema-

Man kann es sich gut gehen lassen in Büsum!

ligen »Perlebucht« von 1971 ist im Frühjahr 2013 eine völlig neu gestaltete Strand- und Lagunenlandschaft entstanden.

Impressionen wie Tattoos

Die schleswig-holsteinische Westküste ist durch die Gezeitenlage relativ arm an guten und größeren Häfen. Zu diesen zählt glücklicherweise Büsum, das durch Norderpiep (Richtung Eider und nordfriesische Inseln) und Süderpiep (Richtung Helgoland und Elbe) mit der offenen Nordsee verbunden ist. Bei normalen Tideverhältnissen kann hier mit Schiffen bis 2 Meter Tiefgang gefahren werden. Hauptnutzer des Hafens und der Fahrrinne sind Ausflugsschiffe, Fischkutter und Dienstfahrzeuge des Landes und des Bundes. Auch Segel- und Motoryachten sind vornehmlich während der Sommermonate in den Fahrrinnen unterwegs.

Die Themen Nordsee und Schifffahrt spielen in Büsum natürlich eine große Rolle. Einige Erlebnisplätze beschäftigen sich hiermit und bieten den Gästen vielfältige Einblicke in das maritime Geschehen. Seit 2006 lädt die Sturmflutenwelt »Blanker Hans« zu einem faszinierenden und lehrreichen Ausflug in die schwersten Stunden der Küste ein. Das Museum am Meer und der idyllische Museumshafen sowie das großartige Meerwasserwellenbad »PiratenMeer« ergänzen mit weiteren Attraktionen das touristische Angebot.

An der sehenswerten Kirche mit ihrem weiß leuchtenden Mauerwerk und ihrer roten Dachkuppe »sitzt« der Büsumer Chronist Neocorus und »schreibt« auf einer stillen Parkbank an seinem Werk. Die wundervoll und lebensnah gestaltete Bronzefigur hat der renommierte Dithmarscher Künstler Jens Rusch geschaffen. Wenn man sich von dieser beeindruckenden kleinen Szene Richtung Fischereihafen wendet und die Stöpe, den schmalen Deichdurchlass, passiert hat, eröffnet

Blick in die Hohenzollernstraße

Das Erlebnisbad »PiratenMeer«

Das nicht ganz unumstrittene Hochhaus an der Lagune ist vielleicht die markanteste Landmarke an der gesamten Westküste.

sich ein unvergessliches Panorama. Unzählige Masten ragen in den blauen Himmel, bunte Bordwände spiegeln sich im leicht bewegten Wasser und Männer in Overalls und Blaumännern werkeln an und auf den Schiffen. Dahinter erhebt sich der Leuchtturm in der gleißenden Mittagssonne.

Und so schließt sich der morgendliche Rundgang am Museumshafen, wo man mit gutem Appetit in eines der gemütlichen Fischrestaurants einkehrt, den Duft der See in der Nase und eine sanfte kühle Brise auf der Haut: Die Flut läuft auf!

Schnell, zuverlässig und individuell

Kähler – der Spezialist in Sachen Bau

Eines der großen Reetdachprojekte

Die Leistungspalette der Kähler Bau GmbH aus Büsum ist umfangreich und vielfältig – von der kleinsten Reparatur bis hin zum schlüsselfertigen Neubau. Maurer-, Putz-, Zimmerer- und Tischlerarbeiten werden bei sämtlichen Bauvorhaben fachgerecht und wunschgemäß ausgeführt, egal ob Ein- und Mehrfamilienhäuser, Wohn- und Geschäftshäuser, Gewerbe- und Industriebauten.

Die typische Kähler-Kombination aus Tradition und Innovation sorgt dafür, dass die handwerkliche Kompetenz optimal in jedes Bauvorhaben eingebracht wird, sei es als Generalunternehmer, -übernehmer oder ausführendes Bauunternehmen: Kähler Bau hat sich in ganz Schleswig-Holstein einen hervorragenden Ruf geschaffen und auch anspruchsvolle Herausforderungen immer zuverlässig gemeistert.

Kähler Bau in Aktion

Beratung, Konzeption, Planung und Bauleitung sind im Hause ebenso angesiedelt wie die Hochbau-Abteilung mit ihren Stärken bei Wohnungs- und Gewerbebauten, Anlagen- und Hallenbau sowie öffentlichen Bauten. Hochwertige Handwerkskunst im Einklang mit modernen und effizienten Arbeitsmethoden, leistungsfähige Baufahrzeuge und bestens geschulte Fachkräfte garantieren bei Kähler stets eine solide und termingerechte Ausführung der Bauvorhaben. Diese werden auch als schlüsselfertige Komplettabwicklung inklusiver Außenanlagen übernommen.

Zum Leistungsprofil von Kähler gehört auch der Bau des energetisch hoch modernen Viebrockhauses. Außerdem bietet Kähler ein professionelles Immobilienmanagement für private und gewerbliche Liegenschaften.

Beitrag von:
Kähler Bau GmbH
Rechenmeisterweg 14
25761 Nordsee-Heilbad Büsum
Tel. (0 48 34) 99 20 · Fax (0 48 34) 10 99
mail@kaehler-bau.de · www.kaehler-bau.de

Komfortable und moderne Ferienwohnungen an der Nordsee

Kähler Vermietungen sorgt für Urlaub von Anfang an

So gemütlich kann man mit Kähler wohnen!

Mehr als 30 Jahre Erfahrung rund um die Vermietung von hervorragenden Ferienwohnungen garantieren der Kundschaft aus nah und fern, dass ihr Urlaub gleich am ersten Tag beginnt. Denn

wenn das Feriendomizil stimmt, kann man sogleich in die ersehnte Erholung eintauchen.

Kähler Vermietungen als alteingesessener Vermietungsbetrieb kennt die Ansprüche und Bedürfnisse der Büsumer Gäste nur zu gut und achtet stets darauf, dass für jeden Personenkreis und jede Preiskategorie Ferienwohnungen angeboten werden. Dabei spielt die hochwertige Qualität von Lage und Ausstattung eine große Rolle. Besondere Wünsche wie Meer- oder Hafenblick, Garagenplatz, Terrasse oder Balkon, Aufzug, eine Nichtraucher bzw. Allergiker freundliche Wohnung, 3 Schlafräume, Zentrumslage oder der Freund auf 4 Pfoten sind bei Kähler Vermietungen kein Problem.

Die größtenteils auf dem neuesten Stand der Technik ausgestatteten Ferienwohnungen besitzen Kabel oder Sat-TV, LCD-Fernsehgerät, Ge-

schirrspüler sowie höhere Betten für den bequemeren Ein- und Ausstieg, elektrisch verstellbare Lattenroste oder einen Relax-Sessel. Die Objekte befinden sich in unterschiedlichen Lagen in Büsum, was die individuelle Auswahl erleichtert. Auch eine ganzjährige Vermietung sowie Winter- und Zwischensaisonangebote können angeboten werden.

Wohnen mit Hafenblick in der Hafenresidenz

Beitrag von:
Kähler Vermietungen – Büsum
Rechenmeisterweg 14 · 25761 Büsum
Tel. (0 48 34) 9 92 22 · Fax (0 48 34) 49 92
info@kaehler-vermietung.de
www.buesum-touristik.de

Die Schönheit des Nordens

Das Bilder- und Farbenfachgeschäft Gemälde Albrecht in Büsum

Die Firma Gemälde Albrecht ist seit vielen Jahren im Nordseeheilbad Büsum ansässig. Das Warenangebot reicht in der Kunsthandlung von wunderschönen originalen Ölgemälden bekannter internationaler Künstler über modisch dekorative Bilder bis hin zu Aquarellen, Radierungen und preiswerten Kunstdrucken.

»Büsum Skyline« – Dieses Motiv ist erhältlich als Kunstdruck bei der Gemälde Albrecht GbR. Der Fotograf ist Arne Feigel.

Jens Albrecht in der hauseigenen Einrahmungswerkstatt. Hier werden Bildern von Kunden oder Werken aus dem Geschäft die richtigen Rahmen verpasst.

Viele Geschmacksrichtungen werden angesprochen, maritime und überregionale Bildmotive sind erhältlich. Angebotene Rahmungen sind lediglich Empfehlungen. Sie können nach eigenen Wünschen geändert werden. Wechselrahmen, individuell geschnittene Passepartouts oder speziell auf Maß gefertigte Einrahmungen in der eigenen Werkstatt sind in allen Variationen möglich, auch für Urkunden, Familienfotos oder Aquarelle, aufziehen und veredeln von Drucken. Ein weiterer Bereich ist die Restauration von Gemälden.

Auch Künstlerbedarf mit Malgründen und Farben, ansprechende Dekorationen oder Geschenkartikel wie Skulpturen, besondere Kerzenleuchter und Fensterglasschmuck sind bei Gemälde Albrecht zu finden.

Neben der Kunsthandlung gibt es ein Farbenfachgeschäft mit einer großen Auswahl an Tapeten, Bodenbelägen und Farben. Bei Bedarf werden Farbtöne ganz nach Vorstellung und Geschmack des Kunden, sofort zum Mitnehmen über die Brillux Farbmischanlage, getönt. Natürlich findet man hier auch alle wichtigen Hilfsmittel oder Malerwerkzeuge. Individuelle Klebeschrift und Logos zum Beispiel für Werbezwecke am Haus oder Fahrzeug werden ebenfalls auf Wunsch gefertigt.

Das Ölgemälde von Karsten Meiwald ist nur eines von vielen wunderschönen nordischen Motiven verschiedener Künstler.

Die Auswahl an Original-Gemälden ist sehr groß. Es werden auch Kunstdrucke mit Wechselrahmen angeboten.

Beitrag von:
Gemälde Albrecht GbR
Inhaber Jens u. Harro Albrecht
Bismarckstraße 6 · 25761 Büsum
Tel. (0 48 34) 22 45
Fax (0 48 34) 66 00
gemaelde.albrecht@t-online.de
www.gemaelde-albrecht.de

Von der Freude, die Welt von oben zu sehen

Über 40 Jahre »Flugsportclub Heide-Büsum e.V.«

Im Jahre 1970 wurde der Flugplatz Heide-Büsum in Betrieb genommen. Damit sollte, wie damals Landrat Hannemann erklärte »der Anschluss an den nationalen und internationalen Flugverkehr geschaffen und besonders dem Fremdenverkehr Rechnung getragen werden.«

Ein Jahr später, genau gesagt am 18. Mai 1971 fanden sich 16 Frauen und Männer, von der Fliegerei begeistert, zusammen und gründeten den »Flugsportclub Heide-Büsum e.V.«. Zum ersten Vorsitzenden wurde damals Fritz Yung gewählt, der den Club 17 Jahre lang leitete und aufbaute. Er ist unser Ehrenmitglied, und aus Anlass seines 90sten Geburtstages wurde die große Halle des Flugplatzes nach ihm benannt. Weitere Gründungsmitglieder waren Fritz Weimar, Jochen Paulsen und Reimer Sievers.

Fliegerisch begann der Verein mit einer SF 23 A Scheibe-Sperling mit 90 PS für damals 9500 DM. Schon nach fünf Jahren hatte man sich zum fünf-

Die aktuelle »Flotte«

Die erste Vereinsmaschine

Die berühmte Fliegerin Elly Beinhorn (1907–2007) vor dem Weiterflug nach Wyk auf Föhr (1970er Jahre)

ten Flugzeug »hochgearbeitet«, und zwar zu einer Morane MS 893 mit immerhin 180 PS! Im Jahr 1977 begann dann auch die PA18-Ära des Vereins. Die Liebe zu diesem Flugzeug hat sich bis heute im Club gehalten, noch immer sind zwei Maschinen dieses Typs am Platz stationiert. Aber nicht nur das Vorhandensein allein ist erwähnenswert, sondern auch, dass sich die Piloten dieser Maschine zu einer Staffel zusammengefunden haben und auch bei entsprechenden Veranstaltungen den Namen des Clubs in die Fliegerwelt hinaus tragen. Die vereinseigene PA 18 wurde 1985 beim Pipertreffen in Schmidgaden zur schönsten Piper der Bundesrepublik gekürt.

Im Laufe der Jahre wurde ein Clubheim gebaut, und die Flotte hat sich verändert, sprich modernisiert. Der Club macht durch Rundflugtage und andere Veranstaltungen auf sich aufmerksam.

Das Jahr 2001 bringt einen entscheidenden Einschnitt für den Flugsportclub. Der Flugplatz Heide-Büsum, der mit großem Optimismus 1970 gestartet war, sollte nach Beschluss der Gesellschafter der Flugplatz GmbH, Kreis Dithmarschen, Stadt Heide und Gemeinde Büsum geschlossen werden. Damit wäre dem Club die Basis seines Vereinszwecks entzogen worden. Nach schwierigen Verhandlungen wurde der

Platz für den berühmten einen Euro vom Flugsportclub übernommen. Dank der guten Führung durch den inzwischen verstorbenen Vorsitzenden Dr. Knobloch und dem Geschäftsführer der GmbH Michael Bartelt konnte der Verein im Jahre 2008 die Schuldenfreiheit verkünden und diesen Erfolg mit einem kleinen Hallenfest feiern.

Derzeit betreibt der Club zwei Maschinen, eine Cessna 172 und eine Robin 135 Ecoflyer, beide mit umweltgerechten und sparsamen Dieselmotoren ausgerüstet.

Die Mitgliedszahlen des Vereins bewegen sich seit Jahrzehnten zwischen 50 und 60. Ungefähr die Hälfte sind passive Mitglieder. Von den Aktiven sind fast ein Drittel Mitglieder mit eigenen Maschinen, so dass ungefähr 20 Aktive die zwei vorhandenen Vereinsmaschinen nutzen können.

Die Freiheit über oder unter den Wolken ist leider schon lange nicht mehr grenzenlos. Immer neue Vorschriften, auch im Zuge der Europäisierung des Luftraums, machen den Clubmitgliedern das fliegerische Leben schwer.

Noch warten große Herausforderungen auf den Verein. Durch die Übernahme des Verkehrslandeplatzes Heide-Büsum hat man sich weiterhin um den Erhalt dieser wichtigen Infrastrukturmaßnahme

Zwei Damen inspizieren eine Ballonhülle während einer Flugplatzveranstaltung 2012.

Der Flugplatz Büsum-Heide, umfasst von der Bundestraße nach Büsum

für die Region zu kümmern. Dies bedeutet nicht nur, den Flugbetrieb vor Ort und den Bedarfslinienverkehr nach Helgoland zu ermöglichen. Es gilt auch die Immobilie Flugplatz mit seinem ständigen Sanierungsbedarf zu erhalten. Dieser ist mit den Jahren natürlich nicht geringer geworden. Der Zahn der Zeit nagt unerbittlich am Turm und am Gebäude.

Hinzu kommt, dass die Passagierabfertigung des Helgolandverkehrs den neuen Richtlinien, die dem Verein seit kurzem neue Arbeit gebracht hat, angepasst werden muss. Obwohl man ausdrücklich das realistische Augenmaß lobend hervorheben darf, mit dem die Luftaufsichtsbehörde diesen Wandel begleitet, ist es doch notwendig, die Kräfte der Region zu bündeln. Der Verein als Eigentümer bedarf auf mittlere Sicht der Unterstützung vor allem der anliegenden Bevölkerung, der Wirtschaft und der Politik. Flugsportclub Heide-Büsum nimmt mit dem Betreiben des Flugplatzes auch eine öffentliche Aufgabe wahr.

Die Ausgestaltung des hiesigen touristischen Angebots, die Integration Dithmarschens in das deutsche Verkehrsnetz, die Anbindung und Versorgung Helgolands und nicht zuletzt die Förderung des Flugsports sind wichtige Themen vor Ort.

Es besteht die Gefahr, dass ein altes deutsches Kulturgut, die Fliegerei, zugrunde geht. Das Flugbenzin kostete bei Gründung des Clubs um die 50 Pfennig. Doch seit 1983 ist auch Flugbenzin (AV-GAS) versteuert! Heute kostet Flugbenzin mehr als 6 Mark = 3,00 € pro Liter. Während sich die Lebenshaltungskosten seit 1970 verdreifacht haben, hat sich das Flugbenzin versechsfacht!
Vielen ist das aber nicht bewusst, auch Politikern oft nicht, die immer noch vom unversteuerten Flugbenzin reden. Was sie jedoch meinen, das ist Kerosin, den Treibstoff für Düsenflugzeuge! So leidet die Fliegerei der kleinen Leute, der Clubs und damit des fliegerischen Nachwuchses in unnötiger Weise.

Die Fliegerei ist und bleibt ein Teil der menschlichen Sehnsucht, über sich hinauszuwachsen. Die Faszination, abzuheben und eine neue Sicht der Dinge zu gewinnen, wirkt wie der Zauber, es den Vögeln gleich zu tun und der Schwerkraft der Erde zu entfliehen. Viele Künstlerinnen und Künstler haben sich vom Fliegen inspirieren lassen und darüber wundervolle Werke geschaffen. Soweit muss man gar nicht immer gehen. Denn schon ein Flug über die glitzernde Nordsee nach Helgoland oder ein Rundflug über die gestaltenreiche Dithmarscher Meereslandschaft ist ein unvergessliches Erlebnis, egal ob man es zum hundertsten oder zum ersten Male macht. Deshalb sei der Flugsportclub Heide-Büsum und sein Flugplatz allen Interessierten als Anlaufstelle herzlich empfohlen.

Michael Pietsch

Beitrag von:
Flugsportclub Heide-Büsum e.V. · Michael Pietsch
Am Flugplatz 7 · 25761 Oesterdeichstrich
Tel. (0 48 34) 85 85 · verein@edxb.de
www.flugsportclub-heide-buesum.de

Ein von Büsum aus bevorzugtes Flugziel ist Helgoland. Im Vordergrund sieht man die dortige Landebahn auf der Düne.

»Schön, dass Sie bei uns gelandet sind!«

Das Flughafen-Bistro »Bei Rolf« in Oesterdeichstrich

Das Flughafen-Bistro »Bei Rolf« aus der Vogelperspektive

Passender könnte das Motto in der Überschrift von Gastwirt Rolf Platz nicht lauten. Seit der Saison 2012 ist Rolf Platz Inhaber des Bistros mit Blick auf den Flugplatz Oesterdeichstrich. Neben Suppen, hausgemachten Burgern, regionalen Speisen und selbstgebackenem Kuchen gibt es eine echte Delikatesse: Original Berliner Currywurst! Grundsätzlich werden alle Speisen frisch zubereitet. Sogar frühstücken kann man hier täglich ab 8 Uhr. Feierlichkeiten mit bis zu 40 Personen können im Innenbereich des Flugplatz-Bistros ausgerichtet werden. Auf Wunsch werden auch individuelle Menüs zusammengestellt.

Natürlich finden auch Fluggäste ein angenehmes Ambiente vor oder nach dem Flug.

Zusätzlich zum Bistro-Betrieb bietet Rolf Platz auch einen Lieferservice an. Von 17 bis 22 Uhr kann man sich freitags, samstags und sonntags die Bistro-Leckereien auch nach Hause liefern lassen. Der Mindestbestellwert beträgt 12 Euro und bei einer Bestellung im Umkreis von 15 km wird kein Km-Zuschlag erhoben.

Auch alle, die auf ihrer Fahrradtour einen gemütlichen Zwischenstopp machen wollen oder ganz einfach ein wenig »Höhenluft« schnuppern möchten, sind hier gut aufgehoben.

Öffnungszeiten Saison:
Montag bis Donnerstag: 8 bis 20 Uhr
Lieferservice 17 bis 20 Uhr
Freitag, Samstag, Sonntag 8 bis 22 Uhr
Lieferservice 17 bis 22 Uhr

Die Bistro-Sonnenterrasse ist ein beliebter Sommertreffpunkt.

Beitrag von:
Flughafen-Bistro »Bei Rolf«
Am Flugplatz 7 · 25761 Oesterdeichstrich
Tel. (0 48 34) 9 65 99 86 · rolf.platz@gmx.de

Ein traumhafter Nordseeurlaub

mit Büsumer Ferienwohnungen – Lilo Sattler

Jeder Mensch hat die berechtigte Erwartung, dass der Urlaub ein ganz besonderes und erholsames Erlebnis sein soll. Darum steht bei Büsumer Ferienwohnungen und der Inhaberin Lilo Sattler die Zufriedenheit ihrer Kundschaft im Mittelpunkt aller Bemühungen. Sie und ihr professionelles Team sorgen dafür, dass sich der Gast von der Ankunft bis zur Abfahrt in seinem Urlaubsdomizil und in Büsum wohlfühlt und den Aufenthalt in vollen Zügen genießen kann.

Die vielfältige Auswahl von über 200 ausgesuchten Ferienhäusern und Ferienwohnungen lässt keine Wünsche offen. Vom exklusiven Domizil für den gehobenen Anspruch bis zum Appartement mit einfacher Ausstattung reicht das breite und stets qualitätvolle Angebot.

Neben der eigentlichen Vermittlung steht der Vermietungsservice seiner Kundschaft auch in allen weiteren Fragen rund um das gebuchte Objekt zur

*Büsumer Ferienwohnungen – Lilo Sattler:
Die Rezeption*

Verfügung. Für Aktivitäten in und um Büsum werden gerne interessante Tipps und Anregungen gegeben. Büsumer Ferienwohnungen bleibt für die ganze Dauer des Aufenthaltes an der Seite des Gastes!

Büsumer Ferienwohnungen – Lilo Sattler, eine Adresse, die eine Entdeckung wert ist!

Beitrag von:
Büsumer Ferienwohnungen – Lilo Sattler
Bahnhofstraße 14 · 25761 Büsum
Tel. (0 48 34) 25 98 · Fax (0 48 34) 45 65
info@buesumer-fewo.de · www.buesumer-fewo.de

Mit Hafenblick und von Licht durchflutet

Gemütlich und exklusiv zugleich

Das Büsumer »Strandhotel Hohenzollern«

Erholung im Rhythmus der Gezeiten

Das Hotel befindet sich direkt hinter dem Deich. Über die hauseigene Brücke, die ein gut sichtbares Markenzeichen des Hauses ist, erreicht man einfach und bequem den Hauptstrand. Den Gästen stehen ein elegantes Restaurant mit Hausbar und eine gemütliche Kaffeeterrasse zur Verfügung.

Die wichtigsten Einrichtungen des Nordsee-Heilbades Büsum wie das Kurgast-Zentrum, Kurmittelhaus, Kurpark und das Meerwasserhallenbad liegen nahe am Hotel. Auch die Einkaufsstraße und der Hafen sind nur wenige Gehminuten entfernt.

Das Hotel besitzt 43 Zimmer, teilweise mit Seeblick, alle mit Dusche/WC, Fön, Kosmetikspiegel, Telefon, Minibar und Safe. Darüber hinaus ist jedes Zimmer mit Kabel-Flachbild-TV, W-LAN, Balkon oder Loggia ausgestattet. Finnische Sauna, Dampfbad, Fitnessraum und ein gemütlich eingerichteter Aufenthalts- und Fernsehraum.
Das Haus verfügt über einen Fahrstuhl (bis in die 2. Etage) und breite Treppen, die zu den geräumi-

Das Hotel ist in jeder Hinsicht komfortabel.

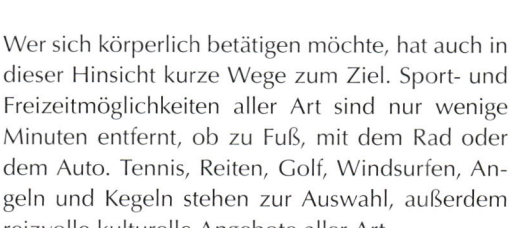

gen Zimmern führen. Diese sind komfortabel eingerichtet und gut zur Hälfte seewärts ausgerichtet. Diese bieten einen unvergleichlichen Blick auf Ebbe, Flut, Strand und Promenade.

Ein Aufenthalt im »Strandhotel Hohenzollern« heißt sich entspannen und wohlfühlen in großzügigen Räumlichkeiten und einer Gastronomie, die keine Wünsche offen lässt. Die Vielfalt des kulinarischen Angebotes begleitet den Gast vom Frühstück bis zum Abendessen und rundet den Urlaubstag auf sehr angenehme Weise ab. Nach einem erholsamen Tag wird der Gast von den Köchen des Hauses mit regionalen und internationalen Spezialitäten verwöhnt. Den Abend dann in gemütlicher Atmosphäre bei einem guten Glas Wein an der Hotelbar oder im Salon ausklingen zu lassen, gehört für viele Gäste einfach dazu. Es ist faszinierend, den sommerlichen Sternenhimmel beim Meeresrauschen auf der Terrasse zu genießen, und ein »Strandhotel«-Erlebnis, das man nicht so leicht vergisst.

Wer sich körperlich betätigen möchte, hat auch in dieser Hinsicht kurze Wege zum Ziel. Sport- und Freizeitmöglichkeiten aller Art sind nur wenige Minuten entfernt, ob zu Fuß, mit dem Rad oder dem Auto. Tennis, Reiten, Golf, Windsurfen, Angeln und Kegeln stehen zur Auswahl, außerdem reizvolle kulturelle Angebote aller Art.

Wer die verschiedenen Arrangements, die das »Strandhotel Hohenzollern«, etwa zu Weihnachten oder Silvester, bietet, nutzen möchte, kann hierüber auf der Internetseite des Hauses Näheres erfahren.

Das »Strandhotel Hohenzollern« liegt direkt am Büsumer Grünstrand.

Die Restaurantküche ist regional und international orientiert und bietet für jeden Geschmack etwas Besonderes.

Beitrag von:
Strandhotel Hohenzollern · Inhaber: U. Steffen
Strandstraße 2 · 25761 Büsum
Tel. (0 48 34) 99 50 · Fax (0 48 34) 99 51 50
info@strandhotel-hohenzollern.de
www.strandhotel-hohenzollern.de

Das Hafenbecken II

Seit Ende des 19. Jahrhunderts entwickelte sich hier die Krabbenfischerei, weil es nun auch möglich wurde, den Fang zu kühlen und so auf die Märkte des Hinterlandes zu transportieren. 1898 wurde die Büsumer Fischereigenossenschaft gegründet. Nachdem zwischenzeitlich (1948) über 130 Büsumer Krabbenkutter hinausfuhren, waren es 2008 nur noch 20. Außerdem tragen viele Kutter am Heck den Namen eines anderen Heimathafens, etwa Friedrichskoog oder einen aus den Niederlanden. Obwohl die Fangmenge an der schleswig-holsteinischen Nordseeküste noch immer einige Millionen Tonnen pro Jahr beträgt, sind die Fangerträge langfristig rückläufig.

Für die Weiterverarbeitung der Krabben sorgen zwei niederländische Unternehmen, die inzwischen neun Zehntel des Krabbenmarktes beherrschen. Dies bedeutet auch eine starke Abhängigkeit der hiesigen Fischer von deren Preisgestaltung, die zeitweise starken Schwankungen unterworfen war und ist. Regionale Verarbeitungsbetriebe spielen heute kaum noch eine Rolle.

Das traditionelle und für die Feriengäste so urige Krabbenpulen war über viele Jahrzehnte ein willkommener Nebenverdienst für die Hausfrauen in Büsum und Umgebung. In der Gegenwart wird dies höchstens noch als liebenswerte touristische Attraktion geboten, ansonsten werden die Krabben zum Pulen nach Marokko oder Osteuropa transportiert, weil die dortigen Arbeitskräfte günstiger arbeiten. Danach gelangen sie zurück in die Theken der bundesdeutschen Fischgeschäfte.

Hafenleben

zwischen Historie und Moderne

Aus dem ehemaligen Fischerdorf Büsum ist in den letzten hundert Jahren nicht nur ein ansehnlicher Badeort geworden, sondern auch ein moderner und leistungsfähiger Nordseehafen. Seine Bedeutung ist umso höher, als die schleswig-holsteinische Westküste überhaupt sehr wenige Häfen besitzt. Nach Brunsbüttel nimmt Büsum die zweite Position hinsichtlich der Hafengröße ein.

Die Krabbenfischerei, die Büsum als Hafenort so berühmt gemacht hat, besteht natürlich noch immer, allerdings mit abnehmender Tendenz. Die Internationalisierung der Märkte und die Regulierungen durch die Europäische Union haben ihre Spuren hinterlassen. Allerdings bemerkt der Gast, der den Hafen besucht, dieses nur in begrenztem Maße. Denn noch immer herrscht reges Leben an den Kais des Hafenbeckens 2, wo die Krabbenkutter liegen. Und auch die romantischen Bilder von bunten Kuttern, die durch die Schleuse ein- und ausfahren oder draußen in der Fahrrinne ihre Bahn ziehen, sind nicht verschwunden. Selbst ein Klönschnack mit den Fischern hinüber auf das vertäute Schiff gehört zum Glück noch immer zum Büsumer Hafenleben.

Für jeden Besucher des Büsumer Hafenareals ist die Aufteilung in mehrere Hafenbecken gut erkennbar, weil man sie sozusagen »erwandern« kann. Im Museumshafen (Hafenbecken I) erlebt man, unter dem markanten Leuchtturm, den maritimen Charme vergangener Zeiten. Historische Segler und andere betagte Seefahrzeuge, mit Hingabe vom Museumshafenverein gepflegt und unterhalten, entführen den Betrachter in die romantischen Epochen der Schifffahrt. Wenn man um die Kaiecke biegt, dort, wo die Küstenrundfahrten, die Fangtouren und die Helgolandfahrten abgehen, gelangt man in den Fischereihafen (Hafenbecken II) mit den Kuttern der Büsumer Krabbenfischer. Hier wurde auch 1902 eine erste kleine Reparaturwerft errichtet, ein Betriebszweig, der noch heute existiert. Zwischenzeitlich gab es bis 1982 eine Schiffswerft im Hafenbecken III (Frachthafen). Dahinter liegt, direkt neben der neuen Seeschleuse von 1982, der Seglerhafen.

Der Hafenausbau, der sich seit Ende des 16. Jahrhunderts in Etappen vollzogen hat, erfährt derzeit eine weitere Entwicklungsstufe. Im Hafenbecken IV entsteht eine neue Kaianlage für acht weitere Kutterliegeplätze, womit die ansässige Krabbenfischerei nachhaltig unterstützt werden soll.

Ein Krabbenkutter hat nach der Fangfahrt am Kai festgemacht.

Das Faszinierende am Büsumer Hafen ist seine unmittelbare Einbindung in das übrige Geschehen des Urlaubsortes. Überall in Hafennähe befinden sich noch die Treffpunkte der Feriengäste: die Restaurants, Geschäfte und Kureinrichtungen, die Promenade, der Grünstrand und das Erlebnisbad »PiratenMeer«. Und auch etwas weiter entfernt, aber schnell zu erreichen, finden sich Restaurants, Shops, das »Museum am Meer«, die beliebte Sturmflutenwelt »Blanker Hans« sowie eine Outdoor-Kart-Bahn.

Das Besondere am Büsumer Hafen ist, dass er wegen seines tiefen Zugangs über die Norderpiep als einziger Hafen an der Westküste tideunabhängig genutzt werden kann, und zwar für Schiffe bis 130 m Länge und 3,20 bis 6,00 m Tiefgang entsprechend des jeweiligen MTNw und MTHw. Im Vorhafen gibt es eine Verladerampe für den RoRo-Um-

Ein Krabbenkutter kehrt vom Fang in den Hafen zurück. (Foto: Michael Pietsch)

Die »Vega«, ein Vermessungs-, Wracksuch- und Forschungsschiff des Bundesamtes für Seeschifffahrt und Hydrographie, im Büsumer Hafen

schlag, im Hafenbecken III mehrere Liegeplätze zu 100 m Schiffslänge für Frachter. Die Seeschleuse schützt den Hafen vor etwaigen Sturmfluten.

Hauptnutzer des Büsumer Hafens mit seinem jährlichen Güterumschlag von rund 86 000 Tonnen (2009) sind außer der Fischerei die Helgolandlinien, ein Dünge- und Futtermittelunternehmen, die Bauhöfe des WSA Tönning und der Landesbetrieb für Küstenschutz, Nationalpark und Meeresschutz. Eine zukünftige Nutzung als Versorgungshafen für die geplanten und schon entstehenden Offshore-Windparks kann als neue wirtschaftliche Chance des Standortes betrachtet werden.

Über dem Hafen thront das am meisten fotografierte Motiv Büsums, sein rot-weißer, 25,5 m hoher Leuchtturm aus dem Jahre 1913. Er ist auf einem Betonfundament errichtet, das von 41 Pfählen getragen wird. Der kegelförmige Bau wurde aus gusseisernen Segmenten zusammengesetzt und viergeschossig aufgeführt. Über der doppelten Galerie befindet sich in 22 m Höhe das Laternenhaus, dessen 500-Watt-Halogenlampe rund 17 Seemeilen weit strahlt. Die Hafeneinfahrt wird von zwei grünen und roten Molenfeuern flankiert, die jeweils 4 Seemeilen Reichweite besitzen. Der Anblick der drei Feuer von See her, etwa bei einer abendlichen Schiffstour, gehört zu den bleibenden Urlaubseindrücken vieler Feriengäste.

Frische Krabben

So erlebt mancher Wintergast den malerischen Leuchtturm.

Heute gibt es noch zwei Reparaturwerften.

Dithmarschen von oben

Der fliegende Fotograf Rudolf Alert

Der Mensch ist kein Vogel, höchstens ein Flieger. Ein solcher kam durch einen glücklichen Zufall in dieses Dithmarschenbuch geflogen: Rudolf Alert aus Hamburg. Er hat seine 52 Jahre alte Maschine auf dem Flugplatz Heide-Büsum stationiert und nutzt gerne gute Gelegenheiten, sprich gute Wetterlagen, um mit seiner Rondone (Mauersegler) in die Luft zu gehen. Rudolf Alert hat 25 Jahre mit seiner Frau in Büsum gelebt (Stichwort: »Im Versteck bei Gisela«), jetzt haben beide wieder ihren ersten Wohnsitz in Hamburg, Rudolf Alerts Geburtsstadt.

Kaum hat er die Startbahn nach oben verlassen, springen ihn schon Sachen an, die den meisten Leuten, selbst wenn sie diesen Aussichtsplatz innehaben, verborgen bleiben. Er könnte davon erzählen, holt aber stattdessen Fotos heraus. Für ihn sind Luftaufnahmen viel mehr als ästhetische Ablichtungen, sie besitzen eine Tiefendimension, die gerade aus großer Höhe eine starke fotografische Versuchung oder Herausforderung darstellt.

Rudolf Alert, der seit 27 Jahren dem Flugsportclub Heide-Büsum e.V. angehört, kurz vor dem Abflug vom Flugplatz EDXB in Österdeichstrich

Rudolf Alert ist zunächst einmal selbst eine Herausforderung für denjenigen, der sich auf ein Gespräch mit ihm einlässt. Er ist auf eine sehr unterhaltsame Weise eloquent, deren Ursprung, zumindest ihre Einübung auf seinen Beruf zurückgehen könnte. Er ist Fotograf und war es Jahrzehnte lang für eine große deutsche Sonntagszeitung. Aber es scheint ganz generell in seinem Wesen zu liegen, die menschlichen Schwächen und Idiotismen so aufzuspießen, dass man manchmal aus dem Lachen nicht so leicht herauskommt. Doch die Themen selbst sind ziemlich kontrovers, Beispiel: Verspargelung der Dithmarscher Naturlandschaft. Diese nimmt ein Luftfotograf etwas anders wahr als die erdgebundenen Kleinpolitiker der vollgetackerten Windgemeinden.

Loriotismus

»Ich leide unter Loriotismus«, sagt er mit todernster Miene und löst seinen Gesichtsausdruck einen Moment später in ein breites Grinsen auf. »Normal ist relativ«, fährt er fort und erzählt in kargen Bruchstücken vom bisherigen Verlauf seines Lebens. Mit Jahrgang 1936 ist er zwar nicht mehr der Jüngste, aber das interessiert ihn überhaupt nicht. Er ist geborener Hamburger und wohnt auch dort. Bei relativ normalen Menschen würde man einen sehr engen Wirkungskreis vermuten. Rudolf Alert ist diesem Schicksal erst durch den Krieg, dann durch seine Berufsentscheidung entkommen. 1943 zog die Familie von Hamburg nach Sorau in der Niederlausitz, wo man 1945 vor den Russen fliehen musste.

»Edelflucht« mit dem letzten Verwundetenzug von Sorau bis Dresden. Dort noch am selben Abend, dem 13. Februar 1945, nach wenigen

Das »umspargelte« Wesselburen (Foto: Rudolf Alert)

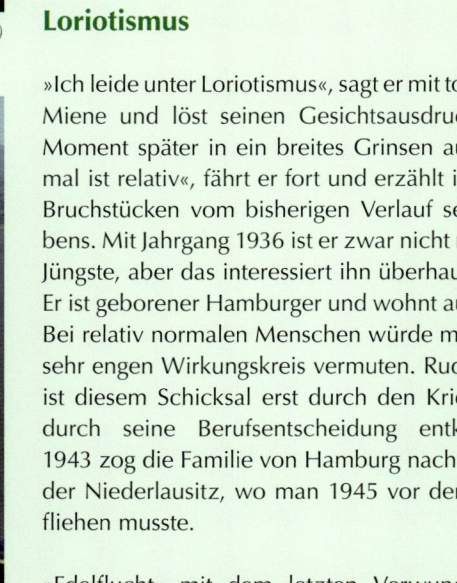

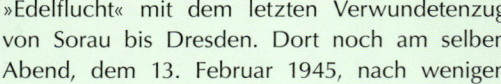

Zwei AKWs auf einen Blick: Brunsbüttel und Brokdorf (Foto: Rudolf Alert)

Stunden: Fliegeralarm. Wieder Glück! Mutter mit den zwei Kindern entkommt dem Bombenhagel in der Kesselsdorferstraße 139. Das Haus hat nichts abgekriegt. Nach 3 Tagen weiter mit der Bahn nach Hamburg. Auch hier hat die Wohnung nichts abbekommen. Es beginnt die Zeit der »fröhlichen Vergangenheitsbewältigung«.

Boxerweisheit

Er lernt Maschinenbauer und schließt mit »Sehr gut« ab. Er will in Richtung Ingenieur. Doch das ewige Pumpenreparieren als Facharbeiter hält er nicht lange aus. In dieser Wirtschaftswunderzeit gilt die alte Boxerweisheit: »Geben ist seliger als Nehmen.« Wahrscheinlich hat diese Maxime die 1950er Jahre deutlich überlebt. Rudolf Alert überlegt es sich anders, wird »Seiteneinsteiger« in einer völlig anderen Branche und Fotoreporter. Dies ist er über vierzig Jahre von 1960 bis 2001 geblieben – für Bild am Sonntag. Es muss ihn geprägt haben. Auf die Frage, welcher Denker, Schriftsteller, Mensch ihn am meisten fasziniert habe, antwortet er: Eibl-Eibesfeld. Der Konrad-Lorentz-Schüler hat den Grenzbereich zwischen angeborenem und erlerntem Verhalten bei Tier und Mensch erforscht. Das Thema ist auch Rudolf Alert nicht fremd.

Er erzählt vom Biafra-Krieg, der Anfang der 1960er Jahre in Nigeria tobte, wo die Anhänger beider dortiger Hauptreligionen, die Christen und Muslime, um die Macht im Staate kämpften. Als auch noch Öl gefunden wurde, kam es 1967 zu Putsch und Gegenputsch, wobei die christlichen Igbo aus der Südprovinz Biafra zu Zehntausenden umkamen. Hier ist Rudolf Alert für seine Zeitung unterwegs. Einige Jahre später gerät er in einen anderen Konflikt: »1982 in Beirut: Die Israelis hatten nachts den Flughafen erobert! Abgekämpft lagen sie u.a. unter roten Coca-Cola Sonnenschirmen im Norden der Piste. Ab und zu detonierte in der Nähe noch mal eine Granate. Das ließ die kalt. Dort standen mein Kollege und ich auch, doch etwas beunruhigt. Mulmig wars schon. Also ab zum Flughafengebäude, vor dem noch zwei Verkehrsmaschinen kokelten, und rein ins Gebäude. Und plötzlich flogen auch hier Katjuschas rein, und mein Kollege, der Mossad-Offizier, unser Führer, und ich, wir lagen dann einigermaßen sicher am Fußboden in den Betonecken des Treppenhauses. Nach 10 Minuten war der Spuk vorbei.«

Sophia Loren, Willy Brandt, Peter Ustinov …

Rudolf Alert hat nicht als Kriegsreporter gearbeitet, er fotografierte die Bilder zu den Geschichten, die sonntags veröffentlicht werden. Dazu gehören auch die Aufnahmen von den Reichen und Schönen. Und davon hat er in über vier

Friedrichskoog 1989, damals wie heute: geschützte grüne Natur, mit weitem Blick bis zum Nord-Ostsee-Kanal (Foto: Rudolf Alert)

Rudolf Alert sagt über sein 1990er-Foto vom Heider Marktplatz: »Kein schwarzes Auto! Nach 42 Jahren D-Mark-Zeit, eine farbenfrohe Zeit mit Blick auch in eine rosige Zukunft, sogar für die Rente. Die Farben der Autos auf den Parkplätzen der Bau- und Supermärkte passen heute jedoch auch sehr gut in die Zeit, zu Griechenland-, Zypern- und EURO-Krise, zu Schwarzarbeit, Schwarzgeldkonto etc. C'est la vie!«

Jahrzehnten sehr viele gesehen und abgelichtet, Sophia Loren, Willy Brandt, Walter Scheel, Helmut Kohl bei Staatsbesuchen in China und Moskau, Peter Ustinov … Dieser hat ihn sogar einmal porträtiert. Er war auch bei Olympiade und Fußball-WM.

Auf der Terrasse des Flugplatz-Bistros in Österdeichstrich, bei einer Tasse Kaffee, blättert er in einem dicken Album mit Zeitungsartikeln – nur der Jahrgang 1969. Allmählich merkt man, wer vor einem sitzt. Später zieht er seine »antike« Maschine aus dem Hangar und macht sie startklar. Er will eben nach Itzehoe, da wird ein Stück der neuen Brücke hochgezogen, das will er unbedingt fotografieren. Und danach vielleicht noch zum Tanken nach Helgoland.

Ein Dreiklang bester Büsumer Gastlichkeit

Hotel »Insel Büsum«, Restaurant-Café und Ferienanlage »Wiesengrund« und »Café Bohne«

Die beiden Aparthotels **»Insel Büsum«** und die Ferienanlage **»Wiesengrund«** mit angeschlossener Gastronomie bieten Gästen des Nordseebades nicht nur hochwertige Urlaubsdomizile, sondern auch Wohlgefühl auf der ganzen Linie. Hier macht es einfach Freude zu wohnen und gleichzeitig Natur und Kultur der Dithmarscher Meereslandschaft zu genießen. Die Häuser in Büsum und Stinteck liegen direkt an der Küste und bieten ideale Ausgangspunkte für einen entspannten Nordseeurlaub.

Die Inhaber Thomas und Willfried Borkenhagen, die bereits mehrfach für ihr Engagement in Sachen gehobene Gastlichkeit ausgezeichnet wurden, haben sich ganz einer nachhaltigen Qualitätsoffensive verschrieben. Sie

Wohlgefühl bei kulinarischen Genüssen im Restaurant »Wiesengrund«

Das Aparthotel »Insel Büsum« in herrlicher Dünenatmosphäre

wollen, dass sich die speziellen Vorzüge von Urlaubsort, Feriendomizil und Gastronomie zu einem »Ganzheitserlebnis« verbinden.

Während das moderne Hotel »Insel Büsum«, ein Nichtraucherhotel mit geschmackvoll eingerichteten Komfortzimmern, mit Kaffee- und Teestube sowie Dünenterrasse aufwartet, bietet das traditionsreiche Reetdachhaus »Wiesengrund« mit seinem bekannten Restaurant-Café und seinen zugehörigen stilvollen Suiten, Doppelzimmern und Ferienwohnungen eine traumhafte Kombination aus Dünenromantik und landestypischer Natur pur am Gründeich.

Im Restaurant »Wiesengrund« findet der Gast große Auswahl an köstlichen Gerichten wie zartem Lamm,

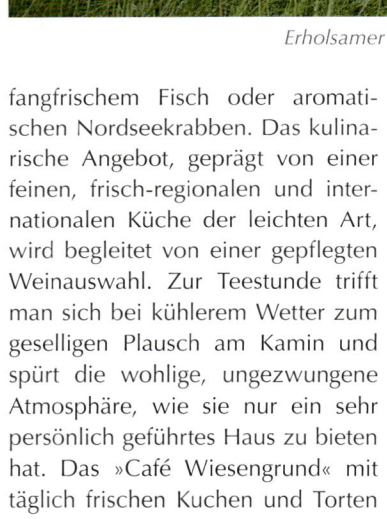

Erholsamer Wohnkomfort im Aparthotel »Insel Büsum«

fangfrischem Fisch oder aromatischen Nordseekrabben. Das kulinarische Angebot, geprägt von einer feinen, frisch-regionalen und internationalen Küche der leichten Art, wird begleitet von einer gepflegten Weinauswahl. Zur Teestunde trifft man sich bei kühlerem Wetter zum geselligen Plausch am Kamin und spürt die wohlige, ungezwungene Atmosphäre, wie sie nur ein sehr persönlich geführtes Haus zu bieten hat. Das »Café Wiesengrund« mit täglich frischen Kuchen und Torten aus eigener Konditorei wird von Einheimischen und Urlaubern sehr geschätzt. Gleiches gilt für das »Café im Hotel Insel Büsum«.

Das **»Café Bohne«** in der Büsumer Innenstadt ist ein wahres Paradies für alle, die auserlesene süße Sachen lieben. Café, Bistro und Shop besitzen eine so reichliche Auswahl an Torten – davon gibt es hier über 100, zum Beispiel die köstlich-frische Stachelbeerbaisertorte –, dass

die Kundschaft einfach nur staunen kann, auch über die exquisite Qualität und die herrlichen Kaffeespezialitäten. Der Shop präsentiert feinste Schokoladen, Pralinen, Konfitüren und Teesorten, dazu Grappa und heimische regionale Produkte. Das Bistro lädt täglich ab 8.30 Uhr zu kulinarischen Köstlichkeiten wie großem Frühstücksbuffet und einer gepflegten Küche ein.

Beitrag von:
Aparthotel »Wiesengrund«
Stinteck 16/Westerdeichstrich
25761 Büsum
Tel. (0 48 34) 96 23 00

Hotel »Insel Büsum«
Große Tiefe 32 · 25761 Büsum
Tel. (0 48 34) 96 23 00

Café Bohne
Moltkestraße 2 · 25761 Büsum
Tel. (0 48 34) 98 47 88

info@nordsee-wiesengrund.de
www.nordsee-wiesengrund.de

Das Restaurant »Wiesengrund«, ein Ort hochwertiger Gastlichkeit

Erholung & Meer

Den Urlaub genießen im Akzent Hotel Dorn

Kleine Fluchten können manchmal sehr zentral liegen. Mitten im idyllischen Fischerort und hinter einem mit Rosen bedeckten Friesenwall verzaubert das liebevoll renovierte Hotel der Familie Dorn auf besondere Weise. Schon Ende des 19. Jahrhunderts erkannte man die in Büsum heilbringende Seeluft. Zur Ruhe kommen, den Alltag hinter sich lassen, gepflegte Gastlichkeit genießen – im Hotel Dorn verwöhnt man seine Gäste in dritter Generation aus Leidenschaft.

Für ein gemütliches Ambiente sorgen der stilvolle Eingangsbereich, 26 hell und behaglich modernisierte Zimmer, der schön angelegte Garten mit seinen Strandkörben und der neu entstandene Wellnessbereich. Neben Massagen und Beautybehandlungen kommen vor allem Saunafans auf ihre Kosten. In einer Biosauna und einer finnischen Sauna können sie relaxen. Ökologisch wurde durch die Umstellung auf Solarenergie und dem Bau eines hoteleigenen Blockheizkraftwerkes auf eine schadstoffarme Energieversorgung gesetzt.

Das Herz des Hauses aber sind die Räume der Gastlichkeit. Chefkoch Helmut Peters, die gute Seele des Hauses, kredenzt, wovon mancher Gast nach dem Urlaub noch lange schwärmt. So beginnt der Tag mit einem nicht nur von Hausgästen geliebten, opulent und abwechslungsreichen Frühstücksbüffet. Am Nachmittag stehen Tee, Kaffee sowie Gebäck den Gästen als Service des Hauses zur Verfügung. Im Winter bei Eis und Schnee kann es auch schon mal Glühwein sein. Und am Abend, wenn der vergnügte Koch an seinen schweren gusseisernen Pfannen hantiert und der Duft von köstlich Gebratenem durch die Speiseräume zieht, könnte man glatt darauf kommen, noch ein paar Tage zu verlängern.

Chefkoch Helmut Peters, die gute Seele des Hotels

Beitrag von:
Akzent Hotel Dorn · Familie Dorn
Deichstraße 15 · 25761 Büsum
Tel. (0 48 34) 60 30
Fax (0 48 34) 6 03 11
info@hoteldorn.de
www.hoteldorn.de

Das Akzent Hotel Dorn in Büsum

Wohlfühlen in stilvollen Zimmern

Ruhig und doch nah am Geschehen

Das Hotel Dithmarscher Haus

Das Hotel Dithmarscher Haus in Büsum ist sehr günstig gelegen. Zum Strand und zum Bahnhof sind es jeweils nur 500 m. Die ruhigen Zimmer laden zu einem entspannten Aufenthalt ein, und das reichhaltige Frühstücksbüffet garantiert einen schwungvollen Start in den Tag. Alle Zimmer im Hotel besitzen Kabel-TV, WLAN und ein eigenes Badezimmer. Kostenfreie Parkplätze befinden sich direkt am Haus.

Die zentrale Lage des Hotels gewährleistet einen schnellen und

Das Hotel Dithmarscher Haus

bequemen Zugang zu den vielen Cafés und Restaurants der nahen Büsumer Fußgängerzone sowie zum Wasserpark »PiratenMeer« und der lebendigen Hafenszenerie. Wer also gleichzeitig Ruhe und Nähe zum Ortsgeschehen sucht, hat hier das richtige Feriendomizil.

Beitrag von:
Hotel Dithmarscher Haus
Holstenstraße 6–8 · 25761 Büsum
Tel. (0 48 34) 98 80
info@hotel-dithmarscher-haus.de
www.hotel-dithmarscher-haus.de

Der lichte Frühstücksraum des Hotels

Strandnah, zentral und familiengerecht

Die Ferienanlage Hof Holland in Büsum

Der ehemalige Bauernhof, der zu einer Ferienanlage umgewandelt wurde, hat viel Platz für seine Gäste und liegt in einer ruhigen Gegend des Nordseebades. Auch Familien werden sich hier wohlfühlen. Der Weg zum Strand beträgt rund 500 Meter, in die Innenstadt Büsums und an den Hafen geht man etwa 15 Minuten.

Der Hof Holland besteht aus 5 individuell gestalteten Gebäuden. Im Appartementhaus gibt es Waschmaschine, Trockner und Fahrradabstellraum zur gemeinschaftlichen Nutzung. Die geräumigen Ferienwohnungen besitzen entweder Terrasse oder Balkon und sind komplett eingerichtet mit Küche, Kinderbett, SAT-TV,

Das Appartementhaus Hof Holland

Radio und Internetanschluss. Jedes Haus besitzt eine Liegewiese. Auf dem großen Grundstück stehen ausreichend Parkplätze zur Verfügung.

Hier findet jeder Gast Ruhe und individuelle Erholung.

Beitrag von:
Ferienanlage Hof Holland
Familie Möller
Möllers Weg 10 · 25761 Büsum
Tel. (0 48 34) 27 66
Fax (0 48 34) 31 21
urlaub@ferienwohnungen-moeller.de
www.ferienwohnungen-moeller.de

Büsum – besonders empfehlenswert

Wasser, Wellen, Wattenmeer

Büsum bietet Besuchern seit Juni 2009 Zugang zu einem Naturerlebnis, für das man sonst weit reisen muss: Das Wattenmeer wurde zum **UNESCO-Weltnaturerbe** erklärt und steht nun auf einer Stufe mit legendären Naturphänomenen wie dem Great Barrier Reef oder dem Grand Canyon (siehe auch den Beitrag auf S. 62–63). Von Büsum aus kann jeder Gast auf vielfältige Weise am Weltnaturerbe Wattenmeer teilhaben.

Bereits seit 1837 trägt Büsum den Titel Nordseebad. Seither entwickelte sich das kleine Fischerdorf zu einem beliebten und lebendigen Kur- und Urlaubsort, der seinen natürlichen Charakter bis heute erhalten hat. Das faszinierende Spiel zwischen Ebbe und Flut sorgt für ein ganz besonderes Urlaubserlebnis. Bei einer Wattwanderung kann man den Nationalpark Schleswig-Holsteinisches Wattenmeer und seine Tier- und Pflanzenwelt kennenlernen und im Einklang mit der Natur neue Kräfte sammeln.

Wasserratten kommen nicht nur bei Flut in der Nordsee, sondern auch im **Erlebnisbad »Piraten-Meer«** voll auf ihre Kosten. Hier tauchen Eltern und Kinder in die aufregende Welt von Seeräubern und Piraten ein: Während Sonnenhungrige es sich am »Takka-Tukka-Strand« bequem machen, können Abenteuerlustige im »Sieben-

Meere-Erlebnisbecken« schwimmen oder sich den Süßwasserspielen eines Geysirs, Wasserspeiers oder der Wasserpyramide hingeben. Ein absolutes Highlight – und das nicht zuletzt wegen des Nordseeblicks – ist die 114 Meter lange »Long-John-Silver«-Wasserrutsche. Bei starkem Wellengang heftig zur Sache geht es im salzhal-

Der Leuchtturm von 1913 am Museumshafen

tigen, 425 Quadratmeter großen »Störtebecken«. Richtig heiß ums Herz wird dem Saunafreund in der Schatzinsel-Saunalandschaft, die ihn mit wohligen Temperaturen und zauberhaften Düften in mehreren Saunen verwöhnt, etwa in der Kelo-Sauna auf dem großen Dachgarten mit Nordseeblick.

Dass zur Nordsee unvermeidbar auch die Sturmfluten gehören, erfährt der Besucher in der Sturmflutenwelt **»Blanker Hans«**. Hier »wütet« die tosende und raue Nordsee gleich mehrmals am Tag und versetzt die Besucher in die brenzlige Situation von damals. Nach der Rettung aus den Fängen der aufgewühlten Nordsee, beginnt eine interaktive Ausstellung über zwei Ebenen. Hier erfährt der Gast alles Wissenswerte über Themen wie Wetter, Gezeiten, Küstenschutz, Deichbau und die Geschichte der Sturmfluten.

Um einmal wieder die Seele baumeln zu lassen und dem Alltagsstress zu entfliehen, ist das **Gesundheits- und Thalassozentrum Vitamaris** genau das richtige: ein reichhaltiges Wohlfühlangebot für jeden Geschmack, jeden Bedarf und jedes Alter, das ein paar entspannte Wellnessstunden garantiert. Es besteht nicht nur die Wahl zwischen diversen Massagen oder Bade-Zeremonien, das Angebot für den anspruchsvollen Genießer wird durch diverse Peelings, Beauty-Angebote, ein Te-pidarium, eine Saunalandschaft und eine komplett ausgestattete Fitwelt abgerundet. Das Vitamaris verfügt außerdem über einen nach modernsten bädermedizinischen Erkenntnissen konzipierten Therapiebereich, der von allen Krankenkassen anerkannt ist und auch eine umfangreiche Reihe therapeutischer und kurmedizinischer Anwendungen anbietet.

In Büsum befinden sich ein erstklassiges Surfrevier mit Surfschule, In- und Outdoor-Tennisplätze, Seglerhafen, markierte Wander-, Rad- und Reit-

wege, Fahrradverleihe, Möglichkeiten zum Hochseeangeln, eine Kartbahn, ein Golfplatz oder eine Minigolfanlage und noch viele weitere Beweggründe für einen aktiven und unterhaltsamen Aufenthalt im Nordsee-Heilbad Büsum.

Im Ortskern befindet sich die alte Fischerkirche, die Mitte des 15. Jahrhunderts erbaut wurde und dem Schutzheiligen der Schiffer und Küstenbewohner St. Clemens geweiht ist. Sie liegt am Eingang der **Fußgängerzone**, die bis zum Deich führt und mit gemütlichen Straßencafés, Kneipen, Shops und Boutiquen zum ausgiebigen Einkaufen, Bummeln und Verweilen einlädt.

Wer nach so viel Genuss Lust auf einen Spaziergang hat, der macht sich auf den Weg. Zum Beispiel ins Aquarium, zum Sturmflutsperrwerk oder zur neuen **Familienlagune Perlebucht**, die seit Frühjahr 2013 Urlaubern ein großzügiges Bade- und Freizeitareal bietet. Das Gelände gliedert sich in drei Bereiche: Ein Familienbereich im Süden mit neuen Spielgeräten und viel Platz zum Buddeln, der Aktivbereich für Wassersport, Beachvolleyball und ähnliches sowie, ganz im Norden, ein Gebiet, das weitgehend naturbelassen bleibt und über eine salzwiesenartige Vegetation verfügt. Die Insel präsentiert sich als Dünenlandschaft mit windgeschützten Mulden. Zwischen den tideunabhängigen Bade- und Wassersportbecken führt

Das Gesundheits- und Thalassozentrum Vitamaris zwischen Hafen und Promenade

In Büsum starten die Wattwanderungen direkt vom Grünstrand aus.

eine Seebrücke zu einem terrassenartigen Einstieg ins Watt. Hier befinden sich auch Serviceeinrichtungen wie Surf- und Kiteschule, Gastronomie, DLRG und weiteres. Seeseitig lädt eine attraktive Promenade zum Flanieren ein.

Beitrag von:
Tourismus Marketing Service Büsum GmbH
im Gäste- und Veranstaltungszentrum
Südstrand 11 · 25761 Büsum
Tel. (0 48 34) 90 90 · Fax (0 48 34) 65 30
info@buesum.de · www.buesum.de

Ein kleiner kulinarischer Edelstein

Das Café Engelei am Büsumer Hafen

Nahe dem Büsumer Hafen, direkt an der Stöpe hoch in die Innenstadt, liegt ein kleiner gemütlicher Treffpunkt, der schon bald nicht mehr als Geheimtipp gehandelt werden wird: das Café Engelei.

Was für ein wundervolles Interieur!

Es besitzt alle Eigenschaften eines Straßencafés mit direktem Blick auf das Geschehen vor der Tür, wenn man auf der sonnigen Terrasse Platz nimmt. Und die feine Café-Atmosphäre in der liebevoll gestalteten Gaststube fängt den Gast sofort ein und verheißt behagliche Momente. Der Begriff »Stube« ist hier fast wörtlich zu nehmen, insofern man sich in dem antiken Mobiliar irgendwie gleich wie zu Hause fühlt.

Uta Genlik, die »Chefin« dieser wundervollen Oase am Rande des Alltags, weiß um die Wünsche der Einheimischen und Feriengäste: »Ich wollte einen Ort schaffen, wo sich jeder, ob bei einen kurzen Zwischenstopp oder für eine erholsame Stunde, etwas Gutes gönnen kann.« Und das Gute liegt hier denn auch ganz nah in Form hausgemachter Kuchen und Torten und duftenden Tee- und Kaffeespezialitäten. Auch wer Lust auf einen herzhaften kleinen Snack hat, wird hier bestens versorgt.

Sehr geschätzt wird das täglich angebotene Frühstück, das man sich auch individuell zusam-

Die rustikale »Begrüßung« auf der Terrasse

menstellen kann. Und wenn man einen Platz für handgemachte Musik oder andere kulturelle Leckerbissen besuchen möchte, ist man im Café Engelei immer an der richtigen Adresse.

Öffnungszeiten: Täglich von 9 – 12 Uhr und 14 – 17 Uhr (Abendveranstaltungen möglich)

Beitrag von:
Café Engelei · Uta Genlik
Deichstraße 27 · 25761 Büsum
Tel. (01 52) 09 59 70 89 · lse1983@gmx.de

»Familienlagune Perlebucht«

Büsum ist um eine Attraktion reicher

Am neu umgestalteten Sandstrand »Familienlagune Perlebucht« kann wieder nach Herzenslust getobt, gespielt, gewandert aber auch entspannt werden. Mit der neuen »Familienlagune Perlebucht« steht Urlaubern im Nordsee-Heilbad Büsum nun ein großzügiges Bade- und Freizeitareal zur Verfügung. Die neu gestaltete Insel zählt zu den modernsten Stränden an der Schleswig-Holsteinischen Nordseeküste. Insgesamt wurde die Insel stärker als Dünenlandschaft mit windgeschützten Mulden modelliert.

Große, naturbelassene Gebiete mit salzwiesenartiger Vegetation laden zum Entspannen, Verweilen und Durchatmen ein. Hier kann man die schöne Nordseeluft in natürlichem Ambiente genießen.

Im Familienbereich heißt es ab sofort: Spielgeräte ausprobieren, Klettergerüste erklimmen, Sandburgen bauen und dem Himmel entgegen schaukeln. Während sich die Kleinen austoben, können Mama und Papa in den Hängematten entspannen. Langweilig wird hier garantiert niemandem. Wer sich beim Ballsport richtig auspowern möchte, hat auf zwei Volleyballfeldern und zwei Beach-Soccer-Feldern Gelegenheit dazu.

Auch für Wassersportler ist die neue Familienlagune ein wahres Paradies. Die zwei tideunabhängigen Becken mit einer Wasserfläche von ca. 100 000 m² sorgen für uneingeschränkten Spaß im Wasser. Hier kommen sowohl die Surfer und Kiter als auch die Badewütigen – Schwimmer wie Nichtschwimmer – voll auf ihre Kosten, dies natürlich unter dem wachsamen Auge der DLRG. Die Wassersportschule steht Anfängern und Fortgeschrittenen rund um den Bereich Wassersport mit Rat und Tat zur Seite. Hier kann jeder das Surfen und Kitesurfen erlernen. Zum gemütlichen Beisammensein auf der Insel laden zehn Grillplätze, sechzehn Picknick-Sitzgruppen und ein großer Lagerfeuerkreis mit achtzehn Bänken ein. Wer sich gerne treiben lässt, kann entlang der Seebrücke oder der seeseitigen attraktiven Promenade flanieren oder über den terrassenförmigen Einstieg zu einem Spaziergang ins Watt starten. Wie im Herzen der Nordsee fühlt man sich am Seebrückenkopf beim Genießen eines Snacks und einem kühlen Getränk der dort angesiedelten Gastronomie oder bei einer Auszeit im windgeschützten Strandkorb, wo man den Blick über das Weltnaturerbe Wattenmeer schweifen lassen kann.

In der Zeit von Mai bis Ende September gelangt man zwischen 9 und 18 Uhr bequem mit dem Shuttle-Bus zur »Familienlagune Perlebucht«. Ein sogenannter Niederflurbus, der auch für den Transport von Kinderwagen gut geeignet ist, bringt Gästekarteninhaber kostenfrei vom Ortszentrum zur Familienlagune Perlebucht und wieder zurück. Weitere Informationen:
Tourismus Marketing Service Büsum GmbH
www.buesum.de

Ein Kinderparadies im herrlich weißen Sand. Auf der weiten Fläche haben auch die Beachvolleyballer und Beachsoccerfans ihre Spielfelder.

Der Seebrückenkopf mit den bequemen und sicheren Badetreppen – ein Platz zum Sonnen und Entspannen

*Das einladende Panorama der »Familienlagune Perlebucht«
(Fotos: TMS Büsum GmbH)*

Urlaubsoase auf dem Land

Der Ferienhof Brandt bei Büsum

Was für ein wundervolles Gefühl: einfach die Koffer zu packen und ab an die Nordsee! Wenn man dann noch so herzlich aufgenommen wird wie auf dem Ferienhof Brandt vor den Toren Büsums, dann kann das Ferienglück beginnen.

Groß und Klein erwarten erlebnisreiche Tage auf dem Urlaubsbauernhof. Hier fühlen sich vor allem Eltern und Kinder von Anfang an zuhause. Schon am ersten Tag beginnt die Entspannung und Erho-

Der Ferienhof Brandt aus der Möwenperspektive

Blick in einer der komfortablen und voll ausgestatteten Ferienwohnungen

Glückliche Hühner, freilebend und gesund

Katzen jagen, schlafen oder werden gestreichelt.

lung in der Weite vor und hinter dem Deich und in der frischen Nordseeluft.

Ob Ferienwohnung oder Ferienhaus, hier wohnen die Gäste in bestens ausgestatteten Räumlichkeiten mit viel Komfort und immer nah der Natur. Kinderherzen schlagen höher, weil alle am spannenden Landleben auf dem Bauernhof teilnehmen können. Wer will, darf gerne ein wenig eintauchen in den Alltag der Landwirtschaft, oder er genießt die Ruhe und Abgeschiedenheit auf dem herrlichen Hofareal.

Während die Erwachsenen ihren Urlaubsinteressen nachgehen, finden die Kinder vielfältige Abwechslung in der auch lehrreichen Landwelt auf und um den Hof. Dieser ist über Generationen aufgebaut worden und zu einer echten Urlaubsoase gewachsen. Nicht nur das gesunde Seeklima und die Ferne vom sonst gewohnten Stress schaffen unmittelbar spürbare Erholung, sondern auch die angenehme Kombination aus individueller Tagesgestaltung und herzlichem Familienanschluss.

Das unterhaltsame Landleben begeistert die Kinder ganz besonders, wenn sie durchs Gelände strolchen, nach Lust und Laune spielen und sich austoben können. Die Beschäftigung mit den Hoftieren ist dabei immer ein unvergessliches Erlebnis, weil sie Anteil nehmen am Dasein der liebenswerten Kreaturen. Es gibt einen Streichelzoo, Ponys, Schafe, Hühner und natürlich Katzen. Eine große Freude für Einheimische wie Gäste sind in jedem Frühjahr die putzigen Lämmer an den Nordseedeichen vor der Tür. Die Ferienkinder sind bei der Kohl- und Kartoffelernte im Spätsommer immer mit Eifer dabei. Auch die sonstigen

Spielmöglichkeiten, drinnen wie draußen, lassen keine Kinderwünsche offen.

Der Vollerwerbsbetrieb liegt »kindersicher«, eingebettet in eine parkartige Landschaft, etwa 200 m abseits der Straße. Die Badestelle ist kaum 2 km entfernt und besitzt einen grünen Kinderstrand. Dort kann man auch seinen Drachen in den Nordseehimmel steigen lassen.

Die Feriengäste, die unter Allergien oder Atemwegserkrankungen leiden, finden in der reinen und jodhaltigen Nordseeluft spürbare Linderung. Die Bewegung in der grünen Marschenlandschaft, sei es auf Spaziergängen, Wanderungen oder Radtouren, tut Körper, Geist und Seele gut und ist hier ein Stück Urlaubsfreude. Das Nordseebad Büsum ist nur etwa 4 km entfernt und auch mit dem Bus schnell erreichbar (Haltestelle am Hof).

Beliebter Treffpunkt des Ferienhofes ist die Klöndeel mit Terrasse, wo so mancher fröhliche Abend, vielleicht nach einem belebenden Saunagang oder einer ereignisreichen Tagestour, verlebt wird. Und bei einer kühlen Brause oder einem frischen Bier, je nach Wetter auch einmal bei Punsch und Eiergrog, tauscht man seine Erlebnisse aus und lernt einander kennen. So sind auf dem Ferienhof Brandt schon viele Freundschaften fürs Leben entstanden.

Beitrag von:
Ferienhof Marten und Petra Brandt
Koogchaussee 1 · 25761 Hedwigenkoog
Tel. (0 48 34) 22 43 · Fax (0 48 34) 24 39
info@ferienhof-brandt.de · www.ferienhof-brandt.de

Frische und Qualität garantiert

Beckmann Fischspezialitäten

Die »Boreas« auf der Nordsee unterwegs

Eigene Produktion

Es ist gute Tradition im Familienbetrieb Beckmann, dass man seinen Fisch am liebsten selbst fängt. Deswegen geht es mit den eigenen Kuttern »Südwind« und »Boreas« hinaus auf die Nordsee, um für die Kundschaft am Tresen und an den Tischen mit frisch gefangenem Fisch und frischen Krabben zurück zu kommen.

Kann es ein besseres Qualitätsmerkmal geben? Hier gibt es alles frisch aus eigenem Fang quasi direkt vom Kutter. Wer bietet das sonst noch?

Der Fisch wird fangfrisch verarbeitet.

Fischgeschäft am Hafen

Direkt am Hafen, ganz nah am Liegeplatz der eigenen Fischkutter, bietet Beckmann, ebenso wie in der Alleestraße, frischen Fisch, Krabben, Räucherfisch und selbstgemachte Salate an.

Hier kommt nur in den Tresen, was zuvor entweder selbst gefangen oder vom eigenen Betrieb verarbeitet worden ist. Hier wird Frische und Qualität – dafür steht der Name Beckmann schon seit mehr als 30 Jahren – groß geschrieben.

Am Fischereihafen 17
25761 Büsum

SB-Restaurant und Fischgeschäft in der Alleestraße 35

Auch im Zentrum von Büsum, in der Alleestraße, bietet Beckmann die ganze Palette seiner leckeren Fischspezialitäten und Salate.

Beckmann steht für Vielfalt, Qualität und Frische.

Hier kommt nur auf den Tresen, was zuvor selbst gefangen oder verarbeitet wurde. Garantierte Frische und Qualität sind bei Beckmann traditionell selbstverständlich!

SB-Restaurant und Fischgeschäft in der Alleestraße

Das Besondere an dem Fischgeschäft in der Alleestraße ist, dass es auch ein SB-Restaurant ist. Beides befindet sich unter einem Dach. So kann man sich, nach dem Genuss einer der Fischspezialitäten, auch noch etwas Leckeres nach Hause mitnehmen.

Öffnungszeiten (Fischgeschäft):
Montag bis Samstag: 8.30 bis 18.30 Uhr
Sonn- und Feiertage: 10.30 bis 18.30 Uhr

Juli bis 3. Oktober (Sommersaison):
Täglich 8.30 bis 19.30 Uhr

Ab 1. November (Wintersaison):
Täglich 10 bis 17 Uhr

SB-Restaurant Beckmann

Im Beckmann SB-Restaurant in der Alleestraße, der lebendigen Fußgängerzone des Nordseebades, geht es immer lecker zu.

Vor den Augen der Kundschaft wird das zubereitet, wonach dem Gast der Sinn steht. Auch hier werden nur frische Zutaten verwendet, die den Besuch bei uns zu einem kulinarischen Erlebnis machen.

Zugleich kann man hier auch frischen Fisch, Räucherfisch, Krabben, Fischbrötchen und vieles mehr für unterwegs oder Zuhause kaufen.

Öffnungszeiten (SB-Restaurant):
Täglich durchgehend ab 11.15 Uhr

Wochenmärkte

Die ganze Woche ist Beckmann mit seinen Fischspezialitäten auch auf den Dithmarscher Wochenmärkten und auf dem Wochenmarkt von St. Peter-Ording präsent mit einem wechselnden Angebot an Frischfisch, Räucherfisch, Krabben, Salaten und Marinaden. Ob Seezunge, Kabeljau, Makrele, Scholle oder andere Köstlichkeiten – nirgendwo bekommt man Fisch so frisch und lecker wie bei Beckmann. Für Fischfans: Mittwochs: St. Peter-Ording und Wesselburen, Donnerstags: Lunden, Freitags: Meldorf, Albersdorf und Büsum, Samstags: Heide.

Behaglich wohnen und Gastlichkeit genießen

Gasthaus und Restaurant »Zur Erholung«

Behagliches Wohnen

Restaurant »Zur Erholung« in der Hafenstraße 5

Das freundliche Gasthaus, das kürzlich komplett renoviert wurde, lädt zu echten kulinarischen Leckerbissen ein. In gastlicher Atmosphäre kann der Gast ausgesuchte Fischgerichte und weitere Spezialitäten der Region genießen, beispielsweise Wild aus eigenem Revier.

Die Küche bietet eine kreative und ausgewogene Speisekarte und verwendet nur Fisch aus eigenem Fang und eigener Verarbeitung. Es versteht sich von selbst, dass direkt an der Nordsee nur frische Fische in Topf oder Pfanne kommen. Daher gibt es hier auch stets eine neue Tageskarte.

Auch für Gesellschaften und Feiern jeglicher Art und spezielle Menüs eignet sich die »Erholung« – der Chefkoch steht für eine Beratung gerne bereit!

Öffnungszeiten: Täglich von 11 bis 14 Uhr sowie von 17 bis 21 Uhr; Dienstags Ruhetag

Reservierungen unter Tel. (0 48 34) 22 26

Das Gasthaus »Zur Erholung«

Büsum-Urlaub genießen mit Beckmann

Das Gasthaus »Zur Erholung« bietet insgesamt vier Zimmer sowie ein Appartement, in denen die Gäste sich besonders wohl fühlen. Hier genießt man seinen Büsum-Urlaub in behaglich eingerichteten Räumen, die ansprechend möbliert sind und alles bieten, was zu einem angenehmen Aufenthalt gehört: TV, Balkon, Parkplatz und vieles mehr. »Zur Erholung« trägt seinen Namen nicht umsonst.

Die ideale Lage im Zentrum des Nordseebades sorgt für kurze Wege zu allen attraktiven Zielen: die reizvolle Fußgängerzone mit ihren Läden, Restaurants und Straßencafés, der Hafenplatz, wo die Helgolandschiffe abgehen, der Museumshafen, das Erlebnisbad »PiratenMeer«, die Kureinrichtungen und natürlich der weitläufige Badestrand am Wattenmeer. Auch der Fischereihafen ist nur ein paar Schritte entfernt. Ruhiger und zentraler kann man eigentlich kaum wohnen.

Buchungen im Gasthaus »Zur Erholung« über Tel. (0 48 34) 22 26.

Der gemütliche Gastraum

Beitrag von:
Beckmann Fischspezialitäten
Familie Beckmann
Alleestraße 35
25761 Büsum
Tel. (0 48 34) 90 70
beckmann-fisch@t-online.de
www.beckmann-buesum.de

Nationalpark und Weltnaturerbe Wattenmeer

Watt und Wildnis erleben

Was haben das Wattenmeer, der Serengeti-Nationalpark in Afrika und der Grand Canyon in Amerika gemeinsam? Sie sind wunderbare Naturlandschaften und gehören zum UNESCO-Weltnaturerbe. In Schleswig-Holstein ist das Wattenmeer seit 1985 als Nationalpark geschützt. Er ist mit mehr als 4000 Quadratkilometern der größte Nationalpark Mitteleuropas. Hier lautet das Motto »Natur Natur sein lassen«.

Entdecken Sie die geheimnisvolle Vielfalt im Nationalpark Wattenmeer. Bei einer »Small-Five-Wattwanderung« mit den Nationalpark-Partnern lernen Sie die kleinen Stars des Weltnaturerbes kennen – Wattwurm, Herzmuschel, Strandkrabbe, Wattschnecke und Nordseegarnele. Die kleinen Tiere sind angepasst an Überflutung und Trockenfallen, sie ertragen Salzwasser und Regenschauer, und überdauern bei sommerlicher Hitze und bei Frost.

Beobachten Sie die faszinierende Vogelwelt, vor allem die »Flying Five«, die fünf typischen Arten des Wattenmeeres. Dazu gehören Alpenstrandläufer, Brandgans, Austernfischer, Silbermöwe und Ringelgans. Insgesamt nutzen über zehn Millionen Watt- und Wasservögel das Wattenmeer im Laufe eines Jahres. Viele Arten brüten hier im Frühjahr und Sommer, viele Arten fliegen zum

Brüten jedoch auch weiter in die arktischen Tundren von Sibirien bis Grönland.

Lassen Sie sich von den »Big Five« faszinieren, vom Stör, vom Seeadler und von den drei Meeressäugern Seehund, Kegelrobbe und Schweinswal. Nutzen sie dafür Schifffahrten mit den Nationalpark-Partnern zu den Seehundbänken und besuchen Sie Nationalpark-Zentren wie das Multimar Wattforum in Tönning. Weitere Informationen bei der Nationalparkverwaltung Schleswig-Holsteinisches Wattenmeer unter Tel. (0 48 61) 9 62 00 und unter www.nationalpark-wattenmeer.de sowie www.nationalpark-partner-sh.de.

Nationalpark-Ranger

Die Anerkennung als Weltnaturerbe ist nicht nur Auszeichnung, sondern auch Verpflichtung, das Wattenmeer bestmöglich zu schützen. Hierbei haben die 15 Ranger eine zentrale Rolle als Ansprechpartner vor Ort für den Nationalpark Wattenmeer. Bei der Betreuungsarbeit der Ranger stehen Aufklärung und Information im Vordergrund, weniger die Verbote. So sorgen die Ranger dafür, dass seltener Verstöße gegen die »Spielregeln des Nationalparks« auftreten. Außerdem erfassen sie wichtige Monitoringdaten. Sie kontrollieren regelmäßig den

Ringelgänse im Vorland

Austernfischer

Seehunde beim Sonnenbad auf einer Sandbank

Heiko Hoffmann ist Nationalpark-Ranger in Dithmarschen, zuständig für den Bereich Dithmarschen Nord von der Eider bis zum Meldorfer Hafen.

Spülsaum und machen Rastvogel- und Brutvogelzählungen. Sie kümmern sich auch um die Nationalpark-Beschilderung an Deichen und Stränden. Zusätzlich werden die Ranger in Notsituationen eingesetzt, zum Beispiel helfen sie bei der Bergung von verölten Vögeln, Seehunden und Walen.

Das Multimar Wattforum in Tönning

Immer einen Besuch wert

Nationalpark Wattenmeer und Weltnaturerbe zum Erforschen, Anfassen und Ausprobieren – das ganze Jahr über ganz gemütlich ohne kalte Hände und nasse Füße. Das Nationalpark-Zentrum Multimar Wattforum macht's möglich. Die Ausstellung zeigt in 36 Aquarien mehr als 280 Arten von Fischen, Krebsen, Muscheln und Schnecken. Richtig Spaß macht das genaue Hinsehen. Hummer verstecken sich in ihren Höhlen und die Seepferdchen zwischen den Algen. Orange leuchtet der Seestern, rot der Kissenstern und weiß der Eisstern. Bizarr und gefährlich wirkt die Steinkrabbe mit ihren langen Beinen, aber sie hat nur kleine Scheren, mit denen sie Muscheln knackt. Geschickt versteckt sich die Gespensterkrabbe. Sie verteilt Algenstücke auf ihrem Körper und lässt sie dort weiter wachsen.

Tauchersprechstunde

Eine der Hauptattraktionen ist das Großaquarium mit einer 6x6 Meter großen Panoramascheibe, in dem Störe, Katzenhaie und Nagelrochen ihre Runden drehen. Hier steigt zweimal wöchentlich ein Taucher in das riesige Becken, erklärt über ein Mikrofon das Verhalten der Tiere, die er füttert und beantwortet die Fragen der Gäste.

Wale – die sanften Giganten der Meere

Abtauchen in die Welt der Wale und einem Pottwal in die Augen sehen: auch dazu lädt das Nationalpark-Zentrum Multimar Wattforum ein. Der Pottwal war vor einigen Jahren im Wattenmeer gestrandet – ein Bulle, 18 Meter lang, etwa 45 Tonnen schwer und 28 Jahre alt. Genau sind auf der einen Seite am Kopf die Spuren zu sehen, die der Kampf mit einem Riesenkraken hinterlassen haben könnte. Und auf der anderen Seite sind Schädel, Unterkiefer und Zähne zum Anfassen nah. Rund um den Pottwal sind zehn Kammern angeordnet, die vor allem auch über Schweinswale informieren. Die kleinen Verwandten der Pottwale haben mit 1,80 Metern eher »menschliche« Größe. Im Nationalpark Wattenmeer sind sie besonders geschützt.

Neu hinzugekommen ist seit Frühjahr 2013 ein über sechs Meter langes Zwergwalskelett. Es hängt an der Decke und wirkt, als ob es schwebe. Der Zwergwal vervollständigt die Walausstellung und zeigt im Vergleich zum Pottwal und den im Nationalpark besonders geschützten Schweinswalen, wie unterschiedlich Zahn- und Bartenwale sich ernähren.

Seepferdchen

Kindliches Staunen vor einem der Aquarien

Anfassen und Ausprobieren

Das Nationalpark-Zentrum Multimar Wattforum gibt Erklärungen zur faszinierenden Natur im Weltnaturerbe Wattenmeer. Modelle helfen der Phantasie auf die Sprünge, Computer ermöglichen intensives Erforschen, Spiele regen zum Mitmachen an. Man kann mit einer Kurbel Wellen im Brandungsbecken erzeugen und versuchen, auf einem Fahrrad die Leistung eines Grünschenkels zu überbieten. Weitere Informationen erhält man beim Nationalpark-Zentrum Multimar Wattforum in Tönning unter Tel. (0 48 61) 9 62 00 und bei www.multimar-wattforum.de.

Der Pottwal ist eine der Publikumsattraktionen im Multimar Wattforum Tönning.

Text S. 64/65: LKN-SH; Fotos S. 64/65: Hecker/LKN-SH, außer Pottwal: Mike Schröder

Ein Garten für die Sinne e.V.

Erfahrungsfeld Mars-Skipper-Hof

Das Holzhaus, in dem die Gäste übernachten

»Was ist das? Ein Feld für die Sinne – zum Spielen und Forschen. Auf dem weitläufigen Gelände und im Haubarg sind bei uns über 80 Spielstationen zu entdecken und zu erforschen. Die Stationen laden die Besucher dazu ein, spielerisch ihre Sinne zu stärken. Erfunden hat es Hugo Kükelhaus, der viel zu dem Thema Sinnesorgane geforscht und betont hat, wie wichtig es für uns Menschen ist, unsere Sinne aktiv zu nutzen. Wie fühlt sich das an? Erfahrungen und Wahrnehmungen sind ganz individuell, deshalb ist es schwer zu beschreiben. Es ist wie mit dem Küssen, man muss es einfach ausprobieren. Besonders gern empfehlen wir die Teilnahme an einem geführten Rundgang über den Sinnesparcours.

Wer kommt zu uns? Familien, die gemeinsam etwas Tolles erleben wollen, kommen spontan während

Die Chefin, Maren von der Heide, demonstriert die Funktion einer Windharfe.

Hier ist Lernen ein kleines Abenteuer.

der Öffnungszeiten und an den Wochenenden. Schulklassen, Kindergärten und Gruppen aller Art vereinbaren einen individuellen Termin. Kindergeburtstagsfeiern toben übers Gelände, während bei Familienfeiern alle gern die Sinneslust unserer guten Küche genießen. Firmen und Schulkollegien verbringen gern einen Fortbildungstag auf dem Mars Skipper Hof. Im Rahmen von Coachings und Übungen zur Gemeinschaftsbildung üben Kollegien ihre Fähigkeiten zu Aufmerksamkeit und Teilnahme und einem verträglichen Miteinander. Das gemeinschaftliche Erleben ist uns wichtig, keiner wird ausgeschlossen. Geschulte Mitarbeiter führen jeden Besucher individuell an die Nutzung der Spielstationen heran.

Was gibt es noch? Um ein besonders intensives Erleben der Spielstationen zu ermöglichen, haben wir barrierefreie Beherbergungsräume mitten ins Gelände gebaut. Sie werden gern von Gruppen aus dem sonderpädagogischen Bereich genutzt. Im Laufe der Jahre hat sich das Erfahrungsfeld zu einem Ort der gelebten Inklusion entwickelt. Unsere Besucher, Menschen mit und ohne Behinderungen, begegnen sich auf Augenhöhe; erleben gemeinsam, wie viel Spaß es macht, die Sinne aktiv zu nutzen.

Was gibt es noch für besondere Angebote? Workshops zu verschiedenen handwerklichen Themen werden regelmäßig rund ums Jahr angeboten. An der Feuerstelle kön-

Der historische Mars-Skipper-Hof auf seiner Warft, umgeben vom Garten für die Sinne

nen Würstchen oder Stockbrot gebraten werden. An den Wochenenden gibt es hausgebackene Leckereien. Wir bitten um Verständnis, dass wir bei manchen Angeboten eine Mindestteilnehmerzahl halten müssen.

Wer steht dahinter? Getragen wird die Bildungsstätte Erfahrungsfeld Mars Skipper Hof von einem gemeinnützigen Trägerverein. Mit viel ehrenamtlichem Engagement und Herzblut wurde der Haubarg ausgebaut und das Gelände gestaltet. Auch die intensive Arbeit mit den Besuchern kann nur durch den Einsatz der Vereinsmitglieder geleistet werden. Unterstützung erhielt unsere gemeinnützige Kinder- und Jugendbildungsstätte von unterschiedlichsten Insitutionen und privaten Spendern. Um das Projekt weiterzuentwickeln, sind wir auf die Förderung und Unterstützung von Spendern und Sponsoring angewiesen. Bildungsarbeit ist ohne Subventionen kaum zu leisten.

Wie kommt man zu uns? Der Mars-Skipper-Hof liegt direkt an der B202 eine kurze Strecke nordwestlich von Tönning, wo sich auch ein Bahnhof befindet.

Die legendäre Partnerschaukel

Wann sind die Tore geöffnet? Dienstags bis Freitags von 14 bis 19 Uhr, an den Wochenenden von 11 bis 17 Uhr. Montags ruht das Erfahrungsfeld, Gruppen nach Vereinbarung.«

Maren von der Heide, Leiterin der Einrichtung

Beitrag von:
Ein Garten für die Sinne e.V.
Erfahrungsfeld Mars-Skipper-Hof
Maren von der Heide
Gardinger Chaussee 3
25832 Kotzenbüll
Tel. (0 48 61) 61 74 80
Fax (0 48 61) 61 74 79
info@eingartenfuerdiesinne.de
www.eingartenfuerdiesinne.de

»Fährmann, hol över!«

Die Bargener Fähre zwischen Dithmarschen und Stapelholm

An der Eider bei Flusskilometer 50/51 liegen die Ortschaften Erfde-Bargen und Delve-Schwienhusen. Beide Dörfer waren einige Jahrhunderte lang – und sind es heute wieder – Anlegestellen für die »Bargener Fähre«.

Dass Bargen bereits 1554 eine Fährstelle war, belegt eine Amtsrechnung des Amtes Gottorf über Einnahmen aus der Verpachtung an einen Fährmann. Bis zum Jahr 1961 wurden hier Handelsgüter aller Art, Wagen und Personen über die Eider gesetzt. Der Bau einer neuen Straße von Erfde nach Heide und einer Klappbrücke über die Eider

bei Pahlen bedeutete das Ende für den Fährbetrieb. Viele freundschaftliche Verbindungen zwischen den Dörfern schliefen ein.

Im Jahr 2000 berieten die Gemeindevertreter von Erfde und Delve darüber, wie die Region noch attraktiver gestaltet werden könnte, und beschlossen, die historische Fährverbindung wieder aufleben zu lassen. Auf der Wikinger Werft in Wilhelmshaven wurde ein Prahm gebaut: 9 m lang, 3 m breit, mit einem 18 PS Dieselmotor als Antrieb. Am 21. April 2001 wurde der Fährverein Bargener Fähre e.V. gegründet, der die Fähr-

Fährmann an der Fährglocke

fahrten organisiert. Am 26. Mai 2001 wurde der Prahm in einem offiziellen Festakt auf den Namen **»Bargener Fähr«** getauft und während eines großen Festes an der Eider in Dienst gestellt.

Seither engagieren sich ehrenamtlich tätige Fährleute an den Wochenenden im Sommer für den Erhalt des historischen Fährbetriebes. Gäste genießen abseits der Touristenströme die gemächliche Überfahrt über die hier 108 m breite Eider. Dithmarscher und Stapelholmer aus den anliegenden Dörfern freuen sich, wieder auf kurzem Weg die andere Seite besuchen zu können. Die Fähre befördert Personen mit oder ohne Fahrrad, auch Rollstuhlfahrer.

Außerhalb der Fährzeiten wird die Fähre gern für Sonderfahrten gebucht. Zum Beispiel für den Start mit Freunden in das Wochenende, oder für ein Picknick anlässlich eines Geburtstages, bei dem mitgebrachter Kaffee und Kuchen während der Längsfahrt verzehrt wird. Beliebt sind die geführten Naturerlebnisfahrten in den Sonnenaufgang mit anschließendem Frühstück vor oder in der Fährhütte. Wer nicht so früh aufstehen möchte, wählt eher die Schleusentouren unter kundiger Führung oder die stimmungsvollen Dämmerungsfahrten, bei denen »Eidergeschichten« erzählt werden. Sogar Trauungen und Taufen finden auf der hierfür geschmückten Fähre statt.

Die Fährleute lassen sich für ihre Gäste gern etwas Neues einfallen.

Die Fähre verbindet Menschen und Regionen.

Fähre am Anleger Delve-Schwienhusen

Fährmann hol över

Fährzeiten von Mai – September
Freitag: 15–18 Uhr
Samstag: 10–19 Uhr
Sonn- und Feiertag: 10–19 Uhr

Beitrag von:
Fährverein Bargener Fähre e.V.
Claus Hansen
24803 Erfde-Scheppern
Tel. (0 43 33) 2 73
faehrmann@bargener-faehre.de
www.bargener-faehre.de

Unerwartete Entdeckungen

Lunden steckt voller Schätze und Geschichten

Lunden hat eine lange Siedlungsgeschichte, die bis weit vor die erste urkundliche Erwähnung durch den Erzbischof von Bremen 1140 zurückreicht. Dies geht aus zahlreichen archäologischen Funden im Lundener Gebiet hervor, das wegen seiner erhöhten Lage und Bodenbeschaffenheit schon sehr frühe Wohnstätten vorweisen kann. Vor etwa 3000 Jahren entstand hier eine Nehrungskette, die zur Eiderniederung hin auslief und aus deren östlichem Haffgebiet sich Moore bildeten. Später gewannen die Bewohner in diesen Gegenden durch Entwässerung Weideland für ihre Viehzucht.

Heutiger und auch historischer Mittelpunkt Lundens ist die sehenswerte Wehrkirche St. Laurentius. Im 12. Jahrhundert auf einer mächtigen Wurt errichtet, gilt sie selbst und der sie umgebende **Geschlechterfriedhof** als eine der wichtigsten Attraktionen Dithmarschens. Vom Ende des 15. bis zum Anfang des 18. Jahrhunderts geschaffen, ruhen hier die Gebeine der ansässigen Familien, eben der Bauerngeschlechter, die in Dithmarschen die gemeinschaftliche Landesregierung bildeten. Die 66 wuchtigen Grabplatten und Stelen bedecken die Rasenflächen um das Kirchengebäude, und einige der 13 Grabkeller

Auf dem Geschlechterfriedhof zeugen Grabplatten und Stelen von einer bewegten Vergangenheit.

Die Wehrkirche St. Laurentius in der Ortsmitte

können besichtigt werden. Die Steine sind reichhaltig verziert mit Schriftzügen, Wappen, Hausmarken und reliefartigen Figuren. Jede Grabstelle gehört zu einem Hof und wurde zu Lebzeiten des später Verstorbenen bereits vorbereitet. Die Steinplatten und Stelen wurden im Weserbergland oder Belgien zur Bearbeitung in Auftrag gegeben, so dass bei Anlieferung nur noch das Todesdatum eingemeißelt werden musste.

Eine Besonderheit ist der Sühnestein, der dem 1537 ermordeten Peter Swyn gewidmet ist. Die Inschrift »Pater Patriae« hebt seine hervorragende Bedeutung als einer der 48 Regenten heraus. Die Ausgestaltung zeigt eine Kreuzigung und darunter seine Ermordung. Etliche Platten und Stelen erzählen wundersame Geschichten über den Verstorbenen, worin sich auch vielfältige Lebensabenteuer widerspiegeln. Der Theologe Claus Harms (1778–1855), selbst von 1806 bis 1816 hier als Pfarrer tätig, kritisiert den profanen Umgang seiner Landsleute mit den historischen Schmuckstücken, die öfters zweckentfremdet und zu Mauerfundamenten, Türschwellen und Schleifsteinen »umgewidmet« wurden: »Manchmal muss zum Auftritt der Füße der Denkstein und Name eines Mannes dienen, dem man, lebte er noch, seine Füße küssen sollte in Ehrerbietung und Dankbarkeit.«

Der Ort, der an der Nordgrenze des »Heiligen Römischen Reiches Deutscher Nation« lag und zeitweise von 1529 bis zum Ende der Bauernrepublik 1559 das Stadtrecht besaß, konnte sich nicht so leicht entwickeln wie andere Orte der Landschaft.

Die Hauptstraße mit Blick auf die Kirche

Hauptsächlich war die Grenzlage ein wenig abseits der Handelsrouten hierfür verantwortlich. Auch einen dafür nutzbaren Eiderhafen gab es hier nicht. Schließlich wurde in neuerer Zeit die Querverbindung zur touristisch wichtigen Westküste nicht ausreichend erschlossen. Einen gewissen Ausgleich brachte die Anbindung an die A23 und nach Norden über die nahe B5.

Die Gemeinde Lunden als ländlicher Zentralort und seit 1973 staatlich anerkannter Erholungsort liegt inmitten der Flusslandschaft Eider-Treene-Sorge. Sie hat etwa 1650 Einwohner und gehört zusammen mit den Nachbargemeinden Groven, Hemme, Karolinenkoog, Krempel, Lehe, Rehm-Flehde-Bargen und St. Annen zur Verwaltung des Amtes Kirchspielslandgemeinden Eider. Lunden verfügt über eine sehr gute Infrastruktur hinsichtlich der Versorgung seiner Bürger und Gäste. Ein großer Verbrauchermarkt, eine Apotheke, mehrere Ärzte und Zahnärzte, Bäckereien und Schlachtereien sowie ein Elektrofachgeschäft, ein Baushop und zahlreiche Handwerksbetriebe sind hier ansässig. Außerdem gibt es diverse gastronomische Angebote.

Die Bahnverbindung an der Strecke Husum-Heide nützt dem Ort in mehrfacher Weise. Die Schülerinnen und Schüler gelangen zu den weiterführenden Schule, bestimmte Einkäufe lassen sich auch ohne Auto erledigen und schließlich ist man an das Netz der Fernzüge angeschlossen, die von Hamburg aus weiterfahren.

Lunden ist Geburtsort einiger wichtiger und prominenter Persönlichkeiten.

Als erster sei **Gustav Dethlef Hinrichs** genannt, der berühmte Naturforscher, der hier am 2. Dezember 1836 zur Welt kam. Nach einem naturwissenschaftlichen Studium in Kopenhagen emigrierte er 1861 in die USA, wo er Lehrstühle für Physik und Chemie bekleidete. Er gilt als einer der Urheber des Periodensystems. Hinrichs starb 1923 in St. Louis.

Auch der in den USA hoch angesehene Maler **W. H. D. Koerner** ist Lundener von Geburt. Er wurde hier am 19. November 1878 geboren, wanderte allerdings noch als Kleinkind mit seinen Eltern nach Nordamerika aus. Er besuchte die Kunstakademien in Chicago und New York und verdiente seinen Unterhalt mit populären Zeitungsillustrationen. Er malte vor allem Themen des amerikanischen Wilden Westens, dessen visueller Protagonist er wurde. Zahllose Ausstattungen von Western gehen auf Koerners künstlerische Vorgaben zurück. Koerner starb am 11. August 1938 in Interlaken (New Jersey).

G. D. Hinrichs und W. H. Koerner finden im hochinteressanten **Natour Centrum**, einem Museum voller Überraschungen, neben anderen großen Lundenern eine ausführliche Würdigung (siehe den Beitrag auf S. 70)

Hans Hartz, den noch heute jeder Fan deutscher Rockmusik kennt, soll nicht unerwähnt bleiben. Der Sänger und Liedermacher wurde am 22. Oktober 1943 in Lunden geboren. Er steht für eine eigenwillig-rauchige Interpretation von Rocksongs und hatte Hits wie »Die weißen Tauben sind müde« (1982) und »Sail away« (1991). Hans Hartz starb am 30. November 2002 in Frankfurt am Main.

Gründerzeitvilla im Osten des Ortes

Land und Leute am Strom

Das Amt Eider und seine Gemeinden

Eine Reise durch die Orte, die sich südlich der Eider wie auf einem grünen Teppich aneinanderreihen, ist von ganz besonderem Reiz. Wer von West nach Ost durch diese von Niederungen und Geesthügeln geformte Landschaft fährt, begegnet wunderschönen Dörfern und bodenständigen Menschen, historischen Kleinodien und einer zutiefst erholsamen Ruhe und Gelassenheit.

Zu Beginn der Tour in Karolinenkoog gegenüber Tönning, wo es vor dem Brückenbau eine Eiderfähre gab, sieht man rechts und links Dithmarscher Kohl und Kartoffelfelder. Vor Lunden, dem hiesigen Zentralort mit seinem historischen Geschlechterfriedhof (siehe Beiträge S. 68–69 und S. 72), durchquert man Groven, das einst nach einer Stromverlagerung zeitweise zur Insel wurde. Bei Wollersum gibt es eine gern besuchte Badestelle. Im südlicher gelegenen Hemme sollte man sich die St. Marien-Kirche aus dem 14. Jahrhundert anschauen. Von Tönning führt übrigens ein malerischer Deichwanderweg nach Nordfeld.

Krempel auf der Lundener Nehrung mit dem bei Wanderern und Radfahrern beliebten Landschaftsschutzgebiet Krempler Moor ist auch beispielhaft für echtes Dithmarscher Dorfleben. Hier gibt es ein Haus des Gastes – Touristinformation des Amtes Eider, Tel. (0 48 82) 6 10 10 – mit einer »Dörpstheoter«-Bühne für kulturelle Veranstaltungen, Saal, Kegelbahn, im Mittelweg eine Schützenhalle. Die Gemeinde Lehe ist ein gelungenes Muster für eine kreative Dorferneuerung. Landwirtschaft und Gewerbe prägen das südliche Nachbardorf Rehm-Flehde-Bargen.

Eine Kirche mit Kanone

Im nordöstlich von Lunden gelegenen St. Annen ist die Kirche der heiligen Anna mit der davor platzierten geschichtsträchtigen Kanone immer ein Gästemagnet. Im benachbarten Schlichting steht das kleine St. Rochus geweihte Gotteshaus auf einer Warft, ein Zeichen für die früheren Überschwemmungen der Eider in dieser Gegend.

Die Gemeinde Kleve am prägnanten Geestabhang markiert den Übergang aus der Eiderniederung ins hügelige Endmöränengebiet. Zum Dorf gehört auch die erste Eiderabdämmung bei Nordfeld aus dem Jahre 1936/1937. Fedderingen am westlichen Geestrand und Wiemerstedt an der Broklandsau-Niederung sind schöne Urlaubsorte für Fans der ländlichen Erholung. In Wiemerstedt kann man eine mittlerweile weit ausladende Friedenseiche bewundern, die bezeichnenderweise gleich nach dem deutsch-französischen Krieg 1871 gepflanzt wurde. Norderheistedt bildet eine Siedlungseinheit mit Süderheistedt, wo der von Eichen umrauschte »Vogelstangenberg« ein beachtenswertes Naturdenkmal darstellt.

Ein idyllisches Kanuparadies

Die Broklandsau, ein Nebenfluss der Eider, ist auf den letzten 15 Kilometern zwischen Aukrug, Süderheistedt bis zur Mündung bestens mit dem Kanu befahrbar. Von der Dorfstraße des Geestortes Barkenholm hat man einen wunderbaren Weitblick über Niederung. Die Gemeinde Hennstadt, Sitz des Amtes Eider, ist ein ländlicher Zentralort mit einer im Dorfkern gelegenen wunderschönen Kirche. Auf dem Gemeindegebiet befindet sich

Kirche in Hennstedt

Auf den letzten Kilometern der Broklandsau herrscht im Sommer reger Kanuverkehr.

einer der schönsten Golfplätze Schleswig-Holsteins, die 27-Loch-Anlage des GC Gut Apeldör. Weltweit gibt es 252 Orte mit dem Namen Linden, doch nur einen im Amt Eider. Hier befindet sich eine frühgeschichtliche Sehenswürdigkeit, ein etwa 4800 Jahre altes Steinkammergrab, das man besichtigen kann. Linden ist, was sich im gepflegten Ortsbild widerspiegelt, mehrfacher Kreis- und Landessieger im renommierten Wettbewerb »Unser Dorf soll schöner werden«.

Von Hollingstedt aus gibt es Kutschfahrten durch das Delver Naturschutzgebiet, den Hollingstedter Bauernwald, vorbei an Fischerkaten, Reetdachhäusern, den Eiderdeich entlang bis zum Fähranleger. In der spätromanischen Feldsteinkirche »St. Marien« von Delve weisen Schiffsmodelle auf die bedeutende maritime Vergangenheit des Eiderdorfes hin. Noch heute gibt es hier einen großen Sportboothafen, außerdem eine Badestelle. Seit 2001 bringt eine kleine Fähre Radfahrer und Fußgänger über die Eider nach Bargen (siehe Beitrag S. 67).
In der Nähe liegt das beschauliche Bergewöhrden auf sanften Hügeln im Westen des Delver Kooges.

Auf den Spuren der alten Kreisbahn

Fast alle Gemeinden des Amtes Eider lagen an der Norderdithmarscher Kreisbahn, einer Nahverkehrsstrecke, die heute eine wundervolle Touristenattraktion wäre. Leider wurde diese ideale Landschaftserschließung nach gerade etwas mehr als 30 Betriebsjahren 1936 wieder eingestellt. Zwischen Wallen und Pahlen fährt man auf der ehemaligen Dammtrasse. Pahlen ist ein ländliches Eldorado des Wassersports, sogar Wasserskiläufer kann man hier gelegentlich beobachten. Der Ort besitzt einen größeren Sportboothafen und einige Kailiegeplätze. Pahlen geht nahtlos in das Nachbardorf Dörpling über. Beide Dörfer arbeiten kommunal auch eng zusammen, etwa beim gemeinsam betriebenen Schwimmbad.

Auf dem Gemeindegebiet von Schalkholz finden sich die ältesten Siedlungsspuren im Amtsbereich. Hövede ist mit 66 Einwohnern nach Wallen mit 31 derzeit das zweitkleinste Dorf des Amtes. Für Angler und Jäger ist die Gegend ein sehr lohnenswertes Revier.

Am Klaus-Groth-Wanderweg

Der berühmte Dithmarscher Dichter des Plattdeutschen Klaus Groth durchwanderte, wenn er von Heide in sein »Jungsparadies« Tellingstedt unterwegs war, die kleinen Orte Gaushorn und Welmbüttel. Zusammen mit Schrum südlich von Tellingstedt hat man hier ein Gemeinschaftsprojekt verwirklicht, das »Dree-Dörper-Huus«. Tellingstedt ist in diesem Buch ein eigener Beitrag gewidmet (s. S. 78–79). Die Gemeinde Glüsing ist berühmt durch die Goldene Sonnenscheibe aus der Bronzezeit (Replik im Dithmarscher Landesmuseum in Meldorf).

Süderdorf gilt als Paradies für Pferdefreunde, die entspannte Ausritte in herrlicher Natur lieben. Auch Wanderer und Radfahrer kommen hier auf ihre Kosten. Das kleine Westerborstel nahe Tellingstedt ist sogar ein wahres Reit-Mekka mit einer Geländestrecke, einer großen Reithalle und einem großen jährlichen Reitturnier.

Nördlich an der Eider ist Tielenhemme mit seiner landschaftlichen Weite eine wahre Oase der Stille und Kreativität. Hier lebte die große Lyrikerin Sarah Kirsch. Ein Übersetzen mit der Hohner Fähre, vielleicht zum Kaffeetrinken im gegenüberliegenden Krug ist ein beliebtes Freizeitvergnügen.

Beim Wettbewerb »Unser Dorf soll schöner werden« ist Dellstedt am häufigsten ausgezeichnet worden. Die liebevoll gepflegten Bauernhäuser mit den traditionellen Landgärten sowie die fachgerecht restaurierte Windmühle sind einen Rundgang wert.

Kutschfahrt durch die Eiderniederung

Pferde sind die große Passion der Dithmarscher.

Die Kanone am Wrohmer Ehrenmal kündet von kriegerischen Zeiten.

Sportboothafen an der Eiderbrücke

Das von Anglern stark besuchte Wrohm besitzt die wohl vielfältigsten und saubersten Fischgewässer Norddeutschlands. Historisch gesehen erlebte das beschauliche Dorf wegen seiner Lage an der dänisch-deutschen Eidergrenze eine Reihe kriegerischer Ereignisse, wovon auch die am Ehrenmal aufgestellte Kanone zeugt.

Das FiZ, die Touristinformation in Tellingstedt, Tel. (0 48 38) 10 58, gibt u.a. Auskunft über die örtlichen Rad- und Wanderwege.

Beitrag von:
Amt Kirchspielslandgemeinden Eider
Kirchspielsschreiber-Schmidt-Straße 1
25779 Hennstedt
Tel. (0 48 36) 99 00 · Fax (0 48 36) 9 90 40
info@amt-eider.de · www.amt-eider.de

Faszinierend und voller Überraschungen

Das Heimatmuseum und Natour Centrum in Lunden

Das Heimatmuseum und Natour Centrum in der ehemaligen Lundener Schule

In Lunden, direkt an der Hauptstraße des Ortes, begeistert das Heimatmuseum und Natour Centrum seine Besucher mit einer Fülle von hochinteressanten Exponaten und Informationen zu den Themen Natur und Landleben. Auf mehreren Etagen des ehemaligen Schulhauses erhält man einen tieferen Einblick in die kleinen Dinge des historischen und zeitgeschichtlichen Alltags der Region.

Am Anfang steht eine Informationsschau, die sich mit dem Naturerlebnisraum »Lundener Niederung« im Wanderpark Lunden befasst. Sie dient der Vorbereitung des erlebnisreichen Naturaufenthaltes vor den Toren des Ortes, wo man auf einem Rundkurs in die einzigartige Fauna und Flora der Moorlandschaft eingeführt wird.

Der originalgetreue Tante-Emma-Laden

Der alte Klassenraum in der ehemaligen Schule

Die eigentliche Ausstellung im Haus zeigt fast alle Facetten des ländlich geprägten Ortslebens in originalen Exponaten. So findet sich hier ein liebevoll gestalteter Tante-Emma-Laden und eine Uhrmacherei, beides mit wundervollen zeithistorischen Details ausgestattet.

In der Abteilung »De lütte Buur« werden Gebrauchsgegenstände aus dem kleinbäuerlichen Milieu gezeigt, danach folgt eine vollständig eingerichtete Landarztpraxis, eine Hebammenausrüstung und eine Drogerie. Auch das althergebrachte Handwerk kann besichtigt werden, zum Beispiel in einem Webstübchen und einer Schusterei.

Der Bereich Radio- u. Elektrotechnik versetzt einen unwillkürlich zurück in die eigene Jugend oder die der Eltern, als erste Grammophone, Plattenspieler, Tonbandgeräte, Photoapparate, Radios und Fernseher den Alltag revolutionierten. Auch eine umfangreiche Schreibmaschinenausstellung sorgt für sprachloses Erstaunen, vor allem bei den heutigen Kindern.

Dies gilt besonders, wenn die Pennäler der Gegenwart in die Schulausstellung kommen, wo ein echter Klassenraum, wie er vor einigen Jahrzehnten aussah, bestaunt werden kann. Für die Älteren ist es eher eine nostalgische Erinnerung an längst vergangene Kindertage.

In einer Sonderschau wird das Lundener Buchdrucker-Handwerk dokumentiert. Eine Linotype-Bleisetzmaschine, eine Schnellpresse DIN A3, eine Setzgasse und eine Papierschneidemaschine stehen voll funktionstüchtig für die wöchentlichen Vorführungen (donnerstags) bereit.

Ein Höhepunkt ist das Auswanderer-Archiv mit diversen Exponaten, das vor allem im Zeichen der Nordamerika-Emigration steht. Der Verein für Heimatgeschichte des Kirchspiels Lunden e.V. hat hierzu wertvolle Publikationen herausgebracht, die von Gerd Stolz verfasst wurden. Es liegen biografische Abhandlungen über den Revolutionär H. R. Claussen (1804–1894), den Unternehmer E. Geisler (1828–1910), den Naturforscher G. D.

Um 1800 gab es noch keine rechten und linken Schuhe oder Stiefel!

Ein Mitglied des Museumsteams führt die Dosenverschlussmaschine vor.

Hinrichs (1836–1923), den Theologen und Professor W. C. Groth (1862–1941) und den Maler des »Wilden Westens« W. H. D. Koerner vor.

Von Mai bis August ist das Natour Centrum Di, Mi, Do und Sa von 14.00 bis 16.00 Uhr und nach telefonischer Absprache unter Tel. (0 48 82) 55 45 oder 14 25 geöffnet, im Winterhalbjahr jeden Donnerstag von 14.00 bis 16.00 Uhr. Es wird eine individuelle Führung angeboten. Weitere Informationen unter www.natourcentrum-lunden.de.

Was mit Pferd und Wagen begann ...

Die Spedition Henning Peters GmbH & Co. KG in Rehm-Flehde-Bargen

Mit Pferd und Wagen begann der Fuhrbetrieb Henning Peters im Jahre 1945.

Der frühe Fuhrpark mit dem Lanz-Bulldog

Tanklastzug um 1970

Seit über 67 Jahren bietet das Familienunternehmen Henning Peters Dienstleistungen im Bereich des Speditionswesens an. Schon gleich nach der deutschen Stunde Null ergriff Henning Peters aus Lunden die Initiative und gründete am 3. Oktober 1945 den bis heute bestehenden Fuhrbetrieb. Anfänglich wurden mit Pferd und Wagen vor allem Gemüse, Dung und Torf gefahren, später auch mit dem Lanz-Bulldog Dung

Rolf Peters und Andreas Krause

Kerrin und Andreas Krause

Umweltgerechte Energieerzeugung – ein Firmenkapitel für sich

ins Baumschulgebiet bei Hamburg und auf der Rücktour Torf aus dem Quickborner Teufelsmoor für Dithmarschen und Eiderstedt.

Nach einer langen Periode des Wachstums, das vor allem durch das Wirtschaftswunder und harte Arbeit gekennzeichnet war, übernahm der Sohn Rolf Peters mit seiner Frau Renate die Spedition Anfang der 1970er Jahre. Kurz danach, 1974, wurde der Firmensitz nach Rehm-Flehde-Bargen im Süden von Lunden verlegt.

Im Jahre 2005 trat der heutige Geschäftsführer Diplom-Volkswirt Andreas Krause in die Firma ein. Zusammen mit seiner Frau Kerrin geb. Peters leitet er heute das Unternehmen, womit die Familientradition des längst international tätigen Betriebes gewährleistet war.

Das heutige Leistungsprofil der Spedition ist beeindruckend. Es werden europaweit die unterschiedlichsten Transporte durchgeführt: flüssige Lebensmittel in isolierten und beheizbaren V2A-Tankzügen, technische Öle und Fette in Ein- und Mehrkammerfahrzeugen, flüssige Zuschlagsstoffe für die Papierindustrie in maximierten Spezialtankzügen sowie Staub- und Rieselgüter in modernen Silofahrzeugen.

Zuverlässigkeit und Qualität auf allen Betriebsebenen sind das Markenzeichen der Traditionsfirma. Hierzu gehört zunächst die ständige Einsatzbereitschaft des Fuhrparks, die durch die eigene Service-Werkstatt und Waschanlage ermöglicht wird. Pünktliche Anlieferung sowie Sauberkeit der Fahrzeuge sind die Stärken, die von der Kundschaft sehr geschätzt werden. Zudem stehen

sämtliche Fahrzeuge in ständigem Kontakt zu den Disponenten, so dass eine lückenlose Sendungsverfolgung garantiert ist. Dabei sind, gerade im empfindlichen Sektor des Datenschutzes, Diskretion und Neutralität selbstverständlich.

Ein Highlight des Unternehmens ist die hochmoderne und umweltgerechte Energieversorgung. Zu der in 2011 entstandenen Photovoltaikanlage wurde 2012 eine erste eigene Windkraftanlage in Betrieb genommen. Mit der WKA wird nur Strom für die hofeigene Werkstatt und Verwaltung produziert. Überschüssige Energie wird nach Möglichkeit nicht in das Energienetz eingespeist, sondern in Wärmeenergie für den Betrieb umgewandelt. Dies ergänzt die CO_2-neutrale Feststoffheizung, die mit Holz aus eigenen Wäldern befeuert wird.

Beitrag von:
Spedition Henning Peters GmbH & Co. KG · Tank und Silotransporte
Birkenweg 22 · 25776 Rehm-Flehde-Bargen
Tel. (0 48 82) 6 58 70 · Fax (0 48 82) 65 87 16
info@spedition-peters.de · www.spedition-peters.de

Mit der Eider durchs Land

Vom Welthandelsweg zum idyllischen Gewässer

Wie viele Menschen die Eider als Fischer, Schiffer, Fährmann, Freizeitkapitän oder unter anderen Vorzeichen genutzt haben, ist nur zu schätzen. Im Laufe der Jahrzehnte und Jahrtausende mögen es Millionen gewesen sein. Doch nur wenige Namen sind uns überliefert. Von den unbekannt gebliebenen Eiderfahrern sind uns vielleicht die Wikinger, die von Haithabu kommend über Treene und Eider in die Nordsee segelten oder die nach England auswandernden Angeln im Sinn. Sicherlich denkt man auch an die unzähligen Generationen von Flussfischern, Händlern und Reisenden.

Wie viele Transporte zu Wasser hat der Fluss gesehen, und Dinge, die oft aus der Ferne hergeschafft wurden, ehe man sie vor Ort in Gebrauch nahm oder weiterverkaufte. Als der Eiderkanal gebaut wurde (1777–1784), der die Eider bei Rendsburg mit der Kieler Förde verband, befuhr

die halbe Welt den Fluss von West nach Ost, von Ost nach West. Dieser erste Seekanal der Welt, der den Namen des Flusses führte, ersparte den langen und gefährlichen Umweg um Skagen und war zu seiner Zeit ein Meisterwerk der Technik. Mit dem Aufkommen größerer Segler und dann der Dampfschiffe wurde der Eiderkanal zu klein und der gesamte Transitweg unrentabel.

Die »Goldene Epoche«

An den Ufern der Eider finden sich nur noch wenige Zeugen dieser »Goldenen Epoche«, zum Beispiel das historische Packhaus am Tönninger Hafen. Allerdings gibt es in den Archiven und zeitgenössischen Dokumenten diverse Listen und Tabellen hinsichtlich Kanal- und Eiderpassagen. Darin wurden die Ausgangs- und Zielhäfen der Schiffe samt ihrer Ladung durch die Holtenauer Zollstelle säuberlich registriert. Die aufgezeichneten Daten geben nicht nur nüchternen Aufschluss über Frachten und Routen, sondern sind eine kulturhistorische Fundgrube ohnegleichen.

Als Beispiel sei hier die »Allgemeine Uebersicht der durch den Kanal getriebenen Schiffahrt im Jahr 1794« angeführt, die zehn Jahre nach Eröffnung der Eiderkanal-Passage zwischen Nordsee und Ostsee aufgestellt wurde (Quelle: Schleswig-Holsteinische Provinzialberichte. 1795, 1. Bd., S. 24–33). Dort findet man, dass insgesamt 2019 Schiffe die Passage benutzt haben, davon 613 in Ballastfahrt und 1406 mit Ladung. Betrachten wir die »einheimischen nach fremden Oertern«, so sind fast alle dänischen resp. schleswig-holsteinischen Häfen vertreten (Die Passage befand sich auf dänischem Staatsgebiet, wozu damals auch Schleswig-Holstein gehörte.). Es gingen Schiffe von Rendsburg nach Königsberg mit Hafer, von

Kiel nach Amsterdam mit Ölkuchen oder von Flensburg nach Bordeaux mit vermischter Ladung. »Von fremden nach einheimischen Oertern« reisten die Frachtsegler etwa von Anklam nach Tön-

Idyll an der Nordfelder Eiderbreite (Foto: Silke Hars)

Votivschiffe in der Delver Kirche weisen auf die lange Seefahrtsgeschichte des Ortes hin. Noch 1889 waren in Delve 16 Seeschiffe beheimatet.

Auf der Eider – hier bei Delve – herrscht in den Sommermonaten reger Ausflugsverkehr.

Sielzug zur Hinterlandentwässerung

Zurück zur Natur

Das hat allerdings auch sein Gutes. Zum einen hilft es der wertvollen Fauna und Flora der Region Eider-Treene-Sorge, dem größten zusammenhängenden Fluss- und Niederungsgebiet in Schleswig-Holstein. Zum anderen gewinnt der Mensch ein Erholungsgebiet, in dem vornehmlich nur noch Sportboote verkehren und man die Schätze der Natur genießen kann. Dies haben inzwischen auch viele Feriengäste entdeckt, welche die von Geest und Niederungen geprägte Landschaft mit Kanus, Booten und Fahrrädern durchstreifen.

Dann erinnert man sich vielleicht an die Brüder Paul und Jules Verne, die 1881 auf der Dampfyacht »Saint Michel« von Rotterdam nach Kopenhagen fuhren und dabei Eider und Eiderkanal passierten. Paul Verne hat über diese Reise einen lesenswerten Bericht verfasst, der auch die romantischen Momente der historischen Landesquerung einfängt.

ning mit Getreide, von Elbing nach Brunsbüttel mit Brettern und Balken oder von Danzig nach Friedrichstadt mit Roggen.

Sehr interessant ist die reine Transitliste »von fremden nach fremden Häfen«, woran man die internationale Bedeutung der Eiderpassage besonders gut erkennt. Da heißt es zum Beispiel, dass eine Ladung mit Getreide, Malz und Stabholz von Swinemünde nach Holland oder eine gemischte Fracht von St. Petersburg u.a. mit Segeltuch, Hanföl, Eisen, Flachs, Talg, Pferdehaaren, Matten, Juchten, Federn, Pottasche, Talglichtern nach Hamburg bestimmt war.

Bei der Aufgliederung der Schiffe nach ihren Heimathäfen fällt auf, dass mehr als die Hälfte der passierenden Segler (1192 Schiffe) ausländischer Herkunft waren. Darunter stellten wiederum die Holländer (604), die Ostfriesen (163) und die Brandenburger und Preußen (127) die größten Kontingente. Ziemlich am Ende dieser Liste stehen bemerkenswerterweise die norddeutschen Hansestädte Hamburg (11), Lübeck (8) und Bremen (1), was bereits auf die eher ungünstige Binnenlage ihrer Häfen hinweist.

Die akribisch geführten Tabellen zeigen über die Jahre und Jahrzehnte, wie Kriege und Wirtschaftskrisen die Frequentierung der Passage zwischen Tönning und Holtenau beeinflusst haben, etwa während der Napoleonischen Kontinentalsperre oder anlässlich der deutsch-dänischen Auseinandersetzungen im 19. Jahrhundert. Letztlich ausschlaggebend für den Niedergang des Eiderkanals und damit der gesamten Landesdurchfahrt waren die zu klein gewordenen Kanalmaße. Deutschland erkannte aber im Zuge seiner Marineentwicklung die strategischen Möglichkeiten einer Kanalverbindung zwischen Nordsee und Ostsee und ließ, teilweise im Bett des Eiderkanals, den Kaiser-Wilhelm-Kanal bauen (Eröffnung: 1895). Damit war die Eider endgültig abgekoppelt vom großen Seeverkehr und sank zurück in frühere Beschaulichkeit.

Kutter wie dieser in Pahlhude waren noch im 19. Jahrhundert Stammgäste auf der Eider.

Bei Lexfähre an der nordöstlichen Landesgrenze Dithmarschens

Diese Wasserstraße macht die Insel rund

Der Gieselaukanal verbindet Eider und Nord-Ostsee-Kanal

Über die romantische Klappbrücke bei Oldenbüttel kann man die Gieselauschleuse queren.

Eingeweihten ist natürlich die bemerkenswerte Tatsache bekannt, dass Dithmarschen im Grunde eine Insel ist. Und dafür ist letztendlich der Gieselaukanal bei Oldenbüttel verantwortlich.

Diese 2,8 Kilometer lange Verbindung zwischen Untereider und Nord-Ostsee-Kanal wurde 1937/1938 gebaut, weil man einen Ersatz für die Kanalzufahrt durch die Altstadtschleuse in Rendsburg benötigte. Die aus dem Jahr 1893 stammende Anlage, die beim Bau des Kaiser-Wilhelm-Kanals (Nord-Ostsee-Kanals) die alte Eingangsschleuse zum Eiderkanal von 1784 ablöste, behinderte die Infrastruktur der Rendsburger Innenstadt derart, dass man nach langfristiger Abhilfe suchte. Im Zuge des Gieselaukanal-Projektes wurde die Rendsburger Altstadtschleuse dann zugeschüttet.

Folgerichtig plante man die neue Verbindung in einer möglichst günstigen Gegend westwärts von Rendsburg, so dass der Schiffsverkehr, besonders von den kleinen Häfen der Unterelbe, in die Untereider problemlos vonstatten gehen konnte. Hierzu durchstach man eine Niederung südlich von Prinzenmoor und kreuzte an zwei Stellen die kleine Gieselau, die dem Kanal den Namen gab. Der Bach war bereits zuvor durch den Nord-Ostsee-Kanal zertrennt worden und hat bis auf die übernommene Bezeichnung keinerlei sonstige Bedeutung für den Kanal.

Die Gieselau besitzt mehrere Quellbäche, zum Beispiel Westerau und Bellbek, die nördlich von Albersdorf entspringen und sich mit anderen Zuflüssen schließlich zur Gieselau vereinigen. Der

Von hier aus sind es nur weniger Kilometer bis zur Einmündung in den NOK.

Bach umfließt Albersdorf im Westen und Süden und wendet sich dann Richtung Eiderlauf. Der große Bogen des Nord-Ostsee-Kanals durchschneidet die Gieselau allerdings und trennt ihren natürlichen Ablauf in die Eider. Das Gieselau-Tal in der hügeligen Geestlandschaft wurde in den letzten Jahrzehnten renaturiert und ist heute ein Naturschutzgebiet. Es gehört zum Gelände des Archäologisch-Ökologischen Zentrums (AÖZA) in Albersdorf (siehe Beitrag S. 14–15). Erst der Gieselau-Kanal stellt die Verbindung mit dem ursprünglichen Bett der Gieselau wieder her. Südlich von Lexfähre schlängelt sich ein Teilstück des Baches nahe am Kanal durch die Niederung.

Schiffe bis 65 Meter Länge, 9 Meter Breite und 2,70 Meter Tiefgang können den Gieselaukanal befahren, wobei er heute vornehmlich von Sportbooten genutzt wird. Ungefähr in der Mitte der Kanalstrecke befindet sich die 65 Meter lange und 9 Meter breite Schleuse, mit der die Wasserstände von NOK und Eider ausgeglichen werden. Der Kanal ist eine Bundeswassertrasse in der Zuständigkeit des Wasser- und Schifffahrtsamt Brunsbüttel verwaltet.

Blick auf die Kanalstrecke Richtung Lexfähre

Norderdithmarschen

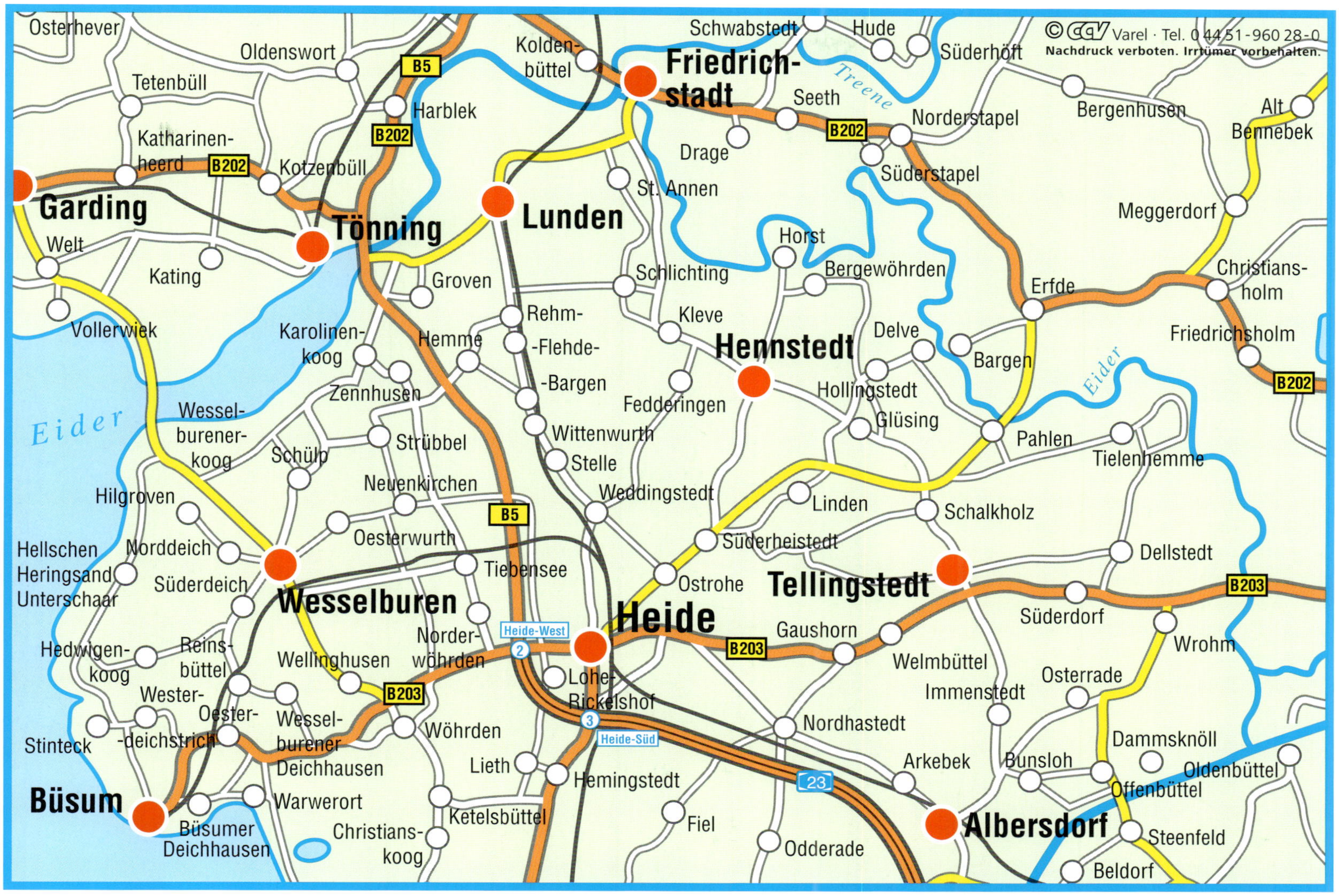

Osterhever · Oldenswort · Schwabstedt · Hude · Süderhöft
Koldenbüttel · Friedrichstadt · Seeth · Treene
B5 · Tetenbüll · Harblek · Norderstapel · Bergenhusen · Alt Bennebek
B202 · Katharinenheerd · Kotzenbüll · Drage · Süderstapel · Meggerdorf
Garding · Tönning · Lunden · St. Annen · Horst · Bergewöhrden · Erfde · Christiansholm
Welt · Groven · Schlichting · Kleve · Delve · Bargen · Eider · Friedrichsholm
Kating · Hemme · Rehm-Flehde-Bargen · Hennstedt · Hollingstedt · B202
Vollerwiek · Karolinenkoog · Fedderingen · Glüsing · Pahlen
Eider · Wesselburenerkoog · Zennhusen · Wittenwurth · Linden · Tielenhemme
Schülp · Strübbel · Stelle · Weddingstedt · Schalkholz
Hilgroven · Neuenkirchen · Süderheistedt · Dellstedt
Norddeich · Oesterwurth · B5 · Süderdorf · B203
Hellschen Heringsand Unterschaar · Süderdeich · Tiebensee · Ostrohe · Tellingstedt · Wrohm
Wesselburen · Norderwöhrden · Heide-West · Heide · Gaushorn · Welmbüttel · Osterrade
Hedwigenkoog · Reinsbüttel · Wellinghusen · 2 · B203 · Immenstedt · Dammsknöll
Wester-Oester-deichstrich · Wesselburener · Loher Rickelshof · 3 · Heide-Süd · Nordhastedt · Bunsloh · Oldenbüttel
Stinteck · Deichhausen · Wöhrden · Lieth · Arkebek · Offenbüttel
Büsum · Warwerort · 23 · Fiel · Albersdorf · Steenfeld
Büsumer Deichhausen · Christianskoog · Ketelsbüttel · Hemingstedt · Odderade · Beldorf

© CCV Varel · Tel. 0 44 51 - 960 28 - 0
Nachdruck verboten. Irrtümer vorbehalten.

An Eider und Meer

Als der Kreis Norderdithmarschen, der von 1867 bis 1970 unter verschiedenen Regierungen ein eigenständiges Verwaltungsgebiet war, im neuen Kreis Dithmarschen aufging, war das Eidersperrwerk zwar im Bau, aber noch nicht eröffnet. Danach entwickelte sich der Norden allerdings mit einer nachhaltigen Dynamik.

Büsum wurde immer mehr zu einem modernen touristischen Zentrum mit vielen neuen Angeboten und Dienstleistungen, Heide nahm die Herausforderung als Hauptstadt der gesamten Landschaft mit viel Elan an und die vormals rein bäuerlichen Marschen und Geestgebiete profitierten ebenfalls von der Hinwendung zu einer leistungsfähigen Urlaubsregion. Dabei kam die hier traditionell starke Landwirtschaft nicht zu kurz. Außerdem bot die alternative Energiegewinnung durch Windkraft, Photovoltaik und Biogasanlagen neue Chancen. Wesselburen, im Herzen der alten Nordermarsch, ist die Wiege des Dithmarscher Kohlanbaus und außer Heide die einzige weitere Stadt. Allerdings gibt es mit Büsum und Lunden zwei größere Orte, der eine ein Urlaubermagnet, der andere ein historisch bedeutendes ländliches Zentrum.

Die Köge an der Nordwestküste stellen ein jahrhundertealtes Werk zur Landgewinnung und zum Schutz vor Sturmfluten dar. Wer diese Meereslandschaft in Augenschein nimmt, erkennt an den vielen Binnenlanddeichen und der immer noch gepflegten zweiten Deichlinie, welche Entwicklung hier stattgefunden hat. Die Dithmarscher Köge sind ein typisches Zeugnis für den Lebens- und Überlebenswillen der hiesigen Bevölkerung.

Im Dorfkern von Neukirchen liegt die sehenswerte Sankt-Jacobi-Kirche.

Tellingstedt und Albersdorf

Zwei bedeutende Dörfer auf der Geest

Auf der östlichen Geest Dithmarschens liegen zwei Orte, die wie Schutzsiedlungen gegen Eindringlinge von Norden und Osten wirken.

Tellingstedt

Als die zugfreudigen Sueben während der Völkerwanderung von Norden her ins übrige Europa vordrangen, durchquerten sie auch die hiesigen Küstengebiete und gründeten einige Orte. Diesen gaben sie Namen, an denen ein -ing oder -ingen vorkam. So geschah es mit Ording, Tating, Garding oder Tönning auf Eiderstedt, aber auch zum Beispiel mit Wenningstedt, Hemmingstedt oder Tellingstedt in Dithmarschen. Dabei haben die später eingewanderten Sachsen lediglich das bei ihnen übliche -stedt angefügt. Heute findet man im Schwäbischen (»Suebischen«) jede Menge Orte mit -ingen (Tübingen, Hechingen, Sigmaringen etc.).

Die erste schriftliche Erwähnung Tellingstedts geht auf eine Urkunde aus dem Jahre 1140 zurück,

Der malerische Park an der Tellingstedter Kirche

Ein schmuckes Wohnhaus im Dorfkern

Töpfer an der Drehscheibe, eine traditionsbewusste Skulptur

als der hiesige Kirchplatz dem Zentralort Meldorf unterstellt war. Viel wichtiger ist allerdings ein Blick auf die herausragende Lage Tellingstedt mit 15 m ü. NN am Nordrand des Dithmarscher Kerngebietes. Hier war es einfach, sich etwaigen Eindringlingen, die durch die Eiderniederung oder östliche Moorgebiete vorrückten, zu erwehren. Im Vorfeld der Schlacht von Hemmingstedt 1500 (siehe Beitrag S. 108–109) sorgten die Schanzen auf dem von Schalkholz her ansteigenden Geestrücken dafür, dass das angreifende dänische Heer über Meldorf ausweichen musste. Das Ergebnis ist bekannt. 60 Jahre später verzichtete man auf diesen natürlichen Vorteil und verließ sich leichtsinniger Weise auf die Heider Schanzen. Dithmarschen musste sich 1559 endgültig dem Dänenkönig unterwerfen.

Tellingstedt war für den Nordosten Dithmarschens ein ländliches Zentrum, in dem Handwerker wie Weber, Glaser, Schuhmacher und vor allem Töpfer ihre Produkte herstellten und verkauften. Besonders die Töpferei fand in Tellingstedt wegen der reichen Tonvorkommen der Gegend eine bevorzugte Wirkungsstätte. Zeitweise übten hier mehr als ein Dutzend Töpfer ihr Handwerk aus

und belieferten den gesamten ländlichen Raum der Westküste mit ihren hochwertigen Tonwaren. Dazu zählten Vorratskrüge, alle Teile von Geschirr, Buttergefäße, Fülltrichter und vieles mehr. Diese »goldene Töpferperiode« des Ortes endete allerdings vor über hundert Jahren mit dem Aufkommen der Meiereien, was bestimmte aus Ton

Die Feldsteinkirche St. Martin

An der Kirchenmauer finden sich Jahrhunderte alte Grabsteine.

gefertigte Behälter überflüssig machte. Ein weiterer Grund war, dass der Ton aus Schalkholz qualitätsmäßig mit dem aus Süddeutschland gelieferten nicht konkurrieren konnte.

Die Gemeinde mit ihren rund 2500 Einwohnern besitzt viele Einzelhandelsgeschäfte, die den täglichen Bedarf des Ortes und des Umlandes decken. Bäckerei, Lebensmittelhandel, Drogeriemarkt, Blumenladen, ein Tabak- und Zeitschriftenladen, Schreibwaren, ein Geschäft für Werkzeuge und Haushaltswaren, ein Spielwarengeschäft und ein Baumarkt sorgen dafür, dass niemand in der Gegend zum normalen Einkaufen weit fahren muss. Dies ist auch interessant für die Touristen, die hier ihren Landurlaub genießen. Überregionale Bedeutung haben ein Waffengeschäft und ein Betrieb für Festgarderoben. Die örtliche Gastronomie ist sowohl international als auch landschaftlich ausgerichtet.

Tellingstedt und Umgebung haben einen hohen Erholungswert durch die Nähe zur Eider-Treene-Sorge Region, ein faszinierender und vielfältiger Lebensraum für die einheimische Flora und Fauna. Die reizvolle Flusslandschaft lädt ein zum Wandern, Rad- und Kanufahren sowie Ausritten auf hergerichteten Reitwegen. Auch Angler kommen hier voll auf ihre Kosten.

Die Feldsteinkirche St. Martin aus dem 12. Jahrhundert war einst eine der fünf Hauptkirchen Dithmarschens. Sie besitzt die älteste spielbare Orgel des Landes aus dem Jahre 1642. Das Gotteshaus ist das markante Wahrzeichen des Ortes und liegt mit seinem hölzernen Glockenstapel inmitten eines kleinen gepflegten

Parkareals, wo auch alte Grabsteine besichtigt werden können.

Albersdorf

Einige Kilometer südlich von Tellingstedt liegt Albersdorf, das schon eine Höhe von 42 m ü. NN aufzuweisen hat. Der Ort besitzt rund 3500 Einwohner und ist eingebettet in eine hügelige und waldreiche Geestlandschaft, die sich bis hinunter zum Naturerlebnisraum Gieselautal und dem Nord-Ostsee-Kanal zieht. Es finden sich auch hier zahlreiche Grabstätten aus der Jungsteinzeit und Bronzezeit. Der Brutkamp, ein monumentales Großsteingrab, das auf Gemeindegebiet liegt, schmückt auch das Wappen des Dorfes. Am südöstlichen Ortsrand bietet der weithin bekannte Steinzeitpark AÖZA (siehe Beitrag S. 14–15) interessante Einblicke in die Vorgeschichte Dithmarschens.

Erste urkundliche Erwähnung findet Albersdorf 1281 unter der Bezeichnung »Aluerdesdorpe«, was auf eine namentlich angedeutete Gründerperson Athal oder Altwart schließen lässt. In dieser Zeitperiode entstand auch das Kirchspiel Albersdorf mit dem Gotteshaus St. Remigius, dessen Feldsteinmauerwerk noch heute bewundert werden kann. Der frühere neugotische Turm wurde 1889 durch einen holzverkleideten Neubau ersetzt, dessen Uhr mit einem seltenen, ebenfalls aus Holz gefertigten Zifferblatt versehen ist.

Es gibt die Legende, dass der zukünftige Standort der Kirche anfangs umstritten war und man sich darauf geeinigt hat, einen weidenden Schimmel darüber entscheiden zu lassen. Am vorgesehenen Morgen stand das Tier an einem Fliederbusch in der Nähe des heutigen Turmes, und die Lage war gefunden.

Der Innenraum der Kirche birgt einige wertvolle Schätze, unter ihnen die spätgotische Bronzetaufe, die um 1470 entstanden ist. Ein noch älteres romanisches Triumphkreuz aus dem 12. Jahrhundert beherbergt heute das Nationalmuseum in Kopenhagen. Weitere Ausstattungen stammen aus nachreformatorischer Zeit.

Viele kennen Albersdorf entweder als langjährigen Bundeswehrstandort (1963–2007) oder von seinen Großveranstaltungen her, die vornehmlich in der Freilichtbühne im Kurpark stattfinden. Feriengäste wissen besonders die Wälder und Augebiete des Umlandes zu schätzen, die man auf herrlichen Wanderungen und Radtouren erkunden kann. Der Ort selbst besitzt eine Vielzahl ländlich-dörflicher Winkel und ist Einkaufs- und Dienstleistungszentrum für die Umgebung. Südwestlich des Ortes befindet sich eine nahe Anbindung an die A23, südöstlich eine Hochbrücke über den Kanal Richtung Hademarschen.

St. Remigius in Albersdorf

Frühlingsgrün um das Denkmal in der Ortsmitte

Die Freilichtbühne im Kurpark

Wie ein Kranz um die Kreisstadt

Die Gemeinden des Amtes Heider Umland

Idylle bei Tiebensee (Foto: Hans-Jürgen von Hemm)

Der Name Amt Heider Umland ist sehr treffend, insofern sich seine Gemeinden wie ein Kranz um die Kreisstadt legen. Im Amt sind die Geestorte – mit einem gewissen Übergewicht – und Marschorte vereinigt. Auf dieser Seite wird es um die kleineren Gemeinden gehen, da **Hemmingstedt** und **Wöhrden** in einem eigenen Beitrag in diesem Buch erscheinen (siehe S. 110–111).

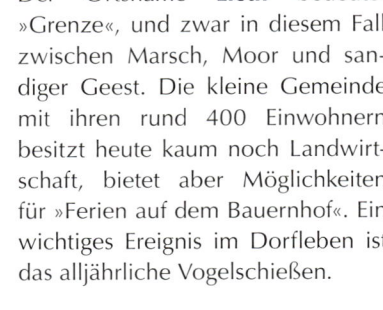

Pokalringreiten der Broklandsautalgilde (Foto: Hans-Jürgen von Hemm)

Der Ortsname **Lieth** bedeutet »Grenze«, und zwar in diesem Fall zwischen Marsch, Moor und sandiger Geest. Die kleine Gemeinde mit ihren rund 400 Einwohnern besitzt heute kaum noch Landwirtschaft, bietet aber Möglichkeiten für »Ferien auf dem Bauernhof«. Ein wichtiges Ereignis im Dorfleben ist das alljährliche Vogelschießen.

Lohe-Rickelshof liegt am Stadtrand von Heide und besitzt deshalb als »Vorort« mit rund 2000 Einwohnern auch eine höhere Bevölkerungszahl. Das Dorf wird 1319 bereits urkundlich erwähnt, was auf eine frühe Bedeutung schließen lässt. Im Ort gibt es etwa 30 Betriebe, das zentral gelegene »Dörpshus« und diverse Sportmöglichkeiten.

Das östlich von Wesselburen gelegene **Neuenkirchen** hat einen sehr schönen Dorfkern, worin die Kirche von 1323 besonders hervorsticht. Das Leben der rund 1000 Bewohner hat hier auch ein kleines Zentrum mit Bäckerei, Bank und einem Arzt der Allgemeinmedizin. Eine besondere Naturattraktion ist das »Weiße Moor«.

Norderwöhrden westlich von Heide hat etwa 290 Einwohner. Auf dem Gemeindegebiet hat man Siedlungsspuren gefunden, die bis ins 1. und 2. nachchristliche Jahrhundert zurückreichen. Es gibt eine größere Zahl landwirtschaftlicher und anderer Betriebe, außerdem viele Windkraftanlagen.

Die Gemeinde **Nordhastedt** nennt man wegen seines Waldreichtums »das grüne Herz Dithmarschens«. Zum ortshistorischen Thema »Frunsbeer« sollte man den Beitrag auf

Steller Burg (Foto: Christian Witt)

St. Andreas-Kirche in Weddingstedt (Foto: Christian Witt)

S. 84–85 lesen. Zwei Naturschutzgebiete ziehen häufig Beobachter von Fauna und Flora in den infrastrukturstarken Ort.

Auch **Ostrohe** mit seinen heute etwa 940 Einwohnern ist ein sehr früher Siedlungsplatz in Dithmarschen. Der Ort wird zwar erst 1447 urkundlich erwähnt, besitzt aber wesentlich ältere Spuren menschlicher Besiedlung, etwa das Hünengrab »Am Steenoben«.

Stelle-Wittenwurth (ab 1329 erstmals erwähnt) liegt auf einer kaum 10 m hohen Geestinsel zwischen der Weddingstedter Geest und einer Sanddüne. Die Gemeinde mit ihren knapp 500 Einwohnern ist überwiegend landwirtschaftlich orientiert.

Weddingstedt war in alter Zeit Gerichtsstätte des Kirchspiels Dithmarschen. Nach der Entstehung von Heide wurden die Landesversammlungen der Bauernrepublik Dithmarschen vom Schlüter (Vorsteher) des Kirchspiels Weddingstedt geleitet.

Heute ist aus dem einstigen Bauerndorf eine Wohngemeinde mit zahlreichen gewerblichen Ansiedlungen geworden. Die Einwohnerzahl schwankt seit Jahren um 2000.

In **Wesseln** (1370 Einwohner) hat sich ein früher Handelsplatz der Landschaft befunden, ehe der Heider Marktplatz diese Rolle übernahm. Bauern aus Wesseln haben – vermutlich im 11. Jahrhundert – die Marschsiedlung Wesselburen gegründet. Auch in Wesseln existieren sehr frühe Zeugnisse einer Besiedlung, zum Beispiel das Hünengrab auf dem Rugenbarg. Seine Bedeutung als Wirtschaftsstandort besitzt Wesseln auch heute noch. Zahlreiche Betriebe sind im Gewerbepark am Ortsrand angesiedelt.

Beitrag von:
Amt KLG Heider Umland
Kirchspielsweg 6 · 25746 Heide
Tel. (04 81) 60 50
info@amt-heider-umland.de
www.amt-heider-umland.de

Über dir ein Brummen, vor dir Erdbeerkuchen mit Sahne

Thode's Privatflugplatz und Bauernhofcafé in Offenbüttel

Es gibt Dinge, die glaubt man erst, wenn man sie mit eigenen Augen gesehen hat. Hierzu gehört ohne Zweifel der höchstpersönliche Flugplatz von Bauer Rudolf Thode in Offenbüttel, einem kleinen Dorf im Osten Dithmarschens.

Der Flieger, der eben noch seine Kurven über der malerischen Dithmarscher Landschaft zog, schwebt zur Landung ein. Mit einem sanften Hüpfer setzt er auf der Graspiste auf und rollt dann vor dem Hangar mit der Aufschrift »Airport Base Thode« aus. Als der Propeller steht, verlässt der Pilot, ein Mann in bestem Alter, mit einer schwungvollen Bewegung das wolkenweiße Kleinflugzeug.

Im Bauernhofcafé, das seine Frau und er hier betreiben, erzählt Rudolf Thode davon, wie das mit dem Privatflugplatz angefangen hat: »Ich hatte schon immer davon geträumt, einmal selbst zu fliegen. Und als ich meinen Flugschein schließlich gemacht hatte, kam die Idee vom eigenen Flugplatz fast von alleine.«

Und so mähte er in der Nähe des Hofes eine Koppel kurz, walzte die Graspiste platt und holte die notwendigen Gutachten und Genehmigungen ein. Mit etwas über 300 Metern Länge reicht die Start- und Landebahn für Thodes 170 Stundenkilometer schnelles Ultraleichtflugzeug absolut aus. Für die vorschriftsmäßige Sicherheit auf dem Flugplatz sorgt der »Flughafenfeuerwehrmann« und Sohn des Hauses Alexander Thode.

Und wer nicht bloß die Köstlichkeiten in Thode's Bauernhofcafé genießen möchte, sondern auch flugbegeistert ist, kann sich den Flieger anschauen.

Herzhaft oder selbstgebacken

Die Kombination ist natürlich unschlagbar: ein Bauernhofcafé mit höchstpersönlichem Flugplatz direkt vor der Tür. Und das Ganze wird abgerundet von den Genüssen, mit denen Familie Thode hier ihre Gäste verwöhnt. In den gemütlich-rustikalen Räumen werden nicht nur Tagesgäste bewirtet, die das weit über die Gemeindegrenze hinaus bekannte Café ansteuern. Dann werden herzhafte belegte Brote, Eis oder die leckeren selbstgebackenen Kuchen und Torten serviert, dazu Kaffee satt und diverse andere Getränke.

Hier finden auch Familien- und Vereinsfeiern, Empfänge und Veranstaltungen mit Livemusik statt. Dazu greift auch schon einmal das Multitalent Rudolf Thode selbst in die Tasten. (Gruppen sind nach Absprache ganzjährig willkommen).

Öffnungszeiten:
März bis Mai: nur sonntags 14 bis 18 Uhr
Ostern: Karfreitag bis Ostermontag ab 14 Uhr
Mai bis Oktober: Freitag bis Montag 14 bis 21 Uhr
Oktober bis 3. Advent nur sonntags 14 bis 18 Uhr.

Der leidenschaftliche Freizeitpilot Rudolf Thode beim Kartenstudium, kurz bevor er abhebt.

Touch down auf der »Airport Base Thode«

Das Bauernhofcafé braucht keine großen Reklameschilder. Es wird auch so bestens gefunden.

Das »Innenleben« des Cafés

Beitrag von:
Thode's Bauernhofcafé · Familie Thode
Heinkenstruck 1 · 25767 Offenbüttel
Tel. (0 48 02) 2 00 · rudolf.thode@t-online.de

81

Von Dithmarschen in alle Welt

Günter-Peter Ploog, Sportjournalist aus Albersdorf

Günter-Peter Ploog, der vielen Sportbegeisterten ein Begriff ist, wurde am 13. Januar 1948 in Albersdorf geboren. Auch sein Vater Werner, der bei der Marine gedient hatte, stammte aus dem Dorf, seine Mutter Eva kam aus dem zerstörten Berlin nach Dithmarschen. Bis zu seinem 8. Lebensjahr blieb die Familie in Albersdorf und folgte dann dem kaufmännischen Berufsweg des Vaters nach Kiel und später nach Hamburg. Hier legte Günter-Peter Ploog das Abitur ab und machte danach ein Volontariat bei dpa-Sport in Hamburg und München.

Von 1971 bis 1979 arbeitete er als Sport-Ressortleiter bei dpa Berlin, nebenbei als ständiger freier Mitarbeiter bei RIAS Berlin und WDR Köln als Bundesliga-Live-Reporter im Hörfunk sowie als freier Mitarbeiter diverser Zeitungen. 1979 bis 1992 war er Sportredakteur, Moderator und Kommentator beim ZDF in Mainz. Aus dieser Zeit kennt man ihn von den Sendungen »Tele-Illustrierte«, »Sport am Freitag«, »Sport aktuell«, »Sportreportage« und »Sport am Sonntag«. Als Kommentator bei diversen Olympischen

In Arenal 1965
(Foto: Privatarchiv G.-P. Ploog)

Spielen, Fußball- und Eishockey-Weltmeisterschaften sowie als Fußball-Reporter beim »Aktuellen Sportstudio« ist er durch die ganze Welt gekommen.

In den Jahren 1992 bis 2000 war Günter-Peter Ploog stellvertretender Sportchef und Chefreporter bei Premiere in Hamburg und war dann für kurze Zeit bei TM3 und bei Eintracht Frankfurt. Seit 2002 ist er selbstständig als Inhaber einer TV-Produktionsfirma in Hamburg und mit dieser regelmäßiger freier Mitarbeiter des ZDF-Sports, hauptsächlich eingesetzt als Reporter in der Fußball-Bundesliga sowie als Kommentator bei allen großen Box-Events.

Als Fernseh-Moderator während der Olympiade 1984 (Foto: Privatarchiv G.-P. Ploog)

Über seine Kinderzeit in Albersdorf sagt Günter-Peter-Ploog:

»Obwohl es nun schon lange her ist, dass ich Albersdorf verließ, habe ich doch noch einige sehr lebhafte Erinnerungen an meine frühe Jugend, etwa an den steinernen Dithmarscher Volkshelden Wulf Isebrand auf dem Schulhof, den ich immer beeindruckend fand, der mir aber auch irgendwie Angst einflößte, an die beiden Rodelbahnen, auf denen wir im Winter auf unseren Schlitten ins Tal sausten, oder an das »Hünengrab« in der Nähe, unter dessen Felsen wir herumkletterten.

Auch während meiner Teenager-Zeit war ich noch oft in Albersdorf. Der erste Weg führte immer in Omas Speisekammer, um ihre herrlichen eingemachten Erdbeeren direkt aus dem Weckglas zu futtern. Oma ließ einem alle Freiheiten, auch abends durfte ich noch mit Freunden und dem Rad unterwegs sein, im Kino mit den gnadenlos harten Holzsitzen auch mal Filme ab 16 oder 18

Während der Zeit bei Premiere
(Foto: Privatarchiv G.-P. Ploog)

sehen. Schöne Erinnerungen an eine unbeschwerte Zeit!

Schon früh gab es hier auch den ersten Kontakt zum Sport, zum Fußball, der später mein Leben werden sollte. Die ›Erste‹ von Dithmarsia spielte nebenan, ich schaute oft zu, bei Fahrten zu Auswärtsspielen (mit Trecker und Anhänger) war ich manchmal als Maskottchen dabei. Freunde von damals habe ich später ›in der großen, weiten Welt‹ wieder getroffen.«

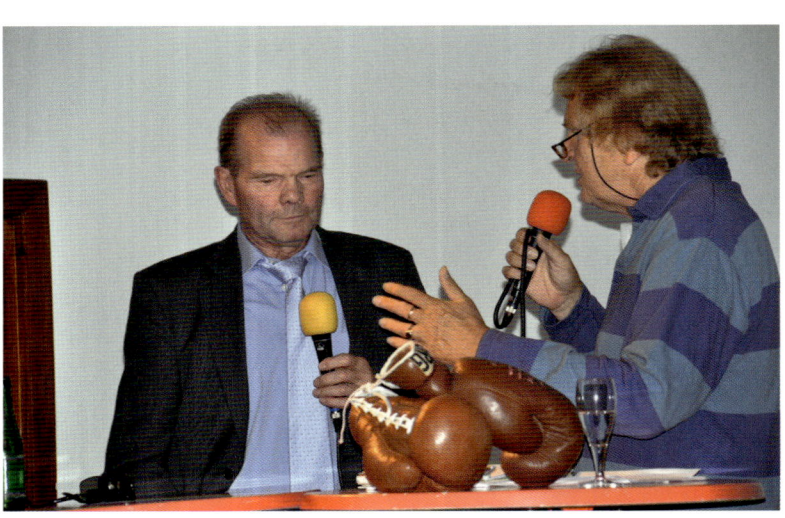

Günter-Peter Ploog interviewt den Weltklasseboxer Jürgen Blin während einer Gedenkveranstaltung 2012 in Garding. Jürgen Blin, Europameister 1972, hatte seinen bekanntesten Kampf am 26. Dezember 1971 in Zürich gegen Muhammad Ali.
(Foto: Karl-Heinz Fredricksen-Böhr)

Der Kerzenhof:
Kult kommt von Kultur

Eine Musikschmiede auf dem Dorf

Es kann passieren, dass man hier auf einmal neben einem bekannten Künstler seinen Kaffee trinkt und merkt es zunächst gar nicht. Der macht vielleicht gerade Pause bei einer Musikaufnahme, die im Studio von Stephan »Borky« Bork stattfindet. Bei der Fachsimpelei auf der Sonnenterrasse des Kerzenhof-Cafés in Schafstedt wird einem klar: Musik kann aus homöopathischen Feinheiten bestehen, dutzendfach verschüttelt und potenziert. Doch wenn man eingeladen wird, mit ans Pult zu kommen, den heißen Kaffeebecher in der Hand, und die einzelnen Lied-Versionen vergleicht, ist man überrascht. Mix ist nicht gleich Mix!

Schon ganz kleine Verschiebungen auf den Spuren verändern den Charakter des Songs so stark, dass man erstaunt die Augenbrauen hochzieht. Was aber noch überraschender ist, geschieht wenig später. Das Lied wird »abgezogen«, die Entscheidung ist gefallen, so soll es klingen, so kann es auf CD gepresst werden. Man wird nichts mehr daran ändern, das »Kind« ist geboren. Dem Laien bleibt schleierhaft, woher der plötzliche Entschluss kam. Trockener Kommentar des Produzenten: »Es hat sich schon mal jemand totgemischt.« Eigentlich dachte man, das wäre ein volkstümlicher Ausdruck beim Skatspielen.

Komponisten, Texter, Musiker und Produzenten sind eine seltsame Kaste. Alle sind im Rang von irdischen Schöpfern, die sich manchmal solistisch, manchmal gemeinschaftlich etwas ausdenken, wovon niemand weiß, was dabei herauskommt: Hit oder Flop oder noch schlimmer »Ganz nett, aber ...« Glück und

Musikfans aus nah und fern genießen heiße Klänge unter dem Blütenbaum.

Elend liegen beim menschlichen Schöpfungsvorgang sehr nahe beieinander. Es gibt viele Hitverdächtige, die auf dem steilen Weg nach oben hoffnungslos abgestürzt sind. Und ganz Unverdächtige konnten einen Haupttreffer am Musikmarkt landen. Die Branche ist völlig unberechenbar.

Dorte Bork, die Ehefrau des Studiobetreibers und Chefin des Kerzenhof-Cafés, erscheint in der Studiotür und fragt: »Noch jemand einen Wunsch?« Alle nicken wie auf ein Kommando und deuten hinaus in die Sommersonne. Und so klingt die Studio-Session in einer gemütlichen Sitzecke vor dem alten Reetdachhof aus mit viel frischem Kaffee und leckerem Kuchen vom Blech. Man hätte auch hausgemachte Torte haben können, wenn man rechtzeitiger gewesen wäre. Doch die haben die anderen Gäste bekommen, die

drüben unter dem blühenden Baum ins Gespräch vertieft sind.

Der Kerzenhof hat schon viel erlebt: Feste, Feiern, Lesungen, Konzerte, bei Sonnenlicht oder Kerzenlicht – hier kann man seine eigenen Kerzen ziehen, daher der Name – unter dem historischen Balkenwerk der Gaststube und draußen auf der alten Pflasterung zwischen Studio, Stall und Bauernhaus, auch ganz normale Tage, wenn kein Ton erklingt außer dem Klappern des Kaffeegeschirrs.

Viele Künstler haben hier gastiert und kommen gerne wieder, ganz bekannte wie Ray Wilson, Stichwort Genesis, oder Lokalmatadore wie Clonmel oder Vegafolk, manchmal auch die Band des Hausherrn selbst: Just For Fun. Mehr Informationen findet man unter www.kerzenhof-dithmarschen.de und www.tcp-music.com.

»Just For Fun«-Open-Air-Konzert auf dem Innenhof

Verträumte Winkel

Drei Kirchen und ein kleines Museum

Es ist eine wunderschöne Radtour, auf der man durch das Herz der Dithmarscher Geest fährt und unvergessliche Ausblicke und Einblicke erlebt. Auch wenn die Strecke nicht allzu lang ist und sehr gut mit der einen oder anderen Erfrischungspause an einem Tag geschafft werden kann, sollte man sich viel Zeit nehmen zum Genießen der ländlichen Stimmung und der dörflichen Kultur.

Hierzu zählen, sozusagen als Leuchttürme, die rot gedeckten kleinen Kirchen der Geestorte, die besucht werden sollten. Um sie herum gibt es die besagten verträumten Winkel ebenso wie unterwegs am Rande der Feldwege und Landstraßen.

Überall begegnen einem landwirtschaftliche Fahrzeuge, bei deren heutiger Riesenhaftigkeit gebüh-

Die Kirche von Nordhastedt ist der heiligen Katharina von Alexandrien geweiht.

Idyll am Wegesrand

Ein Blick ins urige Dorfmuseum von Eggstedt (Foto: Dorfmuseum Eggstedt)

render Abstand gehalten werden sollte. Wogende Mais- und Kornfelder schauen durch die Lücken in den Knicks. Dazwischen aber verfällt man immer wieder unvermittelt in träumerische Gefühle beim Anblick der grün schimmernden Hohlwege, der geharkten Hofplätze oder der Reetdachkaten. Gehöfte und Dorfflecken säumen die Strecke und lassen den Passanten teilhaben am ländlichen Leben. Wäsche flattert im Sommerwind, Kinder toben um die Häuser und Erwachsene sind mit irgendetwas Ernsthaftem beschäftigt, einer Reparatur am Stall, einer Pflasterung vor dem Eingang oder dem Pflücken von Gartenfrüchten.

In Nordhastedt, wo die Tour beginnen soll, liegt die Kirche leicht versteckt hinter Bäumen in einem idyllischen Parkstück, der schmale, dunkle Dachreiter auf dem leuchtenden Rot des Daches über dem weiß gekalkten Mauerwerk wird uns wie ein Muster wiedererscheinen, wenn wir durch Süderhastedt und Windbergen kommen. In Nordhastedt ist die Kirche nach der heiligen Katharina von Alexandrien benannt, was auf eine noch katholische Herkunft schließen lässt. Sie stammt denn auch anfangs aus dem 14. Jahrhundert und wurde in späteren Jahren mit wertvollen Schnitzereien ausgeschmückt. Obwohl nicht besonders wuchtig, hat das Gotteshaus den Einwohnern in Kriegszeiten immer wieder Schutz geboten. Im 18. und 19. Jahrhundert wurde der Bau grundlegend saniert. Die heute freie Fläche um die Kirche war bis 1858 der Friedhof, der allerdings dann verlegt wurde. Im Dorf gibt es viele wohnliche Ecken und Plätze, die von den Bewohnern liebevoll hergerichtet wurden.

Die Grundschule des Ortes ist nach einer Maria Jessen benannt, um die sich eine illustre Sage aus dem 16. Jahrhundert rankt und die auch Hauptperson des hier begangenen Frunsbeerfestes ist. Sie soll einst zusammen mit anderen Frauen des Dorfes eine herumziehende Räuberbande mit Küchengeräten und siedendem Brei zur Strecke gebracht haben. Am Abend des alle drei Jahre stattfindenden Festes haben die Frauen das uneingeschränkte Regiment.

Von Nordhastedt geht der Weg über Albersdorf (siehe Beitrag S. 78–79) und Schafstedt nach Eggstedt, wo das 1987 vom örtlichen Heimat- und Kulturverein gegründete Dorfmuseum sehr interessante Gerätschaften aus Landwirtschaft, Handwerk und Haushalt präsentiert. Hier kommt man hautnah in Berührung mit dem Dorfleben von früher, weil die Geräte auch angefasst werden dürfen. Gerade Kinder und Jugendliche, aber auch Erwachsenen aus der Stadt, staunen über die Vielfalt und den Einfallsreichtum vergangener Generationen. Prunkstücke des Museums sind die historische Bürstenbinderwerkstatt und eine kleine »pädagogische« Ausstattung mit Katheder, Schulbank und Tintenfass.

Die nächste Station ist Süderhastedt, wo wir auch an der Kirche Station machen. Hier hat Pastor Ewald Dittmann gewirkt, dessen tragische Geschichte in diesem Buch ausführlicher dargestellt wird (siehe Beitrag S. 137). Ein Gedenkstein für den von den Nationalsozialisten verfolgten Seelsorger steht vor der Kirche, sein Grab befindet sich im hinteren Teil des Friedhofes. Die Kirche gehört zu den ältesten der Landschaft und hat ihre erste urkundliche Erwähnung 1140. Sie trägt den Namen des Diakons Laurentius, der 258 während einer Christenverfolgung in Rom den Märtyrertod erlitten hat. Der Bau liegt etwas erhöht unter Bäumen und prägt das Bild des Dorfkerns. Gegenüber rundet das reetgedeckte Pastorat dieses herrliche Dorfensemble ab.

Von Süderhastedt geht es zum dritten Gotteshaus auf dieser Tour über die Dithmarscher Geest ins malerische Windbergen. Hoch auf der von der

Das malerische Pastorat von Süderhastedt

Durchblick auf die Marsch

Die Süderhastedter Kirche

Eiszeit hinterlassenen Kuppe »thront« die Kirche zum Heiligen Kreuz, deren Name auf den hiesigen Fund einer sehr alten Christusfigur im Jahre 1495 zurückgeht. Sie steht heute auf dem Altar, an einem Holzkreuz fixiert.

Vom 12 Meter hohen Hang, auf dem die Kirche steht, wandert der Blick bereits über die Barlter Gegend hinaus in die Marsch, die schon wenige Kilometer westwärts am Nordseedeich ausläuft, ein Abstecher, der dieser Radtour einen echten Dithmarscher Charakter verleiht: beide Landschaftsformen zugleich erleben, und dazu noch das Watt und das Meer!

Am Geestrand von Windbergen liegt die ehemalige Wallfahrtskirche zum Heiligen Kreuz.

Die Museumsinsel Lüttenheid

Kunst, Kultur und Arbeitswelt in Stadt und Land

*Der Eingangsbereich
der Museumsinsel*

Nachdem die Bestände des ehemaligen Museums für Dithmarscher Frühgeschichte nach Albersdorf kamen und die des Heider Heimatmuseums in Heide verblieben, stellte sich die Frage nach neu konzipierten Ausstellungsräumen. Ideal schienen dafür die Gebäude in direkter Nachbarschaft des 1914 eingerichteten Klaus-Groth-Museums, das in dem Elternhaus des niederdeutschen Dichters Klaus Groth eingerichtet wurde, um über Leben und Werk des Dichters zu informieren und die Wohnkultur des 19. Jahrhunderts anschaulich zu präsentieren.

*Porträt des plattdeutschen Dichters
Klaus Groth (1819–1899)*

Lüttenheid, also Kleinheide, ist ein Stadtviertel, das durch eine geschlossene Einheit von Klein- und Mittelbürgerhäusern des 18. und 19. Jahrhunderts geprägt ist. Charakteristisch war für das Viertel die enge Verbindung von Leben- und Arbeitswelt. Das Stadtviertel stand im Gegensatz zum restlichen Heide, das um den Marktplatz herum entstanden ist und von reichen Kaufleuten, Handwerkern und Honoratioren, also vom Großbürgertum bestimmt wurde. In Lüttenheid ließen sich die Kleinbetriebe wie Schmiede- und Müllerhandwerk nieder. Deutlich sichtbar sind die Werkstätten und Schuppen in den Hinterhöfen des weitgehend noch in seiner Bausubstanz geschlossenen Kleinbürgerviertels, in denen sich das Arbeitsleben abspielte. Lüttenheid war inselartig vom Rest abgeschottet und bildete somit eine »eigene kleine Siedlung« innerhalb Heides.

Umso erstaunlicher scheint es, dass gerade auf Lüttenheid, in dem Leben- und Arbeitswelt eng verwoben waren, geistige Strömungen hervorgingen, die nicht nur in, sondern auch außerhalb des Kreises Dithmarschen Fuß fassen konnten und die Gesellschaft bewegt, ja gar verändert haben.

Klaus Groth widmete sich als Müllersohn der niederdeutschen Sprache und sorgte letztendlich dafür, dass die niederdeutsche Sprache nicht in Vergessenheit geriet. Vom Müllersohn zum Professor in Kiel, vom Kleinbürger zum viel beachteten niederdeutschen Dichter, der die niederdeutsche Sprache salonfähig machte und durch die Ehre,

die er erfuhr, sich in der großbürgerlichen Gesellschaft eingliedern konnte. Hela Sander-Weiß, die sich als hoch- und plattdeutsche Schriftstellerin einen Namen gemacht hat, erblickte auf Lüttenheid 1879 das Licht der Welt.

Die vom Handel und Handwerk stark geprägte Geschichte der Stadt Heide wird von den Anfängen bis in die heutige Zeit im hiesigen alten Schmiedegebäude präsentiert. Im 15. Jahrhundert wurde Heide zum wirtschaftlichen und politischen Zentrum Dithmarschens. »Uppe de Heide« wurde wohl neben einer kleineren älteren Besiedlung ein Platz abgesteckt, auf dem Versammlungen abgehalten werden konnten. Zunächst trafen sich dort die Anhänger der hamburgfreund-

Die Museumsinsel in Lüttenheid liegt nur einige hundert Meter südlich des Heider Marktplatzes.

lichen Partei, die mit der blühenden Hansestadt Handel treiben wollten. Diesen stand die hamburgfeindliche Partei gegenüber, die den Handel durch Seeräuberei gefährdete. Obwohl Meldorf, das ehemalige Zentrum Dithmarschens, sich von der hamburgfeindlichen Partei absonderte, verlor der Ort seine Bedeutung. Heide blieb Versammlungsplatz.

Von der Blütezeit der Bauernrepublik kündet der älteste Kachelofen des Nordens, der im Museum zu sehen ist. Dieser 1559 beim Brand von Heide verschüttete, prächtige Ofen wurde aus zum Teil kleinsten Bruchstücken rekonstruiert. Umfangreiche Funde weiterer Stadtgrabungen, überwiegend aus dem 16. – 18. Jahrhundert werden gezeigt und vermitteln einen Eindruck vom Alltagsleben des Ortes, der immer wieder in Kriegen als Quartier für die Armee gedient hatte.

Im ehemaligen Pferdestall werden Kunst- und Handwerkskunst museal dokumentiert. Die dort eingerichteten Werkstätten eines Schuhmachers, Stellmachers und Zimmermanns vermitteln einen guten Eindruck in die beschwerliche Arbeitswelt.

Blick auf eine voll ausgerüstete Werkbank

um 1900. Chinesisches Porzellan und Silberschmiedearbeiten zeugen vom Wohlstand einiger Heider Bürger. Besondere Aufmerksamkeit verdient der aus Silber gearbeitete Papagei der Papagoyengilde aus dem 17. Jahrhundert, der als Trinkbecher Verwendung fand. Ebenso beeindruckend ist eine silberne Gürteltasche.

Im Klaus Groth Museum wird Alltag- und Wohnkultur des 19. Jahrhunderts veranschaulicht und die enge Verknüpfung von Leben- und Arbeitswelt erfahrbar gemacht. Zudem wird Leben und Werk des niederdeutschen Dichters dargestellt, der 1819 in Heide geboren wurde. Schon als Kind war Groth Lern- und wissbegierig. Er wurde Kirchspielschreiber, dann Lehrer. In Depressionen versunken zog er sich zurück, musste seinen Beruf letztendlich aufgeben. Über sechs Jahre verbrachte er danach auf Fehmarn bei seinem Freund Selle. Er schrieb dort sein großes Werk »Quickborn«, das zu einem Bestseller seiner Zeit wurde. Klaus Groth verhalf der niederdeutschen Sprache zu ihrem Durchbruch und machte sie salonfähig. Sein Erfolg schlug sich aber nicht finanziell nieder. Als Ehrendoktor der Universität in Bonn und einige Jahre später als Professor in Kiel war er hoch geachtet, litt aber unter der schwierigen Finanzlage. Auch private Schicksalsschläge musste er verkraften. Seine Liebe des Lebens, die er 1859 geheiratet hatte, starb 1878. In tiefen Depressionen versunken, zog er sich zurück. Im Kaiserreich erreichte seine Verehrung als niederdeutscher Dichter bis zu seinem Tod im Jahr 1899 ihren Höhepunkt.

Die Museumsinsel Lüttenheid versteht sich nicht nur als Dokumentationszentrum, sondern auch als Forschungs- und lebendiges Kulturzentrum. Durch wechselnde Ausstellungen im Obergeschoss der alten Schmiede soll Lüttenheid als kulturelles Zentrum erfahrbar gemacht und wie-

Historische Stellmacherei

derbelebt werden. Weitere Veranstaltungen komplettieren des Programm, so dass die Museumsinsel Lüttenheid Kultur, Theater, Musik, Geschichte und Literatur fördert und zu ihrer Belebung beiträgt. Eng ist die Zusammenarbeit mit der Brahms-Gesellschaft, die im Hause des Onkels des Komponisten Johannes Brahms ein Dokumentationszentrum zum Leben und Werk des Musikgenies unterhält und Heide als Ort der Kultur und klassischen Musik weit über Dithmarschen hinaus bekannt gemacht hat.

Ziel der Stadt Heide ist es, weitere Gebäude an das Museum anzugliedern, um eine kulturelle Insel für Stadt und Land aufzubauen, auf der Kunst, Kultur und Arbeitswelt vereint sind. Wie Lüttenheid die Stadt nachhaltig geprägt hat, so soll die Museumsinsel für die kulturelle und künstlerische Vielfalt der Stadt Heide und des Kreises Dithmarschen stehen.

Öffnungszeiten:
Mo.: geschlossen
Di.–Do.: 11.30 – 17.00 Uhr
Fr.: 11.30 – 14.00 Uhr
Sa.: 14.00 – 17.00 Uhr
So.: 11.30 – 17.00 Uhr

Beitrag von:
Museumsinsel
Lüttenheid 40 · 25746 Heide
Tel. (04 81) 6 37 42
stadtarchiv@stadt-heide.de · www.heide.de

Heide – die Hauptstadt

Hier lässt sich's leben

Heide »in Holstein« hören die meisten traditionsbewussten Dithmarscher nicht allzu gerne, obwohl es inzwischen stimmt. Sie meinen nämlich, dass es Heide »in Dithmarschen« heißen sollte. Doch die verschlungenen Wege der Geschichte haben sich schließlich zur heutigen Bezeichnung entwirrt.

Bekannt durch einen deutschen Rekord

Heide ist zunächst einmal deutschlandweit bekannt durch den größten unbebauten Marktplatz der Bundesrepublik. Und der ist eigentlich auch sein horizontales Wahrzeichen, das vertikale ist der imposante Wasserturm. Und wenn man den Namen der Dithmarscher Hauptstadt wörtlich nimmt, ist man dem ursprünglichen Charakter des Siedlungsplatzes genau auf der Spur.

Der 1404 zum ersten Mal urkundlich erwähnte Ort Uppe de Heyde war anfänglich ein Zusammenschluss der hier gelegenen Dörfer Rickels-

hof, Lohe, Wesseln und Rüsdorf, die eine Art früher »Gebietsreform« durchführten. In die Mitte zwischen ihnen baute man eine Kapelle oder vielleicht auch zunächst ein Gasthaus. 1434 scheint Heide bereits eine größere Bedeutung gewonnen zu haben, als sich hier die Oberen der Bauernrepublik versammelten. 1447 wurde in Heide das Obergericht der Achtundvierziger eingerichtet und damit avancierte das eben noch unbedeutende Dörferquartett zu einem der Hauptorte Dithmarschens.

Der Mittelpunkt der Landschaft

Eine wesentliche Rolle für diese Entwicklung spielte seine zentrale Lage und der riesige Platz an der St. Jürgen-Kapelle von gut 4,6 ha Größe. Auf ihm konnte ohne weiteres die gesamte Streitmacht der Landschaft antreten, die damals immerhin 12 000 Mann umfasste. Diese Anzahl waffentüchtiger Leute bildete gleichzeitig die Landesver-

Riesenflohmarkt auf dem Heider Marktplatz (Foto: Rudolf Alert)

sammlung der Bauernrepublik. Seit über 500 Jahren wird an gleicher Stelle jeden Samstagvormittag der Wochenmarkt abgehalten. Seit 1990 findet hier außerdem jedes zweite Jahr der »Heider Marktfrieden« statt, ein großes Heimatspektakel, das die Geschichte Dithmarschens mit aufwendigem Theaterspiel und histo-

Der Heider Flohmarkt zieht immer viele Gäste in die Stadt.

rischen Ständen widerspiegelt. Zu diesem Fest reisen Hunderttausende von Gästen aus nah und fern an und erfüllen die Stadt mit einer fast internationalen Atmosphäre. Auf dem Marktplatz werden natürlich auch andere Großveranstaltungen durchgeführt, zum Beispiel das beliebte »Heider Hohnbeer«.

Vom Markt aus lässt sich die Innenstadt bequem zu Fuß erkunden. Zwei Gehzonen mit vielen interessanten Geschäften laden zum Einkaufsbummel ein, und im Schuh-

Am Marktplatz trifft man sich gerne in einem der Cafés.

macherort ist die Kneipenszene der Stadt zu Hause. Auch schon der abwechslungsreiche Rundgang um den Marktplatz sollte zum Stadtspaziergang gehören. Dabei hat man stets die St. Jürgen-Kirche im Blick, deren Vorgänger, eine Kapelle, während der berühmten »Letzten Fehde« 1559 zerstört wurde. Gleich danach errichtete man am selben Platz die heutige Kirche, die im 17. Jahrhundert um einen Querbau und später durch den Dachreiter erweitert wurde. Sehenswert ist neben anderen Schmuckteilen die Kanzel von 1570 und der Barockaltar von 1699.

Sehenswerte Winkel

Viele Gäste erwarten, dass Heide im Gegensatz etwa zu Meldorf nur wenige historische Gebäude und eigentlich keine Altstadt besitzen würde. Dem ist aber nicht so. Schon am Marktplatz findet man eine Reihe gepflegter alter Häuser aus der Gründerzeit und dazwischen das eine oder andere historische Gebäude, etwa das alte Pastorat aus dem Jahre 1739 und das Dreetörnhus von 1773. Wenn man von der östlichen Fußgängerzone durch die schmale Rosengasse nach Süden geht, stößt man auf die so genannte »Museumsinsel Lüttenheid«, ein Ensemble von pittoresken Häusern, worin sich das Heider Heimatmuseum und das Klaus-Groth-Museum befinden. Das gesondert gelegene Eckhaus ist das Stammhaus des Komponisten Johannes Brahms (siehe auch den Beitrag S. 104–105).

Der Wirtschaftsstandort

In den Jahrzehnten und Jahrhunderten nach der Letzten Fehde entwickelte sich Heide zu dem, was es noch heute ist: der wichtigste Handelsort und Verwaltungssitz der Landschaft. Im Anschluss an die dänische Zeit war Heide Sitz eines Amtsgerichts und erhielt 1870 das Stadtrecht. Heide war zunächst Kreisstadt des Kreises Norderdithmarschen und, nach der Kreisreform, seit 1970 Kreisstadt des Kreises Dithmarschen. Damit hatte Heide dem beschaulichen und wirtschaftlich weniger entwickelten Meldorf endgültig den Rang abgelaufen. Dies tat und tut der Stadt Meldorf aber keinerlei Abbruch. Im Gegen-

Blick in die Friedrichstraße, eine der Fußgängerzonen der Stadt

Die St. Jürgen-Kirche in der Südwestecke des Marktplatzes

teil: Dithmarschen hat nunmehr eine historische und eine neuzeitliche Hauptstadt. So erleben es auch die vielen Urlaubsgäste der Region, die eine solche Aufteilung der Landeszentren eher anregend und reizvoll finden.

Von überall bestens zu erreichen

Nach Norden, Osten und Süden breiten sich um Heide Gewerbegebiete aus, die der Versorgung der ganzen Region dienen. Die Stadt besitzt seit über 60 Jahren mit gut 20 000 Einwohnern eine nahezu gleichbleibende Bevölkerungszahl, wobei ganz Dithmarschen etwa 134 000 Einwohner hat. Heide ist sehr verkehrsgünstig gelegen: in Ost-West-Richtung an der B203, die von Büsum bis nach Rendsburg und weiter führt, in Nord-Süd-Richtung an der B5, die aus Nordfriesland kommend ganz Dithmarschen durchläuft. Außerdem beginnt und endet in Heide die A23, die über Itzehoe nach Hamburg geht und in etwa einer Stunde Fahrzeit eine Anbindung an die Metropole des Nordens herstellt.

Umgekehrt liegt Heide fast am gesamten Touristenverkehr, der von Süden an die schleswig-holsteinische Westküste strömt, ausgenommen nur den Anteil der Inselgäste, die sich der A7 bedienen (siehe Beitrag S. 102). In Heide ist auch ein regionaler Bahnknotenpunkt der Linien Hamburg-Westerland und Neumünster-Büsum. Am Heider Bahnhof halten auch die ICE-Züge, was der Landschaft und vor allem Büsum einen großen touristischen Vorteil bringt.

Der Regionalflughafen Heide-Büsum bietet mehrmals täglich OFD-Linienflüge zur einzigen deutschen Hochseeinsel Helgoland an.

Schmuckes Giebelhaus in der Süderstraße

Malerischer Winkel in der Altstadt

Grüne Oase in der südlichen Innenstadt

Ein aufstrebender Bildungsstandort

Neben allen Schulzweigen gibt es in Heide die Fachhochschule Westküste, die jüngste ihrer Art in Schleswig-Holstein. Ein Hauptgewicht der Ausbildung liegt hier in der wirkungsvollen Kooperation mit Betrieben, in denen das theoretisch erworbene Wissen praktisch erprobt und gefestigt werden kann. Die angebotenen Studiengänge umfassen Elektro- und Informationstechnik, Betriebswirtschaft, Wirtschaft und Recht, Management und Technik, Wirtschaftspsychologie und Facility and Environmental Engineering. Eine besondere Fachrichtung ist Internationales Tourismusmanagement.

Das andere Wahrzeichen

Der Heider Wasserturm liegt in einer kleinen Parkanlage nordöstlich des Marktplatzes und ist in wenigen Gehminuten von dort zu erreichen. Der 1903 errichtete Zweckbau besitzt eine Höhe von rund 45 Metern und diente bis zu seiner Stilllegung 1989 der städtischen Wasserversorgung. Als höchster Wasserturm Schleswig-Holsteins überragt er sogar den örtlichen Kirchturm um ein paar Meter.

Sein Wasserbehälter fasste ursprünglich 225 Kubikmeter. Über dem Granitsockel entwickelt sich der Backsteinschaft in konischer Form bis unter das von einer Stahlkonstruktion getragene Kupferdach. Der Zeitpunkt der Errichtung des Wasserturms ist einerseits begründet in den hygienischen Problemen der damaligen Wasserversorgung, die aus 69 Brunnen des anliegenden Geestgebietes erfolgte und oft mit Verunreinigungen belastet war, zum Beispiel durch Fäkalien und Abfälle.

Andererseits gab es mit einer Typhusepidemie im Jahre 1901 einen Anlass, die Wasserversorgung der Stadt grundlegend zu reformieren.

Süderholm im Osten der Stadt erhielt ein Wasserwerk mit einem 60 Meter tiefen Brunnen, dessen Wasser über eine 3270 Meter lange Rohrleitung zum Wasserturm ins Zentrum gepumpt wurde. Von dort wurde das Wassernetz der Stadt gespeist, bis leistungsfähige Pumpen 1989 die Funktion des

Das Brahmshaus in Lüttenheid

Der historische Wasserturm steht in einer idyllischen Parkanlage. Ganz oben gibt es ein sehr beliebtes Trauzimmer.

An vielen Stellen der Stadt stößt man unvermittelt auf kleine Schönheiten.

Turmes übernahmen. Bereits seit 1978 hatte das markante Bauwerk unter Denkmalschutz gestanden und musste nun wegen Korrosionsschäden am Stahltragwerk saniert werden.

Von 2003 bis 2005 fanden aufwändige Baumaßnahmen statt und schufen ein völlig neues »Innenleben« des Turmes. Die Behältermaße wurden stark verkleinert, Zwischendecken eingezogen und 16 zusätzliche Fenster eingebaut. Gleichzeitig installierte man einen Fahrstuhl, entwickelte Büroflächen in den neuen Geschossen und richtete im Turmkopf ein geräumiges Trauzimmer ein. Dort finden Hochzeitsgesellschaften bis zu 25 Personen Platz. Insgesamt darf die Sanierung und Umwidmung dieses denkmalgeschützten Wahrzeichens Heides als zeitgemäß und städtebaulich gelungen bezeichnet werden. Andere Städte, wie etwa Kappeln an der Schlei, wo man das 1909 gebautes Schmuckstück 1975 für eine symbolische Mark verscherbelte und dem Abriss preisgab, haben es weniger geschickt angestellt.

Eine Stadt, in der sich's leben lässt

Auf den ersten Blick mag Heide nicht sehr spektakulär wirken, und dieser Eindruck täuscht auch nicht. Doch das Besondere der Dithmarscher Hauptstadt liegt ohne Zweifel etwas tiefer, wenn auch nicht verborgen. Sie hat sich in einem längeren und organischen Prozess zu einem leistungsfähigen Zentrum einer Landschaft entwickelt, die über Jahrhunderte wenige Einflüsse von außen erlebt hat. Erst die Neuzeit mit ihren wirtschaftlichen Herausforderungen machte es notwendig, dass auch in Heide eine moderne Infrastruktur aufgebaut wurde. Dabei ist es gelungen, trotz einiger unvermeidlicher Eingriffe wie etwa die Errichtung der Stadtbrücke, ein angenehmes und funktionierendes Stadtleben zu schaffen beziehungsweise zu erhalten.

Alle Wohnquartiere liegen nahe der Innenstadt. Es gibt keine »Satelliten«, die fernab der Einkaufszentren ein separates Eigenleben führen. Selbst die Gewerbegebiete konnten gut erreichbar und übersichtlich »angedockt« werden. Das sind unschätzbare Vorteile auch für die Akzeptanz in der Bevölkerung der umliegenden Orte, eigentlich der gesamten Landschaft. Und die Bürgerinnen und Bürger fühlen sich wohl in ihrer Stadt und identifizieren sich mit der Rolle, die Heide für ganz Dithmarschen einnimmt. Hier spürt man den Jahrhunderte langen »Vorlauf« seit der Zeit, als Heide den Stab von Meldorf übernahm und auch von den aufstrebenden Orten Büsum und Brunsbüttel nicht bedrängt werden konnte. In Dithmarschen erscheinen die landschaftlichen Aufgaben und Funktionen nicht durch Konkurrenz, sondern durch Gemeinsinn verteilt zu sein.

Echt Dithmarschen

Ankommen, durchatmen, auftanken

Schiffe gleiten durch Wiesen und Weiden und lassen die Bewunderer an Land von der großen weiten Welt träumen.

Echtheit, Freiheit und Erlebnis – das ist Urlaub im Nordseeland Dithmarschen. Hektik kann man hier vergessen. Das platte Land – heute schon sehen, wer morgen zum Kaffee kommt – und die unwiderstehlich trockene Art der Dithmarscher haben ihren ganz eigenen Charme. Ankommen, in die Dithmarscher Lebensart eintauchen und hier die schönste Zeit im Jahr verbringen. Eben echt Erholungszeit!

Nordseeland Dithmarschen – Echte Küste. Echtes Land.

Saftige Wiesen und Deiche in sattem Grün, wogende Felder und ein Himmel, der unendlich scheint, umrahmt und durchzogen von den blauen Bändern der Nordsee, des Nord-Ostsee-Kanals, der Eider und der Elbmündung. Das ist das Nordseeland Dithmarschen.

Einmal tief durchatmen. Bei der frischen Dithmarscher Landluft ist es ein Leichtes, dem Stress des Alltags zu entfliehen und sich selbst und seiner Familie ein Stückchen Zeit zu schenken. **Denn Glück braucht nicht viel: Manchmal reichen ein paar Gummistiefel und eben ganz viel Zeit füreinander.**

Einmal den Meeresboden unter den Füßen spüren. Bei einem Spaziergang im Watt oder einer spannenden Wattwanderung offenbart sich einem, was übrig bleibt, wenn sich das Wasser bei Ebbe kilometerweit zurückzieht. Die riesige Artenvielfalt des UNESCO-Weltnaturerbes Wattenmeer und die außergewöhnlichen Schätze der Nordsee faszinieren nicht nur kleine Küstenforscher.

Einfach mal durch die Häfen in den Nordseeheilbädern Büsum und Friedrichskoog schlendern und ein frisches Krabbenbrot genießen. Oder sich irgendwo auf der 80 Kilometer langen grünen Deichlinie einen Logenplatz für das atemberaubende Nordsee-Panorama sichern. Umwerfende Sonnenuntergänge lassen die See in malerischen Farben erstrahlen und das glitzernde Watt lädt dazu ein, den Tag erholsam ausklingen zu lassen. Da kann die Seele auftanken und Abstand finden zum hektischen Alltag.

Aber nicht nur die Nordsee kann beeindrucken. Wenn sich plötzlich mitten durch die grünen Wiesen und blühenden Felder Dithmarschens ein riesiger Luxusliner schiebt, dann kann der Nord-Ostsee-Kanal nicht weit sein. Fast zum Greifen nah schlängeln sich die »Pötte« direkt durch die Landschaft. Spannend ist auch ein

Wo Himmel und Meer verschmelzen, die endlose Weite die Gedanken schweifen lässt, da ist das Nordseeland Dithmarschen.

Besuch der Schleusen in Brunsbüttel, wo die Schiffe ihren Weg von der Elbe in die meist befahrene künstliche Wasserstraße der Welt aufnehmen.

Die Felder der Marsch, die grünen Wiesen der Geest und die einmalige Flusslandschaft der Eider warten darauf, erobert zu werden. Bei einer Tour mit dem Rad scheint der Horizont beinahe unendlich und es gibt viel zu entdecken. Ein breites Netz an Fahrradwegen führt durch eine einmalige Landschaft mit Charakter. Als Rast darf ein Stopp in einem der vielen urgemütlichen Landcafés nicht fehlen. Bei hausgemachten Torten und duftendem Kaffee oder einem kleinen Snack kann man durchatmen und Energie für den nächsten Streckenabschnitt tanken.

Ob ruhige Momente in der Natur oder Spaß mit der ganzen Familie – das Nordseeland Dithmarschen bietet zahlreiche Möglichkeiten für einen unvergesslichen Urlaub.
Eben echt Erholungszeit!

Zeit für sich haben! Faulenzen! Egal, was man tut – Dithmarschen tut gut.

Beitrag von:
Dithmarschen Tourismus
Markt 10 · 25746 Heide
Tel. (04 81) 21 22 555
info@echt-dithmarschen.de
www.echt-dithmarschen.de
www.facebook.com/echt.dithmarschen

Weine, Whisky, Tee und Rum

Tee & Weinhaus Hansen in Heide und Büsum

Es gibt Adressen, die findet man auch ohne Navigationssystem. Wer das »Tee & Weinhaus Hansen« in der Büsumer Kirchenstraße sucht, darf sich getrost auf seine Nase verlassen. Der Duft der hausgemischten Tees ist unverwechselbar.

Seit mehr als 20 Jahren kreist dort täglich der Holzlöffel, um die Tees nach alten Familienrezepten frisch

Blick in den Büsumer Laden

Über 500 Weine warten auf Kenner und Genießer.

Das Geschäft in Heide am Wulf-Isebrand-Platz

und in kleinen Mengen zu mischen. Im Laufe der Jahre ist das Sortiment auf mehr als 300 Tee-Sorten angewachsen. Klassiker im Programm sind der »Büsumer Öko-Friese« oder der »Schlickrutscher« – Originale, die es nur bei Hansen gibt.

Um sich in dieser Fülle zurechtzufinden, bedarf es geduldiger Beratung. Eine Herausforderung für das Team, das schon aus vielen Kaffeetanten überzeugte Teetrinker gemacht hat.

Deshalb kann man sich Hansen-Tee auch nach Hause schicken lassen. Im hauseigenen Tee-Versand werden Pakete selbst über die deutschen Grenzen hinaus verschickt.

Wer zum Sonnenuntergang am Deich mit einem Rotwein anstoßen möchte, wird auch bei Hansen fündig. Und zwar gleich zweimal: in Büsum und in der Kreisstadt Heide. 1998 haben die Inhaber Kirsten Hansen und ihr Mann Nor-

bert Hötten in Heide ihr »Weinhaus Hansen« eröffnet, das mit mehr als 500 Weinen und einem stattlichen Whisky-Sortiment zu einer wichtigen Adresse für Kenner an der gesamten Westküste geworden ist. Wie schon beim Tee gilt auch beim Wein: lang gewachsene Kontakte in die Anbaugebiete garantieren hohe Qualität zum fairen Preis. Und sie ermöglichen Eigenabfüllungen wie die Hausweine, die sich in der Region als Markenzeichen etabliert haben. Das jüngste Produkt ist das gehaltvollste: »Unser Rum«, hausgemacht aus gereiften Original karibischen Rums.

Beitrag von:
Tee & Weinhaus Hansen GmbH
Wulf-Isebrand-Platz 8
25746 Heide
Tel. (04 81) 6 83 56 38 und
Kirchenstraße 8
25761 Büsum
Tel. (0 48 34) 49 66
Fax (0 48 34) 49 66
mail@teehansen.de
www.teehansen.de

Dithmarscher Teetradition

Ein kleiner Exkurs von Kirsten Hansen und Norbert Hötten

Tee an der deutschen Nordseeküste hat eine große Tradition. In Ostfriesland kochten die Menschen einst Tee, um das moorige Trinkwasser genießbar zu machen. Daraus entwickelte sich die Ostfriesische Teekultur. In die Köge Dithmarschens und nach Büsum, an die Westküste Schleswig-Holsteins, kam der Tee über die Handelsbeziehungen der Dithmarscher Großbauern.

Die Teewaage wird oft gebraucht, auch um Mischungen herzustellen

Sie lieferten im 18. Jahrhundert landwirtschaftliche Produkte, in erster Linie Getreide, mit eigenen Schiffen in die Metropolen an der Nordsee, unter anderem nach Amsterdam. Dort luden sie im Gegenzug Kolonialwaren, darunter Tee und Porzellan aus China. Im Dithmarscher Landesmuseum ist ein Gemälde zu sehen, das eine großbäuerliche Dithmarscher Familie bei der sonntäglichen Teestunde zeigt – vor über 200 Jahren.

Diese Tradition nicht zu verlieren respektive wieder aufleben zu lassen, ist eine Verpflichtung, der ein Teehaus in Dithmarschen folgen sollte. Eine wertvolle Idee in alter Familientradition ist beispielsweise eine kräftige Assam-Mischung mit

echter Bourbon-Vanille. In dieser Mischung geht das Aroma der echten Vanille eine einmalige Verbindung ein mit dem cremig-malzigen Geschmack des Broken-Assam. Eine weitere Mischung verbindet verschiedene Grüntees mit echter Minze. Dies erfrischt und belebt – besonders am Morgen oder bei sommerlicher Hitze.

Die Qualität steht bei der Auswahl der Tees immer im Vordergrund. Rückstandskontrollen, stetige Verkostung von Tees in Vergleichsproben, das verantwortliche Engagement des jeweiligen Teeimporteurs in den Anbaugebieten und das Mischen aller Tees in kleinen Partien im eigenen Haus garantieren den Teegenuss der Kundschaft. Gleichzeitig schafft man das angenehme Gefühl, im Einklang mit guter traditioneller Gastlichkeit zu handeln.

Die »Büsumer Teeschaufel«

Hochwertiges, weißgrundiges Porzellan erhöht den Teegenuss.

Lebensfreude

In der Marktstadt Heide ist immer etwas los

Als Kreishauptstadt ist Heide in vielerlei Hinsicht das Zentrum Dithmarschens. Die besonders familienfreundliche Stadt heißt alle herzlich mit einem »Moin Moin« willkommen!
Größere Bekanntheit erlangte Heide als »Stadt mit dem größten unbebauten Marktplatz Deutschlands«. Die 4,7 Hektar große Fläche bietet genug Platz für kreative Ideen. So gibt es hier neben dem traditionellen Wochenmarkt Veranstaltungen und Events, die in Norddeutschland ihresgleichen suchen.

Der Heider Marktfrieden

Bester Beweis dafür sind beispielsweise die rund 200.000 Besucher, die alle zwei Jahre am ersten Juliwochenende das Mittelalter in Heide live erleben können. Gäste und Einwohner genießen während des Heider Marktfriedens das Leben nach Dithmarscher Art: Überall riecht es nach köstlichem Braten und Fladenbrot und viele Stände aus der Zeit der Dithmarscher Bauernrepublik locken mit süffigem Wein und frisch gebrautem Bier.

Heider Kindertag im Juni

Start zum Stadtlauf Heide, eine sehr beliebte Sportveranstaltung

Am Ende des größten Historienspektakels Norddeutschlands mit plattdeutscher Bauernhochzeit und Festspielatmosphäre vermissen alle schon fast wieder das Grunzen, Blöken und Gackern der vielen Tiere auf dem mittelalterlichen dekorierten Marktplatz.
Aber das Markttreiben ist auch eine alltägliche Bereicherung. Dort, wo einst 48 Regenten jeden Sonnabend tagten, Gesetze verabschiedeten und Strafen erteilten, findet heute von 7 bis 13 Uhr der Wochenmarkt statt – ein sinnliches Erlebnis, das für viele Menschen in Heide einfach jedes Wochenende dazugehört. Auch viele Touristen lassen sich dieses Ereignis nicht entgehen. Etwa 120 Marktbeschicker locken mit frischem Fisch, Fleisch, saisonalem Gemüse sowie leckeren Backwaren und Milchprodukten. Auch den Geflügelmarkt in den Sommermonaten, wo das Federvieh noch lebend feilgeboten wird, sollte man nicht verpassen.

Ideal zum Flanieren und Entspannen

Heide genießt den Ruf einer lebendigen Einkaufsstadt, denn der Marktplatz ist gesäumt von beliebten Einkaufsstraßen, die zum ausgiebigen Shoppen, Flanieren und Verweilen einladen. Insbesondere im Sommer genießen die Einheimischen und Gäste gerne die warmen Sonnenstrahlen auf einer der zahlreichen Straßenterrassen. Die vielen kleinen Läden in der Innenstadt stellen ein wahres Stöberparadies dar, wobei auch die bekannten Markengeschäfte vorhanden sind. Rund um das Zentrum und auf dem Marktplatz kann geparkt werden, so dass überallhin kurze

Heider Wochenmarkt, im Hintergrund die St. Jürgen-Kiche

Heider Marktfrieden (Foto: Sönke Dwenger)

Der Heider Weihnachtsmarkt zieht vor allem die Einheimischen in und um Heide an.

Das Nützliche mit dem Angenehmen verbinden

Wege entstehen. Einige Kaufhäuser können rückwärtig angesteuert werden und bieten eigene Parkmöglichkeiten an.

Wenn man schon einmal in Heide ist, lassen sich zwei oder mehr Fliegen mit einer Klappe erschlagen. So ist es gut möglich, dass aus einem geplanten Kurzaufenthalt ein ganzer erlebnisreicher »Heide«-Tag wird.

Hier kann man sich als Urlaubsgast, der ein Feriendomizil mit Selbstversorgung gemietet hat, in den großen Gewerbegebieten im Norden, Süden und Osten der Stadt mit allem eindecken, was man für seinen Aufenthalt braucht. Wessen Auto eine Reparatur benötigt, findet in Heide alle einschlägigen Markenwerkstätten und Notdienste. Auch Post- und Bankangelegenheiten lassen sich in der Innenstadt

erledigen. Und unterwegs macht man quasi eine kleine Sightseeing-Tour, kommt am Klaus-Groth-Gedenkstein vorbei, bewundert die Sonnenuhr an der St. Jürgen-Kirche am Markt, wandert durch das kleine Altstadtviertel Schuhmacherort, entdeckt in Lüttenheid unweit der Fußgängerzone die Museumsinsel und so manchen idyllischen Winkel zwischen den verwinkelten Häusern.

Viel Unterhaltung, viel Kultur

Das ist aber noch lange nicht alles, was man in Heide erleben oder unternehmen kann. Jeder Gast freut sich über die abwechslungsreichen Angebote, die Heide das ganze Jahr über zu bieten hat. Einige Highlights seien hier genannt: Heider Kindertag im Juni, Historischer Jahrmarkt im Juli, Dithmarscher Kohltage im September, Halloween im Oktober und der Weihnachtsmarkt im November und Dezember. Dann gibt es in der süd-

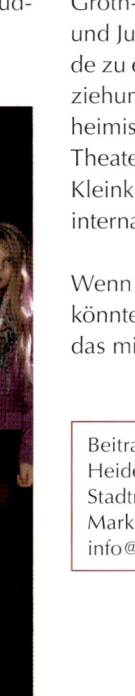

In der Saunalandschaft der Dithmarscher Wasserwelt

östlichen Marktecke auch eine mobile Eisbahn. Für diejenigen, die das Wasservergnügen rund ums Jahr genießen möchten, sei ein entspannter Aufenthalt in der Dithmarscher Wasserwelt mit Saunalandschaft empfohlen.

Kulturbegeisterte werden in Heide nie zu kurz kommen. Auf der Museumsinsel Lüttenheid findet sich neben dem Heimatmuseum auch das Klaus-Groth-Geburtshaus. Die Brahms-Wochen im Mai und Juni ergänzen das Angebot und machen Heide zu einem abwechslungsreichen kulturellen Anziehungspunkt. Im Tivoli finden nicht nur die einheimischen »Großereignisse« statt, sondern auch Theateraufführungen renommierter Ensembles, Kleinkunst- und Kabarettabende sowie Konzerte international bekannter Konzertvirtuosen.

Wenn man es in einem Satz ausdrücken soll, könnte man sagen: Heide bietet fast alles – und das mit echter Dithmarscher Lebensfreude.

Heider Halloween, ein Gruselspaß für jung und alt

Beitrag von:
Heide Stadtmarketing GmbH
Stadtmanagerin · Laura Pauli
Markt 28 · 25746 Heide · Tel. (04 81) 2 12 21 62
info@heide-rundum.de · www.heide-rundum.de

»Mien Moderspraak, wat klingst du scheun ...«

Östereggen-Hohnbeer – ein Heider Traditionsfest

Es gibt in Dithmarschen, und sicherlich auch anderswo, Traditionen, die deshalb erhalten geblieben sind, weil sich Menschen vor Ort ihrer annehmen und sie mit Engagement, Augenmaß und Lebensfreude immer wieder erneuern. Von Generation zu Generation wandert die Verantwortung für einen guten Brauch weiter. Dies schafft Identität mit Land und Leuten und mit dem sozialen Umfeld, in dem man wohnt und arbeitet.

Jedes Jahr am Ende des Winters findet in Heide das traditionelle Hohnbeer statt. Mit diesem Fest feiern die drei sogenannten Eggen, die alten Heider Ortsteile, den heimatlichen Gemeinsinn und die plattdeutsche Muttersprache. Das Hohnbeer, das sich über mehrere Wochen hinzieht, gibt es seit der Mitte des 19. Jahrhunderts, während die Eggen im späten Mittelalter entstanden sind.

Der Begriff »Hohnbeer« muss erklärt werden. »Beer« ist eine frühe plattdeutsche Bezeichnung für ein Fest, an dem das ganze Volk teilnehmen konnte. Der erste Teil des Wortes ist der Hinweis auf das Tier, das bei dem besagten Fest eine besondere Rolle spielte. Der Hahn ist im Volksglauben das Symbol für Kampfbereitschaft und Freiheitsdrang, was ja zur historischen Dithmarscher Mentalität passen würde. Während der französischen Revolution und bis 1804 war der Hahn französisches Wappentier und stand für die hart errungenen Freiheiten des Volkes.

Nun gab es in einigen Gegenden Schleswig-Holsteins, etwa in Stapelholm und eben auch in Dithmarschen, den Brauch, bei dem anlässlich eines Festes ein lebendiger Hahn in eine Holztonne gesperrt wurde. Die Leute warfen

Die Vereinsfahne mit dem goldenen Klaus-Groth-Zitat

Sammeln vor dem Abmarsch

Knüppel und Steine auf die Tonne, um sie zu zertrümmern. Wenn der malträtierte Hahn es schaffte, sich mit heiler Haut zu befreien, nahm man dies als ein Glückszeichen für das kommende Jahr.

Um 1840 beschlossen Eggenbrüder der Norder-, Süder- und Österegge, ein gemeinsames Fest zu veranstalten. Es sollte das Gefühl der Zusammengehörigkeit unter der Heider Bevölkerung stärken. Man nannte dieses Fest »Hohnbeer«. Anstelle eines Hahns in einem Holzfass wurde er als Symbol auf ein Fass gestellt. Dazu führte man das Bosseln ein, den noch heute leidenschaftlich betriebenen Volkssport der Westküste.

Der Eggenbruder Klaus Groth (siehe Beitrag S. 126), der von der Österegge stammte, hat mit seinem Werk »Quickborn«, erschienen 1852, die

Zünftig und hoch zu Ross

plattdeutsche Sprache in vielerlei Hinsicht aufwerten können. Dies hat sicherlich dazu beigetragen, dass »Plattdüütsch« auch beim »Hohnbeer« als erste Amtssprache festgesetzt wurde. Nicht von ungefähr schmückt ein Zitat aus Groths Werk die Östereggen-Hohnbeer-Vereinsfahne: »Mien Moderspraak wat klingst du scheun, wat büst du mi vertruut«.

Seit über 170 Jahren ist »Hohnbeer« seinen Idealen treu geblieben und hat das, was man sich einst auf die Fahne geschrieben hat, verwirklicht, nämlich Pflege und Förderung des Gemeinschaftssinns und die Erhaltung der plattdeutschen Sprache. Dieses starke und unablässige Bekenntnis zum heimatlichen »Platt« hat wahrscheinlich viel mehr zum Überleben dieser eigenständigen Sprache beigetragen, als man oft wahrhaben möchte. Die vielen Musikgruppen, Kleinkünstler und Literaten, die seit den 1970er Jahren die niederdeutsche Szene bevölkern, hätten ohne die »Basisarbeit« zum Beispiel der Heider Eggenbrüder vielleicht gar kein Publikum mehr!

Heute geht es an drei aufeinanderfolgenden Samstagen im Februar in Heide rund. Der Hahn auf der Tonne lädt dann zum Feiern ein: Die Süderegge und die Österegge veranstalten ein Straßenbosseln und in der Norderegge wirft man mit Bosselkugeln nach einem Holzhahn in einer

Der große Festball am Abend

Der Hahn, um den sich (fast) alles dreht

Holztonne. An den drei Festtagen sind die Häuser festlich geschmückt und alle Leute sind auf der Straße.

Eigentlich bestand Heide früher aus vier Eggen, als diese 1462 erstmals erwähnt wurden. Die Westeregge allerdings gab es nicht lange. So blieben die drei anderen Eggen, ursprünglich bäuerliche Feldgemeinschaften mit Eggenvorsteher und eigener Jahresrechnung, übrig. Dies erfolgte stets in der »Faslomtied«, wurde mit einer »Hahnen«-Feier begangen und gab damit den Zeitpunkt für das spätere Hohnbeer vor. Noch bis zur Verleihung des Stadtrechts 1870 bildeten diese drei Eggen als Teilgemeinden das Ortsgebiet des Fleckens.

Der Ablauf des Hohnbeers ist folgender:
Um 6 Uhr früh treffen sich die Eggenbrüder in traditionellem Ornat. Jeder trägt schwarzen Zylinder, schwarzen Mantel, schwarzen Anzug und das »Wittwark«, das weiße Hemd, dazu weiße Fliege, weiße Handschuhe und weißen Schal. Nach dem Schleswig-Holstein-Lied geht es ab 6.30 Uhr auf festgelegten Strecken zu den Umtrunk- und Einkehrstellen, immer voran der Föhrer mit Gendarm. Dahinter marschieren Musikkapelle, Fahnenabordnung und die Vorstandsmitglieder, Aktiven und Gäste. Den Abschluss bilden die zwei Kretler, die den reibungslosen Ablauf der Prozession überwachen. Mittags treffen sich die einzelnen Ehrenzüge zum gemeinsamen Erbsensuppenessen.

Nach dem Bosseln folgt der Festumzug durch die jeweilige Egge mit dem Ziel Ball- und Konzertsaal Tivoli, wo im großen Saal mit einer Kaffeetafel, Reden und Ehrungen der Festkommers begangen wird. Am Abend steigt dann als Höhepunkt ein Festball.

Der gemeinnützige Verein Östereggen-Hohnbeer mit heute etwa 640 Mitgliedern bezweckt auf ideeller und materieller Grundlage die Pflege und Vermittlung des Heimatgedankens, insbesondere des Kulturgutes »Hohnbeer« und der plattdeutschen (niederdeutschen) Sprache.

Insbesondere fordert die Vereinssatzung: »Erhaltung des Östereggen-Hohnbeer, Unterstützung der Östereggen-Hohnbeer-Forschung, Durchführung von Veranstaltungen über Entstehung und Geschichte der Heider Österegge, Pflege und Förderung der plattdeutschen (niederdeutschen) Sprache durch Autorenlesungen, Liederabende, Theaterveranstaltungen u.ä., Befürwortung und Unterstützung der plattdeutschen (niederdeutschen) Sprache an Schulen«.

Beitrag von:
Verein Östereggen-Hohnbeer
Thies Pohlmann
Friedrichstraße 3 · 25746 Heide
Tel. (04 81) 6 33 14 · Fax (04 81) 6 17 04
info@oestereggen-hohnbeer.de
www.oestereggen-hohnbeer.de

Das alte Dithmarschen

Die Wiege der hiesigen Gegenwart

Die Tatsache, dass wir aus der Gegenwart des 21. Jahrhunderts einen weiten Blick zurück werfen können in die Jahre um 1900, eine Epoche, die in vielen Gebieten zur Wiege unserer eigenen Zeit geworden ist, verdanken wir einigen aufmerksamen Menschen. Einer davon ist der Fotograf Thomas Backens (1859–1925), dem wir in diesem Buch mehrfach begegnen und der in eindrucksvoller Weise seine Mitmenschen porträtierte und seine Umwelt dokumentierte. Auch andere haben durch die Fotografie wichtige Erkenntnisse über das Leben der Vorfahren überliefert, und seien es manchmal nur scheinbar belanglose Aufnahmen des damaligen Alltags. In diesem Beitrag sollen typische Lebensbereiche der hiesigen Bevölkerung im Vordergrund stehen: Das Landleben und die Landwirtschaft, die Fischerei und die Schifffahrt sowie der beginnende Fremdenverkehr.

Landleben und Landwirtschaft

Heute kann man sich nur noch schwer vorstellen, wie mühselig das Leben und Überleben auf dem Lande früher war. Nicht nur die aufreibende körperliche Arbeit in fast allen Bereichen, von der Kindheit bis ins Alter, bestimmte tagaus, tagein das Geschehen im Dorf und auf den Höfen, sondern auch die häufig vorhandene Armut mit ihren vielen Nöten und Ängsten. Es gab noch keine »zivilisatorischen Standards« wie sauberes Trinkwas-

ser, Kläranlagen, eine medizinische Versorgung für die ganze Bevölkerung, soziale Absicherung bei Krankheit und im Alter. Der gesellschaftliche Fortschritt beschränkte sich noch auf die technischen Errungenschaften der Gründerzeit und erreichte die breite Bevölkerung erst schrittweise, auf dem Lande eigentlich noch gar nicht. Hier lief das Leben ab wie vor vielen Jahrzehnten.

Trotzdem sollte die Landwirtschaft die sprunghaft steigende Bevölkerung, vor allem in den hochproduktiven Städten mit ihren modernen Industrien, ernähren. So gesellte sich zum Proletariat der Fabrikarbeiter das Proletariat der Landarbeiter. Fabrikbesitzer und Großbauern bzw. Gutsherren stand eine Masse schuftender Kinder, Männer und Frauen gegenüber, die, schlecht entlohnt in jeder Hinsicht abhängig von der vorgegebenen Wirtschaftsstruktur waren. Von Romantik, wie von einigen Künstlern beschrieben und besungen, konnte im normalen Alltag keine Rede sein.

Auf die Gleichberechtigung in der ländlichen Arbeitswelt hätten die allermeisten Frauen um 1900 bestimmt gerne verzichtet, so hart mussten sie täglich heran. Neben Haushalt, Kinderkriegen und -großziehen waren die Frauen vollständig in alle Arbeiten, auch den körperlich schweren, mit eingebunden. Dies lag auch daran, dass die Erträge, die den Bauern am Markt für ihre Produkte ge-

Drescharbeiter
(Foto: Backens-Archiv, Marne)

zahlt wurden, kaum eigene Angestellte zuließen. Ein Großbauer hatte natürlich viele Landarbeiter, die von Hof zu Hof und von Ernte zu Ernte in Dithmarschen in kargen Lohn genommen wurden. Diese »Monarchen« genannten Tagelöhner waren die »Leiharbeiter« der damaligen Zeit und gehörten, ein wenig anders gewiss als heute, zur absoluten Unterschicht: heimatlos, rechtlos und auswechselbar.

Die beginnende Automatisierung und Motorisierung in der Landwirtschaft senkte allmählich den Härtegrad der körperlichen Arbeit, die nun durch wahre Ungetüme von Dampfschleppern unterstützt wurde. Pferd oder Vieh als Zugtiere hatten aber noch lange nicht ausgedient, weil sich kaum jemand die modernen Arbeitsmaschinen leisten konnte. So gab es alsbald Lohnunternehmer, die Schlepper, Dreschmaschinen und andere landwirtschaftliche Maschinen mit und ohne Besatzung vermieteten.

Fischerei und Schifffahrt

Die Motorisierung in der Schifffahrt brachte auch für das Transportwesen auf dem Wasser und die Fischerei einen erheblichen Wandel. Zum einen konnte man nun weitgehend wetterunabhängig planen und handeln, zum anderen blieben bisherige Fähigkeiten auf der Strecke. Um auf dem Meer zu fischen, benötigte man bis zur Einführung der Schiffsmotoren seglerisches Können und musste auch das Bedienen der Netze per Hand erledigen. Nach dem Ersten Weltkrieg änderte sich dies an der schleswig-holsteinischen Westküste. Bald besaß jeder Hafen hier eine eigene Kutterflotte,

Eine Dorfszene, wahrscheinlich in Burg, fotografiert von Thomas Backens (Foto: Backens-Archiv, Marne)

Wattwanderer in wilhelminischer Formation, der Kleidung nach offensichtlich »Sommerfrischler« (Foto: Backens-Archiv, Marne)

die zum festen Erscheinungsbild Dithmarschens und Nordfrieslands gehörte.

Die Fischer arbeiteten zwar nicht weniger als die Leute in der Landwirtschaft, aber sie waren irgendwie freier organisiert in kleinen Bordgemeinschaften und viel selbstbestimmter Zeit auf der Nordsee. Das Fischerleben war an der Küste durchweg gut angesehen und machte auch eine touristische »Karriere«. Die traditionellen Kutterkorsos, die bis heute die Feriengäste begeistern, sind ein Zeichen davon.

Friedrichskooger Fischer bringen einen Korb mit Krabben an Land. (Foto: Backens-Archiv, Marne)

Fischer beim Feierabendschnack am Neufelder Hafen (Foto: Backens-Archiv, Marne)

Eine Aufnahme aus der Kaiserzeit – Rechts wird Korn gemäht, links bringt jemand eine Ziege zum Gräsungsplatz. (Foto: Archiv Dithmarscher Landesmusum, Meldorf)

Landschaftliche Im- und Exporte, die übers Wasser stattfinden, gibt es im Gegensatz zu früher nur noch wenig. Die Zeiten, als Dithmarscher Produkte überallhin verschifft wurden oder andere Regionen per Schiff hierher lieferten, sind von der Ära der Eisenbahn und des Lastwagenverkehrs abgelöst worden. Schüttgut wie Getreide wird allerdings noch mit den kostengünstigeren Kümos oder Binnenschiffen transportiert.

Der frühe Fremdenverkehr

Die »Sommerfrische« trägt im Wort zwei Bedeutungen in sich. Zum einen wird ausgedrückt, dass man seine Ferien in der warmen Jahreszeit verbringt, zum anderen sucht man eine gewisse Abkühlung. Abkühlung wovon? Naheliegend ist, dass die Menschen, die es sich leisten können, dem stickigen Qualm und Gestank der an-

wachsenden Städte entfliehen wollten und aufs Land oder ans Meer fuhren. Hier suchten sie die »sommerlich-frische« Luft in der freien und weitgehend unberührten Natur. Die Dithmarscher Fischerfamilien und Gasthöfe nahmen im Laufe des 19. Jahrhunderts erste Stadtflüchtlinge für ein paar Sommerwochen auf. Mit der Zeit bildete sich der bekannte Fremdenverkehr heraus, der auch bestimmte Angebotsverbesserungen mit sich brachte, z.B. in Bezug auf die Quartiere, den Service, die Verpflegung und die Bademöglichkeiten. Auch die Reiseverbindungen per Postkutsche, Bahn und Dampfer wurden verbessert, so dass mehr Leute an die Küste kommen konnten und der Begriff »Gästewechsel« sich etablierte. Letztlich befinden wir uns in der Geburtsstunde des heutigen Erwerbszweiges »Tourismus«.

Mit Küstenaroma genießen

Kulinarische Empfehlungen von der Waterkant

Ferien machen heißt auch immer, sich der einheimischen Gastronomie zu widmen. Dies gehört zur täglichen Erholung einfach dazu und ist ein gutes Stück Lebensfreude in den schönsten Wochen des Jahres. Wer etwas mehr aus dem Dithmarschen-Urlaub mitbringen möchte als herrliche Erinnerungen,

»Bauernfrühstück, Kohlpudding & Grießklüten«

»Tote Tante, Trümmertorte & Verdrehte Jungs«

der sollte sich ein paar kulinarische Empfehlungen sprich Rezepte aus der landschaftlichen Küche mit nach Hause nehmen, z.B. diese kleinen, aber feinen Büchlein aus dem nordfriesischen Cobra Verlag in Langenhorn. Man findet sie unter www.cobraverlag.de oder im Buchhandel. Viel Spaß beim Ausprobieren und guten Appetit!

Das Ordinger Hotel »Zum Alten Anker« liegt direkt an der Nordsee.

Hier lebte der letzte Walfänger Eiderstedts

Das »Hotel Zum Alten Anker« in St. Peter-Ording

Der Familienbetrieb ist der traditionsreichste seiner Art in St. Peter-Ording. Aus den Anfängen der Nachkriegszeit hat sich mit den Jahrzehnten ein Feriendomizil entwickelt, das die herrliche Naturlage direkt an Dünen, Deich, Strand und Meer mit den Annehmlichkeiten eines entspannten Hotelaufenthaltes verbindet.

Ruhe, viel Sonne, gesunde Nordseeluft, eine großzügige Hotelanlage und erlebnisreiche Hausangebote verschaffen den Gästen eine tiefgehende Urlaubserholung, und das zu allen Jahreszeiten. Das Haus besitzt historisches Flair: Hier lebte Johannes Cornils (1923 bis 2008), der letzte Walfänger Eiderstedts, der in den 1950er Jahren mit der Onassis-Fangflotte fünf Fahrten an den Südpol unternahm.
Weitere Infos finden Sie unter: www.zumaltenanker.de

Gastronomisch bestens unterwegs

Wissenswertes aus dem Nordfriesland Verlag

Die beiden Gastronomieführer Dithmarschen und Eiderstedt aus dem Nordfriesland Verlag sollten bei keinem Küstenausflug fehlen. Sie enthalten viele Informationen, die man bei Ferientouren mit dem Auto, dem Fahrrad oder zu Fuß bei einer Einkehr benötigt. Darüber hinaus liefern sie in kompakter und reisefreundlicher

Gastronomieführer Eiderstedt mit St. Peter-Ording, Halbinsel Eiderstedt, Garding, Tönning und Friedrichstadt

Gastronomieführer Dithmarschen mit den Orten Brunsbüttel, Burg, Büsum, Friedrichskoog, Heide, Marne und Meldorf

Aufmachung wertvolle Tipps zur Landschaftserkundung und regen zu manch kulinarischen Abstechern an. Diejenigen, die sich zum ersten Mal an der Küste bewegen, gewinnen hier einen schnellen Überblick über die gastronomische Szene der Region. Die ansprechend gestalteten Hefte besitzen Kartenwerke zum schnellen Auffinden der Gastronomien. www.nordfriesland-verlag.de

Ausgewählte Bioprodukte

Der Heider Bauernhof mit Bioladen

Der kleine gemütliche Hofladen in Heide-Rüsdorf bietet frisches Obst, Gemüse, Milchprodukte jeglicher Art, ein umfangreiches Trockensortiment und vielfältige ausgewählte Bio-Tiefkühlkost. Hier gibt es täglich frisches Bio-Brot, knusprig gebackene Pizzabrötchen und frisch zubereitete Salate. Mi., Do., Fr. ist hausgemachter Bio-Kuchen und

»Der Heider Bauernhof«: Ein Hofladen mit einer großen Auswahl an Bio-Produkten

donnerstags selbstgekochte vegetarische Suppe im Angebot. Alle Bioprodukte, die frisch zubereitet werden, können auch vorbestellt werden.
Montag u. Mittwoch 9 bis 12 Uhr und 15 bis 18 Uhr, Donnerstag u. Freitag 9 bis 18 Uhr, Samstag 9 bis 12 Uhr. Dienstag u. Sonntag Ruhetag

Die Betreiberinnen vor ihrem kleinen Hofladen

Beitrag von:
Der Heider Bauernhof
Dorfstraße 63
25746 Heide-Rüsdorf
Tel. (04 81) 8 68 93
Fax (04 81) 8 31 41
info@bioladen-brehmer.de

Atelier Gänsefisch

Der Maler Werner Gutzeit

Der Maler in seinem Atelier in Lohe-Rickelshof

Werner Gutzeit wurde 1932 als Sohn einer Dänin und eines deutschen Kunstmalers in Kopenhagen geboren. Schon seit seiner frühesten Kindheit begeisterte er sich für die Malerei. Er arbeitete als Maler und Grafiker, danach folgte eine weiterführende Ausbildung zum Pädagogen.

Hauptberuflich ist er seit dem 1. Dezember 1981 freischaffender Künstler und war 1982 Mitbegründer des Heider Kunstvereins.

Bei seinen Fähigkeiten in der Malerei kristallisierte sich mit den Jahren eine besondere Vorliebe für den Kubismus heraus. An Stelle der perspektivischen Systeme, die jedem Ding einen bestimmten Platz zuweisen, tritt hier ein Gefüge aus sich überschneidenden und zergliederten Flächen. Werner Gutzeit ist bis heute jedoch immer offen geblieben für bildnerische Experimente.

»Gänsefisch«, das dem Atelier seinen Namen gab, der aus einem studentischen Spiel entstanden ist.

Beitrag von: Werner Gutzeit · Friedrichswerk 20 · 25746 Lohe-Rickelshof
Tel. (04 81) 7 88 98 42 · Fax (04 81) 7 87 07 70 · ateliergaensefisch@t-online.de

Schmuck- und Keramikatelier Dörte Tießen

Kreative Hand-Arbeit im Grünen

Dörte Tießen an der Töpferscheibe

Es gibt Plätze, die sind so schön, dass man sich die Augen reiben möchte. An so einem findet man die Keramikerin Dörte Tießen – mitten im grünen Herzen Dithmarschens, aber nur wenige Autominuten von der Kreisstadt entfernt. Auf dem ehemaligen Ziegeleigelände des Großvaters betreibt sie seit 35 Jahren ihre Werkstatt für Schmuck und Keramik. Sie gestaltet hier technisch hochwer-

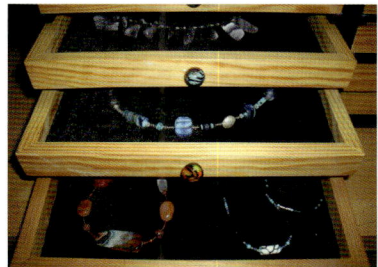

tige, individuelle Einzelstücke, mit denen die kreative Hand-Arbeiterin längst zum Geheimtipp geworden ist. Ein Besuch lohnt sich immer. Am schönsten ist es, wenn sich Atelier und blühender Garten zu einer Art Gesamtkunstwerk fügen.

Beitrag von:
Schmuck- und Keramikatelier
Dörte Tießen
Ziegeleiweg 12 · 25785 Nordhastedt
Tel. (0 48 04) 3 66
doertetiessen@web.de
www.TonSteinePerlen.de

Blick in die Schmuckkollektion

Mit der Kraft der Farben

Die Malerin Wiebke Kühl aus Nordhastedt

Die Malerin in ihrem Nordhastedter Atelier

Wenn man Wiebke Kühl einmal beim Malen zuschauen darf, wird einem klar, warum ihre zumeist großflächigen Bilder so viel Kraft verströmen. Es ist ohne Zweifel die Energie der Malerin selbst, die aus dem Werk auf den Betrachter zurückstrahlt. Wiebke Kühls Gemälde, die überwiegend in Acryl entstehen, zeigen eine expressionistische Wirkung, der man sich kaum entziehen kann.

Die Malerin scheint ihre Bilder »zu leben«, intuitiv, mit einem großen inneren Schwung. Diesen offenbart sie auch im Malvorgang durch den entschlossen geführten Pinsel oder Spachtel. Die Motive fliegen ihr ir-

gendwie zu, sagt sie, teils durch zufällige Beobachtung ihrer Umgebung, teils durch eine spontane Idee. Und eines kommt immer dazu: eine unbändige Malfreude.

Eines der ausdrucksvollen Gemälde

Beitrag von:
Atelier Wiebke Kühl
Sylken 2a · 25785 Nordhastedt
Tel. (0 48 04) 12 22
wiku@wiebke-kuehl.de
www.wiebke-kuehl.de

»Wollmühle«

Naturbelassene Textilien – Naturgarne – Kunsthandwerk

Die »Wollmühle« im Nordhastedter Ortsteil Fiel

Die »Wollmühle« von Regina Unverfehrt in Nordhastedt/Fiel ist für alle, die Kleidung aus natürlichen Garnen lieben, eine wahre Fundgrube. Hier gibt es Handgestricktes aus Schafwolle, Walkartikel wie Mantel, Rock oder Stulpe, Pullover aus Irland, Island und Dänemark, Wolldecken aus nordischer Produktion, Schaffelle und vieles mehr. Diejenigen, die gerne handarbeiten, finden in Regina Unverfehrts ländlichem Laden beste Schafwollgarne (Lamm-Alpaca, Mohair), auch aus Irland

Hier ist alles in Natur

und Island, sowie Sockenwolle und Rohwolle zum Spinnen, Filzen, Füllen und Basteln. Heimtextilien und handgearbeiteter Schmuck runden das Angebot ab. Die »Wollmühle« ist montags und dienstags von 10 – 12 Uhr und von 15 – 18 Uhr geöffnet oder nach telefonischer Absprache.

Beitrag von:
»Wollmühle« · Regina Unverfehrt
Fiel 7 · 25785 Nordhastedt
Tel. (0 48 04) 8 37
Fax (0 48 04) 18 54 86
www.wollmuehle.de

Von Hamburg in einer Stunde

Warum in die Ferne schweifen ...?

Herzlich willkommen in Dithmarschen!

Die Hamburger wissen schon lange Bescheid, spätestens seit dem Bau der A23 in den 1970er Jahren: Dithmarschen ist nicht nur eine Reise wert, Dithmarschen liegt ganz nah!

Diese Erkenntnis hat sich natürlich auch im dicht besiedelten Umkreis der Hansestadt herumgesprochen, was ganz einfach an den Autoschildern zu sehen ist, die zu fast allen Wochenenden in Brunsbüttel, Friedrichskoog, Büsum, Heide oder Meldorf auftauchen. Als Urlaubsziel steht Dithmarschen auch für viele, die aus weiter entfernten Wohnorten stammen, ganz oben auf der Wunschliste.

»Dithmarschen spart Benzin«, sagte einmal ein Büsumer Dauerwochenendgast, der hier eine Ferienwohnung erworben hatte, und fügte sogleich hinzu: »Aber ich wäre auch ohne diese Nähe zu meinem Heimatort so oft wie möglich hier.« Denn er liebte wie so manch anderer Dithmarschenfan den Dreiklang »Weites Land, weites Meer und weites Herz«, womit die unbegrenzte Natur und das sympathische Wesen der Menschen sehr gut getroffen wird.

Gerade für Stadtleute ist der positive Schock, wenn sie irgendwann von der A23 abbiegen, ein wirklich erfrischendes Erlebnis. Auf einmal fallen die Enge, der Lärm und die Hektik, die eben noch so gegenwärtig waren, von einem ab und es öffnen sich vielfache Horizonte. Man kommt zur inneren Ruhe, man spürt wieder, wie lang und entspannend Zeit sein kann und fängt an, Ideen zu entwickeln. Diese Momente des Selbstgefühls und des Auftankens spüren eigentlich alle irgendwann, die sich auf Dithmarschen einlassen.

Die ersehnte Weite zwischen Land und Meer

Dabei spielt es überhaupt keine Rolle, ob man in einem ländlichen Hofcafé den Tag verdöst, am Büsumer Grünstrand Sonne und Watt genießt oder sich auf langen Wanderungen oder Radfahrten die Gegend erschließt. Einige finden es auch herrlich, über die Wochenmärkte zu schlendern oder kleine Läden durchzustöbern. Und wieder andere kommen, um sich im harten Westwind auf dem Surfbrett »die Kante zu geben«.

Und ganz unscheinbar und meistens unverhofft geschieht es dann: Man trifft Einheimische, die einen nicht nur freundlich als »Gast« behandeln, sondern die sich ansprechen lassen oder einen selbst ansprechen. Dann entsteht aus einer Bekanntschaft oft eine Freundschaft, dann wird aus kurzem Kontakt ein Band, das manchmal Jahrzehnte hält.

Am Büsumer Ankerplatz macht man gerne einen Zwischenstopp.

So kann man begreifen, warum so viele Stadtbewohner gerade Dithmarschen als zweiten Wohnsitz oder eigenes Feriendomizil gewählt haben. Hier ist eben nichts kompliziert, hier wird man akzeptiert und angenommen so, wie man ist. Das bedeutet aber auch, dass man sich nicht ausschließt von den Einheimischen und gerne mit ihnen lebt. In all dem besitzt Dithmarschen, schon durch die Flüchtlingswelle nach dem Zweiten Weltkrieg, viel Erfahrung. Und wer die Straßen- oder Pensionsnamen in den Orten einmal

So wohnt mancher Dithmarschenfan am Wochenende.

betrachtet, findet überall die Bezüge zu fernen, zumeist östlichen Gegenden, vor allem Küstengebieten. Die »Einwanderer« und heimisch Gewordenen haben ohne Zweifel vieles zur Entwicklung und zum Wohlstand Dithmarschens beigetragen. Das spüren auch diejenigen, die woandershin flüchten mussten und jetzt hier Erholung suchen.

Treffpunkt der Stadt, der Landschaft und der Generationen

Das Konzert- und Ballhaus Tivoli

Kulinarische Genüsse inklusive

Im Herzen der Kreisstadt Heide liegt, unweit des größten Marktplatzes Deutschlands, das traditionsreiche Konzert- und Ballhaus Tivoli. Das Haus befindet sich in der zweiten Generation seit über 50 Jahren in Familienhand. Der Besitzer und Küchenmeister Peter Bartsch und sein anerkannt freundliches Team sorgen mit dem denkmalgeschützten Festsaal und dem von Licht durchfluteten Sommersaal für den richtigen Rahmen jeder Feier. Für das Tivoli gilt: viele Räume – viele Möglichkeiten

Das Angebot, die verschiedenen Räumlichkeiten, deren Bestuhlung und deren Fläche ganz den Wünschen und Bedürfnissen der Kundschaft anpassen zu lassen, ist in der Veranstaltungsbranche der Region durchaus einmalig. Als Veranstaltungsort ist das Tivoli auch deshalb bestens geeignet, weil es kein Tagesgeschäft betreibt. So wird die Feier des Auftraggebers ungestört durchgeführt werden können. Es stehen neben dem Foyer der Gartensaal, der Wintergarten oder der Große Saal zur Verfügung.

Ob Taufen, Familienfeiern jeglicher Art, Firmenfeste, Bälle von Verbänden oder Vereinen, Ausstellungen, Tagungen oder Trauerfeiern, das Tivoli hat in allen Bereichen lange Erfahrung und ist ein professioneller Partner für jegliche Veranstaltung. Spezialität sind Hochzeiten, egal ob grün, silber oder gold -festliche Bälle, Firmenfeiern, Ausstellungen, Tagungen oder Trauerfeiern finden einen stilvollen Rahmen.

Guter Service ist reibungsloser Service, den die Feiernden nicht wahrnehmen müssen und auch nicht zu organisieren brauchen. Hier seien einige

Auch für kleinere Gesellschaften ist das Tivoli der richtige Rahmen.

Punkte präsentiert, mit denen das Haus wahrlich punkten kann: Für Essen und Getränke gibt es eine Festpreis-Garantie, Tische und Stühle werden ohne Sonderentgelt gestellt, es ist ein Spielplatz vorhanden, ebenso Auto- und Busparkplätze, außerdem ist die Rasenfläche der Anlage von einem idyllischen alten Baumbestand eingefasst.

Das Tivoli ist in Bezug auf den richtigen Veranstaltungsrahmen der ideale Treffpunkt für Land und Leute und alle Generationen.

Der Eigentümer des Tivoli, Peter Bartsch, ist auch der Vorsitzende des DEHOGA-Kreisverbandes e.V. Dithmarschen, in welchem sich rund 200 Betriebe der Landschaft zusammengefunden haben. Vier Ortsverbände und zahlreiche ehrenamtliche Gastronomen organisieren Veranstaltungen vom Kirchturmfest bis zur Fahrradtour, vom Fußballspiel bis zu den schon zur Tradition gewordenen Kohltagen. Auch gemeinsame Ferienkarten werden gestaltet und angeboten. Es geht darum, vor Ort das große Spektrum der gastronomischen Leistungen zu unterstützen und zu sichern.

Mehr zum DEHOGA und zum Konzert- und Ballhaus Tivoli über den Ansprechpartner Peter Bartsch unter Tel. (04 81) 6 21 22, www.dehoga-dithmarschen.de und www.tivoli-heide.de

Der Große Saal des Konzert- und Ballhauses Tivoli in Heide

Das Brahmshaus in Heide

Lebendige Erinnerung an historischer Stätte

Von 1819 bis 1887 war das Brahmshaus im Besitz der Familie Brahms. Johannes Brahms (1833 – 1897) schrieb am 1. Juli 1865 aus Baden-Baden an seinen Vater Johann Jakob (1806 in Heide geboren):

»Liebster Vater, nun bin ich wirklich begierig, ob diese Zeilen Dich so ohne weiteres in Hamburg finden? Nach Heide nachlaufen müssen? Oder in Hamburg auf Dich warten? Passiert aber die Reise, die ich Dir so sehr wünsche, so strenge Dich an und schreibe einen langen Brief, wie Du denn Deine Verwandten und die ganze Heimat gefunden. Ich weiß mich auf Heide besser zu besinnen als auf manche Stadt, wo ich länger war. Aber es war auch meine erste kleine Reise.«

1988 erwarb die Brahms-Gesellschaft das Haus und fing ein Jahr später mit der Umgestaltung an. 1990 konnte es seiner neuen musealen Bestimmung übergeben werden. Sehr schnell entwickelte es sich zu einem kulturellen Anziehungspunkt als nördlichstes Musikermuseum Deutschlands.

Durch die Dauerausstellung »Johannes Brahms/ Norddeutsche Wurzeln und Bindungen – Wich-

Das Brahmshaus in Lüttenheid

Büste des Komponisten, geschaffen von Manfred Sihle-Wissel im Hof des Brahmshauses.
(Foto: Andreas Guballa)

Das Musizierzimmer (Foto: Andreas Guballa)

tige Freunde und Bekannte« wird eine stetig wachsende Besucherschar angezogen. Bilder und erklärende Texte geben Auskunft über die Heider Vorfahren des Komponisten, die Freundschaft zu dem aus Heide stammenden Dichter Klaus Groth und zeichnen wichtige Stationen in seinem Leben nach. Zahlreiche Fotodokumente, Faksimiles, Musikalien, Brahmsportraits und Büsten, schließlich sogar die Kopie der Totenmaske sind im Haus zu sehen.

Glanzstück der musealen Sammlung ist ein Tafelklavier aus dem Jahr 1855. Dieses Klavier stand bei der Firma Rietmüller in Göttingen zu einer Zeit, in der Clara Schumann und Johannes Brahms dort oft zu Gast gewesen sind. Neuerdings haben auch die neuen Medien im Brahmshaus Einzug gehalten.

Die Besucher können sich einen 45-minütigen Film von Manfred Spitz mit dem Titel: »Verliebt in Rügen« ansehen. Auf den Spuren von Johannes Brahms wird eine fiktive Begegnung von Johannes Brahms und der Schriftstellerin Elizabeth von Arnim inszeniert, unterlegt mit Brahms' Musik und wunderbaren Landschaftsaufnahmen.

Neu zu besichtigen ist das Aquarell von Wilhelm Novak (1904) als hinterleuchtete Leinwand in der Gesamtgröße von 3,55 m x 2,33 m. Der Maler Wilhelm Novak hatte es 1904 nach einer Fotografie gefertigt. Es gibt wandhoch den Blick frei in das originale Musikzimmer von Brahms in dessen Wiener Wohnung in der Karlsgasse.

Man hat den Eindruck, Johannes Brahms tritt jeden Moment ins Zimmer, um die Besucher freundlich zu begrüßen.

Öffnungszeiten: 1. April bis 31. Oktober: dienstags, donnerstags und freitags von 11.30 Uhr bis 15.30 Uhr und samstags von 11.30 bis 13.30 Uhr

Beitrag von:
Brahmshaus Heide
Lüttenheid 34 · 25746 Heide
Museum: Tel. (0 48 1) 6 83 71 62
Geschäftsstelle: Brahms-Gesellschaft Schleswig-Holstein e.V.
Tel. (0 48 1) 6 31 86
info@brahms-sh.de · www.brahms-sh.de

Kreative Keramik in naturnahen Formen und Farben

Wunderschöne Dinge aus Ton

Die Töpferei in Lieth

Die geborene Dithmarscherin und Keramikmeisterin Elsbe Junge-Heesch gehört zum »Urgestein« der Dithmarscher Töpferszene. Es gibt wohl kaum einen Einheimischen oder langjährigen Feriengast, der sie nicht kennt oder ihre Töpferei in Lieth bei Heide nicht schon einmal besucht hat. Seit Mitte der 70er Jahre ist sie an diesem Standort tätig. Ihr Schild am Haus gilt fast schon als Markenzeichen des Dorfes.

Die Auswahl an liebevoll gestalteter Töpferware ist unglaublich vielfältig. Tassen, Töpfe, Kannen, Schälchen und Weinkelche, aber auch Vasen und Haustürschilder bilden das Angebot an Gebrauchskeramik, während Vogelhäuser und Rosenkugeln jedem Garten eine besondere Note verleihen.

Ausstellung und Verkauf: Montag, Dienstag, Donnerstag und Freitag 15 bis 18 Uhr oder nach telefonischer Vereinbarung.

Beitrag von:
Töpferei in Lieth · Elsbe Junge-Heesch
Dorfstraße 39 · 25770 Lieth
Tel. (04 81) 67 169
Fax (04 81) 78 77 391
www.jungekeramik.de

Farbenreich und vielgestaltig

HD-Keramik in Hövede

Tellingstedt ist ein traditioneller Ort für das Dithmarscher Töpferhandwerk. Eine kurze Wegstrecke östlich liegt in Hövede die Keramikwerkstatt von Hanna Doepner. Die einstmals unverzichtbaren Gebrauchsgegenstände aus Ton sind heute, wenn sie alt sind, Museumsobjekte oder befinden sich im häuslichen Familienschatz. Töpferware ist aber auch weiterhin ein wichtiges landschaftliches Kulturgut.

Hierzu trägt die Töpferin Hanna Doepner aus Hövede ganz wesentlich bei, indem sie die klassischen Tellingstedter Motive pflegt und künstlerisch fortentwickelt. Ihre behutsame Art, das Überkommene zu erhalten und das eigene kreative Moment einzubringen, ist eine Kunst, die Hanna Doepner meisterlich beherrscht. Hiermit wird sie auch vielen Kundenwünschen gerecht.

Öffnungszeiten: täglich von 15 bis 18 Uhr; samstags von 10 bis 12 Uhr. Hanna Doepner führt auch individuelle Auftragsarbeiten aus.

Unverwechselbar: Keramik von Hanna Doepner

Beitrag von:
HD-Keramik
Hanna Doepner
Breiter Berg 3
25782 Hövede
Tel. (0 48 38) 13 79
hd-keramik@onlinehome.de
www.toepferei-hoevede.de

Ländliche Momente

im Hofcafé Fünf Linden in Hemmingstedt

In der Dorfstraße am nördlichen Dorfrand von Hemmingstedt erwartet den Gast ein ländlich-kulinarisches Vergnügen, das zum Wiederkommen verleitet. Zum einen ist es das wunderschöne Ambiente des in dunklem Holzmobiliar gehaltenen

Der ländlich-gemütliche Gastraum

Gastraumes, zum anderen sind es die leckeren Kuchen und Torten sowie die herzhaften Kleinigkeiten, die den Gaumen erfreuen. Außerdem ist es ein herrliches Sommergefühl, dies alles unter den Schatten spendenden Namensgebern vor dem Haus zu genießen.

Das Hofcafé ist seit Jahren ein Ort für ungezwungene Momente abseits des alltäglichen Trubels und eine Oase für gemütliches Beisammensein. Sich hier mit guten Freunden und Bekannten zu treffen wird zu einem Stück Lebensfreude zwischendurch.

Sehr beliebt ist bei den Gästen das reichhaltige Frühstück, das im Café nach vorheriger Anmeldung angeboten wird. Ein solcher Start in den Tag kann nur Gutes verheißen.

Im ehemaligen Kornspeicher finden sich, der jeweiligen Jahreszeit entsprechend, ausgewählte Artikel aus Kunst und Kunsthandwerk, die zum Stöbern einladen.

Kaffeestunde unter den Fünf Linden im Garten

Viele Stammgäste schätzen das Hofcafé Fünf Linden für ihre Familienfeiern und als angenehmen Rahmen für besondere Anlässe. Hier kann man in geschlossener Gesellschaft ganz unter sich sein und das Private mit ländlicher Atmosphäre erfüllen.

Öffnungszeiten:
Sommer: Dienstag bis Sonntag von 14 bis 18 Uhr;
Winter: Donnerstag bis Sonntag von 14 bis 17 Uhr;
Betriebsferien von Januar bis Mitte Februar

Beitrag von:
Hofcafé Fünf Linden · Fam. Pankonin
Dorfstraße 49 · 25770 Hemmingstedt
Tel. (04 81) 6 49 41 · Fax (04 81) 6 83 83 24
info@hofcafé-fuenf-linden.de
www.hofcafe-fuenf-linden.de

Unterhaltsames Dithmarschen

Freizeitspaß für jeden – ein kleiner Überblick

Es gibt ein spanisches Sprichwort, das lautet: »Wer es versteht, mit sich selbst zu leben, kennt keine Langeweile.« Diese grundlegende Erkenntnis sollten die Menschen unbedingt auch im Urlaub beherzigen, und man sollte sie beizeiten auch den Kindern nahebringen. Gerade in den Ferien neigen wenig einfallsreiche oder träge Naturen dazu, die Umgebung für ihre Langeweile verantwortlich zu machen mit Sprüchen wie »Mensch, ist mir langweilig«. Das nervt.

Um sich solcher Stimmungsverdunklung, der sich besonders Familien im Urlaub ausgesetzt sehen, entziehen zu können, haben Ferienregionen inzwischen konsequent vorgebeugt. Da macht Dithmarschen zum Glück auch keine Ausnahme. Die Kunst besteht jedoch darin, die Freizeitangebote so zu gestalten, dass man nicht von der einen Langeweile in die nächste wechselt. Und die Gefahr besteht hierzulande absolut nicht.

Das Schöne ist nämlich, dass in Dithmarschen Natur und Kultur eine sehr gesunde Basis darstellen, auf der sehr vielfältige Freizeitaktivitäten möglich sind. Einerseits will der Bewegungsdrang der Menschen befriedigt werden, wodurch beim Wandern, Radfahren, Schwimmen, Golfen, Surfen und dergleichen ein erholsames Wohlgefühl entsteht. Andererseits gibt es die Neugierde, den Bildungsdrang, der viele überkommt, wenn sie das Angenehme und Interessante einer Ferienregion wahrnehmen und mehr wissen wollen. Dazu dienen dann die Museen und Kulturveranstaltungen, aber auch das so genannte ganz normale Leben, wenn man mit Einheimischen zusammentrifft und sie ein wenig ausfragen kann. Kinder sind da oftmals unkomplizierter, wenn es darum geht, Kontakte zu schließen. Sie sehen etwas Auf- oder Anregendes und wollen mitmachen.

Der markante Bau der Büsumer Sturmflutenwelt

Die Mitglieder der Wattführergemeinschaft Dithmarscher Nordseeküste (es fehlt Gerhard Marienfeld) – von links: Dr. Ingrid Austen, Dierk Reimers, Horst Siebels, Johann P. Franzen, Jens Uwe Blender, Margret Häger (Foto: WDN)

Das Museum am Meer im Büsumer Hafengebiet

An den Anfang unseres kurzen und natürlich nicht erschöpfenden Überblicks wollen wir die **Seehundstation Friedrichskoog** stellen, wo die Meereslandschaft Dithmarschen in wundervoller Weise mit den Feriengästen zusammentrifft und harmoniert. Kleine und große Leute werden auf kurzweilige Art an ein Thema herangeführt, das die Einheimischen jedes Jahr aufs Neue betrifft. Seehund und Kegelrobbe finden hier nämlich eine dauernde oder vorübergehende Bleibe, vor allem die »Heuler«, die vom Muttertier getrennt wurden, werden in der Station aufgezogen, gepflegt und auf die Auswilderung vorbereitet (siehe den Beitrag S. 176–177).

Auch in der **Sturmflutenwelt** in Büsum finden Feriengäste einen spannenden und lehrreichen Zugang zu einem bewegenden Thema der Küste. Die Mischung aus aufregendem Sturmfluterlebnis und reichhaltiger und modern dargebotener Information ist hervorragend gelungen und zieht viele Menschen in ihren Bann. Auch die Büsumer Meereswelten mit ihren fantastischen Schau-Aquarien faszinieren mit einer vielfältigen Unterwasserszenerie. Hier sollte auch ein Besuch im **Museum am Meer** nicht ausgelassen werden. Es liegt im Hafengebiet und bietet einen interessanten Ein-

blick in die Küstenfischerei und die Krabbenverarbeitung. Außerdem gibt es eine Ausstellung zur touristischen Entwicklung des Nordseebades seit 1837 und diverse Filme zu sehen.

Der **Pelotero Indoorspielpark** in Wesselburen ist nicht nur ein Ziel bei regnerischem Wetter. Hier kann man auch einmal zwischendurch mit der ganzen Familie Spaß haben und gleichzeitig seine körperlichen Fähigkeiten prüfen bzw. trainieren. Das Angebot unter Dach ist vielfältig: Hüpfburg, Kletterturm, Schaukel, Bobby Cars, Mini Kartbahn und Labyrinth, dazu der Kleinkindbereich mit Hüpfpferden, Duplo, Minirutschen und Bällebad, außerdem Minigolf und Spieleautomaten. Es ist auf jeden Fall für alle etwas dabei.

Die Marschenbahn-Draisine auf Tour (Foto: TZ Marne)

Die **Marschenbahn-Draisine**, die zwischen Marne und St. Michaelisdonn in »Eigenarbeit« gefahren werden kann, ist eine »körperlich-historische« Attraktion besonderer Art. Es ist ein außergewöhnliches Bewegungserlebnis, mit diesem merkwürdigen Vehikel durch die Landschaft zu rollen. Eine Draisine hat Platz für vier Personen, zwei Pedaltreter und zwei Passagiere.

Eine der Hauptempfehlungen für Feriengäste in Dithmarschen ist ein Naturspaß, von denen viele einmal gehört, aber nur einige ihn bislang erlebt haben: eine **Wattwanderung**. Die Wattführergemeinschaft Dithmarscher Nordseeküste (siehe Beitrag S. 123) ist hier der ideale Ansprechpartner, da die bestens ausgebildeten Vorlandkenner die Gäste sicher und mit der entsprechenden »herzlichen Pädagogik« durch das UNESCO-Weltnaturerbe Wattenmeer leiten.

Eine Kahnfahrt, die ist lustig ...

Helgoland mit Blickrichtung Festland, vorne der Strand auf der Hauptinsel, im Hintergrund die Düne, auf der sich auch der Flugplatz befindet. Dazwischen ankern die Ausflugsschiffe

Wer mehr das Binnenlanderlebnis auf dem Wasser liebt, sollte eine **Kahnfahrt** auf der Burger Au mitmachen. Dieses Sommervergnügen findet im Buchholzer Moor zwischen Klev und Nord-Ostsee-Kanal statt und hat historisch-besinnliche Züge an sich. Man lässt sich durch die satt-grünen Wiesen staken, gibt sich auf Wunsch dem Genuss von Kaffee und Kuchen hin und lernt en passant die so gerühmte Langsamkeit schätzen.

Letzteres Attribut trifft nicht auf die **Schiffstour nach Helgoland** zu, die von Büsum aus in rauschender Fahrt zur einzigen deutschen Hochseeinsel führt. Hin und zurück ist man einige Stunden auf See, wobei die Gastronomie an Bord für kulinarische Abwechslung sorgt. An Oberdeck kann man sich, je nach Wetterlage (!) dem Sonnenbad hingeben. Und niemand wird je den Anblick vergessen, wenn ganz plötzlich, wie aus dem Meer gewachsen, der rote Felsen auftaucht und seine Gäste mit den obligatorischen Börtebooten empfängt. Der dann folgende Inselrundgang mit dem Ausblick auf die »Lange Anna« wird ebenso unvergesslich bleiben.

Die Schlacht bei Hemmingstedt

Der dreistündige Unabhängigkeitskrieg der Dithmarscher

Es gibt wohl kaum ein anderes historisches Thema in Dithmarschen, das derart fest in den Gedanken und Gefühlen der Einheimischen verwurzelt ist wie die siegreiche Schlacht bei Hemmingstedt am 17. Februar 1500. Die Identifikation mit diesem glückhaften Ereignis ist umso tiefer, als den Bauern damals ein militärisches Husarenstück gelang. Selbst ein von Clausewitz hätte seine wahre Freude an den Details der Schlacht haben können.

Die Vorgeschichte

Die politische Ausgangslage im Jahre 1500 war die, dass der dänische König Christian I. seit 1473 vom deutschen Kaiser mit Dithmarschen belehnt war, das ein Jahr später dem Herzogtum Holstein zugeschlagen wurde. Dahinter steckte vermutlich auch das dänische Bestreben, die strategisch wichtige Elbmündung beherrschen zu können.

Der Kaiser verlangte von den Dithmarschern die Huldigung gegenüber Christian I. Daraufhin zogen sich die Bauern auf ihre Zugehörigkeit zum Bremer Erzbistum zurück und appellierten an Papst Sixtus IV. Das Ergebnis nach langwierigem Hin und Her war, dass Kaiser Friedrich III. seinen eigenen Beschluss wieder kassierte und den dänischen König in der Dithmarscher Frage zur Aufgabe seiner Ansprüche aufrief.

Christian I. starb 1481, ihm folgte sein Sohn Johann auf dem Thron. Dieser forderte, nachdem er sich zunächst anderen Aufgaben widmen musste, 1499 erneut die Unterwerfung der Dithmarscher unter die dänische Krone und die Herrschaft seines Bruders Herzog Friedrich. Damit allerdings nicht genug: Die Dithmarscher sollten auch einen hohen jährlichen Tribut zahlen und in Brunsbüttel, Meldorf und an der Eider befestigte Residenzen

errichten. Das brachte das Fass zum Überlaufen und deutete auf eine kriegerische Auseinandersetzung hin. Doch Dithmarschen besaß keine aktiven Bundesgenossen und war der militärischen Übermacht des Königs und der versammelten schleswig-holsteinischen Ritterschaft scheinbar hilflos ausgeliefert. So marschierte im Frühjahr 1500 das überlegene Heer des Dänenkönigs samt seiner Elitetruppe, der Schwarzen Garde, in Dithmarschen ein. Die reiche Bauernrepublik galt allen Angreifern als fette Beute.

Die Entscheidung

Am 11. Februar 1500 rückte das 12 000-Mann-Heer voller Zuversicht in Dithmarschen ein und nahm zwei Tage später Meldorf ein. Hier plünderte man ausgiebig die Stadt und ging mit großer Härte gegen die Bevölkerung vor. Dies brach den

Willen der Dithmarscher, die sich auf Hemmingstedt zurückgezogen hatten, aber in keiner Weise. Das königliche Heer blieb bis zum 17. Februar in Meldorf. Inzwischen hatte Tauwetter eingesetzt und die Militärführer des Königs, allen voran Gardeoberst Thomas Slentz, rieten vom Weitermarsch ab. Vergeblich. So bewegte sich am Morgen dieses Tages der fast 10 km lange Tross des schwerfälligen Heeres auf dem schmalen Dammweg von Meldorf Richtung Norden.

Jetzt kam die Stunde der Dithmarscher, die den Vorteil der exakten Landeskenntnis und ihre kühne und kluge Entschlossenheit ausspielen konnten. Sie hatten vor Hemmingstedt zwei Schanzen aufgeworfen, eine in Höhe der Dusenddüwelswarf und eine am südlichen Ortsrand. Der unglaub-

liche Leichtsinn der anrückenden Truppen wurde augenblicklich bestraft. Die Dithmarscher Bauern fluteten durch Öffnen der Schleusen die seitlich des Dammes liegenden Felder, die schon weitgehend aufgetaut waren. Sie selbst überquerten mit Klotstöcken die Gräben und griffen die feindlichen Truppen direkt von den Flanken an. Dabei konnten weder die berittene Schwarze Garde in ihren schweren Rüstungen noch die nachfolgenden Fußsoldaten es riskieren, ihnen in die sumpfigen Felder entgegen zu kommen. Sie wären jämmerlich versunken und ersoffen. Und das taten sie denn auch wirklich, als die Bauern mit Lanzen und anderen Stichwaffen zunächst die Pferde attackierten und dann den ganzen schwerfälligen Zug der Königlichen. Die abgestochenen Pferde rissen die Ritter mit ins Wasser, wo sie niedergemacht wurden. An ein Wenden der Schwarzen Garde, die an der Spitze ritt, war nicht zu denken. Die nachfolgenden Truppen konnten nicht in den Kampf eingreifen und wanden sich schließlich zur Flucht, was allerdings zu einem heillosen Durcheinander führte. Die meisten Soldaten wurden von den beweglich operierenden Bauern brutal ausgeschaltet. Viele der etwa 6000 Dithmarscher hatten sich der hinderlichen Helme, Harnische und Stiefel entledigt, um auf dem tiefen Boden leichter zuschlagen zu können. Der aus Holland stammende Wulf Isebrand war dabei einer der tapfersten Kämpfer auf Seiten der Bauern.

Die wenigen Kanonen, die das königliche Heer am Zugende mitführte, wurden kurzerhand umgestoßen und konnten keinen Schuss abgeben. Gardeoberst Thomas Slentz riskierte noch mit

Etwa so wie diese winterliche Wegstrecke, im Frühjahr 2013 nahe dem damaligen Schlachtfeld fotografiert, mag die Landschaft am 17. Februar 1500 ausgesehen haben.

Der Felskopf des Denkmals mit der bekannten Inschrift

Das gegen die Schanze vorrückende königliche Heer und die zurückschlagenden Bauern (Ausschnitt aus dem Diorama vor Ort)

seiner Reiterei einen mutigen Ausfall Richtung Schanze, kam aber dabei um. Ihn behielten die Dithmarscher wegen seiner Tapferkeit dennoch in ehrender Erinnerung. Nach dessen Tod gab es für die Bauern kein Halten mehr. Landwehr, Fußvolk und Reiterei wurden vernichtend geschlagen. Und so war diese später zum Mythos gewordene Schlacht nach drei Stunden vorbei. Rund 4000 Tote, vor allem bei den Königlichen, waren die Bilanz des blutigen Gemetzels.

Auf Seiten der Angreifer waren der Graf von Oldenburg und viele Adlige gefallen, unter ihnen auch der Träger des dänischen Danebrogs. Die Bauern aber sorgten mit ihrer rücksichtslosen Grausamkeit, mit der sie die Eindringlinge umbrachten, für lang anhaltende Abschreckung. Den Kampfruf der Schwarzen Garde, »Wahr Di, Bur, de Garr de kumt«, kehrten sie um in »Wahr di, Garr, de Bur de kumt«. So steht es auch auf dem Denkmal von 1900 auf der Dusenddüwelswarf, wo man in einem Info-Pavillon auch ein interessantes Diorama der Schlacht anschauen kann. Drei Monate später, am 15. Mai 1500, kam es unter Vermittlung der Hansestädte Lübeck und Hamburg zu einem Friedensschluss, der Dithmarschen noch fast 60 Jahre republikanischer Freiheit sicherte.

Im Pavillon nahe dem Denkmal wird ein Diorama der Schlacht gezeigt.

Die Nachbardörfer Wöhrden und Hemmingstedt

Das eine in der Marsch, das andere auf der Geest

Wöhrden liegt in der Nordermarsch und, ebenso wie das Nachbardorf Hemmingstedt, nur wenige Kilometer von Heide entfernt, Wöhrden im Westen und Hemmingstedt im Süden. Beide Orte spiegeln trotz ihrer Nähe zueinander zwei sehr unterschiedliche Dithmarscher Siedlungsplätze wider.

Wöhrden

Seinen Namen verdankt das Dorf der großen Wurt in der Ortsmitte, auf der sich die wuchtige Kirche erhebt. Diese wurde wenige Jahre nach der ersten urkundlichen Erwähnung von 1281 errichtet und bestand in ihrer seinerzeitigen Gestalt von 1319 bis 1786. Zumindest in ihren Maßen soll sie dem Meldorfer Dom nahe gekommen sein.

Wöhrden teilte im Laufe der Jahrhunderte das Schicksal vieler anderer Orte in Dithmarschens Westen, wo sich der Küstenverlauf, teils auf natürliche Weise, teil durch Menschenhand, ständig verändert hat. Vor allem durch die anhaltende Landgewinnung, in der Regel verbunden mit

Historische Hausfront in Wöhrden

Um Wöhrden finden sich viele derartige Motive.

Der wuchtige Turm der St. Nicolai-Kirche

neuen Deichbauten, sorgte für ein Vorrücken des Landes Richtung Meer. Zuvor hatte Neocorus, der einheimische Chronist, um 1600 den Ort noch beschrieben als »ummeflatene Flecke, welcher allein einen Wech van Osten in hefft, sonst alle Wege mit Bruggen und Stegen geleidet werden«. So verloren Hafenplätze wie Wöhrden, die zuvor als halbe Insel Handel über See betreiben konnten und von schiffbaren Prielen umgeben waren, den Kontakt zum Meer. Inzwischen liegt Wöhrden rund zehn Kilometer von der Außendeichlinie entfernt.

Die heutige St. Nicolai-Kirche besitzt als Vorgängerin eine spätgotische Hallenkirche, die dem Schutzpatron der Kaufleute und Schiffer, dem Heiligen Nikolaus, geweiht war. Sie wurde zwar unmittelbar nach dem Sieg über den Holsteiner Grafen Gerhard den Großen errichtet, und hatte bis zum Ende des 18. Jahrhunderts Bestand. Der zunehmende Verfall machte einen Neubau nötig.

So entstand an derselben Stelle von 1785 bis 1789 eine der schönsten Barockkirchen des Landes, die sich in ihrem Inneren mit der etwa gleichzeitig errichteten St. Nicolai-Kirche zu Kappeln (1789–1793) messen konnte. Die in Wöhrden befindliche Antonius-Wilde-Orgel von 1593 besitzt einen unvergleichlich schönen Klang und ist historisch sehr wertvoll. Sie ist mehrfach aufwändig restauriert und teilweise dem zeitgemäßen Spielbetrieb angepasst worden.

Der Backsteinbau der Kirche wurde im Inneren mit Emporen und Logen ausgestaltet und im Rokokostil ausgeschmückt. Das Altarrelief stammt aus dem Jahr 1613 und der Kronleuchter von 1643. Den Taufengel hat Hans Holtmeyer 1788 zur Einweihung des Neubaus geschaffen.

Das ursprüngliche Ortsbild nach Art der anfänglichen Wurtendörfer ist gerade in Wöhreden noch sehr gut zu erkennen. Um den zentralen Platz der Kirche läuft eine Ringstraße, von der die einzelnen Gassen herabführen zum Marschniveau. Ähnliches finden wir in Wesselburen.

Die Wöhrdener Wurt hat eine Höhe von 6,24 m ü. NN und geht vermutlich auf das erste nachchristliche Jahrhundert zurück. Zum Ortsbild gehört noch immer die stillgelegte Holländermühle von 1847.

Die Gemeinde hat etwa 1300 Einwohner und setzt sich aus den Ortsteilen Wöhrden, Ketelsbüttel, Großbüttel, Büttlerdeich, Böddinghusen, Hochwöhrden, Neuenkrug, Neuenwisch, Bruhnsdorf, Nixdorf und Walle zusammen. Seit 2006 gehen die Grundschüler aus Wöhrden in Hemmingstedt zu Schule. 2007 nahm in Wöhrden die einige Freie Waldorfschule an der Westküste ihren Betrieb auf.

Zeitgeschichtlich erwähnenswert ist die so genannte »Blutnacht von Wöhrden«, bei der am 7. März 1929 eine bewaffnete Auseinandersetzung zwischen Nationalsozialisten und Kommunisten drei Todesopfer forderte (siehe Beitrag S. 191).

Hemmingstedt

Die Hemmingstedt liegt auf einem Vorgeestgürtel und insgesamt etwa 4 m höher als die mächtige Wurt von Wöhrden. Die Gemeinde hat rund 3000 Einwohner und besteht aus den Ortsteilen Hemmingstedt, Braaken, Dellweg, Hohenheide, Norderwurth und Volkerswurth.
Hemmingstedt liegt sehr verkehrsgünstig im Zentrum Dithmarschen zwischen Heide und Meldorf an der Bundesstraße 5, die am nördlichen Ortsrand eine Zufahrt zur A23 besitzt.

Das Kirchspiel Hemmingstedt wird 1323 erstmals schriftlich erwähnt. Der Ort ist vor allem landesgeschichtlich bekannt durch den Sieg der Dithmarscher über das Heer des dänischen Königs am 17. Februar 1500. Auch der Aufsehen erregende Erdölfund aus dem Jahre 1856 auf dem Gemeindegebiet sowie die Raffinerie samt 175 m hohem Schornstein sind mit dem Namen Hemmingstedt verbunden.

Markante Bauwerke des Dorfes sind die Kirche aus der Renaissancezeit sowie eine große Wind-

Der Hemmingstedter Glockenturm

Die Hemmingstedter Wehrkirche St. Marien liegt in einem gepflegten Grünensemble.

mühle von 1858. Die Marienkirche stammt aus dem 14. Jahrhundert und wurde mit Feld- und Ziegensteinen errichtet. Die älteste noch erhaltene »protestantische« Kanzel geht auf das Jahr 1560 zurück, ebenso der im manieristischen Stil ausgeführte Altar. Für die seinerzeitige Verschränktheit von Landschaft und Kirche stehen die 1578/1579 angebrachten Geschlechterwappen.

Die vom ortsansässigen Mühlenverein betreute Windmühle »Margaretha« in der Bahnhofstraße ist ein sehenswerter Kellerholländer mit Segelflügeln und Windrose, noch immer windgängig und vollständig ausgerüstet mit 2 Gängen und Rohölmotor von 1922.

In der Raffinerie werden im Jahr etwa vier Millionen Tonnen Rohöl zu Dieselkraftstoff, leichtem Heizöl, Flugturbinenkraftstoff und Grundstoffen für die chemische Industrie verarbeitet. Heu-

te kommt das Rohöl nicht mehr aus dem anliegenden Fördergebiet, sondern inzwischen zu einem guten Teil vom Nordseeölfeld Mittelplate vor der Dithmarscher Küste.

Die Geschichte des hiesigen Erdöls ist erzählenswert. Im Frühjahr 1856 wollte der Bauer Reimer Peters aus Hemmingstedt einen Viehbrunnen graben und stieß dabei auf übel riechenden Sand. Rund zwei Jahre, bevor Edwin L. Drake 1858 im US-Bundesstaat Pennsylvania die erste Ölquelle anzapfte, gelang es dem hinzu gezogenen Pinneberger Agrargelehrten Claus Christian Ludewig Meyn (1820–1878), hier mit primitiven Mitteln die ersten Bohrungen nach Erdöl durchzuführen. Doch es wurden zunächst – in einer Tiefe von 25 Metern – nur Bitumen und Wagenschmiere gefördert. Die industrielle Erdölgewinnung setzte in Hemmingstedt erst nach dem Ersten Weltkrieg ein.

Wohnen und genießen in der Marsch

Der traditionsreiche Gasthof Oldenwöhrden

Blick auf den Wintergarten am Wildgarten

Wenn man durch das Sandsteinportal von 1634 in diesen historischen Gasthof in Wöhrden eintritt, wird einem sogleich klar, warum Elsbe Paulsen, die Inhaberin, gerne erzählt, dass sie hier ihren kleinen Traum lebt. Die Gaststube duftet nach Kaffee, liebevoll von Hand aufgebrüht, und ein Blick in die Karte verrät, dass einen hier viele Dithmarscher Köstlichkeiten erwarten. In der Küche gibt es sogar noch einen Kohleherd. Und die behagliche Gaststube besitzt eine 60er-Jahre-Jukebox, aus der alte Hits erklingen können.

Im Gasthof Oldenwöhrden laden kürzlich renovierte Einzel- und Doppelzimmer in romantischem Ambiente zum angenehmen Wohnen ein. Der nordisch-moderne Landhausstil und der umfassende Komfort (4-Sterne Superior) lassen keine Wünsche offen. Für alle, die länger bleiben möchten, stehen 3 komplett ausgestattete Studios mit Wohnbereich, Kühlschrank, kleiner Terrasse samt Liege und Strandkorb zur Verfügung. Das Haus bietet auch spezielle Urlaubsarrangements, bei denen der Gast nicht nur kulinarisch bestens versorgt wird, sondern auch vieles von der Umgebung zu sehen bekommt.

Das gemütlich-rustikale Restaurant ist in zweifacher Hinsicht ein Erlebnis für sich: Zum einen taucht man ein in echte Dithmarscher Ländlich-

Das historische Portal von 1634

keit. Die Gaststube verströmt ein wenig das Flair der »guten alten Zeit«, als hier noch Großbauern, Amtspersonen oder betuchte Reisende verkehrten. Sicherlich werden hier auch die Leute des Dorfes ihr Feierabendbier genossen haben. Das mit Samt überzogene Mobiliar passt hervorragend zu diesem geschichtsträchtigen Gefühl. Zum anderen bringt das Küchenteam direkt vom historischen Kohleherd original Dithmarscher Gerichte wie Mehlbüddel, Kohlpudding, Birnen, Bohnen & Speck auf den Tisch, natürlich ebenso köstliche Klassiker wie Steaks, Schnitzel, Lamm und vegetarische Gerichte. Und eines fehlt hier an der Küste auf keinen Fall: fangfrischer Fisch und Nordseekrabben.

Die frische und vielfältige regionale Küche genießen die Gäste auch gerne im sonnigen Wintergarten oder auf der großzügigen Terrasse und unter den Apfelbäumen des urwüchsigen Gartens. In dieser naturnahen Umgebung kann, wer möchte, mit einem entspannten Frühstück in den Ferientag starten. Wer erlebt einen Dithmarscher Sommermorgen schon unterm Walnussbaum bei selbstgemachten Marmeladen, knusprigem Landbrot, frischen Eierspeisen und Kaffee!?

Ob kleine Familienfeiern, Jubiläum, Hochzeit, Geschäftsessen oder Tagung, der Gasthof Ol-

Die urgemütliche Gaststube

Die Komfortzimmer sind zugleich modern und romantisch gestaltet.

denwöhrden besitzt für alle Gelegenheiten die passenden Räumlichkeiten. Der große Saal mit Bühne fasst bis zu 250 Personen. Auch im Garten ist schon so manch rauschendes Fest gefeiert worden.

Öffnungszeiten:
Täglich 7.00 – 24.00 Uhr
Küche: 12.00 – 14:00 Uhr und 17.30 – 21.30 Uhr

Beitrag von:
Gasthof Oldenwöhrden
Große Straße 17 · 25797 Wöhrden, Dithmarschen
Tel. (0 48 39) 9 53 10
gasthof@oldenwoehrden.de
www.oldenwoehrden.de

Stiftung Mensch: Verschieden ist normal

Arbeit / Wohnen / Fördern / Kultur – mit Freude leben

Im Café Galerie Neue Holländerei auf dem Gelände des Landwirtschaftsmuseums.

Stellen Sie sich vor, es gibt eine Welt, in der es völlig normal ist, verschieden zu sein. Eine Welt, in der Menschen mit Behinderung und ohne gut miteinander leben, arbeiten, wohnen, Kultur genießen. Und damit sogar auskömmlich wirtschaften.

Diese Welt gibt es schon – in der Stiftung Mensch. 1964 in Meldorf von Eltern behinderter Kinder als beschützende Werkstatt gegründet, entwickelt sich die Stiftung Mensch unter Leitung von Dorothee Hunfeld seit 2008 zu einem modernen, innovativen Sozialunternehmen. In Dithmarschen ist es selbstverständlich, dass Menschen mit Handikaps neben der klassischen Arbeit in den Werkstätten der Stiftung Mensch auch Ausstellungen oder Konzerte mitgestalten, ein Museum und einen Biobauernhof bewirtschaften, in einer Wäscherei sowie im Café arbeiten, Strandkörbe herstellen oder Gärten pflegen. Mit über 1100 Arbeitsplätzen an vier Standorten in Dithmarschen ist die Stiftung Mensch einer der größten Arbeitgeber der Westküste.

Im Alten Pastorat, dem über 400 Jahre alten Bürgerhaus in der Papenstraße, befindet sich die Museumsweberei, nebenan die Töpferei und der

Im Alten Pastorat wird begeistert gewebt.

Werkstattladen der Stiftung Mensch. Besucher können zusehen, wie Stoffe nach traditionellen Mustern gefertigt werden – mit Webstühlen aus dem 19. Jahrhundert. Außerdem erfahren Sie, mit welcher modernen Technik die Stoffmuster entstehen und warum die Webstühle Vorläufer der Computer sind. In der Töpferei fertigen unter fachlicher Anleitung MitarbeiterInnen modernes Geschirr, Tierfiguren – besonders beliebt: Schafe als Gruß aus der Region – oder Dekoratives für Garten und Terrasse. Alle Produkte können im Werkstattladen nebenan erworben werden.

Kultur pur gibt es auch bei Ausstellungen, Märkten und Veranstaltungen, z.B. im Café Galerie Neue Holländerei auf dem Gelände des Landwirtschaftsmuseums. Für die Stiftung Mensch fungiert Kultur stets als unverzichtbarer Mittler für Inklusion: Menschen mit und ohne Behinderung begegnen sich und genießen miteinander – selbstverständlich und mit Freude.

Die Geschichte Dithmarschens spiegelt sich u.a. im Landwirtschaftsmuseum – und wird fortgeschrieben. Gemeinsam mit dem Landesmuseum, dem Kreis Dithmarschen als Eigentümer und wei-

Alle Produkte der Stiftung Mensch kann man im Werkstattladen erwerben.

teren Partnern wie dem BUND wird die Stiftung Mensch das Museum nachhaltig weiterentwickeln – für die Menschen in und um Dithmarschen.

Es gibt zahlreiche Möglichkeiten, die Stiftung Mensch, Hauptsitz ist am Eescher Weg 67 in 25704 Meldorf, bei der Umsetzung ihres Förderauftrags zu unterstützen, ideell und materiell, um allen Menschen eine aktive und selbstbewusste Teilhabe am gesellschaftlichen Leben mit Zuversicht und vielen Momenten von Glück und Lebensfreude zu ermöglichen. Für eine Welt, in der es völlig normal ist, verschieden zu sein. www.stiftung-mensch.com

Der Ausstellungsraum, in dem bereits namhafte Künstlerinnen und Künstler ihre Werke präsentiert haben.

Malerisch und mächtig

Meldorf – das historische Herz der Landschaft

Entspannte Momente am Marktplatz

Von weitem erhebt sich Meldorf mit seinem hoch aufragenden Dom über Marsch und Geest und zeigt eine unverkennbare Silhouette. Aus allen Himmelsrichtungen erblickt man sie und kann verstehen, dass Meldorf für Dithmarschen mehr war und ist als eine kleine Stadt inmitten der bäuerlichen Landschaft.

Früher lag Meldorf direkt an der gleichnamigen Nordseebucht, deren tiefer Einschnitt immer wieder gefährliche Sturmfluten vor den Toren der Stadt möglich machte. Im Zuge der Landgewinnung und des gezielten Küstenschutzes, in jüngerer Vergangenheit durch den Bau des Speicherkooges, rückte die Seedeichlinie nach Westen

Der Meldorfer Dom inmitten des Marktplatzes

Historisches Gebäude am Dom

und verläuft heute außer Sichtweite des ehemaligen Hafens in Nordermeldorf. Inzwischen befindet sich die eigentliche Stadt 6 Kilometer von der Nordsee entfernt.

Die Gegend des Ortes diente schon kurz nach der Zeitenwende als früher Siedlungsplatz, wie archäologische Funde ausweisen. Die kirchlich-kulturelle Entwicklung setzte um 1000 n.Chr. ein, als Dithmarschen zum Bremer Erzbistum gehörte und dessen Chronist Adam von Bremen das Meldorfer Gotteshaus 1076 als Mutterkirche der hiesigen Bewohner erwähnt. 1265 erhielt Meldorf das Stadtrecht verliehen. Damit erhob man Meldorf auch zum Hauptort der Landschaft, ein Rang, den die Stadt erst mit dem Ende der Bauernrepublik in der zweiten Hälfte des 16. Jahrhunderts an Heide verlor. Von 1598 bis 1870 war Meldorf sogar das Stadtrecht entzogen. Bis zur Gründung des Dithmarscher Gesamtkreises 1970 fungierte Meldorf als Hauptstadt des Kreises Süderdithmarschen (seinerzeitige Hauptstadt Norderdithmarschens: Heide).

Die Kulturhauptstadt

Mittelpunkt und Hauptattraktion Meldorfs ist der in Backsteingotik aufgeführte Dom (siehe Beitrag

S. 130) mit dem malerischen Marktplatzensemble. Von hier gehen alle Straßen der Innenstadt ab, die zum Teil in Gehzonen verwandelt sind. Kleine Gassen, historische Gebäude und lauschige Winkel prägen das Bild, belebt durch alte Bäume, Parkflächen und idyllische Vorgärten. Es ist den Verantwortlichen sehr gut gelungen, den touristischen Autoverkehr aus den historischen Bereichen herauszuhalten und lediglich den großen Marktplatz zum bewirtschafteten Parken frei zu geben.

Von hier aus kann man alle Geschäfte, Straßencafés und Restaurants bequem zu Fuß erreichen. Für Fahrradfreunde ist Meldorf auf ihrem Dithmarschenkurs ein äußerst beliebtes Tourenziel. Der sonnige Marktplatz lädt zum Verweilen und die Innenstadt zum Bummeln ein. Für Kulturbeflissene bietet ein Dombesuch einen unvergesslichen Eindruck. Auch die Meldorfer Museen sind ganz nahe und geben einen umfassenden

Die hinter hohen Bäumen versteckte Nordermühle

Die zweite Windmühle Meldorfs, der Südermühle, beherbergt ein Restaurant.

Viele historische Gebäude in Meldorf werden liebevoll erhalten.

In den Gassen und Winkeln der Altstadt

Einblick in Geschichte und Lebensalltag der Landschaft (siehe Beitrag S. 116–117). Man darf Meldorf deshalb auch mit Recht als dithmarsische Kulturhauptstadt bezeichnen, auch wenn Heide mit seiner Museumsinsel in dieser Hinsicht nicht unbeachtet bleiben sollte.

Meldorf, das rund 7500 Einwohner hat, liegt verkehrsgünstig an der Bahnstrecke Hamburg-Sylt und besitzt eine Autobahnanbindung in etwa 15 km Entfernung. Als ehemalige Kreisstadt verfügt Meldorf noch über einige öffentliche Einrichtungen wie ein Amtsgericht, das Finanzamt des Kreises Dithmarschen sowie öffentliche Schulen mit allen Zweigen, darunter das 1540 gegründete Gymnasium, die Gelehrtenschule. Diese war aus der Lateinschule des ansässigen Dominikanerklosters hervorgegangen und wurde nach der Reformation durch Erträge aus kirchlichen Liegenschaften unterhalten. Den Dithmarscher Regenten lag damals eine eigene höhere Dithmarscher Bildungsanstalt am Herzen, die besonders den Idealen der lutherischen Lehre verpflichtet war.

Erster lutherischer Märtyrer Heinrich von Zütphen

Ein kurzes aber wichtiges Kapitel in der nordischen Reformationsgeschichte spielt deshalb auch nicht von ungefähr hier in Dithmarschen. Der protestantisch geprägte Kirchherr Boye aus Meldorf hatte den entlaufenen Mönch und evangelischen Prediger Heinrich von Zütphen aus Bremen hergebeten, um in der Bauernrepublik die neue Lehre vorzustellen. Im November 1524 folgte Heinrich diesem Ruf und verkünde-

te alsbald in der Domstadt unter großem Zulauf des Volkes Luthers Gedanken. Dies erregte sofort den Widerstand des örtlichen Dominikanerpriors Tomborch, der Heinrich von einer Horde Parteigänger entführen und nach Heide verschleppen ließ. Dabei kam es auch Boye gegenüber zu schweren Misshandlungen. Heinrich von Zütphen aber erlitt am 10. Dezember 1524 auf dem Heider Marktplatz den Foltertod, wonach man seine Gliedmaßen verbrannte und seinen Leichnam vergrub. So wurde Heinrich zum ersten Märtyrer der neuen Lehre, was Luther stark berührte und zur Veröffentlichung seiner Trauerschrift »Historie von Bruder Heinrich von Zütphens Märtyrtode« veranlasste.

Doch Heinrichs Opfertod sollte die Reformation eher beschleunigen als aufhalten. In wenigen Jahren war nicht nur Dithmarschen, sondern der gesamte Norden von Rom abgefallen und lutherisch geworden. Bis heute hat sich daran so gut wie nichts geändert.

Eingebettet in eine Natur- und Kulturlandschaft

Meldorf ist umgeben von grünen Marschwiesen, weitläufigen Gemüsefeldern, Baumgruppen und Flächen, die dem Naturschutz vorbehalten sind. Der 5000 ha große Speicherkoog, der 1979 vollständig eingedeicht wurde, ist Heimat einer sehr artenreichen Fauna und Flora. Das darin eingebundene 360-Hektar-Staubecken wurde mit den Jahren zu einem beliebten Surfrevier. Es wundert nicht, dass die Stadt Meldorf offizieller Partner des Nationalparks Wattenmeer ist, der seit 2009 zum Weltnaturerbe der Menschheit erklärt wurde.

Bewegte Geschichte? Prächtiges Museum!

Das Dithmarscher Landesmuseum in Meldorf

Die Besucher erleben hier die Geschichte einer außergewöhnlichen Region in einem außergewöhnlichen Museum, das seit seiner Gründung 1872 kostbare und vielfältige Zeugnisse für die Nachwelt sammelt, bewahrt und anschaulich präsentiert. Angefangen von der glorreichen Vergangenheit bis in die Gegenwart.

Der alte Museumsbau von 1896 bietet dem Publikum einen Einblick in die Küstensituation und daran anschließend in die davon stark geprägte

Das Dithmarscher Landesmuseum, gegründet 1872 (Alle Fotos: Dithmarscher Landesmuseum, Meldorf)

Landarztpraxis aus Hennstedt, um 1900

Pesel mit sorgsam rekonstruierter Gerichtsstube, das Schmuckstück des Dithmarscher Landesmuseums

Landesgeschichte. Die Herrschaftsverhältnisse in Dithmarschen nahmen im Mittelalter und in der frühen Neuzeit im Vergleich zum übrigen Schleswig-Holstein einen besonderen Verlauf. Zwischen 1227 (Schlacht bei Bornhöved) und 1559 (der sog. Letzten Fehde) spielte Feudalherrschaft keine wesentliche Rolle, ebenso wenig gab es Adel oder Leibeigenschaft in der Region.

Ihren politischen und wirtschaftlichen Höhepunkt erreichte die Dithmarscher »Bauernrepublik« in der Zeit um 1500 nach ihrem bemerkenswerten Sieg in der Schlacht bei Hemmingstedt gegen die Truppen des dänischen Königs Johann I. Weitere Höhepunkte sind der Pesel (Gerichtssaal) des Markus Swin, des ersten Landvogts nach der Eroberung Dithmarschens 1559, die prächtigen Wohnensembles vom 16. bis zum 19. Jahrhundert und die kostbaren Möbel reicher Dithmarscher Geschlechter. Im Obergeschoss ist die voll-

ständig überarbeitete Abteilung über berühmte Dithmarscher zu bestaunen. Sie führt u.a. ein in das Denken des Dithmarscher Mathematikers und Astronomen Reimarus Ursus und das von ihm entwickelte Weltmodell und beschäftigt sich außerdem mit dem weltbekannten Arabienforscher und Kartographen Carsten Niebuhr.

Gegenüber, im ehemaligen Gebäude der Meldorfer Gelehrtenschule von 1859, hat die Zeitgeschichte ebenso wie die große Abteilung der Kultur- und Alltagsgeschichte ihren Platz. Hier erfährt der Besucher alles über das alltägliche Leben in Dithmarschen von der Kaiserzeit bis in die 1960er Jahre. Viele begehbare Ensembles zeigen anschaulich Wohnräume vergangener Zeiten, historische Einkaufsläden und Einrichtungen. Zu sehen sind z.B. Bahnhof, Schulklasse, Kolonialwarenladen, Tabakladen und Friseur, Landarzt und Operationssaal, Kneipe und Kino – und noch vieles mehr! In der jüngst modernisierten Abteilung für Zeitgeschichte (1871–1950) unterstützen Film- und Tondokumente den Besucher bei der Entdeckung dieser äußerst ereignisreichen Jahre.

Neben der umfangreichen Dauerausstellung werden abwechslungsreiche Sonderausstellungen, die besondere Einblicke in die Dithmarscher Geschichte und Kunstwelt bieten, präsentiert. Die genauen Termine erhält man unter www.landesmuseum-dithmarschen.de oder Tel. (0 48 32) 60 00 60.

Das Schleswig-Holsteinische Landwirtschaftsmuseum

Nach einem Besuch im Landesmuseum lohnt ein Blick in das 1986 eröffnete Schleswig-Holsteinische Landwirtschaftsmuseum am Jungfernstieg 4 (entspricht der B5) in Meldorf. Es gilt als einzigartig in Norddeutschland, ist es doch zugleich Museum des Landlebens seit 1870 und Arbeitsstätte für viele behinderte Menschen der »Stiftung Mensch«, die sich um den Betrieb kümmert. Schwerpunkt sind nicht die Großmaschinen, sondern die Veränderungen des Alltags und des Arbeitslebens in der Landwirtschaft seit den Tagen unserer Groß- und Urgroßeltern.
Aber natürlich gibt es auch viele Originalobjekte, die die Industrialisierung der Landwirtschaft seit ungefähr 1900 anschaulich machen. Es gibt Traktoren aus alten Tagen, Pflüge, eine Dreschmaschine, eine Lokomobile und selbstverständlich einen Mähdrescher zu sehen. Dazu kommen

eine Bäckerei, eine Stellmacherei, ein chemisches Labor, Hausmodelle und eine Sauerkrautfabrik. Anhand all dieser Beispiele wird gezeigt, wie sehr sich die Landwirtschaft in den vergangenen 150 Jahren verändert hat und wie sich das auf die von ihr lebenden Menschen ausgewirkt hat. Ergänzt wird das Museum durch die historische Museumsweberei, die ebenfalls von der Stiftung Mensch betrieben wird, und das nahe gelegene »Dithmarscher Bauernhaus«.

Das »Dithmarscher Bauernhaus«

In unmittelbarer Nähe des Museumsgebäudes befindet sich das »Dithmarscher Bauernhaus«, dass 1907 von Osterrade hierher versetzt wurde und als kleines Freilichtmuseum zu den ersten seiner Art gehört. Die authentischen Stuben stellen eine stimmungsvolle Zusammenstellung aus mehreren zeitgenössischen Bauernhäusern dar. Insgesamt ist das vorliegende Bauernhaus ein charakteristisches Beispiel für die Zeit der »Bauernstubenkultur« des 16.–19. Jahrhunderts.

Die Wiedererbauer um 1900 wollten damit die traditionellen kunsthandwerklichen und bautechnischen Leistungen beispielhaft erhalten und zur Schau stellen, da diese Häuser in der zweiten Hälfte des 19. Jahrhunderts zusehends von einem ganz neuen Haustyp abgelöst wurden: dem »gründerzeitlichen« Haus. Diese unterschieden sich in wesentlichen Punkten von den früheren Bauten. Die Wände waren z.B. nicht mehr aus Lehm, sondern aus gebrannten Ziegeln und we-

Niebuhrs Astrolabium, Mitte des 18. Jahrhunderts

Der idyllische Rosengarten zwischen Bauernhaus und Landwirtschaftsmuseum wurde von Gerda Nissen geschaffen.

gen der nun tragenden Wände konnte der Einsatz von Holzkonstruktionen stark reduziert werden. Außerdem war der Wohn- und der Wirtschaftsbereich, im Gegensatz zum Bauernhaus, fortan klar getrennt: Mit der Wohngemeinschaft von Mensch und Tier war es zu Ende.

Der Rosengarten

Zwischen Bauernhaus und Landwirtschaftsmuseum liegt der Rosengarten mit der bundesweit berühmten Sammlung alter Sorten, die von ihren Fundorten an Kirchen, Friedhofsmauern oder aus alten Bauerngärten hierher umgesetzt worden sind. In den 1970er Jahren kam die Journalistin und leidenschaftliche Gärtnerin Gerda Nissen aus Meldorf durch Zufall mit historischen, sogenannten Alten Rosen in Berührung, die aus einer Rosenschule stammten. Sie war fasziniert vom Charme dieser Rosen, die so ganz anders aussahen als die Rosen, die sie kannte, und einen herrlichen Duft hatten. Als sie in ihrer Umgebung in Dithmarschen auf die Suche ging, wurde sie in alten Gärten und auf Friedhöfen fündig. Sie hatte Gelegenheit, die Rosen am Dithmarscher Landesmuseum in Meldorf aufzupflanzen, wo sie schnell zu stattlichen Sträuchern heranwuchsen. So wurde eine idyllische Ruhezone im Herzen Meldorfs geschaffen, die besonders zur Blütezeit der in der Regel nur einmal blühenden Sorten im Juni/Juli besuchenswert ist.

Historischer Traktor im Landwirtschaftsmuseum

»Godewind« auf dem Weg zur Legende

Über drei Jahrzehnte Protagonisten der plattdeutschen Musik

In Deutschlands Norden gibt es kaum jemanden, der die Musikgruppe »Godewind« nicht kennt. Ihre Lieder und Auftritte haben sie nicht nur an der Westküste, sondern weit darüber hinaus zu einem Synonym für norddeutsche Kultur gemacht. Für die rund 6 Millionen aktiven Sprecher, die des Plattdeutschen mächtig sind, und noch einmal etwa 4 Millionen, die es gut oder sehr gut beherrschen, ist »Godewind« ohnehin ein fester Begriff. Dazu kommen alle diejenigen, denen die Sprache halbwegs geläufig ist und die plattdeutsche Musik einfach nur genießen.

Dieses enorme Potential an Sprachkundigen des Plattdeutschen, verteilt in seinen regionalen Spielarten, hat die Musikgruppe Schritt für Schritt erobert und ihnen mit ihren Konzerten eine eigene kulturelle Identität geschaffen. 4 Dutzend LPs und CDs haben den Menschen einen riesigen Schatz

Larry Evers (Foto: Günter Mustermann)

an plattdeutschen und teilweise hochdeutschen Liedern geschenkt, aus dem längst auch Musikerkollegen, Amateurgruppen, Musikschulen und lokale Künstlerinnen und Künstler schöpfen. Wenn man bedenkt, dass es tatsächlich mehrere Millionen plattdeutsche Muttersprachler gibt, das heißt Menschen, die als erste Sprache ihres Lebens nicht Hochdeutsch, sondern Plattdeutsch erlernt haben, muss man sich um die Zukunft von »Plattdüütsch« keine Sorgen machen.

Und hier liegt das große Verdienst von Larry Evers und Shanger Ohl sowie der anderen Bandmitglieder. Es liegt auf der Hand, dass ohne diese lange und eindringliche Kulturarbeit von »Godewind« diese Basis an »Lüüd, de plattdüütsch schnacken«, wesentlich geringer wäre. Hierfür sind die Musiker zu Recht mehrfach ausgezeichnet worden.

Die Anfänge der Gruppe »Godewind« gehen ins Jahr 1979 zurück, als sich ein paar junge Musiker rund um den Schwabstedter Larry Evers und den Oldensworter Shanger Ohl auf plattdeutsche Lieder spezialisierten. Sie gingen auf eine nunmehr 34-jährige musikalische Kaperfahrt, deren Ende nicht abzusehen ist. Und Hunderttausende von Konzertgästen und CD-Käufern haben sich

gerne entern lassen und sind auf ihre Weise mitgesegelt.

Dabei haben die »Godewind'ler«, allen voran die kreativen Geister der Gruppe, einen neuen Sound in die Welt gesetzt, einen mehrstimmigen Musikstil, mit denen sich die Menschen im Norden und viele Fans in allen Teilen Deutschlands identifizieren konnten. Die Wurzeln dieser Musik, das darf man nicht verkennen, liegen in den 1960er Jahren, im Satzgesang der Beatles und anderer Gruppen der ersten Stunde. Es war eben auch die Zeit, in der die »Urgesteine« Larry Evers und Shanger Ohl in die Welt der Musik starteten. Und nach der von vielen Live-Auftritten gekennzeichneten »Studienzeit« in verschiedenen und gemeinsamen Formationen gründeten die beiden »Godewind«, wenn man so will – ihr Lebenswerk. Möge dies noch lange nicht abgeschlossen sein!

Godewind, v.l.n.r.: Heiko Reese, Larry Evers, Shanger Ohl, Sven Zimmermann, vorne: Anja Bublitz (Foto: Godewind)

Shanger Ohl (Foto: Günter Mustermann)

Die ganze Welt der Bernsteine

Faszinierende Momente im »Meldorfer BernsteinZimmer«

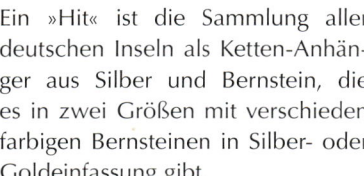

Was verschlägt einen Berliner nach Meldorf? Eine lange, eine echte »Lebensgeschichte«. Der Berliner Knut Rudloff entdeckte schon früh seine Liebe zum Bernstein und zur schleswig-holsteinischen Westküste. Über die Zwischenstationen St. Peter-Ording und Büsum blieb er hier schließlich in Meldorf »hängen«.

Rudloffs »Bernstein-Virus« weist ins Jahr 1969 zurück. Damals fand er

Das freundliche Laden-Team

Für Knut Rudloff ist Bernstein eine Lebenspassion.

Das »Meldorfer BernsteinZimmer« in der Zingelstraße

seine ersten Bernsteine als 10-jähriges Urlauberkind am Strand von St. Peter-Ording. Einige Urlaube später hatte er schon ein paar Kilo des begehrten »Gold des Nordens« gesammelt. Während der Semesterferien arbeitete er, wie konnte es anders sein, bereits in der »Bernstein-Branche«, indem er auf dem Stelzenrestaurant »Arche Noah« am St. Peteraner Strand eigene Bernsteinfunde schliff und verkaufte. Seinerzeit wurde er großzügig vom legendären Dieter Hermes unterstützt, der von ihm keine Miete verlangte.

Nach einer Zeit als Wissenschaftler an einem Berliner Fraunhofer-Institut entfloh er der farblosen Büroarbeit und machte sich 1988 am Büsumer Hafen mit einer Bernstein-Schleiferei selbstständig. Ende der 1990er Jahre zog er ins ruhigere Meldorf um, gründete eine Familie und zusammen mit seiner Frau das »Meldorfer BernsteinZimmer« in der Zingelstraße.

In wenigen Jahren entwickelte sich das kleine, aber feine Spezialgeschäft zu einem Anlaufpunkt für alle, die hochwertige Schmuckstücke und Geschenkartikel aus Natur-Bernstein lieben. Aus nah und fern kommen Bernsteinbegeisterte nach Meldorf und erfreuen sich an dem überwältigenden Angebot.

Das Geheimnis des Erfolges liegt auf der Hand: Wenn jemand wie Knut Rudloff seine Passion zum Beruf macht und gleichzeitig mit Hingabe und Liebe zum Detail eigene Stücke und Kollektionen entwirft und mit professionellen Partnern in Litauen und Polen herstellt, kommt Wertvolles und Bleibendes dabei heraus.

Knut Rudloff erzählt von einer aktuellen Innovation im »Meldorfer BernsteinZimmer«: Zwei uralte fossile Werkstoffe werden derzeit von uns miteinander kombiniert: Bernstein und Mooreiche. Bernstein, das versteinerte Harz urzeitlicher Nadelbäume und bereits unfassbare 50 Millionen Jahre alt, verbindet sich dabei mit der Mooreiche, die es immerhin auf 5000 Jahre bringt und, luftdicht abgeschlossen in feuchten Mooren, ihren edlen, dunklen Farbton bekommen hat. Die Kombination aus diesen beiden Werkstoffen ist ausgesprochen reizvoll und wurde kunstvoll zu einer zeitlos-schönen Kollektion von Anhängern, Ohrsteckern und Ringen verarbeitet.

Bernstein trifft Mooreiche

Ein »Hit« ist die Sammlung aller deutschen Inseln als Ketten-Anhänger aus Silber und Bernstein, die es in zwei Größen mit verschieden farbigen Bernsteinen in Silber- oder Goldeinfassung gibt.

Knut Rudloff kennt durch Reisen und Messebesuche alle namhaften Bernstein-Künstler des Ostseeraums und kann seiner Kundschaft quasi »die ganze Welt der Bernsteine« präsentieren.

Dies tut er gerne auch im Internet, wo er seit Jahren bei ebay als »Verkäufer mit Top-Bewertung« seine Produkte verkauft. Der eigene Shop bietet stets über 1000 verschiedene Schmuckstücke, Rohbernsteine oder die seltenen Inklusensteine an. Man findet einen direkten Link zum Shop auf der untenstehenden Homepage.

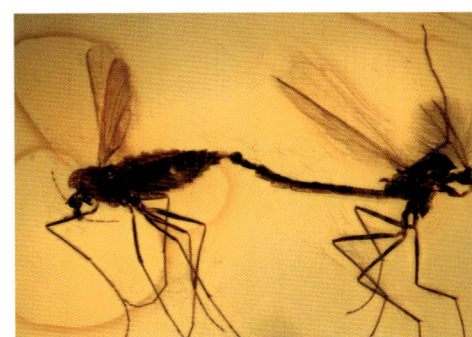

Eine wunderschöne Inkluse zweier Insekten

Beitrag von:
Meldorfer BernsteinZimmer
Zingelstraße 39 · 25704 Meldorf
Tel. (0 48 32) 52 40
Fax (0 48 32) 52 53
info@nordschmuck.de
www.nordschmuck.de

Auf den Spuren einer vergessenen Frau

Ernestine Voß geb. Boie (31. Januar 1756 – 10. März 1834)

Ernestine wurde 1756 als Schwester des späteren Landvogts Heinrich Christian Boie (1744–1806) in Meldorf geboren. Ihre Kindheit und Jugend verbrachte sie in Flensburg. 1810 schrieb sie in einem Aufsatz: »Die schulische Bildung der Mädchen beschränkte sich auf Lesen, Schreiben, Rechnen, Bibelkunde und die Nähschule, um eine regelfeste Naht und einen gründlichen Saum nähen zu lernen.«

Im Hause Boie sorgte der Vater für Bildung: Klopstocks, Goethes und Schillers Werke, alle diese viel diskutierten Bücher hat Ernestine gelesen. 1773 reiste Johann Heinrich Voß (1751–1826), Freund von H. C. Boie, nach Flensburg. Seitdem blieb er Inhalt und Sinn von Ernestine. Vor seiner Abreise wollte er sich mit ihr verloben. Es war für die Eltern kein leichter Entschluss, dem armen Jüngling nur den Briefkontakt zu gestatten.

Die 17-jährige Ernestine aber verfolgte ihr Ziel mit Selbstbewusstsein und Energie, die in großes Staunen versetzt. Sie teilte mit, dass sie, auch wenn sie ihren Voß nicht heiraten dürfe, nicht länger im mütterlichen Haushalt bliebe.

Darüber hinaus wandte sie sich um Vermittlung und Fürsprache an die höchste Autorität: Klopstock. Er war zwar mit Ernestines Bruder und Voß befreundet; aber in einer privaten Angelegenheit an diese Berühmtheit zu schreiben, erforderte ungewöhnlichen Mut. Mit ihrer Hochzeit am 15. Juli 1777 endet Ernestines Zeit in Flensburg.

Porträt der betagten Ernestine Voss (Foto: Schleswig-Holsteinische Landesbibliothek)

Das erste Ehejahr verbrachten sie in bitterer Armut in Wandsbek. 1778 übernahm Voß das Amt des Rektors der Lateinschule zu Otterndorf und Ernestine bekam die ungewohnten Rollen als Mutter und Dame der Gesellschaft zugewiesen. Sie genoss das Glück, auf immer mit dem geliebten Mann verbunden zu sein, drei Söhne heranwachsen zu sehen, und den fast täglichen Umgang mit Freunden, z.B. Mathias Claudius. Die Ehe war ihre Hochschule. Voß lehrte sie Englisch. An der vielleicht größten Epoche deutscher Literatur nahm sie als Gattin eines ihrer bekanntesten und einflussreichsten Vertreter lebhaftesten Anteil.

1782 wurde Voß Rektor in Eutin. Ihr blieb die Last des Erziehens wie des Haushalts. Auch die Finanzen verwaltete sie. Dass die schweren Jahre Ernestine nicht verkümmern ließen, bezeugen große Männer der Geis-

Die Straßenfront des Boie-Hauses in Meldorf (Foto: Archiv Dithmarscher Landesmuseum, Meldorf)

tesgeschichte, wie Goethe, der sie »trefflich« nannte, Stolberg, der ihre liebenswürdige Art rühmte und Wilhelm von Humboldt schrieb 1796: »Ernestine gewinnt, je länger man sie sieht«.

Ernestine widmete sich immer mehr dem Schreiben; sie übernahm die reiche Korrespondenz mit den Freunden fast vollständig, schrieb seine Übersetzungen ins Reine. Das Versmaß des Hexameters, das Voß intensiv mit Goethe diskutierte, wurde ihr so geläufig, dass sie spätestens ab 1797 eigene Gedanken niederschrieb. Bis 1784 verfasste sie neun Gedichte, die an die Idyllen erinnern, mit denen ihr Mann berühmt wurde.

Ernestines Gedichte sind von solider Qualität und müssen sich nicht verstecken. Sie hat sich nicht gescheut, in dieser Form an Gleim und Goethe zu schreiben.

1802 zog die Familie nach Jena; das Ehepaar Voß wurde bei Goethe und Schiller eingeführt. Die Freundschaft zu Charlotte Schiller war besonders wertvoll, da sie unabhängig von den Ehemännern gepflegt wurde. Später in Heidelberg, wohin Voß 1805 als Professor berufen wurde, schrieb Ernestine Prosa-Aufsätze.

Die tiefsten Spuren hinterließ 1822 der Tod des Sohnes Heinrich. Noch Jahre später hat sie den Verlust nicht überwunden, denn als ein junger Freund des Hauses, Barthold Georg Niebuhr, sie auf der Durchreise besuchte, schrieb er: »Die alte Voß ist sehr kümmerlich und still und wie mir scheint auch stumpf, er frischer und jugendlicher als vor 20 Jahren«.

Doch Ernestines Kraft war nicht gebrochen. Besonders nach dem Tod ihres Gatten, am 29. März 1826, sorgte sie unermüdlich dafür, dass sein Andenken und Lebenswerk nicht in Vergessenheit geriet. Neueste Forschungen ergaben, dass sie sogar seine Bibliothek – eine der umfassendsten und wertvollsten Privatbibliotheken des 19. Jahrhunderts – noch in seinem Sinne ergänzte.

Acht Jahre nach ihrem Mann starb Ernestine Voß am 10. März 1834 in Heidelberg und wurde an seiner

Die Gartenansicht des Boie-Hauses (Foto: Archiv Dithmarscher Landesmuseum, Meldorf)

Seite beerdigt. Ernestine Voß' Bedeutung ist zunächst die der Muse, ebenbürtigen Gesprächspartnerin und wichtigsten Kritikerin für ihren Mann. Damit ist sie an seinem Werk beteiligt. Ihr umfangreicher brieflicher Nachlass ist ein wichtiges Zeitzeugnis. Ernestine erweist sich in den Briefen als genaue, authentische und wortgewandte Schreiberin.

Neben Gedichten und Aufsätzen liefert sie interessante Erläuterungen zur Biografie ihres Mannes und befasst sich mit dem Hauswesen und weiblichen Aufgaben. Trotz Emanzipation und Offenheit führt Ernestine Voß das klassische häusliche Leben. Sie akzeptierte die »typisch weibliche Aufgabe«, ihrem Mann durch stilles Wirken im Hintergrund den Rücken frei zu halten.

Anmerkungen zu den Bildern des Boie-Hauses

Heinrich Christian Boie, seit 1781 Landvogt von Süderdithmarschen, kauft 1784 das so genannte Jessen-Haus mit einem gut 2500 m² großen Gartengrundstück. Es stand ursprünglich auf dem jetzigen Rathausvorplatz und wurde Ende des 19. Jahrhunderts abgerissen.

Boie ließ das Haus umbauen. Er besprach sich mit Frau Niebuhr und ließ seine spätere Frau Luise Mejer an den Veränderungen fast tagtäglich brieflich teilhaben. Sie nannte ihre Wünsche, die er berücksichtigte, z.B. ein Hakenbord für die Kleider. Zur Vereinfachung der Wasserversorgung ließ er für die Küche ein wasserdichtes Gewölbe für einen Regenbach anlegen, worin das Wasser sich sammelte, läuterte und frisch blieb.

Sein Lust- und Ziergarten sollte weit über die Grenzen Meldorfs bekannt werden und suchte, mit Ausnahme der Gärten des Adels, seinesgleichen.
Neben Enten, Puten und Gänsen, Obst und Gemüse (z.B. Spargelbee-

te) in ungeahnter Vielfalt, enthielt er 40 verschiedene Rosensorten und exotische Pflanzen, wie z.B. persischen Mandelbaum, Myrthe, Akazie, libanesische Zeder.

Den Garten formten angelegte Hügel, mit Schlinggewächsen »überdachte« Spazierwege, eine Laube, Kegelbahn, ein Gewächshaus und nach Luises Tod ihr zu Ehren ein Tempel.

Seine Schwester Ernestine verbrachte mit ihren Kindern fast jeden Sommer bei Boie – ungeachtet der Strapazen der Kutschfahrt von Eutin nach Meldorf.

1802/1803 unterstütze er mühelos den neuen botanischen Garten der Uni Kiel mit Pflanzenspenden.
Reste dieses Kleinods wurden in den 1960er Jahren einem Parkplatz geopfert.

Ursel Burmeister

Regionalität pur

Brasserie und Restaurant V in Meldorf

Mitunter gelten Norddeutsche als spröde. Neuem nicht gerade aufgeschlossen. Doch in Dithmarschen haben sie das Gegenteil unter Beweis gestellt. Zum einen in Person von Kai Voss, der sich im Jahr 2003 ganz mutig mit seinem »Brasserie

Moderne Gemütlichkeit

Saltimbocca vom Kabeljau

Die Gartenterrasse des »V«

und Restaurant V« in Sichtweite von Dom, Amtsgericht und Landesmuseum selbstständig gemacht hat – mit einem Gastronomiekonzept, das es so in Dithmarschen noch nicht gab. Zum anderen durch die Dithmarscher selbst, die nach anfänglicher Skepsis immer häufiger ins V kamen, um hier zu essen und zu feiern. Was sie auch weiterhin sehr gern tun, wie ein Blick ins Reservierungsbuch beweist.

Kai Voss und sein Team sind immer für ihre Gäste da, sie umsorgen sie aufmerksam und freundlich, warten mit einem professionellen Service auf und kredenzen ihnen echte Leckereien. Ob es der würzige Flammkuchen, der hinreißende Ziegenkäse im Speckmantel, das Schaumsüppchen von der Petersilienwurzel oder das Saltimbocca vom Kabeljau ist – an pfiffigen Ideen mangelt es der Küchencrew nicht. Abgehoben ist sie dabei nicht, denn hier trachtet niemand nach irgendwelchen Sternen.

Vielleicht liegt genau darin das V-Geheimnis: Kreative und sympathische Gerichte finden sich auf der Karte ebenso wie zeitlose Selbstgänger. Rumpsteak vom Husumer Weiderind, Original Wiener Schnitzel vom Kalb, Pannfisch nach Art des Hauses, um nur einige zu nennen. Wer Glück hat, kann im Sommer sogar etwas genießen, was in dieser Güte wohl kaum jemand anbietet: Krabbenbrot. Mit fangfrischen Krabben direkt aus Friedrichskoog, woher das V im Übrigen auch seine Schollen bezieht. Dazu deftiges Schwarzbrot mit einem einzigartigen Dip. Regionalität pur.

Regional unterwegs ist auch der hauseigene Catering- und Partyservice des V, er sorgt bei Feiern und Events in Schleswig-Holstein und Hamburg für den gelungenen gastronomischen Rahmen.

Kultur im V

Kulturell bereichert das V das Leben in Dithmarschen mit historischen Lesungen und Themenabenden, kulinarisch begleitet von passenden Menüs und ausgesuchten Weinen.

Eine Meldorfer Persönlichkeit liest und spielt bei diesen Veranstaltungen stets mit: die Stadtführerin Ursel Burmeister, die seit 2002 Gäste durch die Domstadt führt und mit ihrem breiten Wissen über Meldorf und die Dithmarscher Geschichte, Kultur und Natur geradezu eine örtliche Institution darstellt. Es macht große Freude, ihr bei einem

Ursel Burmeister mit ihrem Bühnenpartner Dietrich Stein während der Lesung: »Boie und Luise – eine tragische Liebe«

Die Stadtführerin Ursel Burmeister im Gespräch mit Restaurantchef Kai Voss (li.) und Autor Jürgen Rust

hervorragenden Abendessen im V zuzuhören, wie sie zum Beispiel von der literarischen Aufführung der »Arabischen Reise« von Carsten Niebuhr erzählt und aus dem Handgelenk am Tisch eine Stadtführung zaubert.

Ursel Burmeister gibt eine farbige Schilderung ihres Rundgangs durch die Meldorfer Altstadt. Dabei durchwandert sie mit ihren Gästen vom Markt aus die historischen Viertel der Handwerker und des ehemaligen Klosters, nicht ohne bei dem einen oder anderen baulichen Kleinod mit einer Anekdote zu verweilen. Selbst hier, in entspannter Feierabendatmosphäre, spürt man ihr starkes Engagement für die Stadt und ihre Gäste. Meldorf kann sich glücklich schätzen, eine Stadtführerin mit einem so gewinnenden Wesen zu besitzen.

Beitrag von:
Brasserie und Restaurant V · Kai Voss
Klosterstraße 4 · 25704 Meldorf
Tel. (0 48 32) 60 14 80
Fax (0 48 32) 60 40 81
info@restaurant-v.de · www.restaurant-v.de

Watt erleben im Nationalpark und Weltnaturerbe Wattenmeer

Mit der Wattführergemeinschaft Dithmarscher Nordseeküste unterwegs

Es ist Nachmittag – ein herzliches »Moin moin« schallt den Gästen am Deich entgegen. Groß ist die Spannung vor den ersten, vorsichtigen Schritten auf dem trocken gefallenen Meeresgrund. Wunderbar weich quillt der Schlick durch die Zehen und die »Lütten« verlieren die Scheu als erste. Sie schminken sich sogar mit dem Matsch.

Weiter geht es in Richtung Horizont über den ebenen, unbewohnt scheinenden Untergrund. Jetzt heißt es Spuren lesen und da sind die Kleinen eindeutig im Vorteil. Mit den Händen voller Muscheln, Schnecken und sogar einem kleinen Krebs belagern sie den Wattführer und fragen ihn in allen Dialekten über ihre Schätze aus.

Das Leben im Watt erschließt sich erst auf den zweiten Blick. Wenn der Wind nicht so stark weht, dann kann man das Leben im Watt pulsieren und knistern hören.

Der Wattboden wird fester und es fallen die unzähligen kringeligen Häuflein auf. Man trampelt einfach auf ihnen herum. Mit seiner Grabeforke sticht der Wattführer in den Sand. Die Augen werden größer, als er einen 20 cm langen Wattwurm an die Oberfläche befördert. Emotionen werden geweckt: von »iihh, wie eklig« bis »super – kann ich ihn zum Angeln mitnehmen« reichen die Kommentare. Zu seinem Schutz gräbt der Wurm sich schnell wieder ein.

Ein »Priel« – ein Fluss des Wattenmeeres – kreuzt den Weg und mit einem Netz werden kleine Fische und »Krabben« aus dem Salzwasser geholt. Springlebendig hüpfen sie von der Hand und buddeln sich sofort in den Sand ein. Es ist so auf-

Für Kinder ist Wattwandern ein unvergessliches Naturerlebnis.

regend, dass die Kinder am liebsten hier bleiben und weiter keschern möchten.

Am Horizont zieht zum Abschied ein Schwarm Zugvögel vorbei, der wie eine große Wolke abwechselnd schwarz, dann wieder weiß am Himmel erscheint. Voll faszinierender Eindrücke und mit einigen Muschelschalen als Andenken verabschieden sich die Gäste. Es war sicherlich nicht ihr letzter Besuch an der Nordsee!

Die Nordsee, das Watt und die Salzwiesen ziehen die Menschen in ihren Bann und sind zu jeder Jahreszeit einen Besuch wert. Die schönen Sommermonate, die Sturmfluten im Herbst und Frühjahr oder die klaren Wintertage sind am Deich gleichermaßen intensiv zu erleben. Die Wattwanderung bleibt für viele Besucher ein unvergessliches Erlebnis. Mit allen Sinnen Watt erleben heißt barfuß den Schlick unter den Füßen, das Salz auf den Lippen, den Wind um die Ohren spüren.

Die Wattführergemeinschaft Dithmarscher Nordseeküste mit ihren erfahrenen einheimischen

Nationalparkwattführern bietet interessante und spannende Veranstaltungen in den Watten zwischen Elbe und Eider an. Das Angebot reicht von Kinderwattführungen über klassische zweistündige Watttouren bis zu mehrstündigen Wanderungen zu den weit vorgelagerten Außensänden.

Die Nationalpark-Wattführer der Wattführergemeinschft Dithmarscher Nordseeküste sind Dr. Ingrid Austen, Margret Häger, Dierk Reimers, Johann P. Franzen, Horst Siebels, Jens Uwe Blender und Gerhard Marienfeld.
Nähere Informationen zu den Wattführungen findet man unter www.watterleben.de.

Startpunkte der Wattwanderungen sind Kaiser-Wilhelm-Koog, Friedrichskoog, Meldorfer Bucht, Büsum, Westerdeichstrich, Hedwigenkoog und Wesselburenerkoog.

Beitrag von:
Wattführergemeinschaft Dithmarscher Nordseeküste
info@watterleben.de · www.watterleben.de
vertreten durch: Johann P. Franzen
Tel. (0 48 57) 2 39 · Fax (0 48 57) 90 22 39
reise-service-franzen@t-online.de
www.reiseservice-franzen.de

Beim Wattwandern kann man die ganze Schönheit der Nordseeküste genießen.

Dithmarscher Berühmtheiten

Bevor auf den nächsten Seiten einige berühmte Menschen Dithmarscher Herkunft vorgestellt werden, soll ein biografischer Beitrag dem großen Forscher und Meldorfer Landschreiber Carsten Niebuhr gewidmet sein.

Carsten Niebuhr (1733–1815)

Ein weitgereister Kartograf in dänischen Diensten

Als der 27-jährige Carsten Niebuhr, geboren am 17. März in Lüdingworth, 1760 in die Dienste des dänischen Königs Friedrich V. trat, hatte er ein Mathematikstudium an der Göttinger Universität absolviert. Für das, was der junge Ingenieur nun erleben sollte und was ihn berühmt machen würde, gab es eigentlich nur den Begriff »wissenschaftliches Abenteuer«, und zwar mit allen persönlichen Konsequenzen, die man sich vorstellen kann.

1761 wurde Niebuhr als Kartograf in die dänische Arabien-Expedition berufen, die der Göttinger Orientalist J. D. Michaelis angeregt hatte und jetzt Friedrich V. finanzierte und aussandte. Sie bestand neben Niebuhr aus fünf weiteren Personen: Professor F. C. von Haven, Philologe und Arabisch-Kundiger, Professor P. Forsskal, Naturkundler, Dr. C. Cramer, Arzt, G. W. Baurenfeind, Kupferstecher und Maler, sowie dem Dragoner L. Berggren. Sinn und Zweck der Reise war, im Vorderen Orient Wahrheitsbeweise biblischer Darstellungen zu entdecken.

Schon auf der Anfahrt von Kopenhagen über Konstantinopel zur arabischen Halbinsel konnte Niebuhr wichtige Arbeitsergebnisse liefern. Er zeichnete u.a. eine Karte des Roten Meeres, mit der Folge, dass die britische Post danach statt um Afrika über diese Route nach Indien ging. Seine präzisen kartografischen Aufzeichnungen über den Jemen behielten weit über seinen Tod hinaus Gültigkeit. Zur Erleichterung der eigenen Erkundungen trug Niebuhr am liebsten die jeweilige Landestracht.

Herbe Schicksalsschläge trafen die Expedition. Nacheinander starben alle fünf Begleiter Niebuhrs, zumeist an Tropenkrankheiten, so dass er schließlich allein die Forschungsreise fortsetzte. Dies tat er mit bewundernswerter Energie. Anfang 1765 erreichte er über Buschehr das antike Persepolis. Hier kopierte er Teile der persischen Keilschriften so genau, dass 1802 die erfolgreiche Entzifferung gelang.

1767 wählte er den Landweg über den Irak, die Türkei und den Balkan zurück nach Kopenhagen, wo er detaillierte Berichte über die »Arabische Reise« veröffentlichte. Man überhäufte ihn später mit Ehrungen und beförderte ihn zum Ingenieur-Kapitän. Den eigentlichen Zweck der biblischen Wahrheitsfindung konnte die Expedition nicht erfüllen. 1778 ließ sich Niebuhr als Landschreiber und Etatsrat nach Meldorf versetzen.

Dank seiner wissenschaftlichen Akribie erzielte Niebuhr durch die Messung der Monddistanzen hervorragende Werte bei der Längengradbestimmung. Die Messinstrumente befinden sich im Dithmarscher Landesmuseum in Meldorf (siehe Beitrag S. 116–117). Seine Reisebeschreibungen haben die Methodik späterer Expeditionsreisen stark beeinflusst: strikte Wissenschaftlichkeit und exakte Datenaufnahme wurden Standard. Niebuhr, als einfacher Bauernsohn zur Welt gekommen, starb als hochangesehener Mann am 26. April 1815 in Meldorf, wo er im dortigen Dom begraben wurde. Inzwischen liegen seine Gebeine auf dem Friedhof, nur die Grabplatte blieb im Dom erhalten.

Die Niebuhr-Büste vor dem Meldorfer Dom, geschaffen von dem renommierten Bildhauer Manfred Sihle-Wissel

Friedrich Hebbel (1813–1863)

Werk und Wirkung

Der Handwerkersohn Christian Friedrich Hebbel wurde am 18. März 1813 in Wesselburen geboren. Die verarmte Mutter gab den 14-jährigen Friedrich in den Dienst des Kirchspielvogtes Mohr, wo er als Laufbursche und danach als Schreiber arbeitete. Hier bekam er Kontakt mit der Literatur, was ihn zu ersten eigenen Gedichten anregte. Die Hamburger Schriftstellerin Amalie Schoppe holte den talentierten Hebbel 1835 nach Hamburg, wo er seine Freundin und Gönnerin Elise Lensing kennenlernte. Ohne abgeschlossene Schulausbildung brach er 1836 zu ersten Reisejahren auf, die ihn nach Heidelberg und München führten.

Zurück in Hamburg bei Elise Lensing, schrieb er ab 1839 seine ersten großen Dramen. Ein Reisestipendium des dänischen Königs Christian VIII. führte Hebbel von 1843 bis 1845 nach Paris, Rom und Wien, wo er durch Gönner in die höhere Gesellschaft eingeführt wurde. Dort heiratete er

1846 die Burgschauspielerin Christine Enghaus, obwohl Elise Lensing mit Hebbels zweitem Sohn in Hamburg auf ihn wartete. Der erste Sohn Max war gestorben, als Hebbel in Paris weilte. Seinen zweiten Sohn Ernst (1844 – 1847) hat Hebbel nie gesehen. Elise Lensing starb 1854 in Hamburg. Mit Christine Enghaus hatte er ebenfalls zwei Kinder, den Sohn Emil (1846–1847) und die Tochter Christine (1847–1922).

Bis dahin hatte Hebbel die Tragödien »Judith« und »Genoveva« sowie die Komödie »Der Diamant« geschrieben und erntete dafür bereits Anerkennung. In jener Zeit ist auch sein bürgerliches Trauerspiel »Maria Magdalena« entstanden. Mit einer eingesandten Dissertation wurde er in Erlangen in Abwesenheit zum Dr. phil. promoviert.
Der gesicherte Wohlstand, den er durch die Heirat erlangte, ließ ihn sein literarisches Werk nunmehr ungestört fortsetzen. Er schrieb die Dramen

Hebbel etwa im Alter von 45 Jahren (Zeichnung von Kriehuber, Hebbel-Museum, Wesselburen)

»Agnes Bernauer«, »Gyges und sein Ring« und »Die Nibelungen«. Das Drama »Maria Magdalena« aus dem Jahre 1843 wurde sein erfolgreichstes Stück. Die besondere öffentliche Anerkennung für seine Nibelungentrilogie erfolgte durch die Verleihung des Schillerpreises, mit dem er als Erster geehrt wurde.

Hebbel interessierte sich zeitlebens auch für die politischen Umbrüche seiner Zeit, blieb aber im Grunde seines Wesens konservativ. Er widmete sich vornehmlich seinem Werk, das in der 1865 erschienenen Ausgabe 12 Bände umfasste. Große Beachtung findet sein Tagebuch, das er 1835 in Hamburg begann.

Friedrich Hebbel starb am 13. Dezember 1863 und ruht an der Seite seiner Frau auf dem Wiener Friedhof Matzleinsdorf.
(Eine ausführlichere Darstellung findet sich im Beitrag auf S. 30–31).

Das Hebbel-Museum in Wesselburen

Klaus Groth (1819–1899)

»Ik wull, wi weern noch kleen, Jehann«

Jeder plattdeutsche Musiker kennt diesen einzigartigen Dithmarscher Dichter, dessen Gedichte so klare Versmaße besitzen und sich deshalb wunderbar singen lassen. Schon die Vertonung war eine offene Einladung an alle Komponisten und Liedermacher vom 19. Jahrhundert bis in die Gegenwart. Ohne das gereimte Werk Klaus Groths hätte es wohl kaum eine solche »Renaissance« der plattdeutschen Literatur und Musikkultur wie in den letzten Jahrzehnten gegeben. Viele Texter moderner niederdeutscher Songs haben sich an seiner Lyrik orientiert, und auch seine Prosa übte großen Einfluss auf die reichhaltige heimatliche Schriftstellerei aus. Doch nur wenige Autoren erreichten seit-her die literarische Qualität Klaus Groths, dessen Lyrik von so großen Komponisten wie Brahms und Arnold Schönberg vertont wurden.

Klaus Groth, am 24. April 1819 als Sohn eines Müllers in Heide geboren, war schon in seiner Jugend Schreiber beim örtlichen Kirchspielvogt. Ab 1837 besuchte er das Lehrerseminar in Tondern, das ebenso wie Dithmarschen damals zum dänischen Königreich gehörte. Nach vier Jahren ging ihm das Geld aus und er kehrte nach Heide zurück, wo er an einer Mädchenschule unterrichtete. Seine angegriffene Gesundheit, die wohl auf eine psychosomatische Erkrankung zurückzuführen ist, ließ ihn den Schul-

Das Geburtshaus des Dichters in Lüttenheid

Plakette mit dem Porträt des Dichters auf dem Gedenkstein in Heide

dienst quittieren. Er zog 1847 zu seinem Freund Leonhard Selle nach Fehmarn, wo er sich erholte und mit seinem schriftstellerischen Werk begann. Bis 1853 blieb er auf Fehmarn und konnte im November 1852 seine berühmte Gedichtsammlung »Quickborn« veröffentlichen. Das Buch wurde sofort ein großer Erfolg und bestimmte nachhaltig Groths weiteres Schaffen.

Doch zunächst kam es zu einem sehr wichtigen sprachwissenschaftlichen Zwischenspiel. Ebenfalls 1853 ging Klaus Groth nach Kiel, um sich mit Professor Karl Müllenhoff dem Problem der plattdeutschen Grammatik und Orthografie zu widmen. Es ging beiden darum, das Plattdeutsche als eigenständige Sprache zu etablieren und gewissermaßen literarisch und kulturell hoffähig zu machen. Während dieses letztlich erfolgreichen Vorhabens schrieb er im Winterhalbjahr 1854/1855 sein Prosawerk »Vertelln«.

Aus gesundheitlichen Gründen machte er im Frühling 1855 eine Reise zunächst in den deutschen Westen, wo er in Bonn den Ehrendoktor-Titel der Philosophischen Fakultät entgegennehmen konnte. Die Schweiz, Sachsen und Thüringen waren weitere Stationen, ehe er 1857 nach Kiel zurückkehrte, um sich zu habilitieren. Hier erhielt er 1866 vom damals österreichischen Statthalter von Holstein den Professorentitel für deutsche Sprache und Literatur. In der Fördestadt schrieb er das umfangreiche Epos »De Heisterkrog«, das bekannte »Min Jungsparadies« und viele Gedichte, die teilweise im zweiten Band des »Quickborn« veröffentlich sind.

Inzwischen seit 1859 mit Doris Finke verheiratet, lebte der Dichter nun einige geruhsame Jahre im Kieler Schwanenweg, ehe der Tod seiner Frau 1878 und der Tod seines Sohnes 1889 sein Lebensglück trübten. Wenige Wochen vor seinem eigenen Tod am 1. Juni 1899 verliehen ihm die Städte Kiel und Heide die Ehrenbürgerwürde. Klaus Groth liegt auf dem Kieler Südfriedhof begraben (siehe auch den Beitrag S. 86–87).

Gustav Frenssen (1863–1945)

Schriftsteller hinterm Deich

»Ich war mit leidenschaftlicher Freude und Mitleid bei all meinen Figuren, unter denen ich mich auch zeitlebens umtrieb, Bauern, Tagelöhnern, Matrosen, Lehrer, Geistlichen und all den Andern. Ähnlich wie Dickens. Das hat wohl zuviel meiner Form geschadet ... Aber in aller Kunst gilt zuerst das heiße Herz.« Mit diesen Worten beschreibt Gustav Frenssen sich selbst im Alter als Schriftsteller und sein Vorbild Charles Dickens (1812–1870) gleich mit. In seinem autobiographischen Roman und Hauptwerk mit 1291 Seiten Umfang »Otto Babendiek« von 1926 hatte er sich stark an den englischen Autor angelehnt. Otto Babendiek markiert denn auch den Höhepunkt des schriftstellerischen Schaffens von Frenssen, das mit dem Entwicklungsroman »Jörn Uhl« im Herbst 1901 sich dermaßen Bahn gebrochen hatte, dass bereits ein Jahr später 140 000 Exemplare nachgedruckt worden waren. Frenssen steht damit am Anfang des Zeitalters der Massenliteratur mit ihren ungeheuren Auflagenzahlen. Thomas Mann (1875–1955) brauchte mit seinem ebenfalls 1901 erschienenen Roman »Buddenbrooks« sehr viel länger, um ähnliche Auflagenzahlen zu erreichen, im Kaiserreich war Gustav Frenssen zeitweise der am meisten gelesene Schriftsteller. Aber nach den Anfangserfolgen, zu denen auch »Hilligenlei« 1905, der kleine Kolonialroman »Peter Moors Fahrt nach Südwest« 1906 und der Hamburger Kaufmannsroman »Klaus Hinrich Baas« 1909

gehören, pendelten die Verkaufszahlen sich ein. Immerhin, ein paar Male schrammte Frenssen am Nobelpreis vorbei, war zumindest in der Öffentlichkeit dafür im Gespräch gewesen.

Heute ist Gustav Frenssen in der Öffentlichkeit weithin unbekannt. In der Auseinandersetzung um Gustav-Frenssen-Straßen und Forderungen nach ihrer Umbenennung, ist er wieder da. Und das hat seine Gründe in Frenssens ideologischen Anschauungen, die eher wenig mit seinen schriftstellerischen Vorbildern zu tun haben, sondern mehr mit seiner Zeit und Deutschlands Geschichte.

In seinen Briefen und anderen eher nichtöffentlichen Zeugnissen, aber auch im Gespräch mit seinen Enkelinnen, die sich bis heute um das Haus Frenssens in Barlt kümmern, wird der Mensch Gustav Frenssen sichtbar, der ein bürgerliches Leben mit seiner Frau Anna führte, schon früh ein Auto hatte und eine starke Schwäche für die Frauen. Der im Alltag bescheiden lebte und im Gespräch zu Zornesausbrüchen neigte, der sich seinem Pflegesohn Fritz Hanssen immer verbunden fühlte und durch den frühen Tod seiner Adoptivtochter Wiebke 1941 ein gebrochener Mensch wurde.

Politisch war Frenssen ein Radikaler: Er lehnte die bürgerliche Gesellschaft ab, schwärmte anfangs

Diese Büste des Schriftstellers wurde 1930 nach Lebendabformung geschaffen von dem Künstler Ferdinand H. G. Tegtmeier.

für Sozialismus und Bolschewismus, um dann seit 1933 radikale nationalsozialistische Gedanken zu vertreten, die den christlichen Gedanken, die Frenssen als Pastor in Hennstedt und Hemme bis 1902 gepredigt hatte, Hohn sprachen. Frenssens Ideologiebesessenheit überwucherte schließlich das Werk des anfänglich so sozial und gesellschaftskritisch engagierten Schriftstellers.

Gustav Frenssen wurde am 19. Oktober 1863 in Barlt geboren, besuchte später die Gymnasien in Meldorf und dann Husum, was sich in einem recht umfangreichen nordfriesischen Bereich seines Werkes niederschlug. Er studierte Theologie in Tübingen, Berlin und Kiel, war von 1890 bis 1902 Pastor, seitdem freier Schriftsteller, lebte zeitweise in Meldorf und in einer regelrechten Dichterfürstenresidenz an der Baurstreppe in Hamburg-Blankenese. Seit 1920 bewohnte er wieder sein Barlter Elternhaus, das er vergrößerte. Auf Leserreisen lernte er in den 20er Jahren die USA (1922), Österreich (1924), sowie Schweden, Norwegen und Dänemark (1927) kennen. Am 11. April 1945 starb Gustav Frenssen in Barlt und wurde im benachbarten Windbergen beigesetzt. Sein Haus ist auf Anfrage beim Barlter Kirchenbüro unter Tel. (0 48 57) 5 86 oder barlt@kirche-dithmarschen.de zu besichtigen.

Dietrich Stein

Das Frenssenhaus in Barlt an der Dorfstraße – Gartenseite

Die Mielepark-Holzhäuser in naturbelassener Umgebung

Eine einzigartige Freizeitstätte

Der Mielepark in Meldorf

Eine einzigartige Freizeitstätte befindet sich im Flussdreieck der Süderund Nordermiele am Stadtrand der Domstadt Meldorf und heißt Mielepark. Ehemalige Kleingärten wurden überplant, neu aufgeteilt und werden heute im Einklang mit der Natur unterhalten. Alte Obstbäume, Brombeerhecken und Naturwiesen ließen die einheimische Tierwelt in ihre natürliche Umgebung zurückkehren. Sobald der Gästebetrieb etwas ruhiger wird, kommen Fasane, Hasen, Kaninchen, Rehe und zahlreiche Vogelarten aus den Knicks und Hecken.

In der über 22 500 m² großen Freizeitanlage stehen 20 einzelne Holzhäuser mit insgesamt 114 Betten, ein Multihaus mit Aufenthaltsräumen, WC- und Duschanlagen sowie Küchen und zahlreiche Aktionsflächen für die Gäste bereit. Ein eigener Spielplatz, ein Grillplatz und Kleinspielgeräte wie Tischtennis und Tischfußball sowie Bolzplatz, Lagerfeuerstellen, Aktionsarena mit Freilichtbühne und weitere Freiflächen dienen der Freizeitgestaltung der Gruppen.

Der ganzjährig betriebene Mielepark ist eine reine Selbstversorgereinrichtung und auch für soziale Gruppen heute noch bezahlbar. Kirchliche Freizeiten, Familientreffen, Trainingslager für unterschiedliche Vereine, Pfadfinderstämme, Kindergärten und Schulklassen wissen die Einrichtung zu schätzen und zählen zu den Stammkunden.

Einkaufsmöglichkeiten, Schwimmbad und weitere Sporteinrichtungen befinden sich in unmittelbarer Nähe, die Nordsee-Badestellen im Speicherkoog und viele attraktive Tagesziele sind in kurzer Zeit erreichbar. Eine Vorbesichtigung ist nach Voranmeldung jederzeit möglich.

Das Multihaus

Beitrag von:
Freizeitstätte Mielepark
Otto-Nietsch-Weg 3–5
25704 Meldorf
Tel./AB/Fax Geschäftsstelle:
(0 48 41) 80 00 80
meldorf@foni.net
www.mielepark.de

Gemütlichkeit und viel Genuss

Schöne Momente im Meldorfer »Café Küste«

Nur ein paar Schritte vom großen Meldorfer Marktplatz mit dem imposanten Dom entfernt, findet sich in der Fußgängerzone das »Café Küste« der gelernten Konditorin Antje Eichler. Ihre Kompetenz in Sachen Torten und Kuchen erfährt der Gast sogleich, wenn er den süßen Verführungen erliegt, die hier auf ihn warten. In der Sommersaison sind die Küstentorte mit Sanddorn-Joghurt und die Sahnetorte mit Beerenvariationen die absoluten Favoriten, nicht zu vergessen die Eiskreationen wie »Windstärke 13« oder »Sturmfrucht«. Herb und süß geht es beim Frühstück zu, und für zwischendurch gibt es ab Mittag kleine Leckereien wie Suppen, Salate, gebackenen Camembert oder ein deftiges Wurstbrot.

»Mein Café soll gemütlich und modern zugleich sein«, sagt die Inhaberin und schaut ein wenig stolz über ihr kleines und behagliches Reich. Der »Stammtisch« mit den klönenden Damen, die tief in ihre Gespräche vertieft sind, der einzelne Herr mit der Zeitung in der Ecke und draußen ein junges Paar, das sich auf der Straßenterrasse der Sonne und den Köstlichkeiten des Hauses hingibt, das sind die entspannten Momentaufnahmen, die Antje Eichler so sehr mag. Dann weiß sie wieder einmal, dass ihr Konzept angenommen wird. Das Lächeln auf den Lippen der Inhaberin sagt mehr als tausend Worte.

Im »Café Küste« trifft man sich auch gern zur Kaffeestunde in der Sonne.

Das »Café Küste« ist täglich von 8.30 bis 18 Uhr geöffnet und auch für Feiern und geschlossene Gesellschaften bestens geeignet. Montag Ruhetag.

Eine behagliche Atmosphäre, anregende Gespräche und süße Köstlichkeiten: Was will der Cafégast mehr?

Beitrag von:
Café Küste · Antje Eichler
Zingelstraße 31 · 25704 Meldorf
Tel. (0 48 32) 79 84 44
a.eichler7@googlemail.com

Ein kleines Paradies in Bargenstedt

Auf dem »Heidehof Wittenmoor« dreht sich alles um Blaubeeren

Zwischen Meldorf und Albersdorf liegt abseits der B431 der »Heidehof Wittenmoor«, die einzige Blaubeerplantage in Dithmarschen. Auf einem umzäunten Gelände von 24 ha, eingebettet in Mischwald und Hochmoor mit kleinen dunklen Wasserläufen, liegen 15 kleine

Das Eingangsschild ist wohlbekannt bei allen Blaubeerenfans.

und große Blaubeerfelder mit einer Anbaufläche von insgesamt 7,5 ha. Von Ende Juli bis Anfang September ist die Zeit für die saftigen Früchte der nordamerikanischen hochstämmigen Blaubeeren.

Die Beeren können ab Hof gekauft oder selbst gepflückt werden. Im großzügigen Waldcafé werden selbstgebackener Blaubeerkuchen, frische Waffeln mit Blaubeeren und Getränke serviert. Saft, Marmelade

und Gelee aus Blaubeeren können im kleinen Hofladen gekauft werden. Von der Naturdüngung bis zum Bio-Ei für den Kuchen ist Umweltschutz und Ökologie ein persönliches Anliegen der Familie Maruhn.

Das Selbstpflücken der Blaubeeren an den bis zu 2 m hohen Sträuchern ist nicht anstrengend. Da die Sträucher völlig ungespritzt sind, kann während des Pflückens bedenkenlos genascht werden. Ein Spaziergang durch die idyllisch gelegene Plantage rundet das Erlebnis auf dem »Heidehof Wittenmoor« ab. Die Kinder können sich währenddessen nach Herzenslust auf dem Spielplatz austoben.

Saisonöffnungszeiten (Ende Juli bis Anfang September):
täglich von 8 bis 20 Uhr

Blaubeeren in ihrer ganzen Pracht

Beitrag von:
Heidehof Wittenmoor
Familie Maruhn
Bargenstedterfeld 8
25704 Bargenstedt
Tel. (0 48 06) 2 22
Fax (0 48 06) 91 50
wittenmoor@freenet.de
www.heidehof-wittenmoor.de

Wittenmoorer Naturlandschaft

Das Wohlfühlhaus

Manuela Mehl präsentiert ausgefallene »Wohnideen« in Nindorf

Die außergewöhnlichen Möbel und Produkte aus internationaler und eigener Herstellung lösen bei der Kundschaft oft ungläubiges Erstaunen aus. Manuela Mehl und ihre Familie laden in ihrem neu gestalteten Nindorfer Laden zu überraschenden Entdeckungen in Sachen Lebensatmosphäre ein. Ob Couch oder Ses-

Möbel in allen Variationen

sel, filigranes Geschirr oder ausgewählte Dekorationsobjekte, ob aus Holz, Metall, Leder oder Textilien, die schönen und auch nützlichen Dinge haben etwas Zauberhaftes an sich. Tochter Melanie vertreibt in ihrem Ladenteil dänische Freizeitmode, und die Goldschmiedemeisterin Küchler komplettiert mit ihrer wertvollen Kollektion das Ensemble der Unternehmerinnen. Das integrierte Café schafft den Rahmen für ein entspanntes Gespräch und die interessierten Nachfragen zu all den kreativen Produktideen.

Blick hinein in die »Wohnideen«

Beitrag von:
Wohnideen Manuela Mehl
Hauptstraße 51 · 25704 Nindorf
Tel. (0 48 32) 52 78

Kostbares Porzellan und erlesene Gläser

Porzellandiele Tensbüttel

In Tensbüttel-Röst bietet der Internetshop »Die Porzellandiele« ausgewählte Ware der renommierten Manufaktoren Hutschenreuther, Rosenthal und Villeroy & Boch an. Hier ist man stets bemüht, der Kundschaft ausgesuchtes Porzellan sowie erlesene Gläser ausgelaufener Serien zum Kauf präsentieren zu können. Über www.die-porzellandiele.de gelangt man zu den bebilderten Angeboten und detaillierten Produktbeschreibungen.

Aufgrund umfangreicher Erfahrungen beim Versand von empfindlichem Porzellan und zerbrechlichen Gläsern

Hier gibt es erlesene Liebhaberstücke.

garantiert »Die Porzellandiele« einen schnellen und insbesondere bruchsicheren Versand aller Einkäufe!

Sollte man im Shop nicht fündig werden oder möchte man die Porzellandiele in Tensbüttel besuchen, kann man gerne direkt Kontakt aufnehmen über die untenstehenden Adressdaten. Alle Anfragen werden umgehend beantwortet.

Das ausgesuchte Angebot der Porzellandiele in Tensbüttel

Beitrag von:
Die Porzellandiele · Annegrete Schulz
Dorfstraße 21 · 25767 Tensbüttel-Röst
Tel. (0 48 35) 13 93
Fax (0 48 35) 97 17 02
die@porzellandiele.de
www.die-porzellandiele.de

Die Sankt-Johannis-Kirche am Markt

Der Meldorfer Dom überragt Stadt und Land

Die baulichen Ursprünge des Kirchengebäudes gehen ins frühe 9. Jahrhundert zurück, als die Christianisierung des Nordens unter Karl dem Großen auch Dithmarschen erreichte. Ausschlaggebend für diese Entwicklung war die Schlacht bei Bornhöved im Jahre 798, in der die von den Franken unterstützten slawischen Abodriten die Sachsen Nordalbingiens besiegten. Zu letzteren zählten sich auch die Dithmarscher. Die vorangegangenen Friedensverhandlungen waren im Sande verlaufen, da die Sachsen die Unterhändler kurzerhand gemeuchelt oder als Geiseln genommen hatten. In der besagten Schlacht waren die nordelbischen Gebiete deshalb mit Gewalt unterworfen worden. Karl der Große erhoffte sich eine Befriedung seiner nördlichen Reichsgrenze gegenüber den Dänen, was allerdings zunächst nicht gelang.

Die Christianisierung der Sachsen sollte das Vorhaben vorantreiben. So wählte man als Standort der Kirche die Meldorfer Landzunge, die nahe der Nordsee auch vom Meer aus gut zu erreichen

war. So wurde Meldorf nach Hamburg, Heiligenstedten und Schenefeld die vierte Kirchengründung im Nordelbischen.

In seiner »Bischofsgeschichte der Hamburger Kirche« nennt Adam von Bremen das Gotteshaus »ecclesia mater in Melindorp«, also Mutterkirche in Meldorf. Für zwei Jahrhunderte blieb sie der einzige Kirchenbau Dithmarschens und gehörte ab 1140 zum Hamburger Domkapitel. Damals tauchen urkundlich erstmalig auch die hiesigen »Urkirchspiele« Tellingstedt, Süderhastedt, Weddingstedt, Lunden, Büsum und Brunsbüttel (Uthaven) auf.

Das Gebäude in seiner heutigen Gestalt entstand zwischen 1250 und 1300 zu Beginn der Bauernrepublik. Danach diente der Meldorfer Dom als Konvent der Dithmarscher Kirchspiele, auf dem auch alle weltlichen Entscheidungen für die Landschaft getroffen wurden. Die Amtsträger hielten hier Gericht, handelten Verträge aus, organisierten das Heerwesen und gingen gemeinsam zum

Die verwinkelte Dach- und Mauerkonstruktion

Der Meldorfer Dom, kurz vor einem heftigen Gewitter

Gottesdienst. Von hier aus nahm mit dem Auftreten Heinrichs von Zütphen 1524 auch die Reformation im Lande ihren Anfang (siehe Beitrag S. 114–115).

Der Dom ist ein monumentaler Bau im Stil der Backsteingotik mit dreischiffiger Basilika, Querschiff und Chor. Der 59 m hohe Turm ist 1866 aus bautechnischen Gründen neu errichtet worden. Das reich geschmückte Innere konnte in der ursprünglichen Gotik erhalten werden. Das Bronzetaufbecken stammt aus dem 13. Jahrhundert. Auch die Kuppelgewölbe und die Fresken vermitteln noch immer den Eindruck ferner Mittelalterlichkeit. Dazu gehört auch die große Holzfigur von Johannes dem Täufer, nach welchem der Dom benannt ist. Die wichtigen übrigen Teile des Innenraums sind jüngeren Datums.

Wegen seiner exponierten Lage und seinem hohen Aufbau diente der Dom über viele Jahrhunderte den Schiffern auch als Seezeichen.

Der Meldorfer Dom während des Wochenmarktes (Foto: Rudolf Alert)

Die Gedenkstätte Gudendorf

Einer von 289 NS-Erinnerungsorten in Deutschland

In Gudendorf existierte ab Ende 1941 ein Lager für sowjetische Kriegsgefangene. Der Überfall der deutschen Wehrmacht auf die Sowjetunion am 22. Juni 1941 erbrachte innerhalb weniger Wochen ein Millionenheer von russischen Kriegsgefangenen. Die deutsche Wehrmacht verfuhr gemäß der nationalsozialistischen Ideologie von Anfang an völkerrechtswidrig und verbrecherisch mit den Gefangenen.

Zum einen hatte die Oberste Heeresleitung schon vor dem Feldzug bei Hitler den so genannten Kommissarbefehl erwirkt, der dann am 6. Juni 1941 erging. Danach sollten die sowjetischen Politkommissare, die ihre Truppen begleiteten, sofort ohne Verhandlung erschossen werden, was dann auch geschah. Auf diese Weise wurden etwa 10 bis 15 Prozent der Gefangenen ermordet.

Zum anderen fand für die übrigen Kriegsgefangenen eine schleichende Liquidierung durch Krankheit und Hunger statt. Diese Haltung setzte sich auch in den Arbeitslagern für die russischen (und anderen) Kriegsgefangenen fort, die sich überall im deutschen Hinterland befanden, so auch in Gudendorf.

Im April 1944 wurden arbeitsunfähige und kranke sowjetische Kriegsgefangene aus dem seit 1941 in Kaltenkirchen-Heidkaten bestehenden »Erweiterten Krankenrevier« und auch Zwangsarbeiter aus Schleswig-Holstein und dem nördlichen Hamburg nach Gudendorf verlegt. Über die Lebens- und Arbeitsbedingungen, unter denen diese Menschen in Heidkaten existieren mussten, ist nur soviel bekannt, dass es zu erheblichen Sterberaten gekommen ist. In Gudendorf sind die Verstorbenen in einem Massengrab beigesetzt worden.

1946 wurde über den Gräbern eine erste Gedenkstätte eingerichtet. 1960/1961 entstand auf Initiative des Kreises Süderdithmarschen eine von dem Kieler Landschaftsgärtner Hans-Erik Brodersen und dem Bildhauer Siegfried Assmann aus Großhansdorf ausgestaltete Gedenkanlage, welche diejenige von 1946 ersetzte.

In der Aussparung der 11 Meter hohen Betonsäule befindet sich eine Plastik des Totenschiffers Charon aus der griechischen Mythologie. Mit seinem Nachen bringt er eine trauernde Mutter und ihren to-

Die 11 Meter hohe Stele mit der Charon-Figur im Zentrum der Gedenkstätte

Die Gedenkfeier im Mai 2011 (Foto: Peter Voßkämper)

ten Sohn über den Fluss Acheron zum Hades. Die drei symbolischen Rundfelder erinnern an die Massengräber im Dünensand. 1961 wurden in zweien dieser Flächen die sterblichen Überreste von 248 sowjetischen Kriegsgefangenen und Zwangsarbeitern beigesetzt, die bis dahin auf anderen Friedhöfen der Umgebung geruht hatten.

Seit 1983 sorgt die Initiative »Blumen für Gudendorf« für die Aufarbeitung der Lagergeschichte und veranstaltet ein jährliches Totengedenken rund um den 8. Mai, an dem auch regelmäßig Vertreter des russi-

schen Generalkonsulats in Hamburg teilnehmen. Damit soll auch die Erinnerung an alle übrigen Opfer der NS-Diktatur wach gehalten werden. Man bemüht sich darum, dass die weitgehend unbekannten Toten ihre Namen zurückerhalten. Der Kreis Dithmarschen, die Kirchengemeinde und die Gemeinde Gudendorf, die seit 2007 die Betreuung der Gedenkstätte übernommen hat, unterstützen dieses wichtige Vorhaben. Martin Gietzelt hat zur Gedenkstätte Gudendorf neuere Forschungsergebnisse vorgelegt (s. Literaturverzeichnis).

Sturmfluten

16./17. Februar 1962 und 3. Januar 1976

Die aufgepeitschten Wogen laufen über den Deich im Christianskoog, 3. Januar 1976. (Foto: Archiv Dithmarscher Landesmuseum, Meldorf

Eine Sturmflut tritt ein, wenn der Tidenhöchststand das mittlere Tidenhochwasser um 1,50 Meter oder mehr übersteigt. Ab 2,50 Meter wird von einer schweren Sturmflut und ab 3,50 Meter wird von einer sehr schweren Sturmflut gesprochen. Sturmfluten kommen am häufigsten im Frühjahr und im Herbst vor. In der Deutschen Bucht und damit an der schleswig-holsteinischen und niedersächsischen Nordseeküste, aber auch an der Elbe bis Hamburg liegen die am meisten gefährdeten Gebiete. Mittendrin, sozusagen im Zentrum dieser Zone, liegen Dithmarschen und das südliche Nordfriesland.

Erst seit etwa 1000 n. Chr. besitzen wir genauere Aufzeichnungen über hiesige Sturmfluten und ihre oftmals verheerenden Wirkungen. Allen Küstenbewohnern sind die katastrophalen Sturmfluten von 1362, 1634, 1717 und 1825 bekannt, vor allem aber die Februarflut 1962 und die Januarflut 1976. Letztere war die höchste jemals gemessene Sturmflut an der deutschen Küste und verlief wegen der inzwischen erfolgten Deichverstärkungen und Küstenschutzmaßnahmen wie das Eidersperrwerk (eingeweiht 1973) relativ glimpflich. Dennoch kam es gerade im Dithmarscher Christianskoog zu einem Deichbruch und in Brunsbüttel zu erheblichen Überschwemmungen.

Am 16. Februar 1962 bewegt sich der Orkan »Vincinette« mit einer Geschwindigkeit von 130 km/h auf die deutsche Nordseeküste zu.

Mit gewaltiger Kraft fressen sich die Wellen in den Deich an der alten Badestelle im Christianskoog, 3. Januar 1976. (Foto: Hans Blender)

Der Orkan fegt die Menschen vom Büsumer Deich, 3. Januar 1976. (Foto: Archiv Dithmarscher Landesmuseum, Meldorf)

Die Menschen in Nordfriesland, Dithmarschen und an den Elbufern verfolgen die Sturmflutwarnungen des Deutschen Hydrographischen Instituts (DHI) mit großer Sorge. In der Nacht nimmt die Katastrophe ihren Lauf. Im Uelvesbüller Koog auf Eiderstedt bricht der Deich und lässt das eisige Seewasser in den Häusern anderthalb Meter hoch steigen. Die Bewohner werden evakuiert. Auch in Büsum werden etwa 1000 Menschen aus ihren gefährdeten Häusern geholt und nach Heide in Sicherheit gebracht. In den Elbegebieten und vor allem in Hamburg kommt es zur Katastrophe. Hier ertrinken Hunderte von Menschen, die im Schlaf von den Wassermassen überrascht werden. In Schleswig-Holstein kommt zum Glück niemand ums Leben. Aber die Deichschäden sind enorm.

Als Lehre aus der Februarflut beschließt die Landesregierung am 20.12.1963 den »Generalplan Deichverstärkung, Deichverkürzung und Küstenschutz« mit den Zielen Modernisierung und Ausbau des Küstenschutzes. Hauptmaßnahme ist der Bau des Eidersperrwerk, das von 1967 bis 1973 errichtet wird.

In Dithmarschen ist besonders der exponierte Christianskoog in der Meldorfer Bucht weiterhin höchst gefährdet, was sich 14 Jahre später, am 3. Januar 1976, bitter bewahrheitet. Die bis dato höchste Sturmflut an der Küste überhaupt hat sich den noch Lebenden tief eingeprägt. Da der Höchststand der Flut um die Mittagszeit erreicht wird, es also eine so genannte Tagesflut ist, existieren von dem katastrophalen Geschehen am

Deich wesentlich mehr Fotos als von der Nachtflut am 16./17. Februar 1992.

Wenn man im Zeitbuch des Katastrophenabwehrstabes des Kreises Dithmarschen vom 3. bis 4. Januar 1976 nachliest, welchen Ablauf das Naturereignis und die Gegenmaßnahmen damals genommen haben, wird einem die ganze Tragweite des Geschehens klar. Hier ein Auszug aus diesem Protokoll:

07.20 Uhr – Hochwasser tritt 3,0–3,5 m über MThW (mittleres Tidewochwasser) ein ...
10.40 Uhr – Voralarm

11.05 Uhr – Rufbereitschaft für Fahrpersonal (Busse) für Evakuierung Christianskoog
11.07 Uhr – Sommerköge fangen an vollzulaufen
11.27 Uhr – Meldung über 1. Schaden Nordergrovenerkoog
11.44 Uhr – Zwei Löcher am Hof Seht, Christianskoog, ausgebessert
11.45 Uhr – K-Alarm (Katastrophen-Alarm) ausgelöst
11.47 Uhr – Schäden am Elbehafen
11.53 Uhr – Wellenauflauf Christianskoog wird stärker
12.00 Uhr – Meldung an Landesregierung

Der alte Brunsbütteler Hafen am 3. Januar 1976, Blick vom Schöpfwerk auf die Elbe (Foto: Archiv Dithmarscher Landesmuseum, Meldorf)

12.05 Uhr – Christianskoog – Wasser 1,50 m unter Deichkrone
12.10 Uhr – Vorbereitung der Räumung angeordnet. Wellenauflauf Christianskoog über den Deich ...
12.53 Uhr – Erste Schäden an der Deichtreppe Christianskoog. Herr Huesmann bittet um Zurückweisung von Schaulustigen
12.45 Uhr – Räumung Christianskoog angeordnet

Um 13.16 Uhr wird von einem Funker gemeldet, dass die halbe Deichkrone im Christianskoog beim Aufgang Strandbad weggespült ist und akute Gefahr besteht. Gleichzeitig gehen auch von anderen Stellen beunruhigende Nachrichten ein: Schäden im Dieksanderkoog, Deichdurchfahrt Neufeld unterspült, große Schäden am Elbdeich bei Mühlenstraßen.

Um 14.37 Uhr beginnt der Deich im Christianskoog zu rutschen, ab 15.10 Uhr läuft der Koog langsam voll. Allmählich fallen am Nachmittag die Wasserstände an der gesamten Dithmarscher Küste. Um 20.10 Uhr ist der Abtransport des Viehs aus dem Christianskoog ohne Verluste abgeschlossen.

Mit der folgenden Tidenflut kurz nach Mitternacht am 4. Januar 1976 kommt es naturgemäß noch einmal zu einem Pegelanstieg, der auch dazu führt, dass zeitweilig weiteres Wasser in den Christianskoog eindringt. Letztlich ist die Hauptgefahr überwunden und man kann daran gehen, die Schäden zu begutachten. Und diese sind erheblich. Von Büsum bis Brunsbüttel geht man sofort daran, die wichtigsten Stellen notdürftig zu reparieren. Hierbei stehen ab dem Vormittag auch Spezialfahrzeuge des THW und der Bundeswehr zur Verfügung, desgleichen Hubschrauber und ab dem frühen Abend auch 2 schwere Bundeswehr-Raupen in Christianskoog. Um 15.20 Uhr heißt es im Zeitbuch: Bis auf Baustelle Christianskoog werden die Arbeiten für heute eingestellt.

Der zerstörte Deich im Christianskoog am 4. Januar 1976 (Foto: Hans Blender)

Fröhliche Sommergäste am Sturmflutpfahl in Büsum. Die obere Marke zeigt den Höchstwasserstand am 3. Januar 1976.

Zwischen Küste und Kanal

Das Amt Mitteldithmarschen

Fahrradpause an der Kirche in Windbergen

Von der See bis zum Kanal, von der Marsch bis an die Geest – die Amtsregion des Amtes Mitteldithmarschen ist so vielseitig, dass ein Besuch ein unbedingtes Muss in jeder Dithmarscher »To-Do-Liste« sein sollte.

Seit 2008 bilden 24 Kommunen auf einer Fläche von ca. 340 km² den Amtsbereich Mitteldithmarschen. Insgesamt sind hier über 23 000 Einwohner zu Hause. Die Gemeinden sind sehr unterschiedlich strukturiert. Während die Vielzahl zwischen 300 und 800 Einwohner hat und überwiegend ländlichen Charakter besitzt, werden durch die Amtsverwaltung auch Kleinstgemeinden mit weniger als 100 Einwohnern sowie Unterzentren mit mehreren Tausend Einwohnern wie Albersdorf und Meldorf betreut.

Aus touristischer Sicht ist die Amtsregion ein einmaliges Naturschauspiel. Im Westen bietet der Speicherkoog mit dem Zusammenspiel der Gezeiten Ebbe und Flut, dem UNESCO-Weltnaturerbe Wattenmeer den Gästen das Erlebnis unberührter Natur. Badestellen und Wassersportmöglichkeiten laden zu entspannter Erholung ein.

Neben den beiden großen Gemeinden im Amt Mitteldithmarschen, der Stadt Meldorf und der Gemeinde Albersdorf, haben auch die kleinen Gemeinden jeweils ihren besonderen Reiz und ihre eigene Geschichte.

Die landschaftliche Vielfalt wird geprägt durch die beiden Bodenformen Marsch und Geest. Die Landwirtschaft spielt in beiden Regionen eine große Rolle und ist noch heute Existenzgrundlage vieler Menschen. Auf dem Marschboden findet der Kohlanbau statt, der jedes Jahr im Herbst während der »Dithmarscher Kohltage« ein großes Thema ist und und dessen Ernte festlich begangen wird. Dithmarschen ist nun einmal das Kohlanbaugebiet Nr. 1 in Deutschland.

In der Gemeinde Epenwöhrden wurde im Jahre 1900 zum 400-jährigen Jubiläum der berühmten »Schlacht von Hemmingstedt« ein Denkmal errichtet. Im Jahre 1500 hatten die Dithmarscher Bauern gegen ein übermächtiges Heer der Dänen gewonnen und so ihre Freiheit verteidigt. Das Denkmal steht auf der so genannten »Dusenddüwelswarf«.

Die Region zwischen Marsch und Geest besitzt ein ausgedehntes Radwegenetz mit abwechslungsreichem Gepräge. Zahlreiche Dorfgasthöfe mit einer hochwertigen Landküche laden unterwegs zu gemütlichen Pausen ein.

Am Nord-Ostsee-Kanal

Den östlichen Abschluss der Region Mitteldithmarschen bildet der Nord-Ostsee-Kanal, ein beliebtes Ausflugsziel für Einheimische wie Feriengäste. Einmal im Jahr zum Herbst findet an seinem Ufer eine Lichterparade, die sog. »NOK-Romantika« statt, die großen Zuspruch aus der Region erfährt.

Diese kurze Rundreise soll einen kleinen Überblick der Vielfalt der Amtsregion Mitteldithmarschen vermitteln und hoffentlich gleichzeitig Ansporn geben, die Region näher kennen zu lernen und bisher Verborgenes zu entdecken. Die Touristinformation der Amtsverwaltung gibt gerne weitere Auskünfte unter Tel. (0 48 32) 9 78 00.

Finden Sie heraus, warum wir sagen: Wir leben da, wo andere Urlaub machen!

Weiter Blick vom Deich des Speicherkooges Richtung Büsum

Beitrag von:
Amt Mitteldithmarschen
Hindenburgstraße 18 · 25704 Meldorf
Tel. (0 48 32) 95 97-0 · Fax (0 48 32) 95 97-215
info@mitteldithmarschen.de
www.mitteldithmarschen.de

Südländische Küche zwischen Geest und Meer

Das Restaurant »Fontana« in Meldorf

Wenn man das Restaurant »Fontana« im Heseler Weg in Meldorf über die Sonnenterrasse betritt, wird man eingefangen von einem mediterranen Flair. Dieser Eindruck setzt sich auf angenehme Weise auch in den Galsträumen fort, die modern und geschmackvoll eingerichtet sind. Es ist ein Restaurant zum Wohlfühlen.

Hier werden beste italienische und jugoslawische Gerichte in einer Auswahl serviert, die in der Region kaum woanders zu finden ist. Dazu zählen Suppen, Antipasti und Salate bei den Vorspeisen, für den Appetit zwischendurch Pizza und Pasta sowie für das gemeinsame Mittag- oder Abendessen Platten ab 2 Personen, Balkan-Fleisch-Spezialitäten nach Art des Hauses, Schnitzel oder Steaks und Fischgerichte. Auch für die kleinen Gäste, für Vegetarier und Senioren ist auf der Karte Leckeres zu finden. Der günstige Mittagstisch inkl. Vorsuppe wird von montags bis freitags zwischen 11.30 und 14.00 Uhr angeboten.

Die unverkennbare Außenansicht des »Fontana« in der Heseler Straße

Die Innenräume besitzen eine moderne und behagliche Atmosphäre.

Gemütliche Winkel laden zu vertrauten Momenten ein.

Ein Blick auf alle Räumlichkeiten zeigt die großzügige Konzeption des Restaurants, das im vorderen Gastraum mit Theke etwa 50 Sitzplätze hat. Dahinter liegt der »Tanzsaal« mit bis zu 100 Sitzplätzen, der für festliche Veranstaltungen genutzt werden kann. Er ist teilbar in den »Mittelsaal« (30 Personen) und den »Gartensaal« (70 Personen), der auch als Rauchersalon ausgelegt ist. Die Gartenterrasse besitzt noch einmal 100 Sitzplätze. Alles in allem ein Restaurant, das für jede Feier mit gastronomischer Versorgung geeignet ist.

Ein besonders Angebot ist der beliebte »Fontana«-Grillabend, der in der Sommersaison jeden Dienstag und Freitag stattfindet. Im Frühjahr gibt es jeden Samstag »Jugoslawisches Buffet« mit kalten und warmen Spezialitäten aus der Heimat der Familie Hadrovic. Und im November und Dezember werden Wildgerichte auf jugoslawische Art angeboten.

Auf Wunsch bringt der Lieferdienst des Hauses (täglich von 17.30 – 22.30 Uhr im Umkreis von 10 km) jedes Wunschmenü auch direkt nach Hause! Ab einem bestimmten Bestellwert erhält man eine Flasche Wein gratis, auch diejenigen, die ihr Gericht abholen. Denn alle Gerichte gibt es auch außer Haus.

Das Team des Fontana und Familie Hadrovic sind montags bis sonntags von 11.30 bis 14.00 Uhr und ab 17.30 Uhr für ihre Gäste da. Am Mittwoch ist Ruhetag.

Beitrag von:
Restaurant Fontana
Heseler Weg 2 · 25704 Meldorf
Tel. (0 48 32) 79 10
fontana@fontana-meldorf.de
www.fontana-meldorf.de

Süderdithmarschen

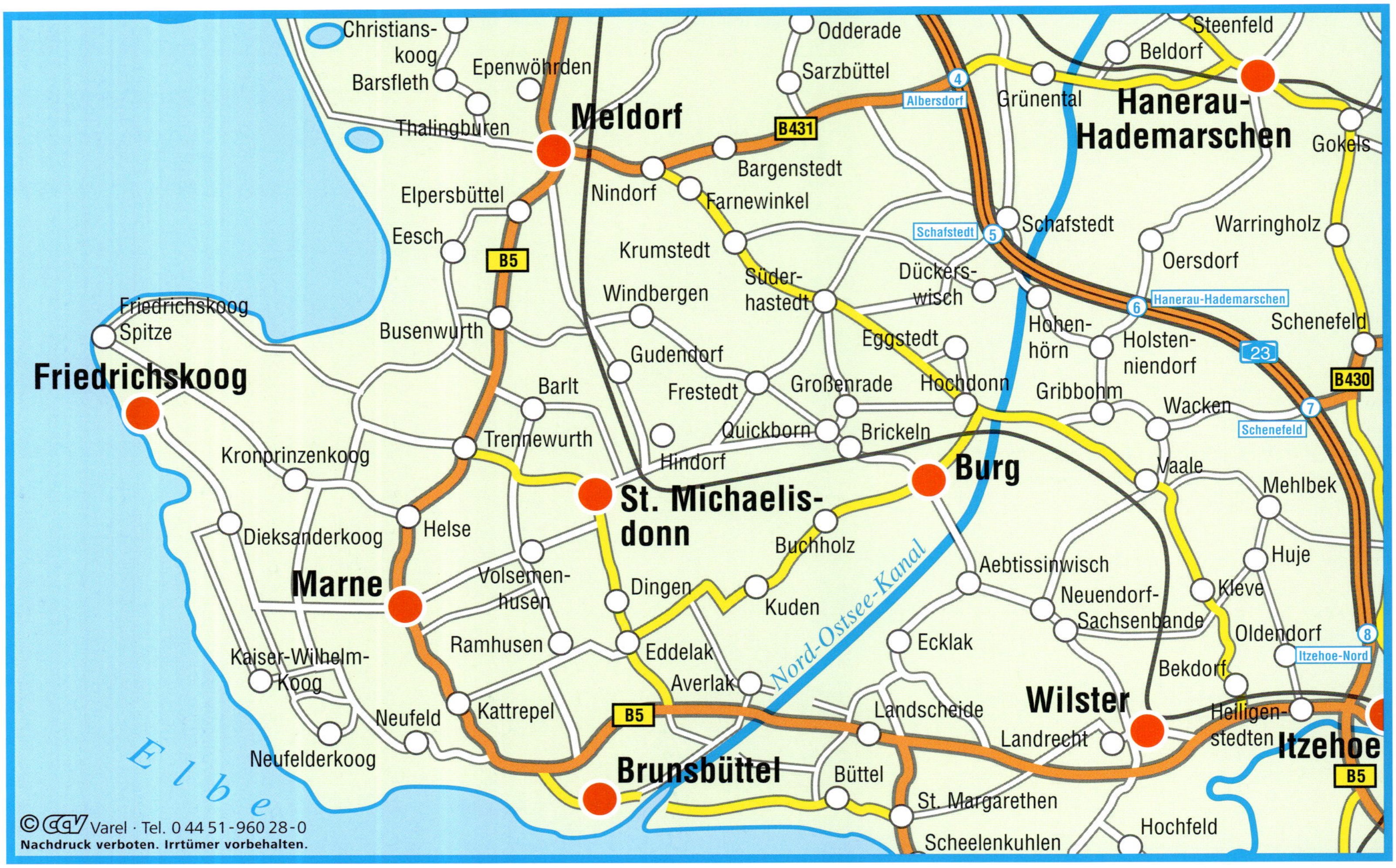

A map of Süderdithmarschen showing towns including Christianskoog, Barsfleth, Epenwöhrden, Odderade, Sarzbüttel, Steenfeld, Beldorf, Thalingburen, Meldorf, Grünental, Hanerau-Hademarschen, Gokels, Bargenstedt, Elpersbüttel, Nindorf, Farnewinkel, Schafstedt, Warringholz, Eesch, Krumstedt, Oersdorf, Windbergen, Süder-hastedt, Dückers-wisch, Schenefeld, Friedrichskoog Spitze, Busenwurth, Eggstedt, Hohen-hörn, Holsten-niendorf, Friedrichskoog, Gudendorf, Großenrade, Hochdonn, Gribbohm, Wacken, Barlt, Frestedt, Kronprinzenkoog, Trennewurth, Quickborn, Brickeln, Vaale, Mehlbek, Hindorf, Burg, St. Michaelis-donn, Huje, Dieksanderkoog, Helse, Buchholz, Kleve, Marne, Volsemen-husen, Dingen, Kuden, Aebtissinwisch, Neuendorf-Sachsenbande, Oldendorf, Kaiser-Wilhelm-Koog, Ramhusen, Eddelak, Ecklak, Bekdorf, Neufeld, Kattrepel, Averlak, Landscheide, Wilster, Heiligen-stedten, Neufelderkoog, Brunsbüttel, Büttel, Landrecht, Itzehoe, St. Margarethen, Hochfeld, Scheelenkuhlen. Rivers shown: Elbe, Nord-Ostsee-Kanal.

© CCV Varel · Tel. 0 44 51-960 28-0.
Nachdruck verboten. Irrtümer vorbehalten.

Am Tor zur weiten Welt

1970 wurden Norderdithmarschen und Süderdithmarschen zu einem Kreis mit der Hauptstadt Heide vereinigt, womit Meldorf seine historische Rolle gänzlich einbüßte. Allerdings gab es eine gewisse Entschädigung dadurch, dass das vorher in Heide angesiedelte Amtsgericht nach Meldorf zog und hier auch der Hauptstandort der Dithmarscher Museen aufgebaut wurde. So finden sich das Dithmarscher Landemuseum, das kleine Freilichtmuseum »Dithmarscher Bauernhaus« und das Schleswig-Holsteinische Landwirtschaftsmuseum (siehe Beitrag S. 116–117).

Zwei Frachter fahren in die Brunsbütteler Schleuse ein.

Meldorf blieb allerdings die »historische« Hauptstadt der ehemaligen Bauernrepublik, und das zu Recht. Denn Meldorf besitzt einen wundervollen, fast noch mittelalterlichen Charme, wenn man durch die Altstadt wandert. Vor allem der mächtige Dom kündet von der einstigen Rolle des Ortes. Als aber das wirtschaftliche und politische Zentrum der Landschaft nach Heide gewechselt war, versank Meldorf ein wenig in den berühmten Dornröschenschlaf, aus dem es allmählich durch den Tourismus zu erwachen scheint. Denn Dithmarschen besitzt nicht allzu viele solch idyllischer Stadtbilder.

Das Umland und die Orte auf der Geest, am Nord-Ostsee-Kanal, an der Elbe und in den westlichen Marschen bilden eine sehr interessante Urlaubsregion mit zahlreichen Attraktionen. Die großen Pötte auf dem NOK, in den Brunsbütteler Schleusen und auf der Elbe, das malerische Burg auf dem Klev, die norddeutsche Karnevalshoch-

Im malerischen Ortskern von Burg

burg Marne und das Nordseebad Friedrichskoog, dazu die verträumten kleinen Bauerndörfer, die weiterhin an der Landwirtschaft orientiert sind.

»Kummt mol to Kark!«

Ewald Dittmann – ein Pastorenschicksal im Dritten Reich

Pastor Ewald Dittmann (1877–1945)
(Foto: Evangelische Kirchengemeinde Süderhastedt)

Wenige Wochen vor Ende der nationalsozialistischen Schreckensherrschaft erfüllte sich das Schicksal des aufrechten und mutigen Dithmarscher Seelsorgers Ewald Dittmann, der auch von der Kanzel herab systemkritische Äußerungen nicht scheute.

Ewald Dittmann kam am 11. April 1877 in Neuenkirchen (Dithmarschen) zur Welt, wo er mit vier Geschwistern eine dörfliche Kindheit erlebte. Er besuchte nach der Volksschule die Gymnasien in Kiel und Meldorf. Danach absolvierte er in Berlin und Kiel das Studium der Theologie und erlangte 1910 das Zweite Theologische Examen. Als Vikar war Dittmann in Hademarschen tätig gewesen. Seine Ordination zum evangelisch-lutherischen Pastor erfolgte am 4. Juli 1910 in Apenrade.

Seine erste Pfarrstelle erhielt er kurze Zeit später, noch als Hilfsgeistlicher, in Neugalmsbüll bei Niebüll, wo er ein Jahr später fest angestellt wurde. Nach einer Verwundung als Kriegsfreiwilliger war er Garnisonspfarrer in Belgien und kehrte am Ende des Krieges nach Neugalmsbüll zurück.

Gleichzeitig mit der Hitler'schen Machtergreifung kam er im Februar 1933 nach Süderhastedt, von wo aus er ab Herbst 1939 auch die Kirchenge-

meinde Burg seelsorgerlich betreute. Er schloss sich bereits früh der Bekennenden Kirche an.

Christian Kruse aus Hollenborn erzählt später über Dittmanns Auftreten in Süderhastedt, »dass oftmals im Gottesdienst ein Spitzel zugegen war, besonders in den letzten Kriegsjahren. Je mehr der Stern der Nazis zu sinken begann, umso intensiver die Bespitzelung. Allzu gerne hätte man den Pastor der Unwahrheit bezichtigt. Dittmann hatte ein ausgeprägtes Urteilsvermögen. Seine genaue Kenntnis über Hitlers ›Mein Kampf‹ mit Seitenbeleg, eingebunden in eine geschliffene Rede, ließen seine Widersacher immer wieder verstummen.«

Am 9. März 1945 wurde Ewald Dittmann dann wegen »gemeinschaftswidrigen Verhaltens« verhaftet und ins »Arbeitserziehungslager Nordmark« in Kiel-Russee eingeliefert. Vorwand hierfür war offenbar die Bitte Dittmanns, ihm trotz der Einquartierung mit Flüchtlingen im Pastorat ein Arbeitszimmer zu belassen. Man hatte aber wohl nur einen Grund gesucht, um den Geistlichen los zu werden.

In diesem Lager vegetierten die Insassen, unter ihnen vor allem russische und polnische Zwangs-

Der Gedenkstein vor der Kirche

Das Grab Ewald Dittmanns auf dem Süderhastedter Friedhof

arbeiter sowie aus anderen Lagern überführte KZ-Gefangene, ihrer Vernichtung durch Arbeit entgegen. In den letzten zwei Wochen des Krieges kam es in diesem KZ auch zu zahlreichen Erschießungen. Ewald Dittmann starb hier nach kurzer Krankheit am 20. April 1945. Die Todesursache ist unbekannt. Seine Leiche wurde in einem Massengrab in Kiel-Eichhof verscharrt. Eine spätere verantwortungsvolle Identifizierung der Toten machte es möglich, dass Ewald Dittmanns sterbliche Überreste heimgeholt und im September 1958 auf dem Friedhof in Süderhastedt beigesetzt werden konnten.

Ein Satz ihres durch und durch »plattdeutschen« Pastors wird den Süderhastedtern und der Nachwelt als geflügeltes Wort erhalten bleiben: »Kummt mol to Kark!«

Über Geest und Marsch

Eine typisch Dithmarscher Rundtour

Wenn man eine Landschaft kennenlernen möchte, ist es nicht falsch, zunächst einmal eine Ausfahrt mit dem Auto zu machen. Dithmarschen eignet sich deshalb so gut für ein solches Vorgehen, weil das Straßennetz weitläufig ausgebaut ist. Zudem gibt es mit der Autobahn und der »Magistrale« B5 zwei Achsen, die ein schnelles Fortkommen in einen anderen Teil der Region ermöglichen.

Hier soll eine geschwungene Tour durch ganz Dithmarschen vorgeschlagen werden, die nicht nur die Städte berührt, falls jemand unterwegs einen Stadtbummel machen möchte, sondern auch alle charakteristischen Dörfer und Landstriche. Die Fahrt ist gut an einem Tag zu bewältigen, sollte aber bei schönem Wetter stattfinden. Zur Orientierung stehen die Gesamtkarte auf Seite 9 und die Karten von Norder- und Süderdithmarschen zur Verfügung, die auf den Seiten 77 und 136 abgedruckt sind.

Startpunkt ist im Norden am Eidersperrwerk. In Wesselburen biegen wir links ab Richtung Neuenkirchen, wo die Kirche und die Gefallenengedenkstätte das Zentrum des Dorfes bilden. Die Gegend ist bestückt mit zahlreichen herrschaftlichen Bauernhöfen, die viele Hektar Land bewirtschaften und teilweise sehr großzügige Wohnhäuser besitzen. Kein Wunder, dass man früher überall von den reichen Dithmarscher Bauern sprach.

Über Zenhusen geht es weiter nach Hemme, wo man am Eingang des Friedhofes denkwürdige Baumpflanzungen entdecken kann (siehe Beitrag S. 212–215). Von Hemme geht es weiter nach Weddingstedt, einem großen Ort vor den Toren Heides. Wer von hier einen Abstecher in die Kreishauptstadt machen möchte, kann sich in Ostrohe der Tour wieder anschließen, die nun hinauf an die Eider bei Pahlhude führt. Ein Blick von der Brücke zeigt den breiten Fluss mit den

Die spätbarocke St.-Bartholomäus-Kirche in Wilster

Der Pahlener Sportboothafen

»Hafenanlagen« für die Freizeitschiffe, die hier beheimatet sind.

Nach einer Tour südostwärts von etwa einer halben Stunde Fahrtzeit über Tellingstedt, Albersdorf und Schafstedt erreicht man den Kanal. In Hochdonn den Weltverkehr der Schiffe zu beobachten ist deshalb so eindrucksvoll, weil man gleichzeitig die Kanalquerungen der Fähre und der Eisenbahnhochbrücke sieht. Ihr endlos langer »Anlauf« auf dem geschwungenen Damm ist ein Markenzeichen der Brückenbauten am Kanal, die eine Durchfahrthöhe von 42 m gewährleisten müssen.

Eine ganz wichtige Erfahrung über Dithmarschen gewinnt man auf dem Weg von Hochdonn zum Geestort Burg. Die Straße führt regelrecht bergauf und erweckt den Eindruck einer Mittelgebirgsroute. Auch im wunderschönen Ort selbst geht

Die Kirche von Hemme, auf dessen Friedhof es ganz besondere Baumpflanzungen zu sehen gibt.

es auf und ab. Steilhänge, Treppen und Anstiege charakterisieren die Klevlage am Rande einer eiszeitlichen Ablagerung. Ein Spaziergang durch das malerische Ortszentrum, ein Besuch des Heimatmuseums und des höher gelegenen Waldmuseums sollten dazugehören.

In wenigen Kilometern erreicht man die Burger Fähre über den Nord-Ostsee-Kanal und macht einen Abstecher ins beschauliche Wilster, deren sehenswerte Altstadt rund um die spätbarocke St.-Bartholomäus-Kirche, erbaut zwischen 1775 und 1781, einen Rundgang wert ist. Wilster erhielt bereits 1282 das Lübsche Stadtrecht. Hier sollte man eine geruhsame Pause einlegen und in den zahlreichen Geschäften stöbern, im sonnigen Eiscafé eine Erfrischung genießen oder dem Restaurant am Marktplatzwinkel einen Besuch abstatten. Man kann auch auf dem Rückweg zur Fähre in Neuendorf-Sachsenbande Station machen und in einem Landgasthaus gutbürgerlich speisen. An der Strecke zum Kanal kommt man an der tiefsten Stelle Deutschlands vorbei. Sie ist mit einem Schmuckpfahl markiert, liegt aber nicht direkt am dortigen kleinen Parkplatz.

Wieder auf der Dithmarscher Kanalseite angekommen, wendet sich die Tour nach links Richtung Buchholz. Es folgt eine waldreiche Fahrt entlang des östlichen Geestabhangs, ostwärts mit weiten Sichten über das Flachland vor dem Kanal, links voran schon die Brunsbütteler Hochbrücke im Blick. In Eddelak ist ein Halt an der wunderschönen Mühle, dem Galerieholländer »Gott mit uns« obligatorisch, schon um ein lohnendes Foto zu schießen.

Von hier führt die Tour über Kattrepel an den Neufelder Elbdeich, wo der Strom nach rund tausend Kilometern durch Deutschland in die Nordsee mündet (siehe Beitrag S. 208–209). Die genaue Stelle liegt kartografisch etwas westlicher. Von dort führt eine gedachte Linie dann hinüber nach Cuxhaven.

Durch den Kaiser-Wilhem-Koog, der 1874 eingeweiht wurde, gelangt man nach Friedrichskoog. Hier wird der Gast durch Transparente und eine stilisierte Grabstätte auf die Sorgen der hiesigen Fischer aufmerksam gemacht, deren idyllischer Heimathafen von der Schließung bedroht ist. Man sollte höheren Ortes bedenken, dass auch der Tourismus, der seit Jahrzehnten erfolgreich mit malerischen Bildern der Friedrichskooger Krabbenkutter wirbt, von einem lebendigen Fischereiwesen profitiert. Ganz in der Nähe des Hafens liegt die bekannte Seehundstation, deren Besuch sehr empfehlenswert ist (siehe Beitrag S. 176–177).

Der Kurs wendet sich jetzt wieder nach Norden und streift die historisch sehenswerte Stadt Meldorf, wo man erneut Richtung Küste abbiegt und über den alten Stadthafen bei Nordermeldorf in den Speicherkoog fährt. Dieser jüngste Koog Dithmarschens, fertig gestellt 1979, ist ein sehr gelungenes Bauwerk, das in nachhaltiger Weise Tourismus, Landwirtschaft, Natur- und Küstenschutz miteinander kombiniert. Dies wird auch der kurzzeitige Tagesbesucher als angenehm bemerken und die entspannte Weitläufigkeit des Kooges genießen. Über Wöhrden und Wesselburen schließt sich der Kreis dieser Rundfahrt über Geest und Marsch.

Die Brunsbütteler Hochbrücke verbindet Dithmarschen mit dem Kreis Steinburg.

In Weddingstedt befindet sich mitten im Ort die fachgerecht restaurierte Windmühle »Aurora«.

An einem alten Deichstück bei Nordermeldorf

Im Friedrichskooger Hafen liegen auch kleinere Fischerboote.

Ein Betrieb mit Tradition

Die Meiereigenossenschaft Sarzbüttel eG

Die Meiereigenossenschaft Sarzbüttel eG wurde im Jahre 1888 gegründet und verarbeitet noch heute die täglich frische Rohmilch von ca. 30 Landwirten aus der Region. Sie ist die einzige noch existierende Meierei in Dithmarschen. Im Ladengeschäft kann man den Käse als Endverbraucher direkt erwerben.

In der Verarbeitung

Produktion

In der Feinkäserei werden täglich bis zu 50 000 kg frische Milch zu Käsespezialitäten verarbeitet. Zunächst wird die Rohmilch zentrifugiert, pasteurisiert und vorbereitet. Daraufhin gelangt die Milch in den Käsefertiger, wo ihr spezielle Reifekulturen zugesetzt werden. Nachdem die Milch mit Lab »dickgelegt« wurde, wird sie mittels Käseharfen geschnitten. Hierbei entstehen der Käsebruch und die Molke. Nach dem Ruhen wird der Bruch in Käseformen gefüllt, laufend weiter bearbeitet und schließlich in ein Salzbad gegeben. Die Laibe werden auf die Reifungsgestelle verteilt und mit »Rotschmierekulturen« bearbeitet. Dort reift der Käse in den »gewölbeartigen« Kellerräumen direkt unter der Meierei, bis zu sechs Monaten, dabei entwickelt der Käse sein typisches Aroma.

Produkte

Das Sortiment umfasst eine Vielzahl von naturgereiften Käsespezialitäten: vom Tilsiter über den Gewölbekäse bis hin zum Steinbuscher in verschiedenen Fettgehaltsstufen und Reifegraden, mit und ohne Gewürz, zum Beispiel Kümmel, Bärlauch oder Paprika.

Käselaibe reifen im Gewölbekeller der Feinkäserei.

Beitrag von:
Feinkäserei Sarzbüttel
(Meiereigenossenschaft Sarzbüttel eG)
Hauptstraße 43 · 25785 Sarzbüttel
Tel. (0 48 06) 3 28 · Fax (0 48 06) 5 01
meierei-sarzbuettel@t-online.de
www.kaeserei-sarzbuettel.de

Echt Dithmarschen

Landcafés und Hofläden in Dithmarschen – echt einen Besuch wert!

Kaffee trinken in urgemütlicher Atmosphäre und regionale Produkte direkt beim Bauern kaufen. Das ist typisch Dithmarschen!
Ein Stopp in einem der vielen urgemütlichen Hof- und Landcafés in Dithmarschen ist einfach ein Muss. Jedes individuell und mit viel Liebe eingerichtet und auf seine Art entzückend. Hausgemachte Torten, Kuchen und duftender Kaffee lassen jedes Genießerherz höher schlagen.

Hier kann man es sich richtig gut gehen lassen und bei einem Klönschnack mit Freunden und Familie einfach mal die Zeit vergessen. Spezielle Torten nach Geheimrezept, kleine Ecken zum Stöbern und die typische Dithmarscher Gastfreundlichkeit geben jedem Café die ganz eigene Note. Gedeckte Kaffeetische der besonderen Art findet man in ganz Dithmarschen.
Genuss wird hier allemal großgeschrieben. Denn frisch ist im Nordseeland Dithmarschen nicht nur der Wind, sondern auch der Fisch, die Krabben und das Gemüse. Einkaufen direkt beim Bauern in einem der zahlreichen Hofläden. Das belebt, schmeckt und ist gesund. Der Duft von frischem, knackigem Gemüse der Saison macht den Einkauf zu einem Erlebnis für die Sinne. Dabei trumpfen die Läden mit ganz unterschiedlichen Sortimenten auf. Von Weißkohl, Kartoffeln und Karotten über Milchprodukte und Fleisch bis hin zu hausgemachten Konfitüren bieten die Familienbetriebe alles was gesund ist und schmeckt.

Und natürlich auf dem Hof ins Gespräch kommen und die zuweilen raue, aber stets herzliche und ehrliche Art der Dithmarscher kennenlernen. Bei einer netten Unterhaltung gibt es auch noch Tipps zur Zubereitung und vielleicht wird einem das ein oder andere Geheimrezept verraten.
Das kostenlose Faltblatt »Landcafés und Hofläden in Dithmarschen« kann beim Dithmarschen Tourismus e.V. angefordert werden.

Das kostenlose Faltblatt »Landcafés und Hofläden in Dithmarschen«

Echt Kaffee-Zeit in gemütlichen Landcafés! Hier bei uns bekommt jeder das größte Stück vom Kuchen.

Beitrag von:
Dithmarschen Tourismus
Markt 10 · 25746 Heide
Tel. (04 81) 21 22 555
info@echt-dithmarschen.de
www.echt-dithmarschen.de
www.facebook.com/echt.dithmarschen

Gratis und bei Tag und Nacht

Die Fähren über den Nord-Ostsee-Kanal

Die Fähre von Kudensee

Beim Bau des Kaiser-Wilhelm-Kanals wurden viele Gemeinden durch die neue Wasserstraße geteilt und verloren auf diese Weise ein Stück ihrer Zusammengehörigkeit. Außerdem wurden alte Verkehrswege zerschnitten, was dem Hinterland beider Seiten Nachteile bereitete.

Deshalb verfügte der Kaiser schon beim Bau, auch um die Akzeptanz des riesigen Bauvorhabens bei der Bevölkerung zu stärken, dass alle künstlichen Querverbindungen gratis sein sollten. Dies hat sich bis heute nicht geändert und ist auch ein Grund dafür, dass viele Feriengäste eine Fährfahrt in ihr Tagesprogramm bewusst mit einbeziehen.

Dithmarschen besitzt prozentual auf die Gesamtlänge des Kanals bezogen die meisten Fähren, nämlich in Brunsbüttel, wo die Fähre eine innerstädtische Verbindung darstellt, dann in Ostermoor, Kudensee, Burg, Hochdonn, Hohenhörn und Fischerhütte. Auf den ostwärts liegenden Kanalkilometern 41 bis 98 gibt es Fähren in Oldenbüttel, Breiholz, Rendsburg mit einer Schwebefähre, Nobiskrug, Sehestedt, Landwehr und Holtenau (Personenfähre).

Die Kanalfähre von Burg führt in den Kreis Steinburg nach Wilster und Itzehoe.

Die Fähren sind unterschiedlich frequentiert, wobei neuere Brückenbauten auch im Laufe der Jahrzehnte Veränderungen gebracht haben. Für Orte wie Burg und Wilster bietet die Fähre eine direkte Verbindung zueinander. Verkehrsrechtlich gehören die Fährlinien zu den jeweiligen Bundes-, Landes- und Kreisstraßen, unterhaltungspflichtig ist der Bund, da der Kanal eine Bundeswasserstraße darstellt.

»Kanal 33«

Pension, Café und Biergarten an der Hohenhörner Kanalfähre

Wer einen Spaziergang oder eine Wanderung am Nord-Ostsee-Kanal, eine kleine oder große Fahrradtour in der einmalig schönen Landschaft unternimmt, sollte im Schafstedter Café und Biergarten »Kanal 33« Station machen. Die Einkehr lohnt sich von morgens bis abends, denn erstens wird man hier kulinarisch

Der Kanalblick ist zu jeder Jahreszeit faszinierend.

bestens versorgt und zweitens kann man an diesem herrlich gelegenen Aussichtspunkt Traumschiffe, Frachter, Containerriesen und jede Menge Segelyachten aus nächster Nähe beobachten.

Vom vielfältigen Frühstückbuffet (um Anmeldung wird gebeten) über kleine herzhafte Speisen bis zu den Leckereien zur Nachmittagsstunde, wenn Kaffeespezialitäten, erfrischendes Eis, hausgemachte Kuchen und Torten oder einfach nur ein kühles Bier angeboten werden, reicht das Angebot. Dabei gleichzeitig den Schiffsverkehr auf dem NOK zu verfolgen, ist ein wundervolles Erlebnis. Die Kleinen können, wenn sie sich satt gesehen haben, den Spielplatz am Biergarten erobern. »Kanal 33« besitzt ein barrierefreies WC und eine E-bike-Ladestation.

Die Pension verführt dazu, eine oder mehrere Nächte in den geschmackvoll eingerichteten Zimmern mit vollem oder teilweisem Kanalblick zu verbringen. Man kann aus 5 Doppelzimmern mit handgefertigten Möbeln auswählen, die aus ausgedienten Dalben des NOKs getischlert wurden. Selbst der Fußboden besteht aus dem Douglasienholz dieser Dalben. Alle Zimmer verfügen über einen W-Lan-Anschluss und ein Radio mit Docking-Station.

Eines der Zimmer mit den »Dalbenmöbeln«

»Kanal 33« an der Fähre Hohenhörn

Öffnungszeiten:
Oktober–April: Donnerstag–Sonntag 9 – 11 Uhr und 14 – 17.30 Uhr
Mai–September: täglich ab 9 Uhr

Beitrag von:
Kanal 33 · Pension-Café-Biergarten
Inh. Petra und Olaf Lucht
Hohenhörner Straße 33
25725 Schafstedt
Tel. (0 48 05) 9 01 49 33
info@kanal33.de · www.kanal33.de

Surfen, Golf & Co.

Muskelkater inklusive

Der einmalig schöne Küstengolfplatz des GC Büsum Dithmarschen e. V. (Foto: Ulf Jungjohann)

Die moderne Freizeitindustrie hat sich in fast allen Urlaubsgebieten fest etabliert und ihre unverkennbaren Marken gesetzt. Heute ist es für eine Ferienregion wie Dithmarschen, die ihren Gästen möglichst ganzjährig Attraktionen bieten möchte, fast schon eine Kunst, erfolgreich mit den Publikumsmagneten der Gegenwart, den großen Unterhaltungsparks, mitzuhalten. Dies ist dennoch in bodenständischer und sympathischer Weise gelungen (siehe den Beitrag S. 106–107).

Auf diesen Seiten soll es darum gehen, an Hand von typisch Dithmarscher Beispielen zu zeigen, wie herrlich es ist, hier Sport zu treiben. Ob im Salzwind der Küste oder umrauscht von dichten Wäldern, ob auf den Gewässern, die das Land an allen Seiten umgeben, oder auf den malerischen Radstrecken von Geest und Marsch, Dithmarschen ist auch ein Eldorado für Sport inmitten der Natur.

Im Westen der Landschaft ist mit dem Speicherkoog, der als letztes großes Deichbauwerk im hiesigen Küstenraum zwischen 1973 und 1978 entstanden ist, auch ein weitläufiges Areal von Wasserflächen geschaffen worden. In sanfter Weise und mit bewusster Rücksicht auf die sich hier entwickelnde Fauna und Flora, zu der vor

allem die Lebenssphäre der Vogelwelt zählt, hat sich hier auch der Mensch »angesiedelt«. Zwar sind hier keine neuen Wohnorte entstanden, aber mit den Badestellen der Gemeinden Espersbüttel und Nordermeldorf gibt es beliebte sommerliche Anlaufstellen für Einheimische und Gäste. Für die Surfer wurde der Mielespeicher am neuen Meldorfer Hafen zu einer sehr freiheitlichen Oase mit einem Wohnmobilstellplatz, einem Restaurant und direktem Wasserzugang.

Das Revier, das die Surfmöglichkeiten, die es vom Festland aus in Büsum und St. Peter-Ording gibt, in idealer Weise ergänzt, verbindet das von Surfern so gesuchte entspannte Dasein am Wasser mit der sportlichen Herausforderung. Dies gilt hier allerdings nicht für die Hochleistungsklasse, da es an Brandung und Wogen fehlt. Als Einsteiger- und Fortgeschrittenenrevier lockt es viele Surfliebhaber an.

Im Norden des Speicherkooges kann man auf der idyllischen Anlage des Golfclubs Büsum Dithmarschen e.V. direkt an der Nordsee einen 18-Loch-Meisterschaftsplatz spielen. Der Platz, der wegen seiner Küstennähe, des Windes, des Wassers und seiner Lage unter dem Meeresspiegel einmalig

ist, stellt auch ein wahres Naturparadies dar. Wer von einem der Strandkörbe an den Abschlägen seinen Blick schweifen lässt, kann Austernfischer, Wildpferde, Fischadler, Hasen, Fasane und viele weitere Tiere entdecken. Der 1984 gegründete Golfclub besitzt einen Platz, der zwar eben, aber wegen der Priele und natürlichen Wasserhindernisse nicht leicht zu spielen ist. Die Club liegt in der Gemeinde Warwerort, etwa 5 km von Büsum entfernt, und ist unter Tel. (0 48 34) 96 04 60 und www.gc-buesum.de erreichbar.

Das malerische und anfängerfreundliche Surfrevier Mielespeicher am neuen Meldorfer Hafen

Eine typisch Dithmarscher Sportart ist das Reiten. Die Meereslandschaft hat viele national und international erfolgreiche Reiterinnen und Reiter hervorgebracht, darunter auch Weltmeister und Olympiasieger, etwa den legendären Fritz Thiedemann, oder auch Reitsportler wie Kurt Jarasinski, Sönke Sönksen oder Tjark und Björn Nagel, die aus Friedrichskoog stammen. Hier gibt es eine große Zahl von Reiterhöfen, die sich der Ausbildung von Pferd und Mensch widmen. Natürlich ist in Dithmarschen auch die Pferdezucht, besonders die Holsteiner Zucht, zu Hause. Fast in jeder Stadt und jedem Dorf ist das Thema Pferd oder Reiten an der Tagesordnung. Das traditionelle Bauernland Dithmarschen, in dem Mensch und Pferd über viele Jahrhunderte zusammengearbeitet haben, pflegt den Reitsport in mehreren Dutzend Vereinen und mit einer Reihe von Turnierveranstaltungen, bei denen es um Dressur, Springreiten, Traben, Fahren, Vielseitigkeit und Voltigieren geht. Daneben bemüht man sich sehr stark um den Breitensport und auch um das Gästereiten. Jeder, der Freude am Reiten hat, wird in Dithmarschen auf seine Kosten kommen.

Dithmarschen hat natürlich überall an seinen Küsten und Ufern Segel- und Sportboothäfen. Wer das geruhsame Segeln und Schippern liebt, wird sich eher der Eider zuwenden, an der es auch kleinere Häfen und Anlegestellen gibt. Für Nordseefans gibt es von Tönning über Büsum, den neuen Meldorfer Hafen und Friedrichskoog bis nach Neufeld und Brunsbüttelkoog beste Möglichkeiten, sein Boot festzumachen oder mit ihm

Am Sportbootanleger vor der Brunsbütteler Schleuse machen viele internationale Gäste fest.

in See zu stechen. Selbst auf der Kanalseite der Brunsbütteler Schleusen gibt es Liegeplätze.

Beliebte Ziele von hier aus sind die nordfriesischen Inseln, Helgoland, Nordniedersachsen und die Elbe- und Weserhäfen. Die Navigation im Küstenbereich ist wegen der zum Teil schwierigen Watt- und Tideverhältnisse ziemlich anspruchsvoll und erfordert viel Erfahrung und Aufmerksamkeit. Außerdem sind die Bestimmungen bezüglich des Nationalparkes Schleswig-Holsteinisches Wattenmeer zu beachten.

Tourenfahrten mit dem Rad sind wegen der Dithmarscher Landschaft, die auf bestimmten Rund-

strecken häufig zwischen den Geländeformen Geest und Marsch wechselt, sehr reizvoll und gespickt mit etlichen Attraktionen. Man kann eigentlich überall starten, vielleicht von einem Fahrradverleih aus, oder mit eigenen Rädern auf einem der Parkplätze an der Strecke. Gute Fahrradkarten sind für wenig Geld in jeder Tourist-Information oder Buchhandlung erhältlich. Ob Städtetour, Deich- und Koogerkundung oder Fahrten quer durch die Landschaft, am Wege finden sich viele günstige Übernachtungs- und Einkehrmöglichkeiten. Auch auf dem »platten Land« oder in den kleinen Bauerndörfern kann man fündig werden.

Auf der Meldorfer Reitsportanlage an der Süderau finden leistungsstarke Dithmarscher Turniere statt.

Eine Dithmarscher Tour entlang des Seedeiches ist für Fahrradfans ein echtes Nordseeerlebnis.

Das Zauberwort »erneuerbar«

Biogas, Photovoltaik und Windenergie in Dithmarschen

Der Begriff »erneuerbare Energie« ist heute jedem Kind geläufig und stellt dennoch in gewisser Weise ein fast magisches Zauber- oder Schlüsselwort dar. Es öffnet viele Türen im umweltbewussten Denken und Fühlen der Menschen und erobert große Teile der Finanzetats. Für unsere Region, lässt man einmal die Wasserkraft und die Erdwärme beiseite, spielen drei Bereiche der alternativen Energiegewinnung eine herausragende Rolle: Biogas, Photovoltaik und Windkraft. Für denjenigen, der durch Dithmarschen reist, ist es unverkennbar: Diese Region produziert nahezu überall erneuerbare Energie.

Streng physikalisch betrachtet lässt sich Energie zwar verbrauchen und beschaffen, aber nicht aus der Welt bringen oder aus dem Nichts neu kreieren. Dagegen steht der unantastbare Energieerhaltungssatz. Nach Helmholtz (1821–1894) kann Energie weder erzeugt noch vernichtet werden, sondern nur von einer Form in andere Formen umgewandelt oder von einem Körper auf andere Körper übertragen werden. Dies geschieht natürlich auch bei der Atomkraft. Doch seit Tschernobyl und Fukushima und viel mehr noch seit Hiroshi-

Solarfeld bei Lunden

Windräder bei Brunsbüttelkoog

ma und Nagasaki hat diese Form von Energieumwandlung technisch und moralisch verspielt. Dass dennoch der Bau neuer Kernkraftwerke weltweit boomt, ist kein Paradoxon, sondern Ausdruck des rücksichtslos durchgesetzten Primats der Ökonomie vor der Ökologie, man könnte auch sagen: der Profitgier einzelner vor dem Allgemeinwohl. Es erfordert ständige persönliche und politische Anstrengungen, damit es der alternativen Energiegewinnung nicht ebenso ergeht.

Windkraft

Die Landschaft ist übersät mit Windkraftanlagen und gilt auch als Pioniergebiet dieser Art von Energiegewinnung in Deutschland. Von 1983 bis 1987 lief im Kaiser-Wilhelm-Koog bei Marne die erste Großwindanlage (GROWIAN) im Testbetrieb und sorgte in der Folge für die dortige Errichtung von 35 WKAs verschiedener Hersteller. Inzwischen hat sich, seit 2000 begünstigt vom Erneuerbare-Energien-Gesetz, der Bau von Windkraftanlagen nicht nur in Dithmarschen und an der schleswig-holsteinischen Westküste, sondern in allen profitablen Windzonen Deutschlands vervielfacht. Seit einigen Jahren hat in der Windbranche bereits das Repowering der ersten Anlagengeneration eingesetzt, das heißt die Aufrüstung der Standorte durch ertragreichere und größere WKAs.

Photovoltaik

Die Sonne liefert etwa das Zehntausendfache, nämlich rund 1.070 EWh (Exawattstunden), des jährlichen Weltenergiebedarfs an Energie. Neben der direkten Nutzung der Sonnenenergie durch die auf vielen Hausdächern und auf großen Freiflächen installierten Photovoltaikanlagen gibt es auch die indirekte in Form von Bioenergie und Windenergie. Beispielsweise ist in Nordermeldorf gerade ein riesiger Photovoltaikpark entstanden. Die Umwandlung von Lichtenergie in elektrische Energie mittels Solarzellen ist in Deutschland und auch in Dithmarschen ein relativ junger Zweig der Energiegewinnung, hat ansonsten hinsichtlich der Vermarktung ähnliche Bedingungen wie der Windstrom. Die erzeugte Elektrizität wird nach dem EEG in das Stromnetz eingespeist, wobei der erzeugte Gleichstrom noch durch einen Wechselrichter in Wechselstrom umgewandelt wird. Es gibt verschiedene Arten von Solarzellen: organische oder auf Siliziumbasis hergestellte, außerdem Dünnschichtmodule und so genannte Konzentratorzellen.

Biogas

In der hiesigen Landwirtschaft steht die Erzeugung von Biogas durch Vergärung von Biomasse aus vielerlei Gründen hoch im Kurs. Zunächst werden in Biogasanlagen zumeist tierische Exkremente (Gülle, Festmist) und Energiepflanzen als Substrate eingesetzt, also Rohstoffe, die ohnehin anfallen oder leicht erzeugt werden können. Es entsteht zudem als Nebenprodukt der so genannte Gärrest, der als Dünger ausgebracht werden kann.

Das beim Gärprozess erzeugte Gas wird zur Nutzung einem Blockheizwerk zugeführt, das wiederum der Strom- und Wärmeproduktion dient. Bei der Einspeisung des erzeugten Stromes kommt auch hier das Erneuerbare-Energien-Gesetz (EEG) zum Tragen. Bei ausschließlich thermischer Nutzung der Anlage erfolgt keine entsprechende Vergütung.

Da die verfügbare Anbaufläche für Biomasse begrenzt ist, gibt es kritische Stimmen, die das Ungleichgewicht, auch weltweit, hinsichtlich der Rohstoffproduktion für Nahrungsmittel beklagen. Außerdem besteht beim Monoanbau der einfach zu handhabenden Maispflanze die Gefahr, die Biodiversität von Natur und Landschaft zu verlieren.

Energiewende?

Angesichts der großen Möglichkeiten, die in einer von Kohle, Öl und Atom unabhängigen Energiegewinnung stecken, sehen viele hierzulande über die ökologischen Schäden, die von Windkraft, Biogas und Solartechnik ausgehen, hinweg. Zwar wird der Wind hier immer wehen, das Land wohl fruchtbar genug bleiben und die Sonne weiterhin scheinen, aber wird es in Zukunft noch eine Generation des freien Blicks auf den Horizont geben, junge Menschen, die nicht nur von Maisfeldern umwogt sind oder durch Photovoltaikflächen wandern müssen?

Wichtige Gründe machen die verstärkte Nutzung erneuerbarer Energien allerdings notwendig. Dies sind vor allem die begrenzte Reichweite der fossilen und atomaren Brennstoffe und der Klima- und Umweltschutz. Die technischen, politischen, wirtschaftlichen und ökologischen Schwierigkeiten beim Umsetzen der Energiewende sind enorm und bedürfen einer sorgfältigen und kreativen Abstimmung unter den beteiligten Parteien. Wer sich den gegenwärtigen Smog über Chinas und Indiens Megametropolen oder die noch gar nicht absehbaren Folgen der Fukushima-Katastrophe anschaut, sollte wissen, was die Stunde geschlagen hat. Da helfen leider auch gut gemeinte Umweltzonen in unseren Großstädten wenig.

Die EU-Richtlinie zu den erneuerbaren Energien vom 23. April 2009 schreibt den Mitgliedsstaaten vor, die Verwendung der erneuerbaren Energien in den Bereichen Strom, Wärme und Kälte sowie Verkehr so fördern, dass bis 2020 ein Gesamtanteil dieser Energien am Energiegesamtverbrauch innerhalb der EU von 20 % erreicht wird.

Die Internationale Energieagentur IEA geht davon aus, dass bereits 2030 ein Viertel der weltweit benötigten Energie nicht mehr auf fossiler oder atomarer Erzeugung beruhen wird.

Es ist eben keine Utopie, durch alternative Techniken auf längere Sicht den Energiebedarf der Menschheit zu decken und dabei gleichzeitig Klima und Umwelt zurückzuverwandeln in eine gesunde Biosphäre. Man muss es nur wollen!

Biogasanlage auf der Geest bei Albersdorf

Die Nabenhöhen der Windräder nähern sich wegen der besseren Ausbeute der 100-Meter-Marke an.

Auf dem Klev und in der Marsch

Das Amt Burg-St. Michaelisdonn

Die Gemeinde Burg im Osten des Amtes und die Gemeinde St. Michaelisdonn einige Kilometer westwärts sind die bevölkerungsreichsten Orte des Amtes und haben in diesem Buch eigene Beiträge (siehe S. 148–149 und S. 156). Der vorliegende Beitrag widmet sich den kleineren Gemeinden des Amtes, die allerdings nicht weniger interessant sind.

Die Gemeinde **Süderhastedt** wird in Verbindung mit seiner St. Laurentius-Kirche zum ersten Mal 1140 erwähnt. Das Dorf gliedert sich in die Ortsteile Süderhastedt, Neuhof, Kleinrade und Kleinhastedt. Von jeher spielte die Landwirtschaft eine Hauptrolle. Seine außergewöhnliche Lage auf der Heide-Itzehoer Geest lockt aber auch zunehmend Ausflügler und Freizeitsportler in die Region.

Eggstedt, im Jahr 1538 als »Eckstede« erstmals urkundlich erwähnt, bedeutet vom Namen her soviel wie Wohnstätte an der Ecke bzw. Kante. Wie die zahlreichen alten Bauernkaten verraten, war Eggstedt Jahrhunderte lang von Landwirtschaft und dem damit verbundenen Handwerk geprägt. Der Ort mit seiner einzigartigen Umgebung ist ein beliebtes Ausflugsziel für Einheimische und Gäste. Ob Angler, Reiter, Fahrradfahrer oder Wanderer, jeder Naturliebhaber kommt hier auf seine Kosten.

Das von Wäldern, Wiesen, Feldern und Hügeln umgebene **Frestedt** wird von einem Augraben durchzogen, der die beiden Ortsteile Weddel und Frestedt voneinander trennt. In der landwirtschaftlich geprägten Gemeinde wird sehr erfolgreich Photovoltaik betrieben. Frestedt gilt als Ort mit einer der höchsten Pro-Kopf-Einspeisequoten in Deutschland. Für Naturfreunde ist die Umgebung von Frestedt ein wahres Eldorado. So gibt es kilometerlange Rad- und Wanderwege, die sich für Ausflüge aller Art anbieten.

Großenrade wird urkundlich erstmals im Jahr 1560 erwähnt, wobei der Zusatz »Großen« erst später folgte. Übersetzt bedeutet der Name Großenrade soviel wie »Große Rodung«, was darauf hindeutet, dass der Ort einstmals einer bewaldeten Fläche abgerungen wurde. Zum Zweck der Landwirtschaft wurde selbst das Großenrader Moor nach und nach trockengelegt und kultiviert.

Die Gemeinde **Hochdonn** grenzt unmittelbar an den Nord-Ostsee-Kanal. Als Teil der Bauernschaft Eggstedt erst Mitte des 19. Jahrhunderts entstanden, war Hochdonn anfangs nur von der Agrarwirtschaft geprägt. Durch den Bau des Kaiser-Wilhelm-Kanals in den Jahren 1887 bis 1895 kam ein wirtschaftlicher Aufschwung ins Dorf. Hochdonn besitzt einen kleinen Lösch- und Ladeplatz am Kanal sowie den Fährbetrieb über den Nord-Ostsee-Kanal. Einen regen Zulauf kann die Badestelle »Klein Westerland« am Nord-Ostsee-Kanal verzeichnen.

Eddelak wurde 1953 durch die Umbenennung des Ortes Warfen gebildet. Heute gehören zur Gemeinde die Ortsteile Eddelak, Behmhusen, Theeberg und Warferdonn. Zu seinen »Wahrzeichen« zählen die um 1740 errichtete Kirche mit hölzernem Glockenturm sowie die aus dem Jahr 1865 stammende Holländermühle »Gott mit uns«, in der u.a. vom Standesamt Burg – St. Michaelisdonn Trauungen durchgeführt werden.

Die Gemeinde **Averlak** liegt im äußersten Süden des Amtes Burg-St. Michaelisdonn etwa 7 km von Brunsbüttel entfernt. Das kleine Bauerndorf wurde von 1920 an nachhaltig vom Bau der Bruns-

Der Wappenbaum vor dem Amtsgebäude in Burg

Die aus dem Jahr 1865 stammende Eddelaker Holländermühle »Gott mit uns«, in der vom Standesamt Burg-St. Michaelisdonn Trauungen durchgeführt werden.

Der einmalig schöne Klevhang ist ein großartiger Naturschatz. (Foto: Reimer Stecher)

Am Kanal bei Kudensee

*Die idyllische Burger Au
mit Blick auf den bewaldeten Klev*

bütteler Häfen und Schleusen betroffen. Schlick und Treibsand, die bei den dort stattfindenden Grabungsarbeiten anfielen, wurden immer wieder vor Ort aufgespült. Das Kliff bildet hier die noch deutlich erkennbare nacheiszeitliche Küstenlinie. Im Osten grenzen das Moor und im Westen die Sumpfmarsch an den Ort. Die 3 km lange Dorfstraße liegt auf dem Erdstreifen »aver de Lake« (= über dem Wasser) und gab dem Ort seinen Namen.

Kuden liegt an der Landesstraße 139 etwa auf halber Strecke zwischen Buchholz und Eddelak. Urkundlich erwähnt wurde der Ort zwar erstmals an der Wende vom 13. zum 14. Jahrhundert, doch zeugen Reste eines wohl um 800 errichteten Burgwalls von einer weitaus früheren Besiedlung. Die Gemeinde ist in einer Talsenke unweit des sogenannten Klevs gelegen, der einstmals die Küstenlinie der Nordsee bildete. Eine Aussichtsplattform, die hier errichtet wurde, gilt als besondere Attraktion. Von ihr kann man über den Kudensee, die Burger Au bis zur Nordsee und zum Nord-Ostsee-Kanal blicken.

Der Ortsname **Brickeln** könnte vom Wort »Birke« abstammen. Das Wappen ziert ein Birkenzweig. Die mittig dargestellte breite Wellenlinie symbolisiert den Helmschen Bach, der durch das Gemeindegebiet fließt. Mit dem Wasserrad im Schildfuß wird auf die als Wirtschaftsunternehmen einstmals beachtliche Brickelner Wassermühle Bezug genommen. Nach gut 200jährigem Bestehen wurde sie Mitte des vorigen Jahrhunderts stillgelegt und schließlich abgerissen.

Die Gemeinde **Quickborn** liegt sozusagen im Herzen des Amtes Burg-St. Michaelisdonn. Der

Strukturwandel der letzten Jahre ist im Ortsbild gut sichtbar. So wechseln sich einige schöne alte Reetdachkaten im Straßenbild mit modernen Einfamilienhäusern ab. Vollbauernhöfe haben sich nur wenige in der Gemeinde gehalten. Quickborns Mittelpunkt bildet das Gemeindehaus »Dörpshus«, das zusammen mit der Nachbargemeinde Brickeln betrieben wird. Hier finden Vereinstreffen und Dorffeste statt.

Buchholz mit den Ortsteilen Buchholz, Buchholzermoor und Stubbenberg liegt im Südosten des Amtes. Im Mittelalter wurde neben der Landwirtschaft insbesondere der Torfabbau vorangetrieben. Als Brennstoff stellte dieses Naturprodukt bis weit ins 19. Jahrhundert hinein ein wichtiges Handelsgut dar, das vor allem in den Städten starken Absatz fand.

Die Gemeinde **Dingen** setzt sich zusammen aus den Ortsteilen Dingen, Dingerdonn und Friedrichshof sowie Kämpenberg und Sandhayn. Friedrichshof war im 16. Jahrhundert für kurze Zeit ein adeliges Gut, als es 1579 an Dänemark fiel und als Amtssitz des königlichen Statthalters genutzt wurde. Unmittelbar am nördlichen Ortsrand befindet sich der Flugplatz für Sportflugzeuge in Hopen.

Beitrag von:
Amt Burg-St. Michaelisdonn
Holzmarkt 7
25712 Burg (Dithmarschen)
Tel. (0 48 25) 9 30 50
Fax (0 48 25) 93 05 40
amt@amt-burg-st-michaelisdonn.de
www.amt-burg-st-michaelisdonn.de

Zauberhafte Winkel und weite Blicke

Burg – ein geschichtsträchtiger Ort am Klev

Eine der vielen Überraschungen, die man in Dithmarschen erleben kann, sind plötzliche Sichtwechsel. Nähert man sich Burg von Südosten über die Kanalfähre, erkennt man noch nicht, dass die Landkuppe, auf der dieser Ort liegt, sich so hoch über die »Tiefebene« am Kanal erhebt. Eigentlich läuft die Wilstermarsch hier bis an den Dithmarscher Geestrand heran. Davor allerdings durchschneidet das breite Wasserband bereits das flache Gelände und bildet eine Landesgrenze,

Rettdachkate auf dem Klev

An der historischen Apotheke hält jeder Gast inne.

die über Jahrtausende eigentlich woanders verlief, nämlich an der rund 35 Meter aufragenden Kliffkante, dem Klev. Die Wilstermarsch darunter, waldarm und von Mooren durchzogen, senkt sich sogar teilweise unter den Meeresspiegel ab. Der für diese Gegend erhebliche Höhenunterschied der Naturräume gipfelt im Wulffsboom (Hamberg) mit 66 m ü. NN.

Auch in der Vegetation des Klevs, worauf sich dichter Wald befindet, zeichnet sich der eigene Charakter der direkten Ortsumgebung ab. In diesem Waldgürtel um die Burger Bebauung liegt nicht von ungefähr das einzigartige Waldmuseum mit seinen speziellen Exponaten und Bildungsangeboten. Außerdem ist an der Straße Am Papenknüll eine Heidefläche als Naturerlebnisraum hergerichtet und anerkannt worden.

In diesem herrlichen Waldbestand »versteckt« sich Burg, dessen Wappen eben eine solche Wehranlage mit rotem Mauerwerk und zwei wuchtigen Türmen aufweist. Der Ort leitet seinen Namen nämlich von der Bökelnburg her, was im Niederdeutschen »Buchenburg« bedeutet. Den sie wahrscheinlich einst umgebenden Bökelnburgwall kann man heute noch sehen, einen Ringwall von etwa 100 m Durchmesser aus dem 9. Jahrhundert. Er wurde seinerzeit strategisch günstig mit einem weiten Ausblick in die Wilstermarsch gebaut. Die Burg in seinem Inneren schützte die Dithmarscher bis ins 11. Jahrhundert hinein gegen die Einfälle der Franken, Slawen und Wikinger. Der Wall besitzt heute einen romantischen Spazierweg, der Platz der längst vergangenen Burganlage wurde 1818 zu einem Friedhof.

Verschwiegener Waldweg von Süden Richtung Burg

Der Legende nach soll sich hier im 12. Jahrhundert ein zweites Troja, wenn auch etwas rustikaler, abgespielt haben. Der Stader Graf Rudolf II., der sich der Landschaft bemächtigt hatte und ein unerbittliches Regiment führte, soll den Kornzehnten sogar von den durch eine Dürre heimgesuchten Einwohnern abgepresst haben. Eines Morgens schmuggelten sich einige Bauern in Kornsäcken in die Burg und öffneten diese auf den Schlachtruf hin »Röhret de Hann, snidet dat Sacksbann«. Sie stürmten heraus, brannten die Burg ab und ermordeten den Grafen und sein Weib Walburga. In typisch Dithmarscher Manier, nämlich ohne viel Federlesens und mit brutaler Gewalt, erkämpften sie sich ihre Freiheit zurück. – Doch diese Geschichte, auch wenn sie alle fünf Jahre von Laienschauspielern auf dem Holzmarktfest voll Inbrunst dargeboten wird, ist nicht authentisch. Sie erscheint erst rund 300 Jahre später in zweifelhaften Aufzeichnungen, wobei nach anderen Quellen die ruchlose Tat selbst zwar im Jahre 1144 geschehen sein mag, allerdings nicht an des Grafen Gattin, denn die hieß in Wirklichkeit Elisabeth und verheiratete sich nach dem Meuchelmord ein weiteres Mal, und zwar mit dem Herzog Heinrich V. von Kärnten. Und auch die drückenden Steuerlasten nahmen kein Ende, da sich Heinrich der Löwe noch im Mordjahr zum Erben Rudolfs II. erklärte, das Land eroberte und die Dithmarscher zu horrendem Tribut zwang. Doch eine gute Legende verläuft nicht einfach so im Sande. Die heute unweit des Burgplatzes liegende St. Petrikirche soll um 1150 zur Sühne für den Regentenmord errichtet worden sein, wobei die Feldsteine der östlichen Kirchenmauer angeblich aus den Ruinen der Bökelnburg stammen.

Burg ist stattlich anerkannter Luftkurort, was bei dem gesunden Nordsee- und Waldklima verständlich ist. Außerdem haben die Burger viel

Idyllische Treppenanlage im Dorfkern

Das hoch aufragende Waldmuseum

dazu getan, den Ort zu begrünen und die malerischen Winkel liebevoll zu erhalten. An manchen Stellen erblickt man noch historische Fachwerke, Treppengänge und Fassaden, die von guter bürgerlicher Lebensart zeugen. Auch die in der Bökelnburghalle stattfindenden Kultur- und Messeveranstaltungen passen in dieses Bild. Das Burger Waldschwimmbad ist eines der schönsten Freibäder Dithmarschens, beheizt und mit 80-Meter-Rutsche, Sprungtürme und Kleinkinderbecken ausgestattet.

Das weit über Dithmarschens Grenzen bekannte Burger Waldmuseum befindet sich in einem 21 m hohen Aussichtsturm auf dem Wulffsboom. Beide erreichen die Gesamthöhe von 87 m ü. NN. Von ganz oben hat man einen fantastischen Rundblick über die Landschaft bis hin zur Elbemündung. Das Museum selbst ist eine Schatztruhe der einheimischen Fauna und Flora und bietet eine Viel-

zahl hochinteressanter Exponate und Informationen. In besonderer Weise wird hier auch auf den Natur- und Artenschutz und das Jagdwesen eingegangen.

Das 2003 begründete zweite Museum, Burger Heimatmuseum im Ortskern, widmet sich den Bereichen Handel, Handwerk und Schifffahrt im Verlauf der letzten Jahrhunderte und wartet mit zahlreichen historischen Inventarien auf, etwa die einer ehemaligen königlich privilegierten Landapotheke. Burg besitzt auch eine Freilichtbühne.

Der Ort ist durch die kleine Kanalfähre mit dem Kreis Steinburg und über die Eisenbahnstrecke Hamburg-Sylt mit der der »weiten Welt« verbunden. Auf der Burger Au kann man ein in Schleswig-Holstein einmaliges »Kahnerlebnis« genießen, das an die romantischen Kanalpartien im Spreewald erinnert.

Die Burger St. Petrikirche

Vom Turm des Waldmuseums hat man einen meilenweiten Rundblick.

Wenn die Ozeanriesen durch die grünen Wiesen fahren

Eine außergewöhnliche Lebensgeschichte – das Ehepaar G. & G. Stonus

Buchholzer Moor ist der unter dem Meeresspiegel liegende Ortsteil des auf der Geest gelegenen Haufendorfes Buchholz. Es erstreckt sich als Straßendorf parallel zwischen Geestrücken und Nord-Ostsee-Kanal – die 27 Hausnummern verteilen sich entlang der Burger Au auf über 5 Kilometer – inmitten von »Natur pur«, mit phantastischem Blick auf die Nabelschnur zur Welt – dem Nord-Ostsee-Kanal, international auch »Kiel-Canal« genannt.

Die erste und längste Reise, die der Hoferbe Gerhard in seinem Leben gemacht hat, führte ihn – zwangsweise – hierher, und zwar mit Mutter, Bruder, und einigen anderen näheren Verwandten in 12 Monaten vom Memelland in Ostpreußen nach eben: Buchholzer Moor.
Vater Wilhelm kam glücklicherweise gesund von seiner größten Reise im Leben zurück – vom Kriegseinsatz in Norwegen. Über viele kleine Zwischenschritte reichte es dann endlich,

1954 den neuen Familien-Wohnsitz Buchholzer Moor 5 zu kaufen. Das passte gut, denn Bruder Helmut wollte Bauer werden ...

Dumm gelaufen für Gerhard: der musste weichen! Die Ausbildung führte vom Kfz-Mechaniker bei Opel-Bauer in Burg zum Diplom-Ingenieur der Fachrichtung Flugzeug- und Kraftfahrzeugbau an der Ingenieursschule Hamburg und, wie sollte es anders sein, 1968 zur Opel-Hochburg in Rüsselsheim.

Es gab schnell viele Veränderungen nach der Abnabelung von Eltern und Buchholzer Moor: Vom Bier- und Köm- zum Weintrinker, vom Junggesellen zum Ehemann mit Hausbau in den Weinhügeln Rheinhessens ...

Dort wurde schnell die Liebe zum Wein entdeckt, ausgehend vom 1. Kontakt 1968 mit dem Weingut Erbeldinger in Bechtheim. Ehefrau Gerlinde

Das Ehepaar Gerlinde und Gerhard Stonus

Das Entrée in Buchholzer Moor

Weiter Blick über Tokio, der Weltstadt, in der das Ehepaar Stonus erfolgreiche Jahre verbracht hat.

sorgte mit ihrer schon damals internationalen Erfahrung dann auch bald dafür, dass aus dem ziemlich sturen Dithmarscher Jungen (»Was soll ich in Amerika – die Amis sollen gefälligst Deutsch lernen!«) ein zielorientierter Manager wurde.

Seite an Seite ging es dann nach dem gemeinsamen Studium bei GM in Amerika die Karriereleiter hinauf: Sie von der Chef-Sekretärin zur Marketing-Managerin bei Opel, er vom Entwicklungsingenieur Opel zum Aftersales Engineering Direktor bei General Motors.

Vom Weinhandel G. Stonus aus hat man eine fantastische Kanalperspektive.

Die »Probierstube« – vorbereitet für eine Weinverkostung

sieht, wer abends zu Besuch kommt«, sagt Gerhard Stonus und öffnet mit seiner Frau Gerlinde lächelnd einen besonders guten Tropfen. »Hier, in Buchholzer Moor, wo die Ozeanriesen durch die grünen Wiesen fahren, umgibt uns immer ein Hauch von globalem Geschehen. Und wenn es tatsächlich einmal zu einsam wird: Der Flughafen Hamburg-Fuhlsbüttel ist ja nicht weit ...«

Der Weinhandel G. Stonus

Auf dem Weg durch Buchholzer Moor kommt man – ob man will oder nicht – (es gibt ja nur die eine Straße) an der Hausnummer 5 vorbei. Das weinrote Schild an der Straße ist unübersehbar – es weist auf den »Weinhandel G. Stonus« hin und verkündet »Wein direkt vom Winzer«.

Nicht so ganz typisch hier in der Idylle zwischen Geest und Kanal. Wie und warum es dazu kam, ist dem vorstehenden Artikel zu entnehmen: Etwa 40 Jahre lang lag der Lebensmittelpunkt von Gerlinde und Gerhard Stonus in der Hügellandschaft Rheinhessens. Seit 44 Jahren besteht inzwischen die Verbindung zu den Rheinhessenweinen und besonders zum Weingut Kurt Erbeldinger & Sohn in Bechtheim. Was lag da näher als die Idee, diese Köstlichkeiten auch dem alten und neuen Lebensmittelpunkt näher zu bringen.

Mit der Rückkehr nach »dem Moor« fiel die Entscheidung zur Weinvermarktung leicht – hatte doch schon Bruder Helmut in den 1990er Jahren nebenberuflich einen Weinhandel betrieben!

So wurde dann aus der ehemaligen »Klüterkammer« der sehr einladende Wein-Probierraum und aus einem ehemaligen Stallbereich ein Wein-Lagerraum. Gewählt werden kann aus dem Angebot von über 40 verschiedenen Weinen, Sekten und Traubensäften des im Anbaugebiet Rheinhessen liegenden Weingutes Kurt Erbeldinger & Sohn.

Es ist alles am Lager: Weiß-, Rosé-, Rotweine und Sekte mit lieblichem, halbtrockenem, trockenem beziehungsweise Brut-Ausbau. Weinproben können telefonisch vereinbart werden. Zu den edlen Tropfen werden dabei weintypische Köstlichkeiten zur Abrundung des Genusses gereicht.

Das Arbeitsleben war geprägt durch sehr viele Reisen und Auslandsaufenthalte und wertvolle weltweite Kontakte – aber auch durch Trennungsphasen und »Leben aus dem Koffer«!

Gekrönt wurde das Ganze dann durch das unvergessliche mehrjährige Auslands-Assignment in Japan, genauer gesagt in Tokio/Yokohama, mit Aufgaben im gesamten asiatischen Raum. Auch hier war natürlich der selbst importierte Rheinhessenwein ein willkommener Begleiter.
2007 hat sich dann der Kreis geschlossen. Nach

fast 40 Jahren draußen in der großen weiten Welt führte es beide wieder zurück in die Idylle zwischen Geest, Moor und Kanal und die Abgeschiedenheit in Buchholzer Moor.
Heute wird die Zeit geteilt mit Nachbarn, Besuchern aus aller Welt, Weinfreunden und -kunden, meistens natürlich bei einem guten Gläschen Rheinhessenwein!

»Es war ein riesiger Spagat vom Trubel der schier unüberschaubaren Millionenstädte zurück in die heimische Landschaft, wo man mittags schon

Das Haus beherbergt nicht nur die Bewohner und die edlen Tropfen – zwei komfortabel eingerichtete Gästewohnungen und der sich anschließende Fitness-/Wellnessbereich laden auch herzlich zum Verweilen ein.

Beitrag von:
Weinhandel G. Stonus
Buchholzer Moor 5 · 25712 Buchholzer Moor
Tel. (0 48 25) 86 31 · Mobil (01 71) 6 54 94 36
gerhard.stonus@t-online.de

Eine nachbarschaftliche Radtour

Von Burg über Wilster nach Brunsbüttel und zurück

Das Fahrrad rollt und rollt und rollt. Es geht vom Burger Ortskern abwärts Richtung Osten. Nach einigen hundert Metern überquert man die Burger Au. Hier erreicht die Straße das flache Marschenland, das sich zu Füßen des hohen Geesthanges, auf dem Burg liegt, ausbreitet. Die Au fließt gemächlich dahin. Jetzt muss man auch wieder treten, um zügig voran zu kommen.

Ganz unvermittelt ist man nach etwa einer Viertelstunde am Nord-Ostsee-Kanal und setzt mit der Fähre über. Am anderen Ufer wartet ein Kleinhändler mit seiner Eisbox auf Kundschaft. Die Erfrischung tut gut. Er sagt, dass seine Frau alle wichtigen Schiffe, die hier vorbeikommen, fotografiert habe, auch das berühmte Passagierschiff »The World«. Das wäre gerade gestern hier Richtung Ostsee entlang gefahren. Schade, denkt man, und schwingt sich wieder in den Sattel.

Wenig später wird die tiefste Landstelle Deutschlands passiert. Ein Stopp an dem hohen Schildmast ist natürlich obligatorisch. Aber die eigentliche Stelle liegt noch einen kleinen Fußmarsch entfernt. Das spart man sich und setzt die Tour Richtung Wilster fort.

Dieses beschauliche Städtchen hat wirklich etwas Verwunschenes. Rund um die malerische Kirche in der Mitte des Marktes reihen sich im Wechsel moderne und historische Häuser. Ein paar Schritte in eine Seitenstraße hinein liegt das alte Rathaus,

Portal des alten Rathauses in Wilster

Die malerische Kirche von Beidenfleth

eine echte Sehenswürdigkeit. An ihm vorbei geht es weiter Richtung Beidenfleth. Die Straße windet sich kilometerweit an einem Deich entlang, dem Deich der Stör, einem Nebenfluss der Elbe.

Die Deiche haben heute nicht mehr dieselbe Bedeutung wie früher, wenn auch noch eine ähnliche

Funktion. Sie bilden seit dem Bau des Störsperrwerkes, das seit 1975 den Fluss an seiner Einmündung in die Elbe gegen Sturmfluten sichert, eine Art Rückversicherung. Falls das Sperrwerk nicht halten sollte oder defekt ist, wäre man im Hinterland dennoch vor Überflutung geschützt. Diese so genannte 2. Deichlinie wird weiterhin gepflegt, sie besitzt auch noch funktionstüchtige Stöpen, die verschließbaren Deichdurchlässe. Eine solche Stöpe durchfährt man zur kleinen Beidenflether Seilfähre, mit der man nach Kremperheide bei Glückstadt gelangen kann.

Stattdessen geht die Tour diesseits des Deiches weiter in den Nachbarort Wewelsfleth, das als Werftstandort für Spezialschiffbau Bekanntheit erlangt hat. Der Literaturnobelpreisträger Günter Grass hat hier das so genannte Alfred-Döblin-Haus einst erworben und einige seiner Hauptwerke hier verfasst. Später vermachte er das durch ihn vor dem Verfall bewahrte historische Gebäude der Stadt Berlin, die es Literaturstipendiaten für Arbeitsaufenthalte zur Verfügung stellt.

Das idyllische Dorf besitzt eine wundervolle »Waterfront« am Stördeich mit vielen sorgsam erhaltenen Wohnhäusern und Gastronomien. Von hier geht es noch einmal ein Stück südwärts Rich-

Die kleine Beidenflether Seilfähre ist ein fast romantisches Detail auf der Tour.

An der Stör bei Wewelsfleth

hinauf auf ein altes Deichstück, das inzwischen bebaut wurde, an den Häusern entlang durch eine Senke und wieder hinauf auf den eigentlichen Elbdeich. Der weite Ausblick über Vorland und den mächtigen Strom ist fantastisch und man genießt ihn gerne einige Minuten lang.

Westwärts Richtung Brunsbüttel erreicht man nach kurzer Zeit die Kanalfähre bei Ostermoor und orientiert sich auf der Dithmarscher Seite bei Eddelak wieder nach Norden. Durch Buchholz kehrt man auf dieser nachbarschaftlichen Runde zurück nach Burg.

Malerische Szenerie in St. Margarethen

tung Elbe. Noch vor dem Sperrwerk biegt man rechts ab und durchquert den KKW-Ort Brokdorf, wo in den 1980er Jahren heftige Auseinandersetzungen zwischen Staatsmacht und Kernkraftgegnern stattgefunden haben. Inzwischen, in Zeiten der Energiewende und nach den weiterwirkenden Katastrophen Tschernobyl und Fukushima, liegt die Szenerie um den Meiler gespenstisch ruhig da.

Schafe grasen am Elbdeich, Radfahrer ziehen ihre Bahn und Möwen segeln friedlich über dem Vorland. Seltsam berührt setzt man seine Fahrt nach St. Margarethen fort. Die Bundesstraße 431 heißt hier »Deutsche Fährstraße«, was später noch einmal unter Beweis gestellt werden wird. Doch zunächst gibt es einen Halt in St. Margarethen auf Höhe der Kirche. Gegenüber führt ein Fußweg

In ganz Italien zu Gast sein

Das »Don Camillo« am Marktplatz in Wilster

Sizilianische und andere italienische Spezialitäten, ausgewählte Weine und natürlich Pizza und Pasta findet der Gast direkt am Marktplatz in Wilster. Die reizvolle Kombination aus Bar, Lounge und Restaurant lädt zu einem angenehmen Aufenthalt in südländische Atmosphäre ein. Das kulinarische

Angebot mit Betonung auf der sizilianischen Küche trifft jeden Geschmack und entführt einen für entspannte Momente ins mediterrane Ambiente.

Eine ganz besondere Empfehlung gilt den leckeren Fisch- und Fleischgerichten, wozu ein köstlicher Tropfen aus der gut sortierten Weinkarte angesagt ist. Die vorzügliche Zubereitung lässt keine Wünsche offen. Und die liebevoll dekorierten Tische tun ein Übriges. Natürlich gibt es auch Pizza und Pasta, immer auch mit der speziellen Note des Hauses. Hier heißt es im besten Sinne: genießen und sich wohl fühlen.

Das elegante Ambiente der Geräume

Wer einmal voll und ganz in eine südländische Stimmung kommen möchte, sollte die »Italienischen Nächte« in und um das »Don Camillo« nicht versäumen. Dazu ist es ratsam, die aktuellen Hinweise vor Ort zu beachten oder sich direkt im Hause nach den nächsten Terminen zu erkundigen.

Das »Don Camillo«
am Marktplatz von Wilster

Für Feste und Feierlichkeiten aller Art ist das elegante Restaurant wie geschaffen. Es bietet Räumlichkeiten für bis zu 80 Personen. Täglich ab 17 Uhr geöffnet, So ab 12 Uhr, Mittwoch Ruhetag.

Beitrag von:
Don Camillo · Bar – Lounge – Restaurant
Am Markt 14a · 25554 Wilster
Tel. (0 48 23) 9 24 96 92
info@don-camillo-wilster.de

Frische regionale Küche, King-Size-Betten und viel Gemütlichkeit

Landgasthaus & Hotel »Zum Dückerstieg« in Neuendorf-Sachsenbande

Nahe der tiefsten Stelle Deutschlands, aber orientiert an den höchsten Ansprüchen ländlicher Gastlichkeit ist eine Kombination, die nur das Landgasthaus & Hotel »Zum Dückerstieg« in Neuendorf-Sachsenbande bieten kann. Der Aufenthalt hier ist für den Gast geprägt von großzügigen Räumlichkeiten, viel Komfort und einer Küche, die keine Wünsche übrig lässt.

Die hochwertig ausgestatteten Zimmer vermitteln ein behagliches Wohngefühl, das der Reisende besonders genießen wird. Es stehen 11 Zimmer und eine Suite zur Verfügung, die besondere King-Size-Betten besitzen. Tiefer, erholsamer Schlaf, gerade wenn man unterwegs übernachtet, ist ein wunderbarer Reisebegleiter. Aber auch Feriengäste, die hier ihren Urlaub verbringen, werden diese entspannende Behaglichkeit zu schätzen wissen.

Selbstverständlich verfügen alle Zimmer über ebenerdige Duschen, Föhn, Telefon, TV, Safe und einen Internetanschluss (kostenpflichtig). Zum Wohnkomfort gehören auch Terrasse oder französischer Balkon.

Räumlichkeiten für Anlässe aller Art stehen für bis zu 200 Personen zur Verfügung.

Ein Aufenthalt im Landgasthaus & Hotel »Zum Dückerstieg« ist auch immer eine Zeit zum Genießen. Dies bezieht sich nicht nur auf die herrliche Natur an der romantischen Wilsterau oder auf die Begegnungen mit den großen Pötten am Nord-Ostsee-Kanal (dieser liegt nur ein paar Fahrminuten entfernt), sondern auch auf die kulinarischen Köstlichkeiten des Hotel-Restaurants.

Nach einem erlebnisreichen Tag mit gesundem Appetit sich der hiesigen Landküche zu widmen, ist eine herrliche Sache. Kreativ zubereitete Gerichte, bei denen die frischen Erzeugnisse aus der hiesigen Landschaft verarbeitet werden, sind ein Markenzeichen des Hauses. Dazu die herzliche Atmosphäre, die den Gast hier umgibt: Was kann man sich Erholsameres wünschen!

Für Anlässe aller Art stehen Veranstaltungsräume bis zu 200 Personen zur Verfügung. Ob im kleinen Rahmen oder in großer Festgesellschaft, das erfahrene Team des Hauses organisiert in professioneller Weise Feiern und Tagungen und berät den jeweiligen Gastgeber gerne bei deren Vorbereitung.

Das Team vom »Dückerstieg« steht auch für einen exzellenten Party-Service. Von Buffet bis Menü kann alles geliefert werden, auf Wunsch als Komplettservice mit Festzelt, Bestuhlung und Kühlanhänger. Der häusliche Gastgeber wird von allem freigestellt und kann sich ganz seiner Familie, den Freunden oder Gästen widmen.

Öffnungszeiten des Restaurants:
Di–Fr 10 bis 14 Uhr und 17 bis 22 Uhr
Sa/So 10 bis 22 Uhr
Küchenzeiten an allen Tagen:
12 bis 14 Uhr und 18 bis 21.30 Uhr

Beitrag von:
Landgasthaus & Hotel »Zum Dückerstieg«
Dückerstieg 7 · 25554 Neuendorf-Sachsenbande
Tel. (0 48 23) 9 29 29 · Fax (0 48 23) 9 29 31
info@dueckerstieg.de · www.dueckerstieg.de

Das liebevoll dekorierte Restaurant

Kulinarische Genüsse aus der kreativen Landküche

Behagliches Wohnen in großzügigen Räumlichkeiten

Eiscafé und Mehr

Das »Rialto« in Wilster

Modern und gemütlich zugleich

Im Eiscafé »Rialto« im Zentrum von Wilster kann man sich zu jeder Tageszeit mit dem verwöhnen lassen, wonach einem der Sinn steht. Dies beginnt schon mit einem deftig-herzhaften oder süßen Frühstück, kombiniert mit einer italienischen Kaffeespezialität.

Für viele, die nur schnell einen Snack zwischendurch möchten, etwa zur Mittagszeit, ist das »Rialto« ebenfalls die richtige Adresse. Für den kleinen Hunger gibt es hier eine Tagessuppe, einen Flammkuchen oder einen frischen Salat.

Und wenn der Nachmittag anbricht, spielt das »Rialto« die ganze Skala der süßen Genüsse: Eisvariationen in typisch italienischer Vielfalt, Kuchen und Torten sowie Heiß- und Kaltgetränke in großer Auswahl.

Das Motto »Eiscafé und Mehr« wird wörtlich genommen. Zum »Mehr« gehört nämlich nicht nur die Breite des kulinarischen Angebots, sondern auch die großzügigen und gemütlichen Räumlichkeiten. Das »Rialto« ist auch deswegen zu einem der beliebtesten Treffpunkte in der Wilstermarsch geworden.

Auch oder gerade nach Feierabend verabredet man sich gerne hier am Marktplatz, vielleicht nachdem man ein paar Besorgungen gemacht hat, und lässt den Tag entspannt bei einer Brotzeit und einem Glas Wein ausklingen.

Hier warten süße Genüsse auf die Gäste.

Februar – April 9 – 20 Uhr
Mai – September 9 – 21 Uhr
Oktober – Dezember 9 – 20 Uhr
Montag Ruhetag

Beitrag von:
Eiscafé Rialto
Am Markt 23 · 25554 Wilster
Tel. (0 48 23) 82 01
melanie.christen@web.de · www.rialto-wilster.de

Mode und Tradition seit 115 Jahren

Reese-Moden in Wilster und Brunsbüttel

In Wilster und Brunsbüttel kümmern sich 60 Mitarbeiter ständig um das Wohl der Kunden. Egal ob es um Mode für Herren geht, wobei auch ein Sortiment an Übergrößen geführt wird, oder um die Damen, die im »Reese women« die neueste Mode finden. Individuelle Fachberatung, Anfertigungs- und Bestellservice sowie Sofortänderung sind anerkannte Stärken des Hauses. An beiden Standorten ist eine hauseigene Schneiderei vorhanden. So können auswärtige Kunden ihre geänderte Ware gleich mitnehmen.

Bei Reese ist es die persönliche Atmosphäre, die das Einkaufen erleichtert. Das oftmals langjährige Vertrauensverhältnis zum Verkäufer schafft das gute Gefühl, das passende Teil gekauft zu haben. Im Hause sind die Wünsche, Stilrichtungen und Größen der Stammkundschaft bekannt.

In den Häusern in Wilster und Brunsbüttel erwarten die Kunden immer die aktuellste Mode und ein Service, der nur noch selten geboten wird. Und eines ist seit 115 Jahren stets geblieben: der Kunde steht im Mittelpunkt, seine Zufriedenheit ist der Anspruch des Modehauses Reese.

Reese-Moden – immer aktuell

Das Stammhaus in Wilster

Öffnungszeiten:
Mo–Fr 9 – 18.30 Uhr
Sa 9 – 16 Uhr
Frühdienst ab 8.30 Uhr

Beitrag von:
Wilhelm Reese OHG
Inhaber: Peter und Olaf Reese
Am Markt 4 · 25554 Wilster
Tel. (0 48 23) 69 62 · Fax (0 48 23) 61 10
info@reese-moden.de · www.reese-moden.de

St. Michaelisdonn

Halb auf der Geest, halb in der Marsch

St. Michaelisdonn hat vom Namen her zwei interessante Ursprünge, die bis heute im Ortsbild sichtbar sind. Zum einen bedeutet »Donn« übersetzt »Düne«, womit die geologische Beschaffenheit in altertümlicher Ausdrucksweise bezeichnet wurde. Die Gemeinde liegt also auf der Geest, wobei es sich tatsächlich um Relikte früherer Dünen handelt, die aus der Entstehung der hiesigen Landschaftsformen herrühren. Zum anderen enthält der Name den Hinweis auf die 1611 erbaute Kirche.

Der kleine Ort St. Michaelisdonn ist im Laufe der Zeit durch die Eingemeindung der Nachbardörfer Westdorf, Hopen und Hindorf gewachsen. Hier lebten überwiegend arme Leute: Tagelöhner, Landarbeiter, Handwerker und fahrende Händler, die durchs Land streiften und im Dorf ihr vorübergehendes Zuhause hatten. Wie vielerorts brachte die Industrialisierung der Wirtschaft und der Ausbau des Eisenbahnnetzes auch in St. Michaelisdonn im späten 19. Jahrhundert einen gewissen Aufschwung.

Die malerische und exzellent gepflegte Anlage des Golf Clubs am Donner Kleve gilt als eine der schönsten der Region. (Foto: Golfclub am Donner Kleve)

Die reetgedeckte Holländermühle auf dem Geestrand von St. Michaelisdonn

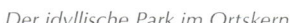
Der idyllische Park im Ortskern

Dabei spielte die Zuckerfabrik eine besondere Rolle. Sie bestand von 1880 bis 1995 und verarbeitete die Zuckerrübenernte der umliegenden landwirtschaftlichen Betriebe und sicherte der Region einen Teil ihrer Wirtschaftskraft. Die zur Zeit der Fabrikgründung erbaute Bahnlinie nach Marne und Friedrichskoog diente vor allem dem Zweck, die Rüben zur Verarbeitung nach St. Michaelisdonn zu transportieren. Viele Einheimische und Gäste erinnern sich noch heute an die hiesige »Skyline« mit den drei Zuckersilos und den Fabrikschornsteinen.

Das attraktive Wahrzeichen des Ortes ist zweifellos die historische Holländermühle »Edda« im Ortsteil Hopen. Dort steht sie auf dem Geestrand und scheint in die Marsch zu blicken, dorthin, woher fast immer der Wind weht. Die kürzlich aufwändig restaurierte Mühle, die 1842 erbaut wurde, ist voll funktionsfähig und mahlt noch immer für den Eigenbedarf. Der Donner Heimat- und Mühlenverein e.V. kümmert sich in vorbildlicher Weise um die Erhaltung dieses historischen Kleinods.

Das Freimaurer-Museum des Deutschen Freimaurerordens in der Meldorfer Straße 2 ist das drittgrößte seiner Art in Europa und bietet jedem interessierten Gast eine Besichtigung der zahlreichen ausgestellten Objekte.

Eine landschaftliche und sportliche Attraktion des Ortes ist die Anlage des Golfclubs am Donner Kleve. Die mit viel Liebe zum Detail gestalteten Spielbahnen führen durch eine reizvolle, leicht hügelige Landschaft. Der Platz hat 18 unverwechselbare Löcher auf sandigem, von Natur aus gewelltem Dünenboden und ist ganzjährig bespielbar. Das Angebot wird ergänzt durch einen öffentlichen 9-Loch-Platz sowie hervorragende Übungseinrichtungen.

Auf stillgelegten Gleisen kann St. Michaelisdonn von Marne aus ganz ungewöhnlich mit einer Fahrrad-Draisine angefahren werden. In beiden Orten befinden sich Draisinenbahnhöfe, die zum Verweilen einladen.

Urgemütlich und himmlisch lecker

Das »Café Creativ« in St. Michaelisdonn

Überraschung pur! Es gibt in Dithmarschen Adressen im kulinarischen Bereich, die Gästen, die hier das erste Mal sind, fast den Atem verschlagen. An der Burger Straße in St. Michaelisdonn macht das »Café Creativ« in dieser Hinsicht seinem Namen alle Ehre. Staunen auf der ganzen Linie!

Auch für persönliche Feiern ist das »Café Creativ« die richtige Adresse.

Das Café präsentiert eine große Auswahl an Wohn-Accessoires.

Gemütlichkeit inmitten wundervoller Dekorationen

Es beginnt mit der wirklich überwältigenden Dekoration, die einen total bezaubert. Entsprechend der jeweiligen Jahreszeit, erfährt man, werden sieben Räume hier ständig neu ausgestattet – und alles kann man erwerben und mitnehmen. Tischwäsche, Puppen, Porzellanartikel, Kränze, Schleifen, Kerzenhalter, Vasen, Schmuckschalen, Bilder – die Auswahl ist schier unbegrenzt. Jeder Raum besitzt seine eigene liebevoll gestaltete Konzeption in Farbgebung und Accessoires.

Man vergisst beinahe, dass man sich in einem Café befindet. Die Gäste gehören quasi zu diesem »Gesamtkunstwerk« dazu – und genießen es. Allerdings auch die leckeren hausgemachten Kuchen und Torten und das täglich von 9 – 12 Uhr angebotene reichhaltige Frühstück, wofür um eine Voranmeldung gebeten wird.

Für alle, die ein persönliches Fest feiern möchten, ob Hochzeit, Geburtstag oder Jubiläum: Die wundervoll dekorierten Räumlichkeiten im »Café Creativ« sind für einen solchen Anlass ein ganz besonderer Rahmen.

Beitrag von:
Café Creativ
Burger Straße 7
25693 St. Michaelisdonn
Tel. (0 48 53) 6 50
Fax (0 48 53) 88 08 56
info@cafe-creativ.de
www.cafe-creativ.de

Moderner Service in historischem Rahmen

Die königl. privil. Sonnen-Apotheke in Marne

Am Markt in Marne steht ein wunderschön erhaltenes Bürgerhaus mit einer altertümlichen Portalschrift. In goldenen Lettern steht dort geschrieben: SEIT 1755 KÖNIGL. PRIVIL.

In genau diesem Jahr beginnt die Geschichte der Sonnen-Apotheke, als nämlich der Pharmazeut Jacob Capell vom dänischen König Friedrich V. (1723–1766) die Erlaubnis zum Handel mit Arzneimitteln erhielt, wie ein Geschichtsband aus dem 19. Jahrhundert berichtet:

»Auf sein Ansuchen wurde ihm unterm 1sten April 1755 ein Privilegium exclusivum zur Anlegung einer Apotheke in Marne allerhöchst unmittelbar dahin zugestanden, daß weder in Marne, noch in Brunsbüttel und Eddelack, die größten Kirchspiele des Bezirks, jemanden erlaubt seyn solle, die zur Apotheke privative gehörige Waare feil zu halten.«

Die Sonnen-Apotheke heute ist ein modernes Unternehmen, das jeden Service bietet, den man heutzutage von einer Apotheke erwarten kann. Besonders wichtig ist Dietmar Bsirsky und seinen Mitarbeiterinnen dabei die persönliche Beratung der Kunden. Das Team arbeitet ständig an Verbesserungen seiner Dienstleistung für Marne und Umgebung.

Die Frontansicht mit den goldenen Lettern

Öffnungszeiten:
Mo-Fr: 07.45 – 19.00 Uhr (durchgehend)
Sa: 08.00 – 12.30 Uhr

Das dem historischen Aussehen nachempfundene Interieur

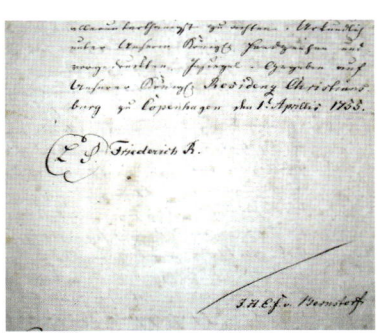

Die königliche Unterschrift unter das Privileg vom 1. April 1755. Unten rechts steht die Signatur des zuständigen Ministers Johann Hartwig Ernst Graf von Bernstorff, Chef der Deutschen Kanzlei in Kopenhagen für Schleswig-Holstein und zugleich Außenminister des Königreichs Dänemark.

Beitrag von:
Sonnen-Apotheke
Apotheker Dietmar Bsirsky
Markt 5 · 25709 Marne
Tel. (0 48 51) 95 0 80
Fax (0 48 51) 95 08 10
mail@kps-apo.de
www.sonnen-apotheke-marne.de

Kohl, Karneval und Kraft aus Wind

Das Amt Marne-Nordsee besteht aus 13 Gemeinden mit rund 14 000 Einwohnern.
In diesem Beitrag werden vornehmlich die kleineren Gemeinden dargestellt, da **Marne** und **Friedrichskoog** eigene Präsentationen in diesem Buch besitzen (Marne: S. 164–165, Friedrichskoog: S. 172–173). Der Verwaltungssitz des Amtes befindet sich im Rathaus der Stadt Marne und im Verwaltungsgebäude des ehemaligen Amtes KLG Marne-Land.

Der Amtsbereich hat vieles zu bieten: Das Weltnaturerbe Schleswig-Holsteinisches Wattenmeer, den natürlichen und malerischen Nordseestrand, die vor den Sturmflutgewalten schützenden Deiche, die Köge, in denen überwiegend Kohl und Getreide angebaut werden, auch die heute in Zeiten der Energiewende wichtigen Windkraftanlagen.

Die einwohnerstärksten Gemeinden des Amtes sind die Stadt Marne mit etwa 6000 sowie die Gemeinde Friedrichskoog mit rund 2500 Einwohnerinnen und Einwohnern. Friedrichskoog als Erholungsort und Nordseeheilbad (Friedrichskoog-Spitze) ist das touristische, Marne das kulturelle und wirtschaftliche Zentrum. Zur Kultur

gehört zum Beispiel in Marne der Karneval, der hier eine lange Tradition besitzt und sich jährlich immer wieder großer Beliebtheit erfreut. Mehrere Zehntausend Menschen sehen sich dann den Rosenmontagszug mit den phantasievoll gestalteten Motivwagen an. Ein weiteres Highlight ist das mehrtägige Stadtfest im Rahmen der Dithmarscher Kohltage, das Menschen von nah und fern anzieht und begeistert. Das im Ortskern befindliche Kultur- und Bürgerhaus bietet abwechslungsreiche und qualitativ hochwertige kulturelle Veranstaltungen an.

Insgesamt bieten die Gemeinden des Amtes sehr umfangreiche und auf die Bedürfnisse vor Ort abgestellte Infrastrukturen an. Vom Kindergarten über alle Formen der allgemeinbildenden Schulen, umfassende Einkaufsmöglichkeiten, vielfältige kulturelle Betätigungsmöglichkeiten, Sehenswürdigkeiten sowie lebendige Vereine und Verbände ist hier alles zu finden.

Diekhusen-Fahrstedt

Südlich der Stadt Marne gehen die Stadt- und Gemeindegrenze zur Gemeinde Diekhusen-Fahrstedt

Die eigenwillige Architektur der Kirche im Kronprinzenkoog

nahtlos ineinander über. Die Gemeinde Diekhusen-Fahrstedt mit ihren 5 Ortsteilen Diekhusen, Fahrstedt, Diekhusener- und Fahrstedterwesterdeich sowie Vettenbüttel ist im Zuge der Gemeindereform 1970 aus den bis dahin eigenständigen Orten Diekhusen und Fahrstedt entstanden. Man nimmt an, dass die Ursprünge in der Besiedelung einer Warft zwischen den Jahren 100 und 400 liegen. Damit wäre die Ansiedlung die älteste der Südermarsch.

Helse

An der nördlichen Stadtgrenze zu Marne befindet sich die Marsch- und Flächengemeinde Helse. Die Gemeinde ist landwirtschaftlich geprägt und besteht aus den Ortsteilen Darenwurth, Helse, Helserdeich, Hembüttel, Krumwehl, Norderlandstieg, Triangel, Vitt und Zippelkoog.

Marner Stadtimpression am Thomas-Backens-Denkmal

*Diese Deichtreppe im Kaiser-Wilhelm-Koog
scheint himmelwärts zu führen.*

*Frisch geernteter Rotkohl,
wie er einem im Herbst entgegenleuchtet*

Neben einem modernen Wohnbaugebiet in attraktiver Lage findet man in der Gemeinde Helse eine Grundschule, eine Sporthalle und einen Sportplatz vor.

Kaiser-Wilhelm-Koog

Die Gemeinde Kaiser-Wilhelm-Koog grenzt im Westen unmittelbar an den »Nationalpark Schleswig-Holsteinisches Wattenmeer«. Verkehrsmäßig bestehen gute Busverbindungen nach Marne. Neben der Landwirtschaft und dem Tourismus hat sich die Erzeugung von Windenergie hier zu einem bedeutenden Wirtschaftsfaktor entwickelt. Im Koog befindet sich eine Landgaststätte mit Saalbetrieb.

Kronprinzenkoog

Das Gemeindegebiet wurde schrittweise dem Meer abgerungen. Sie erstreckt sich auf einer Gesamtlänge von 17 Kilometern. Kronprinzenkoog ist eine Marsch- und Flächengemeinde und landwirtschaftlich strukturiert. Durch die Installierung und den Betrieb von zahlreichen Windkraft-, Photovoltaik und Solaranlagen im Koog hat sich die Wirtschaftskraft merklich erhöht. Hier befindet sich eine Grundschule, die »Marschenschool«, die das dörfliche Leben bereichert, ein Kindergarten, eine Kirche der ev.-luth. Kirchengemeinde der Vereinigten Süderdithmarscher Köge sowie ein Friedhof.

Marnerdeich

Das Gemeindegebiet ist ein Teil des von 1578 bis 1581 eingedeichten »Großen Kooges Ammerswurth-Marne«. Die Gemeinde entstand 1840 nach Abtrennung von dem damaligen Kirchort Marne und grenzt im Osten unmittelbar an die Stadt Marne. Der Ort hat den Charakter eines Reihendorfes. Die Gemeinde beteiligte sich oft an dem Wettbewerb »Unser Dorf soll schöner werden« und errang dabei mehrmals einen der ersten Plätze, oder ihr wurde die Anerkennung für besondere Leistungen ausgesprochen.

Neufelderkoog

Der landwirtschaftlich orientierte Neufelderkoog wurde von 1923 bis 1925 durch eine Deichbaugenossenschaft eingedeicht und anschließend besiedelt. 1928 erfolgte die Auflösung des »Gutsbezirks Marner Vorlande«, zu dem Neufelderkoog bis dahin gehörte, und die Bildung der Koogsgemeinde Neufelderkoog.

Neufeld

Die Gemeinde Neufeld entstand 1970 durch die Vereinigung der Gemeinden Kattrepel und Marner Neuenkoogsdeich; sie ist eine Flächengemeinde und landwirtschaftlich strukturiert. In der Gemeinde befinden sich die Ortsteile Fahrstedteraltendeich, Kattrepel, Kattrepelerfeld, Marner Neuenkoogsdeich und Neufeld. Hier steht auch eine Kapelle der ev.-luth. Kirchengemeinde Marne und die Grundschule für Neufeld und Neufelderkoog. Sehenswürdig ist die Holländer-Windmühle »Immanuel« am Püttenweg in Marner Neuenkoogsdeich, die von dem Bildhauer Klaus Wiethoff vor dem Sterben gerettet wurde und von ihm als Galerie genutzt wird.

In der Gemeinde herrscht ein reges Vereinsleben. Weit über die Grenzen der Gemeinde hinaus ist der »Schützenverein Neufeld e.V.« bekannt, der außer dem alljährlichen »Lustvogelschießen« den Schießsport in der von ihm errichteten Schießsporthalle am Hafen betreibt. Der »Sportbootclub Neufeld e.V.« bewahrte den ehemaligen Fracht- und Fischereihafen Neufeld vor der Schließung und betreibt ihn nun als Sportboothafen mit rund 50 Liegeplätzen für Sportfischer- und Segelboote. In Neufeld befindet sich eine Landgaststätte.

Ramhusen

Die Gemeinde liegt in der »Alten Marsch« und grenzt im Osten an die Gemeinde Eddelak und im Süden an das Stadtgebiet von Brunsbüttel. In ihm liegen außer der um 1200 n.Chr. entstandenen Reihensiedlung Ramhusen die Ortsteile Diekshörn, Schüttung, Triangel, Wischweg und Wöppenstieg.

Schmedeswurth

Schmedeswurth ist eine der ältesten Gemeinden im Amtsbezirk Marne-Nordsee. Der Name ist wohl aus der »Wurth« eines »Schmieds« entstanden. Zum Ort gehören heute die Ortsteile Auenbüttel, Schmedeswurth, Wester- und Ostermenghusen und Schmedeswurtherwesterdeich.

Trennewurth

Das Gemeindegebiet wurde in drei Teilabschnitten dem Meer abgerungen. Es grenzt im Norden an das Amt Mitteldithmarschen. Die Gemeinde besteht aus den Ortsteilen Trennewurth, Trennewurtheralten- und Trennewurtherneuendeich und Trennewurtherkroge.

Volsemenhusen

Der landwirtschaftlich strukturierte Ort entstand 1970 durch die Vereinigung der Gemeinden Kannemoor, Norderwisch, Rösthusen, Süderwisch und Volsemenhusen (alt). Eine Besonderheit der Gemeinde stellen die in der Realisierung befindlichen Bürgerwindparks dar. Die Bürgerinnen und Bürger der Gemeinde erhalten hier die Möglichkeit, sich an der umweltschonenden und zukunftsfähigen Produktion von Energie zu beteiligen.

Beitrag von:
Amt Marne-Nordsee
Alter Kirchhof 4–5 · 25709 Marne
Tel. (0 48 51) 95 96 61
andreas.rohwedder@amt-marne-nordsee.de
www.amt-marne-nordsee.de

Marschhof bei Neufeld

Der Chronist der tausend Bilder

Thomas Backens fotografierte einst Land und Leute

Als Thomas Backens am 24. März 1859 in Flensburg als Sohn eines Ölmüllers zur Welt kam, gab es die Fotografie schon einige Jahre. Die Technik, die Realität im wahrsten Sinne des Wortes »abzulichten«, hatte zunächst verschiedene Entwicklungen genommen. Vom Heliographie-Verfahren 1826 über die Daguerreotypien 1837 bis zu den ständig verbesserten Techniken des Fotografierens wenige Jahrzehnte später kann man von sprunghaften Fortschritten und wachsender Popularität sprechen. Thomas Backens, der ursprünglich Musiker werden wollte, ging bei dem bekannten Flensburger Fotografen Wilhelm Dreesen in die Lehre, zog anschließend nach Meldorf, um dort als selbstständiger Fotograf zu arbeiten. Von hier wechselte er wenig später nach Marne, wo er am 1. Mai 1883 das frei werdende Geschäft des Kollegen Heinrich Mehlert übernahm und sesshaft wurde.

Der damalige Broterwerb eines Fotografen bestand vor allem aus Porträtaufnahmen zahlender Auftraggeber, die sich und die Ihren für die Nachwelt aufbewahrt wissen wollten. Allerdings entwickelte Thomas Backens schon bald den »impressionistischen« Drang, auch in der Natur und im menschlichen Alltag zu fotografieren. So verließ er, inzwischen verheiratet, häufiger sein Atelier, um Aufnahmen im Freien zu machen. Die Geschäfte liefen gut, und er eröffnete nach fünf Jahren das Geschäft in der Schillerstraße, dessen Räumlichkeiten heute im Kultur- und Bürgerhaus aufgegangen sind. Nach Thomas Backens Tod 1925 setzten sein Sohn Ernst und auch sein Enkel Hans-Peter die Familientradition fort und betrieben das Fotogeschäft nacheinander noch

Das Atelierhaus in der Schillerstraße. Heute gehören die Räume zum Kultur- und Bürgerhaus. (Foto: Backens-Archiv, Marne)

Thomas Backens (3. von links) in seinem Marner Atelier an der Schillerstraße (Foto: Backens-Archiv, Marne)

Thomas Backens (1859–1925) (Foto: Backens-Archiv, Marne)

viele Jahre weiter, ehe nach Verkauf des Hauses an die Stadt die gegenwärtige Nutzung entstand.

Damit hat aber die Backen'sche Sammlung historischer Fotografien keineswegs ihren Platz in der Marner Stadtkultur verloren. Im Gegenteil ist vorgesehen, hier den Standort des Archivs zu belassen und das Erbe des Fotografen weiterhin zu pflegen und der Öffentlichkeit noch breiter zugänglich zu machen. Das hinterlassene Material umfasst insgesamt etwa 1200 Negativ-Glasplatten ver-

schiedener Formate. Im Kultur- und Bürgerhaus finden bereits regelmäßig Ausstellungen der Fotos von Backens statt. Im Heimatmuseum gibt es außerdem eine Backens-Koje, in der viele Gegenstände aus dem Nachlass gezeigt werden.

Dieser wertvolle Schatz an historischen Fotografien aus längst vergangenen Dithmarscher Tagen ist für Forscher ebenso wie für das heimatgeschichtlich interessierte Publikum eine sprudelnde Bilderquelle (siehe auch den Beitrag S. 152–153).

Thomas Backens

Werkbeispiele seiner Fotografie – eine kleine Analyse

Mann mit Boot am Neufelder Hafen (Nr. 1) (Foto: Backens-Archiv, Marne)

Betrachtet man das Foto Nr. 1 mit dem Mann am Neufelder Hafen, der ein Fischer sein könnte, nach Feierabend eine Pfeife rauchend an seinem Boot, könnte man meinen, Thomas Backens habe eben diesen Fischer oder Schiffer in seiner vertrauten Umgebung abbilden wollen. Springt man allerdings weiter auf das Bild Nr. 2, das offenbar nur wenige Meter davon entfernt aufgenommen wurde und einen Kunstmaler bei der Arbeit zeigt, taucht der Mann aus dem ersten Bild, jetzt als Zuschauer, wieder auf. Eben noch Hauptperson, nun ein paar Schritte weiter ein Statist. Denn das Augenmerk liegt inzwischen auf dem Kunstmaler, der übrigens auch als Maler Ninzel aus Hamburg am Foto vermerkt ist. Thomas Backens hat offenbar das getan, was unzählige Fotografen vor ihm und nach ihm auch getan haben: Er hat ein Modell benutzt, in diesem Fall den »Fischer«. Man könnte ihn sagen hören: »Du, Hannes, stell

Der Hamburger Maler Ninzel vor seiner Staffelei am Neufelder Hafen (Nr. 2) (Foto: Backens-Archiv, Marne)

Ausflüglergruppe an den Brunsbütteler Schleusen (Nr. 3) (Foto: Backens-Archiv, Marne)

Zeppelin und Zuschauer (Nr. 4) (Foto: Backens-Archiv, Marne)

dich doch mal da ans Boot hin« oder »Hannes, tu mal so, als würdest du dem Ninzel über die Schulter schauen!« Thomas Backens hat offenbar seine Fotos ein wenig komponiert, ohne dass sie von ihrer Schönheit und dokumentarischen Kraft sehr viel eingebüßt hätten.

Dies gilt in abgewandelter Form auch für das Foto Nr. 3, das eine Ausflüglergruppe, wahrscheinlich eine Großfamilie mit Kind und Kegel bei einem Sonntagsspaziergang an der Brunsbütteler Schleuse zeigt. Hier geht die Initiative für den Bildaufbau wahrscheinlich von beiden aus, von der Gruppe und vom Fotografen. Die Gruppe könnte vorgeschlagen haben: »Herr Backens, machen Sie doch einmal ein Foto von uns hier vor dem schönen Ozeandampfer«, und Thomas Backens mag geantwortet haben: »Ein sehr gutes Hintergrundmotiv, alle bitte einmal in die Kamera schauen und still halten!« Dann hat er das Gruppenporträt geschossen und ist dafür wahrscheinlich entlohnt worden,

denn er lebte ja von dieser Arbeit. Wenn das Foto allerdings Bekannte, Freunde oder gar die eigene Verwandtschaft darstellt, wird er wohl leer ausgegangen sein.

Das Foto Nr. 4 ist von anderer Intention. Es soll das momentane Ereignis dokumentieren, nämlich den damals noch sensationellen Überflug eines Luftschiffes. Es zeigt das Zeppelin, wie es sich über dem heimatlichen Klevhang einer Gruppe von staunenden Menschen annähert. Alle weisen dem Fotografen den Rücken zu und schauen in die Richtung des Zeppelins. Wenn man das Foto ganz genau betrachtet, sieht man, dass die ganze Wiese gesprenkelt ist mit Schaulustigen, was den Schluss nahelegt, dass man im Voraus von diesem Überflug wusste. Diese Annahme wird auch durch den Bier- und Limonadenverkäufer an seinem Tisch zwischen der vorderen Gruppe bestätigt. Dies ist also eher ein journalistisches Foto, das später in der Presse hätte veröffentlicht werden können.

Das Heimatmuseum Marner Skatclub von 1873

Ausgefallene Exponate

Die unterschiedlichsten Exponate sind zu einem bunten Gesamtbild gestaltet. (Foto: Heimatmuseum Marner Skatclub von 1873, nordnordwest/Carlos Arias Enciso)

Manchmal gibt es kuriose Entstehungsgeschichten von inzwischen offiziellen Institutionen. Hierzu gehört auch das Museum des 1873 gegründeten Marner Skatclubs. Dieser errichtete 1905 ein eigenes Vereinsgebäude, in dem die Mitglieder ihre Raritätensammlung unterbrachten.

Die Marner Oberschicht, Kaufleute, Brauereibesitzer und kaiserliche Beamte trafen sich in jener Zeit einmal die Woche, am Freitagabend, zum Skat. Zur Ausschmückung des Vereinsheims dekorierten die »Skatbrüder« den Clubraum im Hinterzimmer mit Souvenirs aus aller Welt, die eigentlich schon mehr als bloße Erinnerungsstücke waren. Sie waren von Auslandsaufenthalten oder Militäreinsätzen in den deutschen Kolonien und anderswo mitgebracht worden. Die Exponate spiegelten sowohl die Vorlieben des Spenders als auch dessen jeweiliges Reiseziel wider. Auf jeden Fall kamen mit den Jahren eine Menge teils exotischer Gegenständen zusammen, die nach einer neuen Organisationsform verlangte. 1928 übernahm die Stadt Marne das heutige Skatclubmuseum.

Das Andenken an die geselligen Herrenabende der Anfangszeit wird in einem separaten Kabinett gepflegt. Neben den typischen Insignien, die an das Skatspiel und die begleitenden Vergnügungen wie das Biertrinken und das Rauchen erinnern, sind auch Münzen und Möbel aus der Dithmarscher Landesgeschichte aufbewahrt, sogar ein Geschützrohr eines gesunkenen Kanonenbootes aus dänischer Zeit gehört zum illustren Sammelsurium.

Durch das Institut für Volkskunde der Kieler Universität erfolge 1977 bis 1979 eine Reorganisation der kunsthistorischen und heimatkundlichen Sammlung aus dem Bereich des Kirchspiels, der Stadt sowie der Köge. Darüber hinaus birgt das Haus interessante Funde der Vorgeschichte aus den Perioden der Muschelhaufenkultur, der jüngeren Steinzeit, der Bronzezeit und der Eisenzeit. In der kulturgeschichtlichen Abteilung wird bäu-

Ein 1879 gestiftetes Clubutensil (Foto: Heimatmuseum Marner Skatclub von 1873, nordnordwest/ Carlos Arias Enciso)

erliches und bürgerliches Alltagsmobiliar gezeigt. Hausgeräte wie Steingut, Fayencen, Porzellan, Silber, Schmuck, Textilien, volkstümliche Graphiken sowie Ausstattungsstücke der alten Marner Kirche ergänzen die Ausstellung. Ein Gang durch dieses unkonventionelle Museum sollte für jeden Marnegast obligatorisch sein.

1990 wurde das Museum baulich erweitert, um Ausstellungen zu ermöglichen oder besondere Veranstaltungen wie Trauungen vornehmen zu können. Wer mehr erfahren möchte, kann sich unter der Telefonnummer (0 48 51) 35 18 informieren.

Das Marner Skatclubmuseum von 1873, fotografiert von der Gartenseite (Foto: Heimatmuseum Marner Skatclub von 1873, nordnordwest/Carlos Arias Enciso)

Achse kulturellen Lebens in Dithmarschen

Das Kultur- und Bürgerhaus in Marne

Das Kultur- und Bürgerhaus wurde im März 2009 eröffnet, um einerseits das städtische Leben in Marne, andererseits das kulturelle Angebot in der gesamten Region zu bereichern. Unter dieser Maßgabe im Rahmen des Städtebauförderungsprogramms und mit Hilfe von europäischen Fördermitteln realisiert, bietet der Bau auf zwei Ebenen mit mehr als 130 m² Platz für wechselnde Ausstellungen zeitgenössischer Künstler – und präsentiert darüber hinaus Monat für Monat ein abwechslungsreiches Programm: Lesungen, Kabarett und Comedy, Kleinkunst und Konzerte.

Seit 2011 hat sich die Stadt Marne mit dem Kultur- und Bürgerhaus zur Achse kulturellen Lebens in Dithmarschen entwickelt. Die beinahe monatlich wechselnden Ausstellungen präsentieren ein breites Spektrum zeitgenössischer Kunst; regional bekannte Größen wechseln mit bereits international beachteten Künstlern. Zu Beginn des Jahres aber gehört die Ausstellungsfläche stets einen Monat lang den Kindern und Jugendlichen der Region. Unter dem Motto »SchulArt« zeigen die Lehrer aus den regional angebundenen Schulen die interessantesten Arbeiten aus dem Kunstunterricht.

Ergänzt wird das kulturelle Angebot des Hauses durch rund drei Dutzend Veranstaltungen im Jahr. Konzerte (»Ein Abend in Schloss Sanssouci« mit dem Kieler Barock-Ensemble), hochklassige Klavierabende (Denys Proshayev) und sogar Opernbearbeitungen (»Carmen« von Bi-

zet) wechseln mit Kabarett & Comedy (Klappmaulpuppe Werner Momsen, der singende Matrose Nagelritz, ein Loriot-Abend mit Christiane Leuchtmann und Hans-Peter Korff). Aber auch Lesungen stehen auf dem Programm (Helge Timmerberg und Heinz Strunk, Yared Dibaba, Matthias Stührwoldt und der jüngst leider verstorbene Reimer Bull) – und immer wieder etwas speziell für die Kleinen: Figurentheater (»Peter und der Wolf«, »Prinzessin Isabella«) und regelmäßige Workshops (»Mit Farben spielen«, »Wir bauen uns eine Handpuppe«).

Dem Neubau angegliedert ist das Haus des bedeutenden Dithmarscher Fotografen Thomas Backens (1859–1925), das von Sohn Ernst und Enkel Peter noch bis ins neue Jahrtausend weitergeführt wurde. In dem Altbau sind regelmäßig wechselnde, themenbezogene Ausstellungen mit historischen Fotos aus dem Backens-Nachlass zu sehen. Und einmal im Jahr – zum Stadtfest anlässlich der Dithmarscher Kohltage – findet zu Ehren von Thomas Backens das »Historische Foto-Shooting« statt. Wer möchte, kann sich dann aus dem Kostüm-Fundus bedienen und historisch in Szene setzen lassen. Am PC altern die Fotos digital im Handumdrehen um rund hundert Jahre – und können gleich darauf druckfrisch mitgenommen werden. Das aktuelle Programm findet man im Internet unter www.kbh-marne.de.

Wolf Eismann, seit April 2011 Leiter des Kultur- und Bürgerhauses

Das Kultur- und Bürgerhaus, das von dem Architekten Jörg Steinwender aus Heide realisiert wurde, erhielt im Oktober 2011 einen Preis des Bundesverbandes der Architekten (BDA) für herausragende Architektur in Schleswig-Holstein.

Auf zwei Ebenen sind wechselnde Ausstellungen zeitgenössischer Kunst zu sehen.

Der Workshop »Wir bauen uns eine Handpuppe« der Hamburger Arbeitsgemeinschaft Puppenspiel lockt immer viele Kinder ins Haus.

Beim Historischen-Foto-Shooting zu Ehren von Thomas Backens kann sich jeder im Stil des berühmten Dithmarscher Fotografen ablichten lassen.

Marne – ländlich charmant

Das Zentrum der Dithmarscher Südermarsch

Nomen est omen. Der Name der Stadt hat sich ab dem 12. Jahrhundert von Myrne über Roden Merne und Roden Marre zur heutigen Bezeichnung Marne entwickelt. Dies rührt aus dem Altsächsischen her und bedeutet »Siedlung am hohen Ufer«. Diese Ortsbeschreibung lässt wahrscheinlich auf die Lage vor dem ostwärtigen Geesthang schließen.

Auf der Kirchwurt thront inmitten der Stadt die 1904 bis 1906 gebaute Maria Magdalenen-Kirche. Ihr 61,5 m hoher Kirchturm grüßt weit hinein in die Südermarsch, deren Zentralort die Stadt ist. Das Gotteshaus stellt architektonisch einen Backsteinbau nach frühgotischem Vorbild dar. Von Kirchenbaumeister Wilhelm Voigt aus Kiel geplant und ausgeführt, erhielt der Grundriss der Saalkirche die Form eines lateinischen Kreuzes.

Die Maria Magdalenen-Kirche ersetzte einen laufend abgewandelten Vorgängerbau und ist letztlich ein Stilmix aus neugotischen und neuromanischen Elementen, wobei

sich im Inneren auch Anklänge an den zur Bauzeit aktuellen Jugenstil finden. Gleichzeitig übernahm man die Bronzetaufe aus dem 13. Jahrhundert mit einer lateinischen Spiegelschrift sowie Kanzel und Orgelprospekt aus dem frühen 17. Jahrhundert. Der Altar im Zentrum des Kirchenraumes soll die sakrale Mitte des Gottesdienstgeschehens symbolisieren. Alles in allem ein sehenswertes Bauwerk, das allerdings ohne durchgehende Originalität bleibt.

Marnes Verkehrsader ist heute die Bundesstraße 5, die eine Art Dithmarscher Nord-Süd-Magistrale darstellt. Früher gab es noch den Abzweiger der Marschbahn von St. Michaelisdonn über Marne nach Friedrichskoog. Diese eingleisige Bahnstrecke war nur 21 km lang, besaß aber erhebliche Bedeutung für die Südermarsch. Die Linie wurde in zwei Abschnitten errichtet: 1880 bis Marne, 1884 Verlängerung nach Friedrichskoog mit zwei Stichstrecken zu den Ladestellen Kronprinzenkoog und Norderfleth. Der Personenverkehr wurde erst am 1. Oktober 1898 aufgenommen. Die Stichstrecke nach Norderfleth wurde 1927 wieder eingestellt, die Strecke nach Kronprinzenkoog 1930 bis in den Kaiser-Wilhelm-Koog und 1931 bis nach Neufelderkoog verlängert. Der Grund hierfür waren die Lieferungen landwirtschaftlicher Produkte in die Verarbeitungsbetriebe, vor allem Kohl und Zuckerrüben, letztere in die Zuckerfabrik nach St. Michaelisdonn.

Der Personenverkehr von Marne in den aufstrebenden Touristenort Friedrichskoog wurde nach der Sommersaison 1954 eingestellt, nach St. Michaelisdonn 1961. Nacheinander sind auch alle Güterverkehrslinien geschlossen worden. Übrig geblieben ist nur noch die für Gäste gedachte Draisinenstrecke Marne-St. Michaelisdonn, die am alten Marner Bahnhof beginnt und endet.

Der hoch über der Stadt aufragende Turm der Maria Magdalenen-Kirche

Der Stöfenpark im Stadtzentrum (Foto: TZ Marne)

Der Bürgermeister-Puls-Weg, auf dem man nahe der Innenstadt die Marschenlandschaft genießen kann. (Foto: TZ Marne)

Das Heimatmuseum Marner Skatclub von 1873

Marne ist Standort leistungsstarker Industriebetriebe. Die traditionsreiche Dithmarscher Brauerei Hintz, Stichwort »Beugelbuddelbeer«, befindet sich mitten im Ortszentrum an Kirche und Marktplatz. Die weithin bekannte Firma Friesenkrone stellt Heringsspezialitäten her, während die Rijk Zwaan Marne AG (ehemalige GZG Marne Saaten AG) weltweit anerkannte Kopfkohlsorten wie Weiß- und Rotkohl züchtet.

In Marne hat das weitgehend karnevalsfreie Schleswig-Holstein seine große Ausnahme hervorgebracht. In der Session finden hier zahlreiche Karnevalsveranstaltungen statt, die dann im größten Rosenmontagsumzug des Bundeslandes ihren Höhepunkt finden. Im Jahre 2008 nahmen mehr als 50 Wagen und Gruppen daran teil, bei einer nach Zehntausenden zählenden Besuchermenge. Der Zug geht durch die ganze Stadt, wobei die auswärtigen Zuschauer einen guten Eindruck von der Marner Gastfreundlichkeit und dem ländlichen Charme der Stadt gewinnen können. Die vielen kleinen Gassen und Winkel kommen auch während der Dithmarscher Kohltage und beim jährlichen Stadtfest zu Ehren. Marne ist eine kleine Stadt mit einem großen Wohlfühlfaktor.

Dies liegt auch an der regen Kulturszene, die hier von vielen Seiten gepflegt wird. Die Stadt besitzt ein modernes und sehr funktionales Kultur- und Bürgerhaus (KBH, siehe Beitrag S. 163), in dem alle möglichen Veranstaltungen stattfinden. Ob Ausstellungen, Konzerte, Lesungen oder anderes, hier trifft man sich gerne und genießt die kleinen Fluchten aus dem Alltag. Das Archiv des Marner Fotografen Thomas Backens (siehe Beitrag S. 160–161) ist ebenfalls hier im ehemaligen Wohnhaus der Familie angesiedelt. Mit seinem historischen Bilderbestand werden regelmäßig Ausstellungen durchgeführt. Ein ganz außergewöhnliches Kulturinstitut ist das Heimatmuseum Marner Skatclub von 1873 in der Museumsstraße, das seine Besucher in jeder Hinsicht überraschen wird.

Es gibt einige berühmte Söhne und Töchter der Stadt. Von ihnen sollen hier nur drei erwähnt werden:

Szenerie nördlich der Kirche mit dem Amtsgebäude, das dem vom Amt-Büsum-Wesselburen in Büsum baulich ähnelt.

Wunderschöne Bürgerhäuser zieren das Stadtbild in vielen Straßen.

die Schauspielerin Susanne Gärtner (Jahrgang 1974), der Springreiter und Medaillengewinner Carsten-Otto Nagel (Jahrgang 1962) und der niederdeutsche Schriftsteller, Germanist und Radiosprecher Ivo Braak (1906–1991)

Marne ist in vielen Teilen eine grüne Stadt mit Parkanlagen und nahe gelegenen Wanderwegen. Selbst im eng bebauten Zentrum beleben herrliche alte Bäume das Erscheinungsbild.

Rosenmontag in Marne

Eine Karnevalshochburg nördlich der Elbe

Für die Einheimischen ist es längst eine ganz normale Sache, nicht weniger normal als für die Jecken am Rhein oder sonst wo, wenn die fünfte Jahreszeit beginnt. In Dithmarschen liegt die nördlichste Karnevalshochburg in Deutschland, nicht so ausgebufft zwar wie an Rhein und Main, aber nicht weniger fröhlich und einfallsreich.

Seit 1978 schlängelt sich der Rosenmontagszug durch Marne mit kunterbuntem Wagenzug, tanzenden Funkenmariechen und ausgeflippten Kostümgestalten, alles bäuerlich-ländlich mit derben Sprüchen und treffendem Witz. Politik und Gesellschaft bekommen ihr Fett weg in einer nordischen Note, wie man sie im Gebiet der Oberkarnevalisten im Rheinischen nicht kennt.

Das Winterwetter kann der Stimmung nichts anhaben. Selbst härtester Frost und Schneetreiben, was nicht selten vorkommt, wird souverän gemeistert, vor allem durch hochprozentige Heißgetränke aller Art und viel Bewegung. Nach der traditionellen Rathausstürmung geht die Post ab mit einem Musikprogramm, das von schmissigen Märschen bis zu hämmernden Karibikrhythmen

reicht. Die angereisten Spielmannszüge hauen gewaltig auf die Pauke.

Im Zug stellen sich nicht nur die Lokalmatadoren der Marner Karnevals Gesellschaft (MKG), sondern auch viele Dörfer der Umgebung mit eigenen Motivwagen vor, bei denen gekonnt und oftmals aufwändig präsentierte Agrarthemen die Hauptrolle spielen.

Dazwischen tanzen und springen »Einzeltäterinnen und -täter« die Straßen entlang und animieren die Publikumsmassen zum Mitmachen. Es sind auch immer Zehntausende von Gästen auf den Beinen und feuern die Akteure an. Über 50 Wagen, begleitet von begeisterten Fußtruppen, ziehen durch das ansonsten beschauliche Städtchen unter dem hiesigen Narrenruf »Marn hol fast«. Aber nicht nur Politisches wird von den weit über tausend Aktiven dargeboten, sondern auch viel Zauberhaftes zum Beispiel aus Harry Potter und Mittelerde oder gerade aktuellen Filmhits. Sogar die ganz lütten Karnevalisten sind mittendrin, mollig eingepackt in Bollerwagen oder auf Mamas Arm. Insgesamt dauert der Straßenumzug drei bis vier Stunden.

Auch »Erdbeeren« und »Karotten« schließen sich dem Zug an.

Mehrere Tonnen Kamellen sausen in die Menge, auch als milde Gaben der eingeladenen Karnevalsgesellschaften aus anderen Städten und Landstrichen, die immer wieder gerne nach Marne kommen. Die fünfte Jahreszeit in Marne hat eben ihren besonderen Reiz.

Die »Tragik« beim Ganzen ist nur, dass sich die Karnevalsflüchtlinge aus den westlichen und südlichen Metropolen Deutschlands unversehens in dem Rummel wiederfinden, vor dem sie gerade ausgebüxt waren. Doch das »tolle« Flair in Marne fängt sie alle ein. Noch lange wird in und um die gesperrte Innenstadt zünftig gefeiert, gefachsimpelt und gesungen, ein Erlebnis, das man einfach einmal mitgemacht haben muss.

Zehntausende säumen die Straßen.

Tanzende Funkenmariechen im Marner Rosenmontagszug

Einer der frechen Motivwagen

Inspirationen für Haus und Garten

Der Wohlfühl-Partner für Dithmarschen und Steinburg: Holzland Jacobsen in Marne

Süße Leckereien im Holzland-Café

Ein Haus für Groß und Klein

Der Werkstoff Holz ist das älteste Baumaterial des Menschen und hat an seiner Bedeutung bisher nichts eingebüßt. Holz ist warm, Holz vermittelt Geborgenheit und das Gefühl, etwas Natürliches und Lebendiges zu bewohnen und zu besitzen. Holzland Jacobsen, entstanden aus einem alteingesessenen Zimmereibetrieb, ist ein modernes Unternehmen in Sachen Holz & Garten und zuverlässiger und ideenreicher Partner für seine Kundschaft in Dithmarschen und Steinburg.

Es macht einfach Freude, bei Holzland Jacobsen auf Entdeckungsreise zu gehen. Hierzu lädt nicht nur die unglaubliche Vielfalt der Angebote, sondern auch die herzliche Atmosphäre ihrer Präsentation ein. Man spürt hier auf Schritt und Tritt das liebevolle Engagement für jedes einzelne Produkt und vor allem jeden einzelnen Kunden.

Ideen für ein schönes Zuhause

Beim Betreten der Gartenzeit taucht man ein in eine Welt der Inspirationen. Auf über 500 Quadratmetern findet man Lifestyleprodukte zum Thema Wohnen und Leben in Haus und Garten. Dabei dominiert der skandinavische Stil, der sich durch Liebe zum Detail und harmonische Farbgebung auszeichnet.

Kissen, Kerzen, Töpfe, Brunnen, Gartenstecker, Windlichter, Wohntextilien, aber auch Pflanzenarrangements, die das heimische Leben erst so richtig schön machen, sind feinfühlig zusammengestellt und präsentiert. Denn es sind die Dekorationen in Haus und Garten, die jedes Zuhause zu einem ganz persönlichen Ort machen und eine besondere Atmosphäre schaffen. Hier findet man immer die neuesten Trends und die aktuellsten Accessoires. Ein Besuch lohnt zu jeder Jahreszeit!

Stilvolle Gartenmöbel

Im Frühjahr ist die große Gartenmöbelausstellung auch immer einen Besuch wert. Die Ausstellung lädt dazu ein Platz zu nehmen und davon zu träumen, wie die eine oder andere Garnitur wohl im eigenen Garten aussehe. Natürlich dürfen in einem norddeutschen Gartenmöbelfachhandel auch die Strandkörbe nicht fehlen. Holzland Jacobsen hält auch hier eine große Auswahl für Sie bereit. Die Mitarbeiter helfen Ihnen gerne bei der Beratung und unterstützen Sie dabei aus Ihrem eigenen Garten ein kleines Gartenparadies zu zaubern!

Eine der größten Gartenhausausstellungen Norddeutschlands!

Die Gartenhausausstellung, die sich an die Gartenzeit anschließt, sucht Ihresgleichen in Norddeutschland. Über 40 Gartenhäuser erwarten die Besucher! Alle Häuser sind farbbehandelt und zum Teil sogar eingerichtet. Lassen Sie sich inspirieren von den Gestaltungsmöglichkeiten und überzeugen Sie sich von der Qualität der Holzhäuser. Holz-

Holzland Jacobsen steht auch für attraktive und hochwertige Gartenbauten.

land Jacobsen führt Gartenhäuser, Saunahäuser, Spiel- und Gerätehäuser, Freizeithäuser und fertigt Ihnen auch Ihr individuelles Traumhaus an! Alle Häuser können deutschlandweit geliefert werden.

Bei Holzland Jacobsen ist immer etwas los!

Das Haus bietet immer das gewisse Etwas mehr: Ob Dekoseminare, Frauenabend im Café, Orchideentage, Kaminfeuerabend, Grillseminare, Weinabende, Frühstück, Weihnachtsbaumverkauf, Glühweinabend, Lesungen, Weihnachtswunderzeit, Frühlingsfest, Farbseminare, ... und, und, und ... das Programm ist immer unterhaltsam und informativ.

Öffnungszeiten:
Mo–Fr: 9 bis 18 Uhr
Sa: 9 bis 13 Uhr

Beitrag von:
HolzLand Jacobsen GmbH & Co. KG
Industriestraße 19 · 25709 Marne
Tel. (0 48 51) 9 59 00 · Fax (0 48 51) 1 95 90 55
jacobsen@holzland.de · www.holzland-jacobsen.de

Wo Frauenherzen höher schlagen ...

Kreative Tischdekorationen in reichhaltiger Auswahl

Der Keller, in dem alle Führungen ihren krönenden Abschluss finden

»Beugelbuddelbeer«

Die Dithmarscher Privatbrauerei Karl Hintz

In Dithmarschen gab es einst 28 Braustätten auf den Bauernhöfen der Landschaft. Aus einer von ihnen ist die heute einzige Brauerei an der schleswig-holsteinischen Westküste, die Dithmarscher Privatbrauerei Karl Hintz, hervorgegangen. Im allgemeinen Sprachgebrauch nennt man das Unternehmen die »Dithmarscher« oder »Dithmarscher Brauerei«.

Die Anfänge

Derjenige, der die Entscheidung traf, in Marne eine Brauerei zu übernehmen, war Carl-Christian Hintz. Er verkaufte seinen Hof in Neufelderkoog und erwarb die Hausbrauerei in der Oesterstraße. Die Familie war entschlossen, das eigene Brau-

Das Vorgängergebäude am Marner Marktplatz. Der schmiedeeiserne Gitterzaun rechts ist noch heute vorhanden. (Foto: Archiv Heimatmuseum Marner Skatclub von 1873)

ereiunternehmen in eine zukunftsweisende Entwicklung zu führen. Der Sohn Karl Hintz ging zur Ausbildung nach Kiel in die Schlossbrauerei, um den aktuellen Stand des damaligen Brauwesens kennenzulernen. Nach seiner Rückkehr entwickelte Karl Hintz das Marner Unternehmen, das nun seinen Namen trug, ab 1907 zu einer modernen Lagerbierbrauerei weiter.

Man setzte auch in Zukunft auf den Fortschritt. 1929 übernahm Sohn Hinrich den Betrieb und blieb bis 1983 an der Spitze der Brauerei. Dann kam die vierte Generation zum Zuge. Karl-Friedrich und Wolf-Dieter Hintz standen vor der schweren Aufgabe, gegen die wachsende Macht der Großbrauereien das eigene Unternehmen im Markt zu behaupten. Doch das Glück war mit den Tüchtigen.

»Beugelbuddelbeer«

Als man sich dafür entschied, die Bügelflasche wieder einzuführen, konnte man nicht ahnen, welche Auswirkungen dies haben würde. Bis 1996 konnten die Absätze auf das 15-fache gesteigert werden. Unter den rund 1250 deutschen Brauereien nahm man den 118. Platz ein. Die Sor-

Eine Aufnahme der Brauerei aus den 1920er Jahren (Foto: Archiv Heimatmuseum Marner Skatclub von 1873)

Die bekannte Postkarte mit einer grafischen »Luftaufnahme« des Betriebes (um 1930) (Foto: Archiv Heimatmuseum Marner Skatclub von 1873)

ten »Dithmarscher Pilsener« und »Dithmarscher Urtyp« sorgten für eine Verbreitung des Bieres in ganz Norddeutschland. Man trank es inzwischen nicht nur im Heimatland Schleswig-Holstein, sondern auch in Hamburg, Niedersachsen und Nordrhein-Westfalen sowie den neuen Bundesländern Mecklenburg-Vorpommern, Brandenburg, Sachsen-Anhalt und Thüringen. Selbst Berlin war erobert worden.

1996 konnte man mit der Abfüllung der 300-millionsten Bügelflasche ein eindrucksvolles Jubiläum feiern. Der Absatz lag seinerzeit bei 180 000 Hektolitern Bier, der Umsatz bei 25 Millionen

Das Brauereigebäude heute

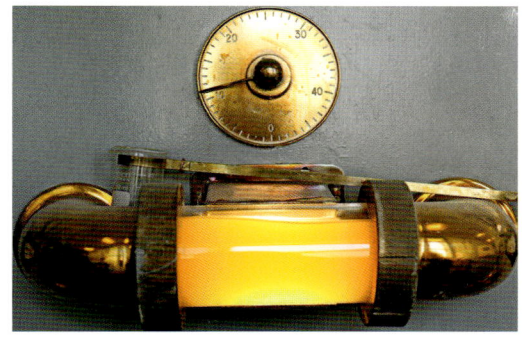

Es werden elektronisch überwachte Gärtanks benutzt, um eine gleichbleibend hohe Qualität zu sichern. Wo aber moderne Technik keine besseren Ergebnisse liefert, setzt die Dithmarscher Brauerei auf Tradition.

D-Mark. Damit war die Dithmarscher Brauerei zu einem wichtigen Wirtschaftsfaktor für Dithmarschen und ganz Schleswig-Holstein geworden.

Umweltgerecht

Die Dithmarscher Brauerei entschied sich schon sehr früh gegen umweltbelastende Abfüllungen in Bierdosen und Einwegflaschen. Das »Beugelbuddelbeer« ist ja geradezu ein Symbol für diese ökologisch sinnvolle Produktionsweise. Eine Bügelflasche erreicht bis zu 50 Umläufe, ehe sie als Altglas dem Recycling zugeführt wird. Sogar die Bierkästen werden umweltgerecht über das Granulat-Verfahren in neue verwandelt.

Die Produktion

Die Qualität des Dithmarscher Bieres wird beim Produktionsprozess ständig geprüft, und zwar während des Brauens direkt am Kessel und danach noch einmal im Labor. Um eine gleichbleibend hohe Qualität zu garantieren, werden die Gärtanks elektronisch überwacht. Fortschritt und Tradition bei der Bierherstellung gehen bei der Dithmarscher Brauerei Hand in Hand.

Die Sorten

Seit über 100 Jahren braut die Dithmarscher Privatbrauerei Karl Hintz in Marne Bier – mit moderner Technik, aber nach alten Rezepten. Die Sorten sind überall im Lande bekannt und haben ihre jeweiligen Freunde gefunden: die Klassiker »Dithmarscher Pilsener« und »Dithmarscher Urtyp«, das vollmundige »Dithmarscher Dunkel«, das gehaltvolle »Dithmarscher Urbock«, das süffige Frühlingsbier »Dithmarscher Maibock«, dazu das

»Dithmarscher Pilsener«, der Klassiker; »Dithmarscher Dunkel« und das Dithmarscher »Cap«, das man im Fanshop erhalten kann.

Himbier »Dithmarscher Potsdamer« und das frische »Dithmarscher Lemon«.

Dithmarscher Brauerei live

Seit langem ist die Dithmarscher Brauerei ihrer Kundschaft, außer in den Verkaufsregalen, auf vielen Veranstaltungen mit ihren Produkten nahe. Und wer die Brauerei einmal live erleben möchte, der kann dies zweimal in der Woche in Marne vor Ort tun. Die beliebten Führungen durch die Brauerei inklusive Bierprobe im Keller finden dienstags und samstags statt. Wegen der großen Nachfrage wird allerdings um Anmeldung gebeten unter Tel. (0 48 51) 96 20.
Im »Dithmarscher«-Fanshop gibt es Artikel wie Tablett, Glas, Pin, Regenschirm, Flagge, Cap und viele weitere »Dithmarscher«-Accessoires.

Der Braumeister bei der Qualitätsprüfung

Beitrag von:
Dithmarscher Privatbrauerei
Karl Hintz GmbH & Co. KG
Oesterstraße 18 · 25709 Marne
Tel. (0 48 51) 962-0 · Fax (0 48 51) 962-22
info@dithmarscher.de · www.dithmarscher.de

Malerei – Literatur – Musik – Kleinkunst

Der Förderverein »KIK« Kultur in Dithmarschen e.V.

Auch in der Sommerkunsthalle in Heide führt der Kunstverein Veranstaltungen durch. (Foto: KIK)

Eine kurze Geschichte des Kulturvereins

1987 begannen Luise und Rainer Klose mit ihrer Kulturarbeit. Anlässlich der 200-Jahrfeier der Gemeinde Kronprinzenkoog organisierten sie eine Fotoausstellung mit Arbeiten von Leander Segebrecht (Marne) sowie eine Schau historischer landwirtschaftlicher Gerätschaften. Schnell folgten kleinere Kunstausstellungen sowie Literatur- und Musikveranstaltungen.

Aus diesem ehrenamtlichen Engagement geht am 1. September 1996, unterstützt von Freunden und Sponsoren, der eingetragene und gemeinnützige »Förderverein Kultur in Kronprinzenkoog e.V.« hervor: kurz »KIK« genannt.

Der junge Verein startet mit einer ersten großen Ausstellung litauischer Malerinnen und Maler. Es schließen sich zahlreiche Einzel- und Gemeinschaftsausstellungen an. Namhafte Künstlerinnen und Künstler der Region (K.D. Arlt, Paul Heinrich Gnekow, Reinhard Guldager, Gertrud v. Hassel, Hubert Piske, Inge Beverungen u.a.) sind von Anfang an fester Bestandteil des Programms. Prominente Mitglieder und wohlwollende Förderer wie Heinz-Werner Arens, Björn Engholm oder Ute Erdsiek-Rave unterstützten und bereichern das kulturelle Angebot von »KIK«.

Dem bisherigen Veranstaltungskonzept, einer Mischung aus Internationalität und Regionalität wird »KIK« auch künftig treu bleiben.

Der Kulturverein heute

Im Laufe der Jahre bekam der Kulturverein immer mehr Mitglieder und die Unterstützung von Sponsoren. Um der zunehmenden thematischen und geografischen Ausweitung Rechnung zu tragen, wurde der Verein im Jahr 2002 in Förderverein »KIK« Kultur in Dithmarschen e.V. umbenannt.

Seit seiner Gründung am 1. September 1996 hat »KIK« rund 270 Kulturveranstaltungen angeboten und mehr als 2000 Künstlerinnen und Künstlern aus den Sparten Malerei, Literatur, Musik und Kleinkunst ein Forum gegeben. Über 22 000 Besucherinnen und Besucher sprechen für sich.

Die positive Resonanz des Publikums, der Medien und der Vereinsmitglieder sowie die Partnerschaften mit anderen Kulturträgern kennzeichnen den Stellenwert des »KIK« und ist zugleich Ansporn für weitere aktive Kulturarbeit im Kreis Dithmarschen und über dessen Grenzen hinaus.

Aktuell bestehen Partnerschaften mit: der Brahms-Gesellschaft und Klaus-Groth-Gesellschaft in Heide, dem Landesliteraturhaus Kiel, dem Landeskulturverband Schleswig-Holstein, dem Schleswig-Holstein Musik Festival, der internationalen Galerie Rimfaxe in Assens in Dänemark, dem Marie-Hager-Kunstverein in Mecklenburg-Vorpommern und dem Altonaer Museum – das Norddeutsche Landesmuseum in Hamburg.

Veranstaltungshöhepunkte wie »Kultur in der Fabrik« sowie die Beteiligungen am Kunstgriff Dithmarschen und am Schleswig-Holstein Musik Festival werden weiterhin im Mittelpunkt der Aktivitäten stehen.

Kultur fördert die Kommunikation und leistet einen unverzichtbaren Beitrag zur gesellschaftlichen Orientierung. Gerade in Zeiten des sozialen Wandels ist engagierte Kulturarbeit ein Mittel, um Menschen zusammenzuführen und die Köpfe und Herzen zu öffnen für Einsichten, Gemeinsinn und Toleranz. Weitere Informationen unter www.kik-kultur.de

Rainer Klose

Gemälde des Künstlers Hubert Piske (Foto: Förderverein »KIK« Kultur in Dithmarschen e.V.)

»Ein Leben ist nicht genug«

Der Bildhauer Pierre Schumann (1917–2011)

Pierre Schumann, der 1917 in Heide als Sohn eines Gymnasiallehrers geboren wurde, war zugleich ein Mensch des Nordens und ein Mensch des Südens. Herkunft und Sehnsucht, zwei Pole ein und derselben Eigenwelt. Er, der sich von Beginn an zum Handwerklichen hingezogen fühlte, lernte den Beruf des Steinmetzes. Nach dem Zweiten Weltkrieg, den er als Soldat erlebte, studierte er an der Hamburger Hochschule für Kunst. Sein dortiger Lehrer Edwin Scharff gab ihm wichtige Wegweisungen. Pierre Schumann zog weiter und studierte bei Otto Baum in Stuttgart, dem bedeutenden Vertreter der Klassischen Moderne, Baum war 1946 vom damaligen baden-württembergischen Kultusminister Theodor Heuss an die Stuttgarter Kunstakademie berufen worden.

Dann machte er sich auf nach Paris, wo er auf Hans Arp und Constantin Brancusi traf. Arp, der Dadaist und Surrealist – Brancusi, der Protagonist des Abstrakten. Nach dem Krieg lebte er einige Jahre mit seiner Familie in der Nähe Itzehoes, in Westermühlen. Dort richtete er sich ein Atelier in einer alten Wassermühle ein. Hamburg und Paris blieben die Stützpunkte seiner künstlerischen Ent-

Der Künstler bei der Arbeit
(Foto: Archiv Pierre Schumann)

wicklung. 1964 kam wie selbstverständlich Carrara ins Spiel, das Mekka der Bildhauer, ein Ort, der ihn zeitlebens nicht mehr losließ. Er richtete sich dort ein eigenes Atelier ein, stellte zusammen mit Henry Moore im deutschen Pavillon auf einer Biennale in Venedig aus. Er gewann den ersten Preis.

Pierre Schumanns lange Reihe von Einzelausstellungen, rund 150 insgesamt, begann 1953 im Wenzel-Hablik-Haus in Itzehoe. Er reiste mit seinen Werken in den folgenden Jahrzehnten nicht nur durch Deutschland und Westeuropa, sondern auch nach Übersee, etwa Sao Paulo, Montreal und Sidney. In den 1970er Jahren organisierte er an unterschiedlichen Orten Symposien mit internationalen Künstlern, die viel Anklang fanden. In Schleswig-Holstein zog er um nach Sagau bei Eutin, wo er im alten Schulhaus sein bleibendes Domizil fand.

Inzwischen war der Bildhauer Mitglied in verschiedenen internationalen Künstlerorganisationen in Frankreich, Italien. Dänemark und Deutschland. Etwa 1970 wurde er Ehrenmitglied der Internationalen Akademie Campanella. Immer wieder fuhr er nach Carrara und arbeitete dort mit einem seiner bevorzugten Materialien. Außer dem Marmor galt seine wachsende Vorliebe der Bronze. Seine Werke fanden sich bereits in gemeinsamen Ausstellungen mit denen anderer bedeutender Künstler wie Pablo Picasso, Joan Miro oder Salvatore Dali.

Es gab ein frühes und ein spätes Echo aus seiner Heimat Schleswig-Holstein: 1973 erhielt Pierre Schumann in Wesselburen den Hebbel-Preis und 2007 den Kulturpreis des Landes Schleswig-Holstein. Pierre Schumann starb mit 94 Jahren am 1. September 2011 in Eutin.

Pierre Schumann, »Mutter und Kind«, Bronze um 1950

Pierre Schumann, »Zwei kämpfende Vögel«, Bronze 1968

Friedrichskoog – zwischen Hafen und Spitze

Ein liebenswerter Ferienort – nach einem König benannt

Wer schon einmal in Friedrichskoog gewesen ist, besitzt immer eine doppelte Vorstellung von dem Ort. Zum einen denkt man an den malerischen Hafen mit den Krabbenkuttern, dem riesigen »Wal«, der Seehundstation (siehe Beitrag S. 176–177), den Fischrestaurants und den kleinen Geschäften, die man alle zu Fuß erreichen kann. Zum anderen ist da, einige Kilometer entfernt, Friedrichskoog-Spitze, wo die Kur- und Badeeinrichtungen, viele Feriendomizile und Gastronomien, der Grünstrand und der Trischendamm liegen. Zwischen Hafen und Spitze schlägt die Hauptstraße einen großen Haken. An dieser Strecke liegen auch die moderne Christuskirche und die Hochzeitsmühle »Vergissmeinnicht«, ein wahres Schmuckstück des Ortes.

Man sollte allerdings nicht unterschlagen, dass zur Gemeinde, wie es sich für die Dithmarscher Westküste gehört, auch die umliegende Kooglandschaft gehört. Im Falle von Friedrichskoog, das rund 2500 Einwohner hat, sind dies der Dieksanderkoog im Südosten (siehe Beitrag S. 191), der Kaiserin-Auguste-Viktoria-Koog im Nordosten und die Vogelschutzinsel Trischen (siehe Beitrag S. 178–179).

Gerade die Einbindung des Ortes in die Bedeichungsgeschichte macht deutlich, wie »jung« auch diese Region Dithmarschens eigentlich ist. Das Land wurde erst im 19. und 20. Jahrhundert der Nordsee abgewonnen, der Dieksanderkoog zuletzt als Adolf-Hitler-Koog während des Dritten Reiches. Die neuen Marschflächen sind sehr fruchtbar und dadurch von Beginn an vornehmlich landwirtschaftlich geprägt. Die ausgesprochen günstige Hafenlage Friedrichskoogs zwischen Elbmündung und offener Nordsee begünstigte Anfang des 20. Jahrhunderts den Aufbau einer örtlichen Fischereiflotte.

Die schmucke Hochzeitsmühle »Vergissmeinnicht«

Wenn man vom Deich bei der Seehundstation oder am Trischendeich das Vorland betrachtet, blickt man in die größten Salzwiesenflächen an der Dithmarscher Küste – etwa 500 ha in einem 1,2 km breiten Gürtel –, worin Fauna und Flora dauerhaften Schutz genießen. Außerdem zeigt sich hier das Phänomen der Auflandung, bei der sich der Schlick des Wattenmeeres im Wechsel der Gezeiten zu neuen Küstengebieten entwickelt. Aus ähnlichen Prozessen der natürlichen Landgewinnung entstand einst die Dieksander Hallig, worauf heute Friedrichskoog liegt.

Schaut man weiter hinaus nach Westen, sieht man bei klarem Wetter, nördlich der Ölbohrinsel Mittelplate, einen hellen Streifen über der See. Das sind die Sände der Vogelschutzinsel Trischen, an die sich nordwärts noch die Sandbank Tertius und der Hochsand Blauort anschließen. Alle drei Gebiete sind dem ständigen Zugriff der Meeres-strömungen ausgesetzt, werden von diesen fortlaufend umgestaltet und »wandern« Richtung Küste. Versuche in den 1930er Jahren, die Insel Trischen einzudeichen und landwirtschaftlich zu nutzen, scheiterten an den natürlichen Kräften von Wasser und Wind. Inzwischen ist Trischen in den Nationalpark Wattenmeer integriert und frei von menschlichen Eingriffen. Nur ein Vogelwart oder eine Vogelwartin wacht im Sommerhalbjahr auf der gegenwärtig 180 ha großen Insel über die geschützten Pflanzen und Tiere.

Die Eindeichungsmaßnahmen, die 1853 zur Entstehung Friedrichskoogs und zur Namensgebung nach dem damaligen dänischen König Friedrich VII. führten, oblagen, anders als in früheren Zeiten, der jeweiligen Landesherrschaft. Das vormalige Deichrecht hatte noch vorgesehen, dass allein derjenige, der hinter dem Deich Land besaß, diesen erhalten musste. Daraus folgte, dass demjenigen, der einen neuen Deich baute,

Der Fischereihafen von Friedrichskoog ist der drittgrößte an der Westküste.

das dahinter liegende Land gehörte. Und so galt der alte Spruch: »Wer nich will dieken, de mutt wieken« (Wer nicht will deichen, der muss weichen). Die neuzeitlichen Küstenschutz- und Landgewinnungsmaßnahmen überstiegen allerdings die Möglichkeiten einzelner Deichanlieger bei weitem, so dass der Deichbau und die Deichpflege immer mehr zu einer Gemeinschaftsaufgabe wurde. So kamen die großen Eindeichungsprojekte der Westküste ab der Epoche der Industrialisierung in staatliche Hand, wobei hinterher das gewonnene Land verkauft werden konnte. So geschah es auch im Falle von Friedrichskoog. Heute trägt der Landesbetrieb für Küstenschutz, Nationalpark und Meeres-

schutz Schleswig-Holstein (LKN-SH) die Verantwortung.

Nahe der Seeschleuse wird Friedrichskoog vom 54. Breitengrad durchlaufen, was zu einem beliebten Denkspiel anregt: Durch welche sonstigen Orte auf der Erde geht derselbe Breitengrad. Und da kommt doch Erstaunliches heraus. In Schleswig-Holstein durchschneidet dieser einzige glatte Breitengrad des Landes auch Timmendorfer Strand. In Europa markiert der 54 Breitengrad die klimatische Grenze zwischen »mittlerem gemäßigtem Klima« und »kaltem gemäßigtem Klima«, also zwischen Mittel und Nordeuropa. Danzig liegt auf diesem Breitengrad und – ganz weit im nördlichen Pazifik – einige Aleuten-Inseln Alaskas.

In Friedrichskoog sind Wattwanderungen sozusagen an der Tagesordnung. Einen besseren Startort als der Ortsteil Spitze, der seit 2004 auch als Nordseeheilbad anerkannt ist, gibt es kaum. Hier liegen auch eine auf Kinder spezialisierte Kurklinik sowie mehrere Betriebe des Gesundheitssektors.

Neben den vielen Möglichkeiten, in Friedrichskoog die Nordseenatur zu genießen, ob beim Strandleben oder bei Radtouren in der frischen Meeresbrise, gibt es für bedeckte Tage auch den großen Indoor-Spielpark im »Wal« südlich des Hafens. Außerdem befinden sich viele Dithmarscher Attraktionen und Kultureinrichtungen nur wenige Autominuten von Friedrichskoog entfernt, etwa die Schleusenanlagen in Brunsbüttel oder die Museen in Marne und Meldorf. Natürlich ist ein Gang um den nach Büsum und Husum drittgrößten Fischereihafen der Westküste auch immer ein interessantes Erlebnis, bei dem man auch ruhig einmal einen Schnack mit dem einen oder anderen Fischer, etwa über das aktuelle Thema »Hafenschließung«, halten sollte.

Vom Friedrichskooger Deich aus kann man die Förderanlage des größten deutschen Ölfelds Mittelplate sehen. Von dort verläuft eine Pipeline nach Friedrichskoog, wo das Öl vor dem Weitertransport aufbereitet wird.

Am Hafen aufgestapelte Priggen, die dem Kennzeichnen des Fahrwassers dienen

Netzrollen am Hafenkai

Ein malerisches Kuttermotiv

Buntes Treiben am Friedrichskooger Grünstrand

Der »Treppenturm« in Friedrichskoog-Spitze

Solche Sichten hat man vom Fahrrad aus, wenn man durch die Köge tourt.

Der Ferienhof Mohr/Meiburg in Friedrichskoog

Landurlaub für die ganze Familie – Nordsee inklusive

Mitten im fruchtbaren Friedrichskoog, nahe dem gleichnamigen Nordseeheilbad, lädt der Ferienhof Mohr/Meiburg zu einem Landurlaub ganz besonderer Art ein. Man könnte es auch so sagen: Ferien auf dem Bauernhof – Nordsee inklusive.

Da sich der Koog, der einst dem Meer abgerungen wurde, über die ganze Halbinsel erstreckt, prägen Watt, Wind und Wellen nicht nur das alltägliche Leben der Menschen, sondern auch das Landschaftsbild vor und hinter dem Seedeich. Das »platte Land« hat natürlich auch den Vorteil, dass hier das Fahrrad, zumindest für die Feriengäste, das Fortbewegungsmittel Nr. 1 ist. Strand, Hafen, Watt und alle kleinen und großen Attraktionen der Gegend lassen sich so sportlich-schnell erreichen.

Auf dem Ferienhof Mohr/Meiburg ist immer etwas los. Da beginnt schon gleich nach der Anreise. Während sich die Eltern in einer der behaglichen und geräumigen Ferienwohnungen von der Fahrt erholen, können die Kinder sich schon einmal richtig austoben. Auf dem Spielplatz schlägt jedes kleine Herz höher, und für die etwas Älteren gibt es dort auch eine Torwand und ein Trampolin.

Der Clou ist natürlich, wie kann es anders sein, die Tierwelt auf dem Ferienhof: Katzen, Kaninchen, Ponies und viele andere liebenswerte Kreaturen erwarten die Gästekinder, aber nicht

Der Ferienhof inmitten der Kohlfelder

Der Aufenthaltsraum lädt alle Gäste zum gemütlichen Beisammensein ein.

nur zum Spielen. Es geht auch darum, dass sie den richtigen Umgang mit den Tieren erlernen, etwa das Striegeln, bevor man zur Ponyreitstunde kommt. Dies geschieht zunächst an der sicheren Longe, später auch selbstständig auf der Bahn. Der Ferienhof ist hierbei wetterunabhängig, weil er neben dem Außenplatz auch eine Halle besitzt. Im Sommer steht dann zusätzlich ein Springplatz auf dem Gras zur Verfügung. Es gibt auf dem Hof auch die Möglichkeit Pferde und Ponys unterzustellen. Hierfür stehen Boxen mit täglichen Weidegang bereit – auch im Winter. Für Ponys oder Kleinpferde gibt es zusätzlich Offenstallplätze.

Alle Wohnungen sind komplett eingerichtet mit Geschirr, Töpfen, Kaffeemaschine, Mikrowelle und TV. Waschmaschinen- und Trocknerbenutzung erfolgt gegen Ge-

bühr. Bettwäsche und Handtücher können selbst mitgebracht oder gegen eine geringe Gebühr entliehen werden. Es stehen Kinderbetten und Hochstühle für unsere kleinen Gäste bereit. Haustiere sind wegen der ungewohnten Nähe zur hofeigenen Tierwelt leider nicht erlaubt!

Das Nordseeheilbad Friedrichskoog, das direkt vor der Haustür liegt, bietet vielfältige Möglichkeiten, den Urlaub auf dem Ferienhof mit interessanten Unternehmungen oder Restaurantbesuchen abzurunden. Ob am Strand, am Hafen oder im Vorland, es gibt immer etwas zu erleben. Die bunte Vogelwelt der Küste kann man hier ebenso gut beobachten wie die putzigen Seehunde in ihrer Aufzuchtsstation vor Ort.

Wer die Möglichkeit eines Kururlaubes nutzen möchte, ist auch hierzu herzlich willkommen. Weitere Informationen werden vom Ferienhof vermittelt.

Der Spielplatz liegt gleich neben dem Haus.

Tier und Mensch in trauter Gemeinschaft: ein unvergessliches Ferienerlebnis

Beitrag von:
Ferienhof Mohr/Meiburg
Koogstraße 18 · 25718 Friedrichskoog
Tel. (0 48 54) 2 89
Fax (0 48 54) 3 37
birtemeiburg@t-online.de
www.ferienhof-mohr-meiburg.de

Das Deichrestaurant »Zur Spitze« in Friedrichskoog

Tor zum UNESCO-Weltnaturerbe Wattenmeer

Friedrichskoog Spitze liegt am westlichsten Punkt der Halbinsel Friedrichskoog. Hier befindet sich das schon fast legendäre Deichrestaurant »Zur Spitze«, das seit 1968 die Gäste aus nah und fern empfängt und kulinarisch verwöhnt. Direkt am Deich, am Trischendamm und am Übergang zum Grünstrand gelegen ist es schließlich auch »Tor zum UNESCO-Weltnaturerbe Wattenmeer« geworden. Von Anfang an war hier einer der wichtigsten Erholungsplätze Dithmarschens. Die heutige Inhaberin Wienke Lenhardt, Tochter der Gründerin Heike Hintz, übernahm 1998 das Restaurant und erzählt von den Anfängen in den 1960er Jahren:

Wie alles begann

»Jetzt Kurs Richtung Spitze, mit diesem Motto machte sich im Jahre 1954 unser Großvater Hans-Rudolf Manger auf den Weg nach Friedrichskoog. Zu jener Zeit gab es nur wenige Bewohner an der Spitze und noch keine Fremdenzimmer. Der Deichaufgang zum Badestrand bestand aus einer einfachen Treppe mit Grasbüscheln zwischen den Fugen. Ein Kassenhäuschen gab es noch nicht.«

Begeistert von der Friedrichskooger Landzunge und seiner schönen Wattenlandschaft verbrachte Hans-Rudolf Manger fortan seine Wochenenden mit Frau und drei Kindern am Deich. Seine jüngste Tochter Heike

verliebte sich lebenslang in diesen Flecken Erde und beschloss, für das leibliche Wohl der damals noch sehr spärlichen Tagesausflügler und Strandliebhaber zu sorgen.

»Im Juni 1966 eröffnete unsere Mutter Heike Hintz im Rückraum eines Hanomag-Henschel-Transporters ihren ersten Getränkeausschank. Zu ihrer Erstausstattung gehörten 3-Kaffeelöffel, eine Thermoskanne, eine Kühlbox und 2 Dosen Süßwaren. Bereits ein Jahr später erwarb sie eine kleine Bauernkate, die mit einfachsten Mitteln zu einem Restaurant umgebaut wurde. Am 8. Mai 1968 war es dann soweit: Das Restaurant »Zur Spitze« wurde offiziell eröffnet.«

Maritime Atmosphäre, Gemütlichkeit und gute deutsche Küche

In all den Jahrzehnten hat sich hier eine regelrechte »Fangemeinde« aus Stammgästen, teilweise schon in

zweiter Generation, aus Nordseebegeisterten, Naturliebhabern, jungen Familien und all denen gebildet, die in der frischen jodhaltigen Meeresbrise einmal den Kopf frei bekommen möchten. Inzwischen sind rund um das Restaurant »Zur Spitze« viele Gästefreundschaften entstanden.

Gerade wer von einem ausgedehnten Strandspaziergang oder einer Wattwanderung zurückkehrt, hat unweigerlich einen gesunden Appetit entwickelt und fühlt sich im Restaurant »Zur Spitze« aufs Beste bewirtet. Hier trifft er sehr wahrscheinlich auf engagierte Vogelkundler mit Rucksack und Fernglas, sportliche Nordic-Walker, Inlineskater, Fahrradfahrer, Wattläufer oder entspannte Sonnenanbeter, die es sich auf der Außenterrasse oder im behaglichen Gastraum bequem gemacht haben. Denn bei Wienke Lenhardt und ihrem Team schmeckt es immer ausnehmend gut!

Die Philosophie des Hauses ist so einfach wie überzeugend: So viele Produkte wie möglich aus der ländlichen Umgebung und jede Zubereitung frisch und hausgemacht. So bietet die Küche regionale Produkte und Gemüse direkt vom Erzeuger. Die Spezialitäten sind frische Nordseekrabben, Dithmarscher Kohlroulade, Marner Matjes und Husumer Rind.

Schon 1968 war Friedrichskoog-Spitze ein beliebter Badestrand. Hier sieht man das Deichrestaurant in seiner damaligen Gestaltung.

Der Eingang mit der Sonnenterrasse

Farbfotos: Wolfgang Lenhardt

Blick über Restaurant, Deich und Grünstrand hinaus aufs Watt

Kinder sind hier immer willkommen und finden alles, was ihr Herz begehrt.

Beitrag von:
Deichrestaurant Zur Spitze
Wienke Lenhardt
Koogstraße 140
25718 Friedrichskoog Spitze
Tel. (0 48 54) 12 62
deichrestaurant-zurspitze@t-online.de
www.deichrestaurant-zurspitze.de

Krabbenbrot mit Spiegelei

Matjes mit Preiselbeeren

Frische Waffel mit Kirschen, Eis und Sahne

Auge in Auge
mit Seehund und Kegelrobbe

Ein Besuch in der Seehundstation Friedrichskoog e.V.

Seehunde und Kegelrobben sind die Sympathieträger unserer Küste. Durch umfangreiche Schutzmaßnahmen wie die Einrichtung des Nationalparks Schleswig-Holsteinisches Wattenmeer entwickelten sich die Bestandszahlen der scheuen Raubtiere in den letzten Jahrzehnten erfreulich positiv.

1985 gegründet, widmet sich die Seehundstation Friedrichskoog dem Schutz dieser Wattenmeerbewohner. Seit 1992 wird sie unter dem Namen »Seehundstation Friedrichskoog e.V. – Informati-

on, Aufzucht, Forschung« als gemeinnützig anerkannter, eingetragener Verein betrieben und finanziert ihren Betrieb rein aus Eintritts- und Spendengeldern.

Ein Besuch der Station ist zu jeder Jahreszeit ein Erlebnis. Hier können die Besucher eine gemischte Gruppe von Seehunden und Kegelrobben aus unmittelbarer Nähe an Land und großen Sichtfenstern unter Wasser beobachten. Diesen Tieren, die dauerhaft in der Seehundstation leben, stehen insgesamt 800 m³ Nordseewasser in einem großzügigen

In der Seehundstation leben ganzjährig erwachsene Seehunde und Kegelrobben.

Kegelrobbe Nemi faulenzt in der Sonne.

Im Sommer werden Seehundjungtiere (Heuler) aufgezogen.

Beckensystem zur Verfügung. Bei den täglichen Fütterungen erfahren die Besucher viel Wissenswertes über die Biologie der beiden heimischen Robbenarten und die Aufgaben der Station.

»Die Arbeit mit den Tieren ist natürlich ein absolutes Highlight!«, sagt Eva Baumgärtner, die seit 2008 in der Seehundstation arbeitet. »Schließlich haben nicht viele Menschen die Möglichkeit, diesen Raubtieren so nahe zu kommen. Die Arbeits- und Aufgabenbereiche sind extrem vielfältig – neben der Tierbetreuung reicht dies von Führungen und Vorträgen für unsere Gäste bis zu anscheinend banalen Tätigkeiten wie Futtervorbereitung, Beckenreinigung oder Instandhaltungsarbeiten. Schließlich sollen sich unsere Besucher in der Station wohlfühlen und bei ihrem nächsten Nordseeurlaub gerne wieder bei uns reinschauen!«

Auch bei schlechtem Wetter gibt es viel zu entdecken. Das Informationszentrum »Seehund« und die Ausstellung »Robben der Welt« sowie die Unterwasserbereiche laden zum Verweilen ein. Speziell in den Ferien gibt es viele Angebote für Kinder: Abenteuerspiele oder Aktionstage finden regelmäßig statt, oder man erkundet die Station auf eigene Faust mit einer Rallye oder einem Quizbogen. Das Informations- und Umweltbildungsprogramm ist sehr umfassend, für jede Altersklasse ist etwas dabei!

Blick vom Aussichtsturm auf eines der Dauerhaltungsbecken

Eva Baumgärtner füttert gerade die Dauerhaltungstiere in der Seehundstation Friedrichskoog.

Aktionstag zum Thema »Nahrung von Seehund und Kegelrobbe«

Die Station ist gemäß internationalem Seehundabkommen die einzig autorisierte Aufnahmestelle für verlassen, erkrankt oder geschwächt aufgefundene Robben in Schleswig-Holstein. Die meisten Tiere werden als Heuler eingeliefert. Dies sind Jungtiere, die während der Säugezeit dauerhaft den Kontakt zur Mutter verloren haben. In den Sommermonaten werden Seehund-Heuler, im Winter Kegelrobben aufgezogen. Ursachen für eine Trennung können z.B. Störungen durch den Menschen sein.

Eines der Hauptanliegen der Station ist die Aufklärungsarbeit für das richtige Verhalten beim Fund eines Heulers. Die Jungtiere werden mit wenig Kontakt zu Menschen aufgezogen. Der Aufzuchtbereich ist aus diesem Grund für Besucher nicht zugänglich. Eine störungsfreie Beobachtung der Tiere ist dennoch durch die Fenster im ersten Stock des Informationszentrums »Seehund«, Videokameras und den 17 Meter hohen Aussichtsturm möglich.

»Wir werden regelmäßig gefragt, ob uns der Abschied von den Heulern schwerfällt«, erzählt Eva Baumgärtner. »Aber genau dieser Moment, wenn die jungen Seehunde und Kegelrobben beim Auswildern mit einem kleinen Kutter über Bord gesetzt werden, ist die Bestätigung für die Mühen der vergangenen Wochen – denn letztendlich gehören die Tiere genau dort hin, in die Nordsee!«

Als gemeinnütziger Verein ist die Seehundstation Friedrichskoog e.V. auf Eintritts- und Spenden-

An beiden Dauerhaltungsbecken kann man die Tiere in ihrem Element beobachten.

gelder angewiesen. Um die Arbeit rund um Seehund und Kegelrobbe zu unterstützen, können Patenschaften für die Dauerhaltungstiere und auch für die Heuler übernommen werden. Damit wird ein wertvoller Beitrag zum Tierschutz geleistet! Wer die Arbeit des Vereins mit einem Geldbetrag unterstützen möchte, kann dies über das Spendenkonto bei der Sparkasse Westholstein, Kto. 400 49 49 (BLZ 222 500 20), tun.

Die Seehundstation ist sehr leicht zu finden. Sie liegt direkt am Friedrichskooger Hafen nördlich der Seeschleuse und ist gut ausgeschildert. Auskünfte erhält man unter Tel. (0 48 54) 13 72, weitere Informationen im Internet unter www. seehundstation-friedrichskoog.de.

Fotos: Seehundstation Friedrichskoog e.V.

Limosa

Die Uferschnepfe ist vom Aussterben bedroht

Die Uferschnepfe (Limosa limosa), eine Vogelart aus der Familie der Schnepfenvögel (Scolopacidae) steht weltweit auf der Liste der bedrohten Tiere. Der groß gewachsene und majestätisch wirkende Watvogel brütet vornehmlich auf Feuchtwiesen und wird auch in Dithmarschen beobachtet. Seine Körperlänge kann bis 45 cm betragen, seine Flügelspannweite bis 75 cm. Die etwas kleineren Männchen wiegen zwischen 160 und 440 Gramm, die Weibchen, die einen etwas kürzeren Schnabel besitzen, wiegen bis 500 Gramm. Im Winter tragen beide die gleichen hellgrauen Farben, ansonsten leuchtet ihr Federkleid an Hals, Brust und Kopf orange bis tiefrot, oftmals mit schwarzen und weißen Tupfern versehen, die Weibchen insgesamt etwas matter. Im eleganten Flug überragen Kopf und Schnabel den Körper ebenso weit nach vorne wie Beine und Schwanz nach hinten. Ihr Ruf hört sich einerseits an wie »wed« (»geg«) oder andererseits »grutto«.

Ihre Brutgebiete liegen auch entlang der Wattenmeerküste der Nordsee von Dänemark bis Holland, ihre Rast- und Überwinterungsgebiete beispielsweise in Südengland, an der südlichen Atlantikküste Frankreichs, an der Algarve und heute, wegen fehlender Rasthabitate, vor allem in Westafrika. Diese Regionen steuern sie zumeist nun im Non-Stop-Flug an. Feuchtwiesen und -weiden wie die Dithmarscher Köge, speziell der Speicherkoog, sind ideale Brutgebiete der Uferschnepfe. Sie frisst Spinnen, Insekten, Krebstieren, Mollusken und Würmer, im Winter können sie sich auch rein pflanzlich, etwa von Reiskörnern, ernähren. Die Küken suchen sich als Nestflüchter ihre Nahrung sofort selbst.

In unseren Breiten beginnt die Brutzeit gleich nach dem letzten Frost im Februar oder März. Die Paare bleiben nicht selten ein Leben lang zusammen. Es konnte nachgewiesen werden, dass Uferschnepfenpaare wiederholt dasselbe Brutgebiet nutzen, manchmal sogar nahezu identische Stellen in kleineren Gruppen. Die Nestmulde wird dann vom Männchen in den Boden geformt und dann mit Halmen und Pflanzendecken ausgepolstert. Das Weibchen legt drei bis fünf braun gefleckte grünliche Eier, die von beiden Altvögeln gut drei Wochen bebrütet werden. Während des Brütens

Die Uferschnepfe, ein Zugvogel, der an der Dithmarscher Küste brütet. (Foto: Reimer Stecher)

Bei der Nahrungssuche (Foto: Reimer Stecher)

verteidigt der Partner, manchmal zusammen mit »Kollegen« der umgebenden Nester, die Gelege mit vehementen Luftangriffen vor Bodenräubern und Greifvögeln. Nach dem Schlüpfen kümmern sich die Eltern noch ein paar Wochen um die nestflüchtigen Küken, bis diese flügge werden.

So schnell, wie die Küken das Nest verlassen, brechen im Mai/Juni auch die Schwärme auf, um die Überwinterungsplätze im Süden zu erreichen. Da es kaum noch geeignete Rastplätze auf der Route gibt, werden die Hauptgebiete ohne Halt angeflogen. Nur die Jungtiere rasten in den näher gelegenen

Zonen der südlichen Atlantikküste. In den Überwinterungsgebieten Westafrikas konnten vor wenigen Jahren etwa 100 000 Einzelvögel gezählt werden.

Der Strukturwandel in der europäischen Landwirtschaft hat sich auf die Brutgebiete der Uferschnepfe zerstörerisch ausgewirkt, insofern viele Wiesenflächen in Ackerland umgewandelt wurden. So nahm besonders in Westeuropa der Limosa-Bestand stark ab und führte dazu, dass die Uferschnepfe in Deutschland nur noch rund 10 000 Brutpaare zählt und damit als »vom Aussterben bedroht« gilt.

*Die Vogelwartin
und Meeresökologin Julia Baer erzählt*

Insel Trischen – die Perle des Wattenmeeres

Trischen mit Blickrichtung Nord (Foto: Rudolf Alert)

Geschichte und Geschichten um Trischen

Die Insel Trischen, gelegen im Wattenmeer zwischen den Mündungen der Flüsse Eider und Elbe, ist eine kleine Sandinsel von 180 Hektar mit Dünen im Westen und Salzwiesen im Osten. Laut Fischerberichten soll erstmals um 1854 grüner Bewuchs auf der Düneninsel gesehen worden sein. Die vielen Befestigungsbemühungen Anfang des 20. Jahrhunderts hat die Insel im Laufe der Zeit immer wieder abgeschüttelt. Sogar die größte Scheune Dithmarschens stand einst auf Trischen, in der Hoffnung auf reiche Getreideernte, die sich jedoch nie erfüllte. Der Zahn der Gezeiten, Stürme und fliegende Sande sorgen dafür, dass Trischen sich weiterhin unaufhaltsam gen Osten bewegt. Seit 1928 ist die Insel zum Vogelschutzgebiet erklärt worden, denn schon früh wurde der schützenswerte Vogelreichtum erkannt. Heute ist die Insel ein Paradies für Vögel, das nur vom Vogelwart betreten werden darf.

Trischen wie es leibt und lebt: die Besonderheiten der Flora und Fauna

Trischen bietet eine Kombination an Naturräumen, die am Festland nur noch sehr selten vorkommen. Zum Beispiel die ausgedehnten Salzwiesen, die von verzweigten Prielsystemen durchzogen sind und mit Strandflieder leuchten. Auch die weitläufigen Muschelschillfelder sind ein wichtiges Habitat für selten gewordene Arten wie Zwergseeschwalbe und Sandregenpfeifer, die zwischen den Muschelschalen brüten. Im Jahr 2012 brüteten insgesamt rund 5000 Brutpaare auf Trischen. Ein besonderes Naturschauspiel bieten die mausernden Brandgänse. Da die Tiere zur Mauser ihre Schwungfedern alle gleichzeitig verlieren, sind sie für mehrere Wochen flugunfähig und auf die störungsfreie Wattgebiete angewiesen. Die gesamte europäische Population der Brandgans findet sich dann im Gebiet zwischen Elbemündung und Trischen ein.

Leben und Arbeiten auf Trischen

»Meine Arbeit als Vogelwartin besteht natürlich in erster Linie aus der vogelkundlichen Erfassung. Wie viele Vögel ziehen im Frühjahr und Herbst? Wie viele Löffler brüten dieses Jahr? Fragen zu dem jährlichen Bruterfolg sind nicht so leicht zu beantworten, denn um herauszufinden, wie viele Küken schlüpfen und flügge werden, bedarf es viel Zeit und Geduld.

Über die Jahre haben sich noch weitere Erfassungsprogramme angeschlossen. So gehört es auch zu meinen Aufgaben, Sedimentproben im

Julia Baer vor ihrem kleinen Domizil auf Trischen, in dem sie ein halbes Jahr alleine wohnt. (Foto: Julia Baer)

Watt zu nehmen und nach Lebewesen auszuzählen, die ja wiederum eine wichtige Ernährungsgrundlage für viele Watvögel sind. Ich bin Meeresökologin und arbeite viel mit Seevögeln, was häufige Inselaufenthalte mit sich bringt. Insgesamt gesehen bin ich ein rechter Glückspilz auf so vielen unberührten und naturbelassenen Orten der Welt arbeiten zu dürfen – nicht zuletzt auf der wunderschönen Insel Trischen.«

Die auf Pfählen gebaute Holzhütte ist das einzige Gebäude auf der Vogelinsel. (Foto: Julia Baer)

Ein Urlaubsdomizil für Individualisten

Ferienwohnung Jacobs im Kronprinzenkoog

Der sonnige Balkon

Urlaub in Dithmarschen an der Schleswig-Holsteinischen Westküste gilt unter Kennern und solchen, die es werden wollen, als Geheimtipp. Hier kann der Gast die Eindrücke von überfüllten Stränden,

Blick in die geräumige Ferienwohnung

Betonburgen und überteuerten Quartieren vergessen. Man erlebt die Ursprünglichkeit der Meereslandschaft, die Weite der Marschen und den faszinierenden Wechsel der Tiden. Herrliche Ruhe und das gesunde Nordseeklima bringen nachhaltige Erholung für Körper, Geist und Seele.

Eine Besonderheit der Gegend ist das Wattwandern im UNESCO Weltnaturerbe. Es aktiviert den Kreislauf und verschafft jedem ein vielleicht nie gekanntes Wohlgefühl. Auch Radtouren in der flachen Landschaft sind ein großes Vergnügen: Man bewegt sich in der Nordseebrise und erkundet in gemächlichem Tempo seine Urlaubsregion.

Ein Ausflug ins nahe Friedrichskoog mit seinem malerischen Fischereihafen oder zur dortigen Seehundanlage gehört zum Ferienprogramm natürlich dazu, ebenso ein Besuch der Brunsbütteler Schleusen am Eingang des Nord-Ostsee-Kanals.

Die geräumige 5-Sterne-Ferienwohnung mit Sauna erstreckt sich über das gesamte Dachgeschoss, ist sehr komfortabel eingerichtet und mit moderner Ausstattung versehen – ein Urlaubsdomizil, in dem man die schönsten Wochen ganz entspannt genießen kann.

Übrigens: Hier erhält jeder Gast ein Freiexemplar des Liederbuches der plattdeutschen Gruppe »Landünner«, bei der die Chefin Wiebke Jacobs selbst einmal getextet, komponiert und musiziert hat.

Beitrag von:
Ferienwohnung Jacobs · Wiebke Jacobs
Ringstraße 6 · 25709 Kronprinzenkoog
Tel. (0 48 56) 91 11 · Fax (0 48 56) 91 12
ferienwohnung@bernd-jacobs.de
www.ferienwohnung.bernd-jacobs.de

Wie ein Bild aus alten Tagen

Die »Freya« lässt nostalgische Herzen höher schlagen

Es ist schön, wenn Einheimische am Kanal diese Weltwasserstraße auf ihre Art »bewachen« und vorbeifahrende Schiffe aufmerksam beobachten. Denn dabei lassen sich optische Schätze heben, die anderen Gegenden Deutschlands verborgen bleiben.

Vor kurzem drückte ein weiblicher Kanalfan an der Burger Fähre auf den Auslöser, als der historische Raddampfer »Freya« die Burger Fähre passierte. Es lohnt sich, über dieses wunderbare Schiff etwas mehr zu erfahren.

Der stählerne Seitenraddampfer mit den Holzaufbauten lief 1905 in Kinderdijk im Süden der Niederlande unter dem Namen »Westerschelde« vom Stapel und wurde zunächst im Verkehr zu den Inseln Zeelands eingesetzt. Zwei Jahre später avancierte das schmucke Dampfschiff zur Königlichen Yacht der Niederlande. Nach 1933 diente das Schiff, das nun »De Zwaan« hieß, verschiedenen Aufgaben in den Gewässern um Rotterdam, bis es 1988 verschrottet werden sollte. Nach einer erneuten Umtaufe in »De Nederlander« wurde es von Grund auf renoviert und für

Der Raddampfer am Kai seines Heimathafens Kiel

exklusive Charterfahrten im Rotterdamer Hafen genutzt.

1999 erwarb die Westerländer Reederei Sven Paulsen das historische Schiff und nannte es »Freya« zur Erinnerung an das gleichnamige Fährschiff, das bis zum Bau des Hindenburgdamms 1927 den Liniendienst vom dänischen Hoyer Schleuse nach Munkmarsch auf Sylt versah. Heute unternimmt die »Freya« vom Heimathafen Kiel aus Tagesfahrten auf dem Nord-Ostsee-Kanal. Ein großes Erlebnis ist die Bewirtung an Bord mit dem berühmten »Büffet-Lift« im nostalgischen Salon.

Die »Freya« auf Höhe der Burger Fähre (Foto: Patricia Fendrich)

Erdölförderung Mittelplate

Fest verankert in der Region

Wer seinen Blick über die Küste Friedrichkoogs schweifen lässt, stößt früher oder später auf einen kleinen Punkt am Horizont – die Erdöl-Bohr- und Förderinsel Mittelplate. Seit mehr als 25 Jahren gehört sie zur traditionsreichen Geschichte Dithmarschens. Für viele ist die Mittelplate ein fest verankerter Bestandteil der Region, da die Belange Dithmarschens seit Langem entscheidend durch die Ölsuche und -förderung geprägt werden. So verfügt die Region über eine mehr als 150-jährige Tradition der Erdölförderung. Auch die RWE Dea AG und ihre Vorgängergesellschaft sind seit jeher verlässliche Partner Dithmarschens. So gewährleistet RWE Dea bereits seit 1987 gemeinsam mit ihrem Partner Wintershall eine sichere und umweltgerechte Förderung aus der größten deutschen Erdöllagerstätte Mittelplate. Die dort liegenden ölführenden Dogger-Sandsteinschichten werden im Bereich zwischen 2000 und 3000 Meter Tiefe erschlossen. Bislang wurden insgesamt etwa 29 Millionen Tonnen aus dem Feld gefördert. Mehr als 20 weitere Millionen Tonnen Öl gelten nach heutigen Kriterien als technisch und wirtschaftlich gewinnbar.

Seit dem Jahr 2000 wird das Öl nicht nur von der Insel Mittelplate, sondern auch von Land aus gefördert. Die Landstation Dieksand gehört neben der Bohr- und Förderinsel Mittelplate zum Förderbetrieb Holstein, der mit seinen rund 90 Mitarbeitern die Ölproduktion aus der Lagerstätte Mittelplate koordiniert. Die Sicherheit des sensiblen Naturraums Schleswig-Holsteinisches Wattenmeer und aller Mitarbeiter hat dabei für RWE Dea oberste Priorität. Durch die hohen Technologie-, Sicherheits- und Umwelt-Standards gilt die Mittelplate-Förderung international als Vorbild für eine sichere und umweltverträgliche Rohstoffgewinnung. Interessante Einblicke können Besucher auch im Rahmen von regelmäßigen Betriebsführungen in der Landstation Dieksand gewinnen.

Die Landstation Dieksand in Friedrichskoog kann regelmäßig besichtigt werden.

Die heimische Ölförderung hat sich über die Jahre etabliert und bewährt. Das Netzwerk aus der Mittelplate-Ölproduktion und der weiterverarbeitenden Industrie in Hemmingstedt und im ChemCoast Park Brunsbüttel ist von großer wirtschaftlicher Bedeutung für die Region. Insgesamt stehen an der Westküste Schleswig-Holsteins über 1000 Arbeitsplätze in Zusammenhang mit der heimischen Ölförderung.

Darüber hinaus ist RWE Dea seit vielen Jahren gesellschaftlich in der Region engagiert und unterstützt Schulen, Vereine, Betriebe sowie die regionale Infrastruktur. Erste Anlaufstelle für alle Interessierten, die die Bohr- und Förderinsel Mittelplate nicht nur aus der Ferne betrachten möchten, ist der Mittelplate-Info-Point in der Friedrichskooger Deichpassage. Hier können Besucher mehr über das Leben und Arbeiten auf einer Bohrinsel sowie über die Erdölförderung in der Region erfahren.

Verantwortungsbewusstes Handeln im sensiblen Naturraum Wattenmeer

Beitrag von:
RWE Dea Förderbetrieb Holstein
Betrieb Dieksand
Schwienskopp 2 · 25718 Friedrichskoog
Tel. (0 48 54) 90 50
foerderbetrieb_holstein@rwedea.com
www.mittelplate.de

Deichbauarbeiter mit Spaten und Schaufeln vor dem Ersten Weltkrieg. Vieles musste noch in Handarbeit gemacht werden. Im Hintergrund sieht man Pferdewagen und eine Lorenbahn für den Materialtransport. (Foto: Backens-Archiv, Marne)

Deichbau und Landgewinnung

»De nich will dieken, mutt wieken«

durch Neulandgewinnung zu vermehren. So trieben sie die nachhaltige Entwicklung des Deichwesens und des Koogbaus an der gesamten Westküste voran.

Stichwort »Koog«

Als »Koog« wird an der Westküste Schleswig-Holstein ein Stück Neuland bezeichnet, das man durch einen Deich sichert und damit aus dem freien Vorland gewinnt. In Niedersachsen heißen die Köge »Groden«, in den Niederlanden »Polder«. Köge finden sich entlang der gesamten Marschenküste der Nordsee von Belgien bis hinauf nach Dänemark.

Oftmals schlägt man die Deiche als Abkürzungen über Meeresbuchten, vor allem, wenn das betrof-

Dachaufbau der in den 1930er Jahren erbauten Neulandhalle im heutigen Dieksanderkoog

Sielzug am alten Meldorfer Hafen

Das, was man heute die Meereslandschaft der Westküste nennt, ist keineswegs das Ergebnis freier Naturgewalten, etwa des Windes oder der Gezeiten. Vielmehr ist es der Mensch gewesen, der sein Land und seine Wohnorte vor den Fluten der Nordsee schützen wollte und musste. Über viele Jahrhunderte hat sich durch seinen Eingriff der Küstenverlauf verändert, wobei große Vorlandflächen eingedeicht und zu Kögen gemacht wurden. Erst in den letzten Jahrzehnten hat sich der Drang des Menschen nach Neuland gewandelt. Allmählich stand nicht mehr der reine Gewinn landwirtschaftlicher Flächen im Vordergrund, sondern eher der Küstenschutz.

Mit dieser Entwicklung einhergehend vergrößerte sich das gesellschaftliche Interesse an einem umfassenden Naturschutz für Fauna und Flora in den früheren Vorländern, den heutigen Kögen. Außerdem befasste man sich immer stärker mit den Wattflächen und Sänden vor den neuen Deichen in dem Bewusstsein, hier eine weltweit einmalige Naturlandschaft zu besitzen. Die Einrichtung des Nationalparks Schleswig-Holsteinisches Wattenmeer im Jahre 1985 war der erste Schritt, dieser

Erkenntnis Taten folgen zu lassen, ein Weg, an dessen vorläufigem Abschluss das Prädikat Weltnaturerbe Wattenmeer steht.

Ein Blick zurück in die Geschichte des Deich- und Koogbaus der letzten Jahrhunderte offenbart auch die Dramatik des menschlichen Kampfes gegen die oftmals übermächtigen Naturgewalten der See. Dieses Ringen ist keineswegs zwangsläufig entstanden, sondern vom Willen der Küstenbewohner bestimmt gewesen, gerade hier auszuhalten und dem Meer soviel Land wie möglich abzugewinnen. Sicherlich war dies für viele, die aus der unwirtlichen und ständig von Sturmfluten bedrohten Marsch nicht wegziehen wollten, auch eine Existenzfrage.

Bei wachsender Bevölkerung sah man sich höheren Ortes genötigt, die landwirtschaftlichen Flächen entweder durch Kolonisierung des Binnenlandes oder durch Koogbauten zu erweitern. Beides ist in Schleswig-Holstein geschehen. Den Landesherren war natürlich auch daran gelegen, die bestehenden fruchtbaren Küstengebiete zu schützen und das hiesige Steueraufkommen

fene Vorland »deichreif« geworden ist. Damit bezeichnet man den genügend hohen Aufwuchs der vorgelagerten Watten durch Aufschlickung. Immerhin benötigte man früher für das Deichmaterial große Massen an festem Erdreich, das aus der unmittelbaren Umgebung entnommen wurde. Die Deichbaukunst bestand vor allem darin, die Faktoren Gezeitenströme, Materialtransport und Konstruktion so zu koordinieren, dass in einer Sommerperiode ein Deich geschlossen werden konnte. Oftmals rissen winterliche Sturmfluten ein noch unvollendetes Werk wieder fort oder zwangen die Leute zur Aufgabe des Projektes.

Eine wichtige Aufgabe während des Baus und nach Fertigstellung eines Kooges ist die Entwässerung des hinter dem neuen Seedeich liegenden Landes. Dazu dienen die vielen kleineren Wasserläufe, die größeren Sielzüge und die Sielschleusen, die das überschüssige Wasser ins Meer oder in den Fluss ableiten. In Dithmarschen gibt es nicht nur Köge an der Nordsee, sondern auch an der Eider.

Die Trockenlegung des einstigen Schwemmlandes sorgt für die Verdichtung des neu gewonnenen Bodens und macht dessen landwirtschaftliche Bearbeitung möglich. Zugleich können auf dem nun festen Grund Häuser und Straßen gebaut werden. Durch die Entwässerung des Bodens senkt sich das Koogland ab und erreicht oftmals ein Niveau, das deutlich unter dem Meeresspiegel liegt. Dies ist vor allem dann problematisch, wenn der Außendeich bei einer Sturmflut bricht und der Koog überschwemmt wird. Die gewaltigen Wassermassen können dann nur durch Pumpen wieder hinausgebracht werden.

In den Niederlanden, das, wie der Name schon sagt, viele solcher tief liegenden Gebiete besitzt, leisteten diese Arbeit seit jeher windgetriebene Schöpfwerke, die natürlich auch für die normale Entwässerung der Niederschlagsmengen da waren. In Dithmarschen und Nordfriesland, wo auch niederländische Deich- und Sielbauer tätig waren, konnte man wegen der günstigeren Niveaulagen und der durchgängigen Meeresnähe auf Pumpeinrichtungen verzichten. In neuerer Zeit sind alle Pumpwerke elektrifiziert und die Polderflächen durch Sandeinspülungen nach oben nivelliert worden.

Stichwort »Deich«

Die Form und die Höhe des Seedeiches spielten für den Erfolg eines Koogbaus ebenfalls eine große Rolle. Vor allem die ausreichende Abflachung beider Deichseiten war ein technischer Fortschritt, der das vorzeitige Zerschlagen der Deiche verhindern half. Seedeiche, die vor einigen hundert Jahren noch mit einer Sohlenbreite von etwa 20 m und einer Höhe von 4–5 m gebaut wurden, besit-

Ehemaliger Seedeich in einem rückwärtigen Koog bei Eesch

Deichbruch (Foto: Archiv Dithmarscher Landesmuseum, Meldorf)

Denkmal auf der neuen Meldorfer Seeschleuse.
Die Steinskulptur symbolisiert das Ringen des Menschen mit der Gewalt des Meeres.

zen im 20. Jahrhundert eine Breite von weit über 100 m und etwa die doppelte Höhe. Auch das Material, aus dem ein Deich heute besteht, unterscheidet sich von seinen Vorgängern ganz erheblich. Der Seedeich des Speicherkooges besitzt einen eingespülten Sandkern, über den eine dünnere Kleischicht von einigen Dezimetern gepackt wurde. Die Grasnabe als Abschluss des Deiches schützt das Füllmaterial vor Erosion und wird traditionell durch Schafbeweidung kurz gehalten und gefestigt.

Im Mittelalter, als die heutige Deichentwicklung in den Küstengebieten begann, gab es zunächst einfache Ringdämme, die ein Feld oder einen Wohnplatz vor Überschwemmungen schützen sollten. Danach ging man zuerst in den Niederlanden dazu über, so genannte Stackdeiche zu errichten, wobei in den Boden »gesteckte« Holzpfahlreihen rückwärtig mit Erde angeworfen und

Gänsemarsch an Loch 7 der Golfanlage des GC Büsum Dithmarschen e.V. in Warwerort. Der wunderschöne Platz liegt am Nordende des Speicherkoogs. (Foto: GC Büsum Dithmarschen e.V.)

Die Stöpe zwischen Kaiser-Wilhelm-Koog und Dieksanderkoog. Der Deich gehört zur zweiten Deichlinie. Links erkennt man das Fach für die eingelagerten Balken, die zum Abschotten der Stöpe dienen.

Der wasserreiche Speicherkoog ist ein Rückzugsgebiet für Menschen und Tiere.

befestigt wurden. Dies geschah ab dem 16. Jahrhundert auch hier an der Westküste, wahrscheinlich immer an den Stellen, wo nicht genug Erde für eine seeseitige Berme vorhanden war. Diese Technik war allerdings wenig effektiv, da die Holzteile in wenigen Jahren verrotteten und die anbrandenden Wellen durch Spritzwasser und Überschläge die Deichmasse aufweichten.

Die schweren Sturmfluten von 1634 brachten ein Umdenken bei der Gestaltung des Deichprofils, das nun wesentlich flacher zur Seeseite auslief. Dennoch brachten die Flutkatastrophen von 1717 und 1825 wiederum hohe Landverluste und unzählige Tote. Die Deiche waren einfach zu niedrig, wurden überspült und zumeist von der Rückseite her aufgerissen und zerstört. Gerade an der Meldorfer Bucht hat man auch bei der Jahrhundertflut von 1962 die schmerzliche Erfahrung machen müssen, dass der Küstenschutz noch immer erhebliche Schwachstellen aufwies. Als Reaktion auf die Deichbrüche an der Westküste verabschiedete die schleswig-holsteinische Landesregierung am 20. Dezember 1963 den »Generalplan Deichverstärkung, Deichverkürzung und Küstenschutz«. Eine Folge dieses Programms war der Bau des Eidersperrwerks von 1967–1973.

Wenn mit einem neuen Deich auch ein neuer Koog entstanden war, ließ man den alten Seedeich, den man jetzt Schlafdeich nannte, stehen und pflegte ihn weiter. Diese zweite Deichlinie war ein Sicherheitsfaktor für den Fall, dass der neue Seedeich doch einmal brechen würde. Deshalb werden die Stöpen des Schlafdeiches auch voll funktionsfähig gehalten. Sie können bei Sturmflutgefahr geschlossen werden.

Das Beispiel Speicherkoog

Dithmarschen besitzt insgesamt 14 Köge. Unter ihnen mag der jüngste auch der bekannteste sein, weil über ihn wegen seiner zahlreichen Funktionen oft berichtet wird: der Speicherkoog. Er schützt vor allem den Christianskoog, der noch bei den mächtigen Sturmfluten 1962 und 1976 evakuiert worden war.

1962, als auch Dithmarschen besonders betroffen war, entschloss man sich zu einer großen Lösung der hiesigen Küstenprobleme. Ein wesentlicher Teil der weit ins Land schneidenden Meldorfer Bucht wurde eingedeicht und vielfältiger Nutzung zugeführt. Erst 1979 vollständig eingedeicht, ist der etwa 5000 ha umfassende Speicherkoog der jüngste Koog Dithmarschens. Seinen Namen trägt er wegen der ausgedehnten Staubecken zur Hinterlandentwässerung. Die übrigen Flächen dienen dem Naturschutz, der Naherholung und in geringerem Maße der Landwirtschaft. Durch den Bau des Speicherkooges konnte die Seedeichlinie von 30 km auf die Hälfte verkürzt und gleichzeitig die Wasserlösung stark verbessert werden. Im Speicherkoog gibt es mehrere Bademöglichkeiten, den Golfplatz des GC Büsum Dithmarschen e.V., einen Surfsee, einen Yachthafen, einen Golfplatz und einige Gastronomien.

An einer solchen Treppe erkennt man die Höhe der heutigen Seedeiche.

Ein Deichmuseum

2006 wurde im Büsumer Neuenkoog ein besonderes Freilichtmuseum eröffnet. In ihm kann man die Geschichte des Küstenschutzes nachvollziehen und alle wichtigen Deichtypen anschauen. Das Museum informiert an Hand von vier Nachbauten alter Deiche darüber, wie sich aus praktischen Erfahrungen und wissenschaftlichen Erkenntnissen heraus die Deichbaukunst weiterentwickelt hat. Es wird gezeigt, dass die gemessenen Hochwasserhöhen auch die jeweilig gültige Deichhöhe bestimmte. Die ersten wirklichen Seedeiche wurden noch den natürlichen Verläufen der Buchten, Priele und Flutkanten angepasst. Erst im Spätmittelalter war die Deichbautechnik so weit entwickelt, dass Tidenströme und Buchten durchdämmt werden konnten.

Die alte plattdeutsche Weisheit »De nich will dieken, mutt wieken« hat für die schleswig-hol-

Die Seeschleuse des neuen Meldorfer Hafens

steinische Westküste keineswegs an Aktualität verloren. Im Gegenteil: Der weltweit steigende Meerwasserspiegel zwingt die Verantwortlichen schon jetzt, über neue Deichhöhen von mehr als 10 Metern und weitere Schutzmaßnahmen nachzudenken.

Die Sohlenbreite des zuletzt erbauten Dithmarscher Seedeiches im Speicherkoog beträgt weit über 100 Meter.

Kulinarische und optische Genüsse auf dem Elbdeich

Das »Op'n Diek« in Neufeld

Wer kann das schon von seiner Gaststätte behaupten: Eines der am besten gelegenen Ausflugslokale Dithmarschens! Wenn man die Ankündigung ernst nimmt und das »Op'n Diek« am Neufelder Hafen, hoch auf dem Elbdeich, besucht, merkt man sofort: Hier hat niemand übertrieben. Das Speiselokal, Café und Biergarten thront hoch auf dem Elbdeich und schenkt seinen Gästen ein einmaliges Panorama über die Elbe. Das Erlebnis dieser maritimen Weite, in die sich, je nach Schiffsbetrieb, Luxusliner, Containerriesen, Kümos, Windjammer, Frachter aller Größen, aber auch kleine Segler, Motoryachten und sogar Surfer wie bunte Einsprengsel hineinmischen, wird jedem Betrachter unvergesslich bleiben.

Und dazu kommt das andere Erlebnis, das kulinarische, das man entweder draußen auf der herrlichen Sonnenterrasse, umweht von einer würzigen Meeresbrise, oder drinnen in der gemütlichen Gaststube genießen kann. Regionale und überregionale Köstlichkeiten laden hier zu einer »schmackhaften« Reise durch die Dithmarscher Gastlichkeit ein. Ob Fisch- oder Fleischgerichte, ob Kleinigkeiten oder reichhaltige Menüs, jeder Gast findet hier das, was sein Herz gerade begehrt. Vielen Dithmarscher Spezialitäten geht im

»Op'n Diek« ein Ruf voraus, den man getrost als unbedingte Empfehlung werten darf. Dazu gehört auch der Eiergrog im Winter, der Leib und Seele erwärmt und bei nicht wenigen Fans auch an einem sommerlichen Regentag geordert wird.

Ein wichtiger Hinweis sei gestattet: Jedes Jahr gibt es von Ende September bis Mitte April den kleinen leckeren Stint. Und nicht vergessen: Jeden Donnerstag ist Aal-Sattessen angesagt, und zwar in den unwiderstehlichen Sorten Brat-, Sauer- und Räucheraal. Im übrigen werden die Gäste hier auch mit Gaumenfreuden wie frisch geräucherten Aalen, Forellen und Schollen erfreut, die man auch für den Verzehr daheim mitnehmen kann.

Für Reisegesellschaften, Betriebsfeiern und private Feste bieten sich Speisekarte und Räumlichkeiten ebenfalls an. Im Außenbereich können 80 Personen Platz finden, im Innenbereich 50. Gerade wenn man seinen Freunden und Gästen eine ganz besondere Lokalität und gleichzeitig eine vielfältige Küche bieten möchte, ist man im »Op'n Diek« genau richtig. Karin und Peter Haje erwarten ihre Kundschaft mit einem aufgeschlossenen und professionellen Team, das stets um beste Gastlichkeit bemüht ist.

Karin und Peter Haje heißen Sie in ihrem Lokal »Op'n Diek« hoch auf dem Deich willkommen.

Am Neufelder Hafen direkt vor der Tür

Der einmalige Blick auf die Elbe

Öffnungszeiten: 11 – 23 Uhr
warme Küche: 11.30 – 14 Uhr
und 17 – 21 Uhr
ganzjährig geöffnet.
Montag Ruhetag

Beitrag von:
Op'n Diek · Karin Haje · 25724 Neufeld
Tel. (0 48 51) 18 40 · t.wehrsig@t-online.de

Schafe, Möwen, weite Blicke

Die Pension »Alte Dorfschule« im Kaiser-Wilhelm-Koog

Da wo vor einigen Jahren noch Koogkinder getobt und gebüffelt haben, ist nun eine himmlische Ruhe eingekehrt. Nicht dass Kinder nicht mehr willkommen wären, im Gegenteil: Die »Alte Dorfschule« ist zu einer Urlaubspension geworden, die ihren Gästen weitab vom Alltagsstress beste Erholung bietet. Mit der Nordseeküste direkt vor der Tür, kann man hier eine entspannte Auszeit genießen und sich rundum wohlfühlen.

Die gesunde Luft, die endlose Weite des Landes und des Meeres, zwischen denen sich der mächtige Seedeich hinzieht, die verstreuten Höfe und eine intakte Fauna und Flora: all das macht einen Urlaub im Südwesten Dithmarschens zu einem wunderbaren Erlebnis. Dabei spielt das Wetter, das hier auch manchmal stürmisch sein kann, gar keine Rolle.

Wattwanderungen, lange Deichspaziergänge, Radtouren durch die Köge oder zu den nicht weit entfernten Tageszielen in Friedrichskoog und Brunsbüttel gehören immer dazu. Diese Mischung aus kreativer Zurückgezogenheit und anregender Bewegung in der Natur schafft ein unvergessliches Wohlgefühl. Besuche am idyllischen Friedrichskooger Fischerhafen und in der dortigen Seehundstation oder in der Schleusenstadt Brunsbüttel vermitteln ganz besondere Eindrücke von Land und Leuten.

Die Pension verfügt über eine urgemütliche Ferienwohnung mit kleiner Küche für 4–5 Personen und Einzel- bzw. Doppelzimmer, einen behaglichen Frühstücks- und Aufenthaltssaal mit großem Kamin, dazu einen Saunabereich, einen herrlichen Ziergarten mit Rückzugsmöglichkeiten und vieles mehr!

Zum Beispiel befindet sich auf dem Grundstück der »Alten Dorfschule« ein kleines privates Oldtimer-Museum mit Fahrzeugen aus den 1950er und 1960er Jahren sowie eine einmalige Ausstellung zum Thema »Wirtschaftswunderzeit!« Dort werden unvergessene Modelle wie das Goggomobil, verschiedene Fahrzeuge aus dem Borgward-Konzern – beispielsweise der Lloyd Alexander oder der Goliath GP 700 – präsentiert. Die Ausstellung präsentiert ferner einen Einblick in einen Campingurlaub an der Nordsee in den 50er Jahren, eine nostalgische Zeitreise mit Alltagsaccessoires aus einer längst vergangenen Zeit.

Die familiäre Pension befindet sich im malerischen Dorf Kaiser-Wilhelm-Koog, eine Marschgemeinde direkt am UNESCO-Weltnaturerbe »Nationalpark Schleswig- Holsteinisches-Wattenmeer«. Vom Nordseedeich, der nur 500 m entfernt ist, blickt man auf die Elbmündung, die sich zwischen Dithmarschen und Cuxhaven mit einem weiträumigen Trichter ausbreitet. Das Haus selbst

Die Räumlichkeiten bieten guten ländlichen Komfort.

Der gemütliche Frühstücks- und Aufenthaltssaal

Die Pension »Alte Dorfschule« im Kaiser-Wilhelm-Koog

liegt eingebettet in einen alten Baumbestand inmitten bewirtschafteter Felder.

Liegestühle, Fahrräder und mehr stehen den Gästen kostenlos zur Verfügung. Nach Absprache können hier auch Haustiere mitgebracht werden. Durch die herrliche Alleinlage empfiehlt sich die Pension auch für Betriebsfeste, Seminare, Familienfeiern und ähnliche geschlossene Veranstaltungen. Das Haus steht bei der Planung und Durchführung gerne mit Rat und Tat zur Seite.

Beitrag von:
Pension »Alte Dorfschule«
Inhaber: Rainer Kaun-Mikolajewicz
Schulstraße 16 · 25709 Kaiser-Wilhelm-Koog
Tel. (0 48 56) 4 95
info@pension-alte-dorfschule.de
www.pension-alte-dorfschule.de

Die drei anderen Jahreszeiten

Wenn in Dithmarschen kein Sommer ist

Nahezu alle Bilder in diesem Buch sind in den Sommermonaten fotografiert worden, ganz einfach aus dem Grunde, weil Land und Leute dann viel freundlicher auszusehen scheinen als in den anderen Jahreszeiten. Dies leuchtet zwar ein, ist aber nicht immer zutreffend. Es kann auch im Sommer ganz düstere Tage geben, sogar Unwetter und lange Regenwochen sind möglich. Das wünscht sich zwar niemand, schon lange nicht die Feriengäste und die hiesigen Vermieter und Gastwirte, aber es kann passieren.

Auf der anderen Seite haben Frühling, Herbst und Winter auch ihre ganz besonderen Reize, was einigen Dithmarschen-Fans durchaus bekannt ist. Sie meiden die während der Saison oft überfüllten Straßen, Quartiere und Strände. Sie weichen in die Nebensaison oder den Winter aus und genießen genau das, was sie am meisten suchen: Ruhe, Platz und

stressfreie Zeit. Das ist im Sommer nicht unbedingt gewährleistet, auch wenn sich alle in der Ferienregion Dithmarschen bemühen, es dem Gast so angenehm wie möglich zu machen.

Durch Raps und Kohl

Man kann von Glück sagen, dass Dithmarschen viele saisonunabhängige Attraktionen besitzt. Dies gilt nicht nur für die hochinteressanten Museen der Landschaft oder herbstliche Events wie die weithin bekannten Dithmarscher Kohltage, die jeden September Hunderttausende von Gästen anlocken. Dies gilt vor allem für die hiesige Natur, die eigentlich zu jeder Jahreszeit ihre Highlights hat. Fahrradtouren durch gelb leuchtende Rapsfelder oder grün schimmernde Kohlflächen können einmalig schön sein. Selbst die Gemütlichkeit und Geselligkeit in der kühleren Zeit hat

für viele Menschen einen hohen Erholungswert, wenn nämlich die Einheimischen wieder mehr Zeit haben, sich um jeden einzelnen Gast zu kümmern.

Dann genießen die Gäste, dass sie fast familiär behandeln werden, dass sie mit den Gastgebern in echte Gespräche kommen und sich austauschen können. Dann erfahren sie

Doppelter Regenbogen bei Wennbüttel (Foto: Reimer Stecher)

Frühling in Frestedt

Herbststurm bei Westerdeichstrich (Foto: Michael Pietsch)

Dinge, die sie in der Hektik der Saison nie kennengelernt hätten. Die Vertiefung ihrer Erlebnisse macht ihnen so viel Freude, dass sie fast vergessen, dass draußen ein Herbststurm um die Hausecken tobt oder die Wasserflächen mit Eis überzogen sind. Auf einmal sind sie ein Teil der einheimischen Gesellschaft.

In diesen Momenten, und nicht unbedingt während des Sonnenbades am Büsumer oder Friedrichskooger Grünstrand, reifen Entschlüsse, sich irgendwann hier ganz niederzulassen. Das Gefühl der Heimatlichkeit, des Angenommenseins ist das, was die Menschen am meisten suchen. Und dafür, oder besser für die Gelegenheit dazu, gibt es die anderen Jahreszeiten. Oder wie es ein Philosoph einmal ausgedrückt hat: »Um sich wohl zu fühlen, bedarf es sehr wenig, nur eines freundlichen Wortes, eines herzlichen Willkommens oder eines heißen Tees an einem kühlen Tag im Herbst.«

Und da ist die Natur selbst, die sich im Winterhalbjahr keineswegs nur abweisend zeigt. Im Gegenteil: Es gibt herrliche herbstbunte Wochen, in denen man sogar ungestörte Sonnenstunden im Strandkorb genießen kann. Oder fantastische Momente, wenn der Rauhreif sich über die kahlen Äste legt und alles um uns herum verzaubert. In der Windstille dann entlang der Gieselau oder der Eider spazieren zu gehen, oder durch verschneite Dörfer zu wandern, ist sicherlich nicht weniger unvergesslich wie ein sonnendurch-

fluteter Sommertag am Meer. Und sich an der Wattkante den Wind um die Ohren pusten zu lassen, ist besonders dann ein herrliches Gefühl, wenn einen nach der eisigen Brise ein dampfend heißer Punsch erwartet.

Wintersaison

Nicht von ungefähr kennt man hier eine kleine Zwischensaison, die zum Jahreswechsel, manchmal bereits von Weihnachten an, viele Menschen an die Nordsee reisen lässt. Viele fliehen, wie sie gerne zugeben, vor dem »Feierstress«, ein Phänomen, das einem zu denken geben sollte. Und das neue Jahr gerade an der Dithmarscher Küste einzuläuten, ist schon ein Kompliment für die Einheimischen und die hiesige Landschaft. Gewiss, jeder Gast ist auch in der sonst nicht so umsatzstarken Winterzeit willkommen, aber der finanzielle Aspekt ist für die Einheimischen nicht ausschlaggebend. Wer hier im Sommer sein Geld nicht verdient hat, holt es im Winter ohnehin nicht mehr herein.

Das ist für die Wintergäste beruhigend, und sie spüren es. Irgendwie freuen sich die Dithmarscher, etwas Gesellschaft in der ziemlich stillen Zeit zu haben. Sie bemühen sich, auch den Weihnachts- und Silvestergästen eine besondere »Zuwendung« zu schenken. Wer einmal durch das dann festlich geschmückte und quirlige Heide bummelt oder die Alleestraße in Büsum hinunterspaziert, weiß, was gemeint

ist. Auch andere Orte haben viele kleine und größere Angebote für die Gäste, von den urigen Weihnachtsmärkten über künstliche und natürliche Eislaufmöglichkeiten bis zu kirchlichen und volkstümlichen Konzerten aller Art.

Heimatliche Wintervergnügen laden die »Stadtflüchtlinge« ein, mit den Einheimischen zusammen einen Punsch zu trinken, Futjes zu futtern oder anderweitig zu feiern. Die Silvesterbälle, die das inzwischen fast obligatorische Feuerwerk um Mitternacht umrahmen, sind oft monatelang im Voraus ausgebucht.

Und dann ist da noch das Kulinarische. Im Winter laufen die Dithmarscher dabei zu echter Hochform auf. Ein unverzichtbares Stichwort heißt »Grönkohl« mit Kasseler, Kochwurst, Schweinebacke und süßen Kartof-

feln, ein deftiges Wintergericht und in Dithmarschen, der Hochburg des Kohlanbaus, eine Selbstverständlichkeit auf jeder Speisekarte. Allerdings muss es schon den ersten Frost gegeben haben.

Frühling und Herbst können an der Dithmarscher Küste auch einmal sehr ungemütlich werden, wenn die Stürme wüten und wilde Wogen gegen die Deiche werfen. Dann merkt man, dass aus dem urigen Wetter sehr schnell eine gefährliche Sturmflut werden kann. Dies ist schon häufig geschehen und hat den Küstenbewohnern manchmal Tod und Verderben gebracht. So wurden sie zu Erbauern von Deichen, Schleusen und Kögen, um sich und das Land zu schützen, ein Werk, das Dithmarschens Küste unverwechselbar geprägt hat. (Siehe die Beiträge S. 132–133 und S. 188–189)

Winterstille im Gieselautal (Foto: Reimer Stecher)

Das Nationalgemüse

Dithmarscher Kohl

Manche fragen sich, wie es der Kohl in Dithmarschen zu einer solchen Bedeutung gebracht hat. Die bessere Frage wäre: Wie hat es der Dithmarscher Kohl zu einer solchen Bedeutung in Deutschland, Europa und der ganzen Welt gebracht?

Vom »Urvater« des Dithmarscher Kohls zum »Kohlosseum«

Alles begann, als der »Kohl-Pionier« Eduard Lass (1859–1924), ein Wesselburener Gärtner, in den 1890er Jahren auf wenigen Morgen Land Kohl anbaute und in einer außerordentlichen Leistung Dithmarscher Kohl zu einem gefragten Quali-

tätsprodukt in ganz Deutschland machte (siehe Beitrag S. 34–35). Bei der Zucht der Kohlpflanzen konnte Lass seine Grundkenntnisse aus der Gärtnerei verwerten. Ein maßgeblicher Faktor für den nachhaltigen Erfolg des Dithmarscher Kohls waren die günstigen klimatischen Verhältnisse und die Bodenqualität der hiesigen Meereslandschaft. Die frische Seeluft hält von Schädlingen frei und garantiert eine gesunde Entwicklung der Kohlpflanzen. So konnte Dithmarschen bis heute zum größten zusammenhängenden Kohlanbaugebiet Europas werden. Hauptabnehmer waren die Märkte der Großstädte und die einschlägigen Sauerkrautfabriken Deutschlands.

Eduard Lass (1859-1924), der Begründer des Dithmarscher Kohlanbaus

Die Art und Weise, wie Eduard Lass den Kohlanbau vorantrieb, ist bezeichnend für seine fachliche Leistungskraft. Er revolutionierte die Kohlzucht, indem er die Setzlinge schon fast agrarindustriell vom Samen bis zur Auspflanzung in speziellen Beeten bzw. Holzkisten heranzog. So behielt er während der Entwicklung der jungen Pflanze eine genaue Qualitätskontrolle. Danach lieferte er die Setzlinge an seine Vertragsbauern in ganz Dithmarschen aus.

Damals erfolgten nahezu alle Arbeitsgänge noch mit der Hand, was dem Kohl in seiner Frische und Haltbarkeit nicht abträglich war. Vom Schnitt über die Zwischenlagerung bis zum Weitertransport in den Eisenbahnwaggons wurden viele geschulte und erfahrene Arbeitskräfte benötigt. Kohlanbau und Kohlvermarktung waren bald zu einem der wichtigsten Zweige der Dithmarscher Landwirtschaft geworden. Daran hat sich bis heute wenig geändert.

Gestapelte Kohlkisten warten auf ihren Einsatz.

So sieht ein einheimisches Fahrrad nach einem Marktbesuch aus.

von Nährstoffen, und das in einem Preis-Leistungs-Verhältnis, das seinesgleichen sucht. Schmackhafte und hochwertige Kohlrezepte gehören inzwischen zu den Rennern der deutschen und internationalen Küche. Traditionelle Vorreiter in dieser Hinsicht sind die asiatischen Kulturen Indiens, Koreas und Japans, in denen Kohl seit jeher einen unverzichtbaren Bestandteil der täglichen Nahrung darstellt. In diesen Ländern bereitet man Kohlgerichte einerseits ländlich einfach als Grundnahrungsmittel, andererseits auch kulinarisch raffinierter mit allerlei Gewürzen und Kräutern zu. In jedem Fall sind die dortigen Kohlspeisen nicht weniger wohlschmeckend, kalorienarm und gesund als unsere Kohlsuppen, Kohlaufläufe oder Krautspezialitäten. Die hiesige »Kohlküche« hat sich längst auch der vielseitigen Zubereitung aller Kohlarten verschrieben.

Ein ganz normales Kohltage-Angebot

Bei einem Saatzuchtbetrieb in Marne, dem einzigen seiner Art in Deutschland, sind übrigens Kohlfachleute ständig dabei, das Saatgut für den Kohl zu optimieren. Hier kann der Kohlbauer, wo immer er sich auf der Welt befindet, das Körnchen oder den Setzling bekommen, aus denen schließlich eine der vielen Kohlsorten wird. Für jede erdenkliche Bestimmung, ob Weiß-, ob Rot-, ob Wirsingkohl, ob lagerfähiger Winterkohl, schwerer Industriekohl oder zarter Frühkohl für den Frischeverbrauch.

Die Weiterverarbeitung und Veredelung des Kohls vor Ort blieb allerdings eine Episode, vor allem wegen der Marktferne des Anbaugebietes. Das Ende der Wesselburener Sauerkrautfabrik in den 1990er Jahren ist hierfür ein schmerzliches Beispiel, auch wenn in ihren ehemaligen Räumlichkeiten Kohl inzwischen auf andere Weise »veredelt« wird. Das »Kohlosseum« mit Kohlmuseum und Wesselburener Krautwerkstatt unter dem unermüdlichen Protagonisten Hubert Nickels besitzt heute eine deutschlandweite Medienpräsenz und eine große touristische Wirkung vor Ort.

Warum Kohl so gesund ist

Der Genuss von Kohl hat so viele gesundheitliche Vorteile, dass man sie alle in diesem Rahmen kaum nennen kann. Wer eine ausgewogene und abwechslungsreiche Ernährung betreiben möchte, kann sich auf das Dithmarscher Nationalgemüse fest verlassen.

Von den vielen Vitaminen, den Mineralstoffen über die Folsäure bis zu den reichlich enthaltenen Ballaststoffen bietet Kohl eine wohltuende Palette

Zünftige Reklame am Straßenrand

Eine der Kohlregentinnen bei einer Visite in der Wesselburener Krautwerkstatt

Und überall in der Landschaft, vor allem während der alljährlichen »Dithmarscher Kohltage«, verkünden Fernseh- und Zeitungsberichte sowie Vorträge und Broschüren die erstaunlichen Inhaltsstoffe und Wirkungen des Kohls. Er ist nämlich nicht nur wohlgerundet und lecker, sondern voller Vitamine, zum Beispiel gespickt mit Vitamin C, soviel wie in Zitronen und Orangen, reich an Vitamin B, dem Nervenelixier, dazu Kalzium, Kalium und blutbildendes Eisen, von den wichtigen Ballaststoffen ganz zu schweigen. Schließlich sei noch die Kalorienarmut, etwa von Weißkohl, erwähnt: 25 Kalorien pro 100 Gramm!

Die »Dithmarscher Kohltage«

Nach all dem ist es kein Wunder, wenn die Einheimischen mindestens einmal im Jahr ihr »Nationalgemüse« so richtig feiern. Und das geschieht jeden September auf den »Dithmarscher Kohltagen«, wenn die Landschaft zum Treffpunkt der Kohlfans aus aller Herren Länder wird.

Sechs Tage lang dreht sich alles um die frischen Kohlköpfe, vom traditionellen Kohlanschnitt auf einem der ungezählten Kohlfelder über die Bauern- und Kohlmärkte überall in der Region bis hin zu den sportlichen und kulturellen Veranstaltungen, mit denen sich Dithmarschen als bunte und unterhaltsame Ferienregion vorstellt.

Das Wichtigste ist natürlich das kulinarische Element: Während der Kohltage stehen nicht nur überlieferte Kohlgerichte auf den Speisekarten der hiesigen Gastronomie, sondern immer auch einige neue Kohl-Kreationen.

Die Weltwasserstraße Nr. 1

Der Nord-Ostsee-Kanal früher und heute

Der Nord-Ostsee-Kanal gehört zu Schleswig-Holstein und im besonderen zu Dithmarschen wie kaum ein anderes Bauwerk der jüngeren Geschichte. Als er geplant und gebaut wurde, hieß er noch Kaiser-Wilhelm-Kanal, eine Bezeichnung, die in Deutschland bis 1948 in Gebrauch blieb. Der internationale Name ist Kiel Canal.

Jedes Kind im Norden lernt bereits in der Schule, dass der NOK, wie die übliche Abkürzung lautet, die meistbefahrene künstliche Wasserstraße der Welt ist. Sie verläuft zwischen der Elbmündung und der Kieler Förde mit einer Länge von etwas weniger als 100 Kilometern und bringt der Schifffahrt eine Wegersparnis von etwa 900 Kilometern, insofern die Umfahrung von Skagen fortfällt. Der Gedanke, einen Kanal quer durch das Land an den beiden Meeren zu bauen, hat eine lange Vorgeschichte. Es gab unzählige Routenvor-

Die Grundsteinlegung durch Kaiser Wilhelm I. am 3. Juni 1887 in Holtenau (Foto: Archiv Dithmarscher Landesmuseum, Meldorf)

Der alte Eiderkanal im Umbau, Juli 1891 (Foto: Archiv Dithmarscher Landesmuseum, Meldorf)

Aushub des Kaiser-Wilhelm-Kanals, um 1890 (Foto: Archiv Dithmarscher Landesmuseum, Meldorf)

schläge für eine derartige Querung, etwa von der Husumer Bucht zur Schlei oder nach Eckernförde. Sämtliche Führungen erschienen allerdings technisch zu schwierig.

Die Planung

Der NOK besitzt dennoch einen Vorgänger, nämlich den zwischen 1777 und 1784 von Rendsburg nach Holtenau gegrabenen Schleswig-Holsteinischen Kanal, ab 1853 Eiderkanal genannt. Dieser überwand in mehreren Schleusenstufen das östliche Hügelland und verband die Untereider mit der Ostsee. Teile des Kaiser-Wilhelm-Kanals wurden im Bett des Vorgängers angelegt, dessen Überreste noch heute wie Relikte einer idyllischen Schifffahrtsperiode in der Landschaft stehen (s. Beiträge S. 20–21 und S. 74–75). Der Eiderkanal war längst schon für die damaligen Seeschiffe zu klein geworden und damit seine wirtschaftliche Bedeutung stark gesunken, als die deutsche Reichsregierung, die seit dem Krieg mit Dänemark im Besitz Schleswig-Holsteins war, einen neuen Plan fasste.

Die Widerstände in Kreisen der Politik und des Militärs waren zwar stark, aber Bismarck, der das

Projekt befürwortete, fand einflussreiche und versierte Mitstreiter, vor allem im Hamburger Reeder Hermann Dahlström. Schließlich konnte auch Kaiser Wilhelm I. überzeugt werden, der 1883 einen Beratungsauftrag für den Kanalbau erteilte. Es war damals auch die günstigere Streckenführung zur Eckernförder Bucht im Gespräch, die aber zugunsten der immerhin teureren Trasse nach Holtenau verworfen wurde. Es ging dem Reichskanzler Otto von Bismarck vor allem darum, dass eine Verbindung zwischen Nordsee und Ostsee geschaffen wurde, »welche alle Kriegs- Handels- und Dampfschiffe gut passieren können«. Dahinter stand aber auch das Bestreben, dass die im Aufbau befindliche deutsche Flotte leichter von einem Meer zum anderen wechseln konnte.

Der Bau samt erster Erweiterung (1886–1914)

Am 3. Juni 1887 fand in Kiel die Grundsteinlegung durch Kaiser Wilhelm I. statt. Fast 9000 Arbeiter waren in dieser Anfangsphase am Bau beteiligt, in dessen Verlauf etwa 80 Millionen Kubikmeter Erdreich bewegt wurden. Zunächst erhielt der Kanal eine Breite von 67 Metern und eine Tiefe von 9 Metern. Nach 8 Jahren Bauzeit konnte Kaiser

Wilhelm II. das Jahrhundertwerk am 21. Juni 1895 eröffnen. Der Kanal war Staatseigentum und unterstand dem Kaiserlichen Reichskanalamt in Kiel. Die Baukosten betrugen 156 Millionen Goldmark.

Schon bald stellte sich heraus, dass die deutsche Aufrüstung zur See Schwierigkeiten mit den Kanalmaßen bekam. Einige neu gebauten Großkampfschiffe konnten den Kanal nicht mehr passieren, so dass zwischen 1907 und 1914 die Breite auf 102 m und die Tiefe auf 11 m vergrößert werden mussten. Auch die Schleusen in Brunsbüttel und Holtenau wurden erweitert auf nunmehr 310 m Länge und 42 m Breite. Dieser erste Ausbau war erheblich teurer als der ursprüngliche Bau.

Der Kaiser-Wilhelm-Kanal war als spiegelgleicher Seekanal konzipiert, der wegen der wechselnden Wasserstände in Elbe und Kieler Förde an seinen Enden Schleusen benötigte. Diese hatten die Nordseetiden beziehungsweise etwaige Windstaus auszugleichen. Der Kanal hat eine exakte Länge von 98,26 Kilometern. Durchfahrten sind in einem Tag zu schaffen. Bei seinem Vorgänger, dem Eiderkanal, hatte man für eine Passage noch 3–4 Tage zu veranschlagen.

Der Verlauf

Der Kanal, von Brunsbüttel aus betrachtet, verläuft zunächst durch ein Stück Marsch, ehe er

dann zwischen Burg und Schafstedt einen ersten Geestrücken durchschneidet. Dabei folgt die Linienführung der damaligen Holstenau. Etwas später, bei Rendsburg, wurde der Kanal durch die Eiderniederung gelegt, nordöstlich der Stadt eine Strecke auch im direkt im Eiderbett. Danach führt der Kanal durch das östliche Hügelland, nimmt zum Teil die Levensau auf und mündet bei Holtenau in die Kieler Förde.

Vor Breiholz hat man 1937 den Gieselaukanal (siehe Beitrag S. 76) gebaut, um eine Verbindung zwischen dem Kaiser-Wilhelm-Kanal und der Untereider zu schaffen. Viele rückwärtige Gebiete entwässern in den Kanal, der dieses überschüssige Wasser dann wieder hauptsächlich bei Brunsbüttel in die Elbe abgibt.

Da der Kanal auf seiner gesamten Länge als künstliche Wasserstraße diverse Gemeinden durchtrennt, mussten überall gebührenfreie Querungen durch Brücken, Fähren und Tunnel eingerichtet werden. Alle Brücken besitzen eine Durchfahrtshöhe von 42 Metern. Dieses Maß geht auf die Linienschiffe der Kaiserlichen Marine zurück. Insgesamt gibt es 10 Kanalbrücken, wovon wohl die Rendsburger Eisenbahnhochbrücke die spektakulärste ist. Hinzu kommen an gleicher Stelle ein Straßen- und ein Fußgängertunnel und auf der gesamten Kanalstrecke 13 Fahrzeugfähren und eine Fußgängerfähre. Unter diesen ist die Rends-

Die Brunsbütteler Schleusentore im Bau am 4. September 1894 (Foto: Archiv Dithmarscher Landesmuseum, Meldorf)

Die Grünthaler Hochbrücke im Bau, Foto vom 21. Dezember 1894 (Foto: Archiv Dithmarscher Landesmuseum, Meldorf)

Kreuzer der Kaiserlichen Marine in der Brunsbütteler Schleuse (Foto: Archiv Heimatmuseum Marner Skatclub von 1873)

burger Schwebefähre, die unter der Hochbrücke verkehrt, eine große Besonderheit.

Weltweit existieren noch acht Schwebefähren, in Deutschland nur noch eine in Osten-Hemmoor aus dem Jahre 1909. Die älteste Schwebefähre verbindet seit 1893 die baskischen Orte Portugalete und Getxo, ist noch in Betrieb und gehört

Die Holtenauer Schleusen

Kanalfähre bei Kudensee

Im Kanal gelten strikte Geschwindigkeitsbegrenzungen.
(Foto: Gerhard Stonus)

hals gekommen, so dass beschlossen wurde, dieses Teilstück auszubauen. Auf einer Länge von 11 km soll der Kanal durch Eingriff in die Böschung eine Sohlenbreite von 70 m erhalten und die Kurvenlinie flacher gefasst werden. Wegen des Rendsburger Straßentunnels findet eine generelle Vertiefung des Kanals für die steigenden Schiffsgrößen bei 1,5 zusätzlichen Metern seine Grenze. Damit wird der Kanal in absehbarer Zukunft unweigerlich sein »natürliches« Höchstmaß erreichen.

Den aktuellen Rekord einer Schiffsgröße hält der Massengutfrachter »Aeolian Vision« mit einer Länge von 229 m, einer Breite von 32,24 m und einem Tiefgang von 7,20 m bei einer BRZ von 43 767 aus dem Jahre 2012. Die Zahl der Schiffspassagen pro Jahr hat in letzter Zeit keine wesentlichen Bewegungen gezeigt, sehr wohl aber die transportierte Ladungsmenge pro Schiff. Hier macht sich der allgemeine Trend zu größeren Schiffseinheiten deutlich bemerkbar. 2012 passierten rund 35 000 Schiffe mit einer Gesamtladungsmenge von 104 Millionen Tonnen den Nord-Ostsee-Kanal.

Auf dem Kanal gelten komplizierte Verkehrsvorschriften für die verschiedenen Größenklassen der Kanalschiffe, wobei Länge, Breite und Tiefgang die Maßkategorien darstellen. Maximale Abmessungen pro Schiff sind: Masthöhe 40 m, Tiefgang 9,5 m, Breite 32,5 m und Länge 235 m. Je

nach Schiff kann es zu speziellen Begrenzungen kommen.

Für die Messung des Tiefgangs ist das Schleusenpersonal zuständig. Die Höchstgeschwindigkeit im Kanal ist generell auf 15 km/h (8,1 kn) festgelegt. Schiffe mit einem Tiefgang von mehr als 8,5 m dürfen 12 km/h (6,5 kn) nicht überschreiten. Eine Passage dauert zwischen 7 und 9 Stunden.

Die wichtigsten Arbeitskräfte auf dem Kanal sind die Lotsen. Für jedes größere Schiff gilt auf dem Kanal Lotsenpflicht. Bestimmte Verkehrsgruppen können, nachdem eine spezielle Prüfung abgelegt worden ist, als Freifahrer passieren. Die Kanallotsen gehen in den Schleusen Holtenau oder Brunsbüttel an Bord und werden in der Kanalmitte an der Station Rüsterbergen gewechselt. Zusätzlich zur Lotsenpflicht kann es gegen die Havariegefahr auch noch eine Steuerpflicht geben.

Auswirkungen auf den Eiderlauf

Die ökologischen Auswirkungen des Kanalbaus auf die Eider und ihre anliegenden Gebiete waren gravierend. Durch die Abtrennung der Obereider nahm die Strömung Richtung Nordsee ab und führte dazu, dass die Gezeitenverhältnisse im Strom sich änderten. Die Nordsee konnte bei Flut leichter und weiter eindringen, bei Sturmflut

zum Weltkulturerbe der UNESCO. Ehrenvorsitzender des 2003 gegründeten Weltverbandes der Schwebefähren ist König Juan Carlos I. von Spanien.

Der Schiffsverkehr

Die Schleusen in Brunsbüttel und Holtenau haben je zwei kleine und zwei große Schleusenkammern. Für Brunsbüttel ist der Neubau einer fünften Kammer geplant, außerdem müssen dringende Reparaturen an den überalterten Schleusen durchgeführt werden. Für den Kanal als Bundeswasserstraße ist die Bundesrepublik Deutschland zuständig, was wegen der teilweise maroden Zustände der Schleusen Anfang 2013 zu einer heftigen öffentlichen Diskussion geführt hat. Der Kanal musste sogar eine Zeitlang vollständig gesperrt werden.

Derzeit sind folgende Baumaßnahmen zur Gesamtverbesserung des Kanalverkehrs geplant:
Auf der Oststrecke zwischen den Weichen Königsförde und dem Binnenhafen Holtenau ist es mit den Jahren zu einem so genannten Flaschen-

Ein Frachter passiert die Eisenbahnbrücke von Hochdonn.

Die Brunsbütteler Hochbrücke überquert mit langen »Anläufen« den Kanal.

Die Brunsbütteler Schleusen (Foto: Rudolf Alert)

Ein Schiff verlässt die Brunsbütteler Schleuse in die Elbe.

sogar in sehr gefährlicher Weise. So mussten bis Rendsburg starke Eiderdeiche errichtet werden, um Überschwemmungen zu verhindern. Dies ist aber oftmals nicht gelungen, so dass schwere Schäden im Hinterland entstanden. Umgekehrt wurde durch die geringere Strömungsgeschwindigkeit und den gestiegenen Tidedruck die seewärtige Entsorgung des Eiderschlamms behindert. Mit dem Bau der ersten Eiderabdämmung kam ab 1937 eine spürbare Verbesserung des Wasserhaushaltes, doch die natürlichen Fließverhältnisse der Eider konnten nie wieder hergestellt werden. Dies gilt übrigens auch für die Fließgewässer der Gieselau, der Wilsterau und der Holstenau, die vom Kanal durchschnitten wurden.

Eine schleswig-holsteinische Attraktion

Damals wie heute ist der Kanal ein Ausflugsziel für Einheimische und Feriengäste. Ob ausgedehnte Fahrradtouren auf den Betriebswegen entlang der Wasserstraße oder Besuche der Schleusen, ob internationale Ruderregatten zwischen Breiholz und Rendsburg oder einfach nur ein entspannter Kanalspaziergang mit Ausblick auf Traumschiffe und »dicke Pötte«, die Menschen haben den Kanal irgendwie in ihr Herz geschlossen. Auch die Kanalcafés und -restaurants sind gern besuchte Aussichtsplätze, etwa an der Schiffsbegrüßungsanlage in Rendsburg.

Am trocken gefallenen Alten Hafen

Nordsee liegt. Tatsächlich geht der Mündungstrichter der Elbe an dieser Stelle allmählich in die Helgoländer Bucht über. Und wer ein Stück westwärts in Neufelderkoog aufs Meer schaut, entdeckt auch das Zurückweichen des gegenüberliegenden Ufers bei Cuxhaven. Selbst die eben noch mächtig wirkenden Containerschiffe, die aus den Schleusen liefen, verlieren sich bald in der fernen offenen See.

Der normale Tidenhub von etwa 2,5 bis 3 m war und ist geeignet, auch den alten Stadthafen, in dem heute Motor- und Segelboote liegen, zu betreiben. Er stellt, ebenfalls nahe der Innenstadt, ein maritimes Schmuckstück dar. Am Alten Hafen mündet auch die Braake, die durch einen Deichbruch während der großen Weihnachtsflut 1717, als nicht nur weite Flächen des Hinterlandes überschwemmt wurden, sondern auch 173 Menschen ertranken. Erst rund 50 Jahre später konnten die verloren gegangenen Gebiete wieder eingedeicht werden. Heute dient die Braake, die sich mitten durch die Stadt zieht und weiter nordwärts ein idyllisches Naherholungsgebiet (Bürgerpark) darstellt, der Wasserlösung des Hinterlandes. Auf ihr kann man in der Sommersaison Tretboot fahren.

Brunsbüttel ist ein durchaus alter Ort und wird erstmals urkundlich im Jahre 1286 erwähnt, als die Einheimischen ihrem Lehnsherrn, dem Erzbischof von Bremen zusagen mussten, das ständige Ausrauben Hamburger Schiffe zu unterlassen. Wie die ursprüngliche Bezeichnung »Brunsbüttelkoog« noch zeigt, war das Leben auch hier geprägt von dem andauernden Kampf mit dem Meer, umso mehr es oft zu großen Landverlusten kam. Mitte des 17. Jahrhunderts entschloss man

Am Puls der Wirtschaft

Brunsbüttel in Geschichte und Gegenwart

Die Hafen- und Industriestadt Brunsbüttel liegt an zwei Mündungen: zum einen fließt hier die Elbe in die Nordsee, zum anderen endet der Nord-Ostsee-Kanal – 1895 als Kaiser-Wilhelm-Kanal eröffnet – in unmittelbarer Nähe zur Innenstadt. Deshalb nennt man Brunsbüttel auch oft die Schleusenstadt, weil der Schiffsverkehr mit den »dicken Pötten« beinahe zum Straßenbild gehört. Zudem besitzt Brunsbüttel den wichtigsten Nordseehafen Schleswig-Holsteins.

Brunsbüttel als flächenmäßig fünftgrößte Stadt des Landes hat sich in den letzten Jahrzehnten auf vielfältige Weise von einem abgelegenen Provinzort zu einem leistungsfähigen Zentrum von Handel und Produktion entwickelt. Es erhielt 1948, noch unter dem Namen Brunsbüttelkoog, das Stadtrecht. Man spürt heute in der Stadt eine

internationale Atmosphäre und merkt, dass hier ein »Tor zur Welt« existiert. Die Schleusen und das Schleusenmuseum sind ein Touristenmagnet, aber auch jeder Schleswig-Holsteiner besucht irgendwann im Leben diese mächtigen Kammern, deren Tore viele Male am Tag auf- und zugehen. Der Nord-Ostsee-Kanal hält bei den künstlichen Wasserstraßen den Weltrekord an Schiffsdurchfahrten. Deshalb kann man gerne auf gut Glück kommen: Es ist eigentlich immer etwas los. Der Kanal teilt die Stadt in einen kleineren Teil Süd, wo das Industriegebiet liegt, und einen wesentlich größeren Teil Nord, der eigentlicher Wohnort mit allen Einkaufsmöglichkeiten und Kulturstätten ist.

Wegen der Lage Brunsbüttels an der hier etwa 3 km breiten Elbe kann man sich des Eindrucks kaum erwehren, dass die Stadt schon an der

Das Heimatmuseum befindet sich in einem sehenswerten historischen Bau.

Der Kanal mit Blick auf Ostermoor

Ostermoor, Osterbelmhusen, Westerbelmhusen und Westerbüttel die Stadt Brunsbüttel. Die Gemeinde Blangenmoor-Lehe wurde 1972 eingemeindet, eine kleinere Fläche aus der Steinburger Nachbargemeinde Büttel, auf der das teilweise umstrittene Kernkraftwerk gebaut wurde.

Die Verkehrsinfrastruktur ist in den letzten Jahrzehnten erheblich modernisiert worden. Herzstück dieser Entwicklung ist die fast 3 km lange Hochbrücke, die den Fährverkehr über den Kanal zwar nicht ersetzt, ihn aber stark entlastet. Wartezeiten vor den Anlegern von unter zehn Minuten

sind heute die Regel. Für Ferien- oder Tagesgäste ist die Fährfahrt immer ein zusätzliches Brunsbüttel-Erlebnis. Eine ständige Fährverbindung über die Elbe nach Cuxhaven gibt es seit 2001 nicht mehr.

Alle Gäste Brunsbüttels sollten sich unbedingt den historischen Ortskern mit den Attraktionen Jakobuskirche, Heimatmuseum und das Matthias-Boie-Haus anschauen. Hier fühlt man sich unwillkürlich in eine Zeit zurückversetzt, in der Brunsbüttel noch das ganz beschauliche Elbdorf war.

sich, den Ort insgesamt landeinwärts zu verlegen, was die katastrophalen Auswirkungen der Weihnachtsflut 1717 möglicherweise schon ein Stück aufgefangen hat.

Mit dem Bau des Kanals nahm Brunsbüttel einen dauerhaften wirtschaftlichen Aufschwung. Der direkte und schnelle Zugang zu den Metropolen der Ostsee erhöhte die Bedeutung des Standortes quasi von heut auf morgen. Auch die Schleusen und der Kanal selbst sorgten für hochwertige und krisenfeste Arbeitsplätze für die ansässige Bevölkerung. Lotsendienst, Schiffsmaklerei sowie Schlepper-, Reparatur- und Bunkerservice waren unverzichtbar vor Ort. Auch im Hafen selbst wurden ständig Arbeiter gebraucht, sogar für viele ungelernte Kräfte.

Eine bemerkenswerte Episode der Stadtgeschichte soll hier eingeschoben werden: Als U-Boot-Standort im Ersten Weltkrieg war Brunsbüttel auch eingebunden in die November-Revolution des Jahres 1918, als die örtlichen Matrosen sich dem Kieler Aufstand anschlossen und sich jeder weitere Feindfahrt widersetzten.

Mit den Jahren interessierten sich auch Industrieunternehmen für Brunsbüttel. 1917 begann es mit der ersten Düngermittelfabrik, ab 1927 siedelte sich auch die bis heute hier vorhandene Petrochemie an. Der Ölhafen entstand allerdings erst 1959, der Elbehafen für Schiffe mit bis zu 13 m Tiefgang folgte 1967. Damit besaß Brunsbüttel einen leistungsstarken Anschluss an das internationale Frachtgeschäft. Ausdruck dieser Wirtschaftsentwicklung ist das vom Land Schleswig-Holstein geförderte Industriegebiet auf Stormarner Seite zur Ansiedlung von Großbetrieben, insbesondere des chemischen Sektors. Inzwischen, von allen Seiten sichtbar, ist die Brunsbütteler Region auch zu einem bevorzugten Standort für Windkraftanlagen geworden. Hier steht auch seit 2004 die größte Windenergieanlage der Welt mit einer Höhe von 183 Metern.

Aus Brunsbüttelkoog entstand am 1. Januar 1970 zusammen mit den Gemeinden Mühlenstraßen,

Blick über den Kanalanleger auf einen »dicken Pott« in der Schleuse

Die pittoreske Jakobuskirche in der Altstadt

Brunsbüttel ist die Stadt der tausend Schiffserlebnisse.

Brunsbüttel ist schön

Erlebnisreiche Zeiten zwischen Elbe und Kanal

Das Spieldeck ist ein Paradies für die kleinen Gäste
der Stadt.

Brunsbüttel ist schön. Das finden nicht nur die Einheimischen. Die Stadt hat einen einzigartigen maritimen Charakter. Nirgendwo sonst kann man Schifffahrt so dicht und vielfältig erleben wie in der Schleusenstadt. Schiffe gucken in Brunsbüttels SCHLEUSENMEILE sollte bei jedem Dithmarschen-Urlaub auf dem Programm stehen. Besonders dann, wenn sich die sogenannten Cruise-Liner majestätisch durch die Schleusen schieben.

manchmal mehrere an einem Tag. Majestätisch, zum Greifen nah, und doch unaufhaltsam und unerreichbar gleiten die schneeweißen Luxusherbergen durch die Schleusen Brunsbüttels. Genauere Informationen zu den einzelnen Schiffen liefert das Schleusenradar am Gustav-Meyer-Platz. Dort erfährt man, woher die Schiffe kommen, wohin sie fahren sowie einige technische Daten.

Brunsbüttels fünfte Jahreszeit: die Traumschiff-Saison

Vom Frühjahr bis zum Herbst dauert die Traumschiff-Saison. Den Nord-Ostsee-Kanal passieren in dieser Zeit alljährlich mehr als 100 Luxusliner,

Eine Menge Freizeitspaß für alle

Kleine Gäste können sich auf dem maritimen Erlebnisspielplatz mal so richtig austoben und ganz nebenbei lernen, wie so eine Schleusenanlage funktioniert.

_Das Freibad Ulitzhörn besitzt ein einmaliges
Elbpanorama._

Das Atrium, das Museum an der Schleuse, liegt direkt am Nord-Ostsee-Kanal. Hier findet man Schautafeln, Schiffsmodelle, Landschafts- und Funktionsmodelle, technischen Objekte, Videofilme sowie historische Exponate rund um den Nord-Ostsee-Kanal und die Schleusen.

In Brunsbüttel steht das Element Wasser im Vordergrund. Für die perfekte Verbindung von Wasser und Vergnügen sorgen zwei Schwimmbäder. An warmen Tagen ist das Freibad Ulitzhörn ein beliebtes Ziel für Einheimische und Gäste. Schwimmen und Sonnen vor traumhafter Kulisse -Elbblick inklusive. Doch auch bei Schietwetter muss hier niemand auf Sport und Entspannung verzichten. Im Freizeitbad LUV kommt jeder auf seine Kosten. Neben einem Schwimmerbecken gibt es ein Nichtschwimmerbecken, ein Planschbecken, ein Außenbecken und ein Erlebnisbecken. Zusätzlich haben Gäste die Möglichkeit, in der Saunalandschaft dem Alltag für einen Augenblick zu entfliehen.

»Wattolümpiade« und viele andere Events

Über die Grenzen Deutschlands hinaus bekannt ist die »Wattolümpiade«. Seit 2004 findet diese Benefizveranstaltung jedes Jahr im Sommer an der Elbmündung statt. Bis zu 500 »Wattleten« treten in verschiedenen Disziplinen, wie Watt-Fußball oder »Wattwolliball«, gegeneinander an. Der Erlös fließt in Projekte und Beratungsstellen, die sich mit dem Thema Krebs befassen.

Ein Highlight, das jährlich mehrere Tausend Besucher an die Schleusen lockt, ist der NOK-

Das Freizeitbad LUV

Geburtstag. Mit einem bunten Strauß aus verschiedenen Attraktionen wird der Geburtstag dieser bedeutsamen Wasserstraße drei Tage lang ausgiebig gefeiert. Ein Fischmarkt, Shanty-Chöre, musikalisches Abendprogramm sowie ein Unterhaltungsprogramm für Kinder sind feste Bestandteile, die aus einer maritimen Geburtstagsfeier ein unvergessliches Fest für die ganze Familie machen.

Zum Ende des Sommers wird es romantisch in Brunsbüttel. Die NOK-Romantika verwandelt die Schleusenstadt in ein Meer aus Lichtern. Von Brunsbüttel bis Kiel werden entlang des Kanals zahlreiche Fackeln und Kerzen entzündet. In dieser zauberhaften Atmosphäre wird getanzt, gelacht, gegessen und genossen. Dieses Spektakel sollte man auf keinen Fall verpassen.

Kultur und Historie pur

Konzerte, Komödien, Kunst und vieles mehr erlebt man im Elbeforum Brunsbüttel.
Das Tagungs- und Kulturzentrum Elbeforum stellt jährlich ein abwechslungsreiches und niveauvolles Veranstaltungsprogramm zusammen. Auch die Stadtgalerie ist im Elbeforum beheimatet. Sie zeigt die städtische Kunstsammlung und wechselnde Ausstellungen. Natürlich sind die Räumlichkeiten auch zu mieten für Seminare, Tagungen, Empfänge, Parteitage und private Feste. Gastronomie ist direkt angeschlossen.

Die Geschichte der Stadt Brunsbüttel ist geprägt durch die Gewalt des Wassers. Als dem alten Brunsbüttel im 17. Jahrhundert die Überflutung drohte, musste der Ort ins Landesinnere verlegt werden. Sturmfluten und Deichbrüche, aber auch der erfolgreiche Kampf gegen das Meer sind bis heute im Stadtbild abzulesen.

Eine kleine Zeitreise in die Vergangenheit kann man im Brunsbütteler Heimatmuseum unternehmen. Zusammengetragen aus der Schleusenstadt und Umgebung geben diese Zeugnisse der Geschichte einen Eindruck vom Leben an Elbe und Nordsee in der Vergangenheit. Kunsthandwerks-

Das Tagungs- und Kulturzentrum Elbeforum

Ein Kreuzfahrer unter der Hochbrücke. Auf Fahrradtouren rund um Brunsbüttel lassen sich diese einmaligen Perspektiven entdecken.

Sensationelle Feuerdarbietungen auf der NOK-Romantika

Die »Wattolümpiade« ist für die Aktiven eine sportlich-spaßige Herausforderung.

und Gebrauchsgegenstände aus den Bereichen Arbeit und Leben der Brunsbütteler Familien sowie Dokumente zum Wirken Brunsbütteler Persönlichkeiten wie Künstler und Dichter, Cap Horniers, Lotsen, Walfänger und Torfstecher bilden Schwerpunkte.

Beitrag von:
Stadt Brunsbüttel · Stadtmanagement
Koogstraße 61–63 · 25541 Brunsbüttel
Tel. (0 48 52) 83 67 99 · Fax (0 48 52) 83 68 30
SMT@stadt-brunsbuettel.de · www.brunsbuettel.de

chen Märkte, sind die Gelegenheiten zahlreich, aber auch oft überraschend. Man muss schon parat und sehr aufmerksam sein.

Nicht von ungefähr lebt auch dieses Buch von Leuten, die aufgepasst haben. Sie waren am Dithmarscher Himmel unterwegs und sahen tief unten einen wuseligen Marktplatz, der unbedingt festgehalten werden musste. Oder sie saßen mit offenen Augen in einem Büsumer Straßencafé und sahen, wie ein Maler dem Hafen zustrebte, um seine Kunst unter die Leute zu bringen, und folgten ihm nach, oder sie dösten an Bord eines Ausflugsdampfers, als eine Möwe sich in der Nähe niederließ und auf diese Weise – klick – in den Fotoapparat geriet.

Manchmal kommt die Überraschung auch erst zu Hause am PC, wenn man das Geschossene in groß betrachtet. Dann geht einem plötzlich auf, welches Juwel von Motiv man da abgelichtet hat.

Hier genießt die Bäuerin manchmal den Blick über das eigene Koogland.

Von der Wohnstube aus kann man ein herrliches Landschaftspanorama genießen.

Schöne Ansichten – schöne Aussichten

Wo man am liebsten bleiben möchte

Jeder kennt das Gefühl: Die Sinne haben etwas entdeckt, das einen irgendwie fesselt und an der Stelle anhalten lässt. Man horcht, man schaut, man ist ergriffen von dem, was man wahrnimmt. Wer einen Fotoapparat dabei hat, wird diesen unwillkürlich zücken und diesen faszinierenden Augenblick einfangen und aufbewahren.

Das ist ja auch das Herrliche am Reisen und Herumschauen, dass man endlich einmal die Muße findet, die Sinne schweifen zu lassen. Es erstaunt deshalb auch nicht so sehr, dass dieses eher zufällige Finden mit dem bewussten Suchen so gut wie nichts zu tun hat. Umso erfreuter ist man, wenn das Entdeckte wirklich etwas ganz Besonderes ist, ob nun für einen selbst, für jemanden, den man mit der aufbewahrten Ansicht oder Aussicht beglücken möchte – oder es ist ganz objektiv völlig

außergewöhnlich und verdient es, dokumentiert zu werden.

Der Urlaub ist so eine Zeit, in der die meisten Menschen in dieser Hinsicht wahre Volltreffer landen können. Sie streifen umher und schießen Fotos, fragen Leute, stolpern manchmal quasi hinein in ein großartiges Motiv. Dann ist es meistens gar keine Kunst, den Schnappschuss des Tages zu machen. Experten entwickeln sogar einen echten Riecher für Situationen und den besten Moment für ein Foto. Überall »lauert« etwas, das nur geknipst werden will.

In Dithmarschen mit seiner anregenden Vielfalt, ob an einem stillen Gewässer, inmitten der »platten« Köge, auf den mächtigen Deichen, an den belebten Stränden oder auf einem der heimatli-

Straßenkünstler an der Büsumer Hafenmeile

Vom Turm in Friedrichskoog-Spitze kann man bis zur Vogelinsel Trischen sehen.

Helgoländer Lummen auf einem ihrer Aussichtsfelsen

Welcher Landwirt würde diesen Blick auf gesundes Dithmarscher Vieh nicht schön finden?

Dies sind oft die aufregendsten Momente: glückhafte Ritte über den Bodensee!

Ein guter Grunde, ganz flott abzudrücken, ist auch ein unverhoffter Gesprächspartner gegenüber. Vielleicht wollte man ihn nur zur eigenen Erinnerungshilfe fotografieren und merkt später, was für ein Gewinn es ist, ein Bild von ihm zu besitzen. Dasselbe gilt für Dinge, die einem selbst oder

guten Freunden sehr wichtig sind. Das kann ein toller Sonnenuntergang an einer ganz bestimmten Stelle oder der Blick durch ein Kirchturmfenster auf den Hafen, in dem man einst seine große Liebe gefunden hat, sein. Manchmal entdeckt der Fotograf dies auch erst sehr viel später, wenn die digitale Urlaubsausbeute einem Bekannten am Bildschirm vorgeführt wird und dieser wehmütig aufseufzt: »Du, das ist ja unglaublich, weißt du, da, auf diesem Steg habe ich meine Frau kennengelernt! Machst du uns eine Kopie?«

Die beliebtesten Fotoziele sind natürlich Menschen, Denkmäler, Gebäude und Landschaften. Dabei kann es allerdings unbeabsichtigt geschehen, dass man ein wichtiges Dokument herstellt. Es sei jetzt nicht an ein wichtiges Foto zur Aufdeckung einer Straftat gedacht, sondern zum Beispiel an etwas, das bald nach dem Foto unwiederbringlich verloren ging.

Jemand, der an diesem Buch mitgewirkt hat, berichtete dem Autor davon, wie er im Frühjahr 1945 in Dresden ohne besondere Absicht ein paar Schnappschüsse gemacht hat. Nachdem kurz darauf die ganze Stadt von einem Feuersturm vernichtet wurde, waren genau diese Fotos für den späteren Wiederaufbau eines historischen

Hauses unverzichtbar. Es ist auch schon passiert, dass man ungewollt das letzte Foto von jemandem gemacht hat, bevor er das Zeitliche segnete.

Weniger dramatisch sind Aufnahmen, die der Fotograf aus einem Gefühl heraus macht, dem Empfinden, dass sich etwas sehr Romantisches abspielt, womöglich noch eingebettet in eine wunderschöne Szene in der Natur. Solche Glückstreffer landen häufig in bestimmten Illustrierten, aber die weitaus größere Zahl solcher Ausnahmefotos ruhen in den privaten Archiven. Das sind Schätze, die nur sehr selten gehoben werden, höchstens einmal von Autoren, die auf Entdeckungsreise sind und ein Gespür für ausgefallene Motive besitzen.

Dithmarschen ist in dieser Hinsicht sehr lohnenswert, sowohl was die eigenen Treffer anlangt als auch diejenigen der Einheimischen. Man muss sie nur dazu bewegen, ihre Schatztruhen zu öffnen und einem Einblick zu gewähren. Es gibt auch Schätze, die durch Umsicht und guten Willen der Öffentlichkeit zugeführt wurden. Ein solches Beispiel sind die Werke des Dithmarscher Berufsfotografen Thomas Backens, auf dessen Werk in diesem Buch gesondert eingegangen wird (siehe Beitrag S. 163).

Rendezvous an der Kanalfähre

Gleich wird das Netz ausgeleert.

Krabben, Garnelen, Porren oder Granat?

Auf Dithmarscher Art genießen

1624 schreibt Stephanus von Schonevelde über die Fischarten an der Küste Dithmarschens und berichtet, dass Krabben als Viehfutter zur Schweine- und Entenmast verwendet werden. Ende des 18. Jahrhunderts entdeckt man, vor allem in England, dass gekochte Krabben eine wohlschmeckende und nahrhafte Delikatesse sind. In Norddeutschland setzt sich diese Erkenntnis erst später durch.

Die hiesige Krabbenfischerei geht vor allem auf die Nordseegarnele (Crangon crangon), deren Verbreitungsgebiet sich vom afrikanischen Marokko bis zum arktischen Weißen Meer erstreckt. Früher fingen die Küstenleute die Krabben in den seichten Prielen des Wattenmeeres, wenn die Gezeiten es erlaubten, mit der so genannten Gliep direkt vom Land aus.

Jeder kennt die Bilder, wenn ein Krabbenkutter mit seinen Auslegern durch die Fanggründe pflügt. Das Geschehen auf See spielt sich so ab: Über die seitlich ausgefahrenen Baumkurren werden beutelartige Schleppnetze, die Kurren, an Rollen und Kufen über den Meeresboden gezogen und scheuchen dabei die Krabben auf. Diese landen dann im Netz und werden »Hol um Hol« an Bord gebracht.

Wegen ihrer Empfindlichkeit werden die Garnelen bereits an Bord in Seewasser abgekocht. Der brodelnde Kessel verweht dabei Dampfwolken über Kutter und Meer, ein Anblick, der die Herzen der Küstenbewohner und Feriengäste aufleben lässt. Denn das Ergebnis ist bereits sehr appetitlich. Die rosa bis rotbraune Farbe und die typische Einkrümmung der Garnelen stimmen bereits auf den kommenden Genuss ein. Die aufgeregten Möwenschwärme hinter dem Kutter bekommen den Abfall, der aus dem Fang gesammelt wird.

Krabben, richtiger Sandgarnelen (crangon crangon), sind Krebstiere und gehören zur Ordnung der Zehnfüßer. Die Nordseegarnele lebt im Sommer auf den flachen Sand- und Schlickböden des Wattenmeeres, und das in großen Mengen. Sie werden bis zu fünf Jahre alt und erreichen dabei eine Länge über acht Zentimeter. Ihr Aussehen ist von Natur aus gräulich und transparent, wodurch sie sich dem Untergrund fast perfekt anpassen. Sie ernährt sich von Algen, Kleinwürmern, Fischeiern, Muscheln sowie im Wasser gelösten Aasresten. Krabben werden selbst von Fischen, Vögeln und anderen Krebstieren gefressen.

Die Krabben oder Garnelen tragen von Region zu Region unterschiedliche Namen. In Nordfriesland heißen sie zum Beispiel »Porren«, in Ostfriesland »Granat«. Friedrich Karl Volkmar (1766–1814) berichtet 1795 in seiner Eiderstedter Chronik:«Sie werden sogleich, nachdem sie gefangen sind, von den Fischern beim Feuer, das sie aus dem von der See ausgeworfenen Stroh, Rohr und Sträuchern anmachen, gekocht, und so durchs ganze Land zum Verkauf herumgetragen.«

Bevor die gekochten Krabben verzehrt werden können, müssen sie noch gepult werden, also von

Noch an Bord werden die Krabben gekocht.

Krabbenpulen ist eine Feinarbeit, die allen viel Spaß macht.

Die ausgefahrene Baumkurre kurz vor dem Einholen des Netzes

Krabben pur: Guten Appetit!

ihrer Schale befreit werden. Das Krabbenpulen, früher eine lohnende Arbeit für die Hausfrauen an der Küste, ist heute ein Spaß für fingerfertige Touristen, wobei so manche Krabbe mal kurz »vernascht« werden darf.

Mit der Elbefähre nach Niedersachsen

Ein Besuch in Stade – seit 2008 wieder Hansestadt

Zu einem Dithmarschen-Ferienaufenthalt gehörte früher auch eine Fährfahrt nach Cuxhaven. Von 1969 bis 1981 fuhren die grünen Fährschiffe »Schleswig-Holstein« und »Niedersachsen« zwischen dem neuen Fährhafen in Cuxhaven und dem Brunsbütteler Anleger. Als dieser 1981 defekt wurde, beließ es die schleswigholsteinische Landesregierung bei diesem Zustand und die Linie ging ein. Der Betrieb wurde später (1999–2001) von Elbe-Ferry mit drei roten Fährschiffen noch einmal aufgenommen, erwies sich jedoch als unrentabel. Die Linie wurde erneut eingestellt. Derzeit gibt es nur einen Ausflugsverkehr über die Elbe und auch nur für Fußgänger und Fahrradfahrer. Der Kraft-

Der Tretkran am Hansehafen

Die Überfahrt von Glückstadt nach Wischhafen

Portal des Zeughauses am Pferdemarkt

Der Hansehafen mit dem historischen Schwedenspeicher im Hintergrund rechts: Er war früher Provianthaus und ist heute Regionalmuseum.

fahrzeugverkehr wird nur noch über die Elbquerung zwischen Glückstadt und Wischhafen abgewickelt.

So muss man heute zwar eine längere Anfahrt von Dithmarschen aus in Kauf nehmen, wird aber durch die attraktiven Tagesziele auf der niedersächsischen Seite vollauf entschädigt. Ein solches ist zum Beispiel die Hansestadt Stade, die sich diesen ehrenvollen Titel nach sage und schreibe 407 Jahren zurückerobert hat. Die Stadt war 1601 aus dem Hansebund ausgeschlossen worden, weil sie 1587 englische Tuchhändler aufgenommen hatte. Im Jahre 2008 gelang Stade der offizielle Wiedereintritt in diese »Ehrenlegion«.

Stade ist durch die Schwinge mit der Elbe verbunden und besitzt durchaus eine respektable Historie als Hafen- und Handelsstadt. Heute besitzt die Stadt mit ihren rund 46 000 Einwohnern eine große wirtschaftliche Leistungskraft, auch dank einiger renommierter international tätiger Firmen, die hier angesiedelt sind. Stade liegt in einer weiten Marschenlandschaft auf einem so genannten Geestsporn, einer Erhebung von bis zu 14,5 Metern.

Die Stadt kam im Zuge des Dreißigjährigen Krieges an Schweden, das ihr kulturell und architektonisch einen gewissen Stempel aufprägte. Aus dieser Zeit existieren im Stadtbild noch einige bauliche Zeugen, zum Beispiel der als Regionalmuseum genutzte Schwedenspeicher oder der nach Lüneburger Vorbild neu errichtete Tretkahn am Hansehafen. Der im Stile des Barock erbaute Schwedenspeicher diente der schwedischen Garnison während der insgesamt 67-jährigen Besetzung als Provianthaus.

Die Stader haben die Steuererträge aus den zahlreich angesiedelten Betrieben nachhaltig und sehr klug angelegt, indem sie die historischen Schätze der Stadt mit erheblichem Aufwand bewahren und die malerische Innenstadt als Fußgängerzone autofrei halten. Zwischen Pferdemarkt und Hansehafen hat sich eine lebendige Laden- und Kneipenkultur entwickelt, die zum Bummeln und zur Einkehr einlädt. Neben der liebevoll gepflegten Architektur ist auch die Burganlage, die sich mit Wall und Graben um die Stadt zieht, sehr sehenswert. Das Kultur- und Tagungszentrum Stadeum gilt als kultureller Mittelpunkt der ganzen Region mit herausragenden Veranstaltungen nationaler und internationaler Protagonisten.

Der Anlaufpunkt für alle Gäste

Die Tourist-Information am Gustav-Meyer-Platz

Ein gästefreundlicher Anlaufpunkt, wo einem immer weitergeholfen wird!

Es ist immer von Vorteil, schnell und problemlos einen Überblick über seinen Urlaubsort zu gewinnen, egal, ob man auf gut Glück unterwegs ist und eine Unterkunft sucht, oder nur eine kurze Orientierung für den Tagesaufenthalt braucht.

In der Tourist-Information am Gustav-Meyer-Platz nahe der SCHLEUSENMEILE erfährt man alles über Brunsbüttel und das schöne Umland. Es werden Urlaubsdomizile in allen Variationen angeboten, einschlägige Hinweise auf die speziellen Sehenswürdigkeiten der Stadt und Empfehlungen für den gerade anstehenden Ferientag gegeben. Die Gäste, die übrigens im ganzen Stadtgebiet kostenlos parken können, werden hier bestens informiert und betreut, auch wenn es um ausgefallene Fragen oder kleine Probleme geht. Gerade junge Familien erfahren an diesem Anlaufpunkt, was man gemeinsam mit den Kids unternehmen kann. Für die Kulturfreunde gibt es wertvolle Tipps, nicht nur hinsichtlich der Museen und aktuellen Ausstellungen, sondern auch für anstehende Open-Air-Events und Veranstaltungen im Elbeforum. Und davon gibt es in Brunsbüttel eine ganze Menge. Und wer sich einfach nur ein paar Stunden Freizeitspaß gönnen möchte, wird hier zielgenau »schlau gemacht« (siehe auch Beitrag S. 198–199).

Die Tourist-Info am Gustav-Meyer-Platz

Beitrag von:
Stadt Brunsbüttel · Stadtmanagement
Koogstraße 61–63 · 25541 Brunsbüttel
Tel. (0 48 52) 83 67 99 · Fax (0 48 52) 83 68 30
SMT@stadt-brunsbuettel.de
www.brunsbuettel.de

Historische Mauern & zeitgenössischer Genuss

Das Café »Zum alten Pastorat« in Brunsbüttel

Im liebevoll eingerichteten Café lassen sich hauseigene Köstlichkeiten genießen. Für jeden Geschmack ist etwas dabei. Sowohl die frische Auswahl an Torten und Kuchen sowie Kaffee- und Teespezialitäten als auch das reichhaltige Frühstück lassen keine Wünsche offen.

Das Café »Zum alten Pastorat« in der Brunsbütteler Altstadt

Das Café richtet auch gesellschaftliche Anlässe wie Geburtstag, Hochzeit, Taufe oder Betriebsfeste aus. Hier ist der ideale Ort für alle Feiern bis zu 42 Personen. Zudem steht für kleine Gesellschaften ein Separée für bis zu 16 Personen und eine gemütliche Hofterrasse zur Verfügung.

Der historische Rahmen und die individuelle Küche machen jede Feier zu einem unvergesslichen Erlebnis. Im Café »Zum alten Pastorat« kann man sich wunderbar in stilvoller Atmosphäre verwöhnen lassen.

Das Café gibt gerne kompetente Unterstützung, zum Beispiel mit Menüvorschlägen, bei der Organisation des Festes oder der Gestaltung des gewünschten Rahmenprogramms.

Öffnungszeiten
Dienstag- Sonntag: 9:30 Uhr bis 12 Uhr,
14.30 Uhr bis 18 Uhr
Montag Ruhetag
Außerhalb der Öffnungstage und -zeiten ist nur auf Anfrage geöffnet.

Ein außergewöhnliches Ambiente für behagliche Momente

Beitrag von:
Café »Zum alten Pastorat« · Inh. Sabina Fromberg
Markt 12 · 25541 Brunsbüttel
Tel. (0 48 52) 940 36 66
cafe-pastorat@t-online.de
www.cafe-zum-alten-pastorat.de

Der Künstler Jens Rusch

»... das letzte Wort hat immer das Bild«

Ortstermin bei Jens Rusch in Brunsbüttel, mit dabei sein Freund und Neocorus-Modell Dietrich Stein. Das will kurz erklärt sein. Jens Rusch, geboren am 26. April 1950 im nahen Fischerdorf Neufeld, hat 2008/2009 eine Bronzeplastik von Neocorus, dem Chronisten Dithmarschens, geschaffen, die an der Büsumer Kirche steht, oder besser gesagt sitzt, und zwar schreibend. Mit bürgerlichem Namen hieß der Dargestellte Johann Adolfi Köster, wurde um 1550 geboren und starb 1630. Er war viele Jahre Pastor der Gemeinde Büsum. Aber es gab kein vertrauenswürdiges Bildnis von ihm. Und so kam sein sehr viel späterer Amtsbruder Dietrich Stein, Gemeindepastor in Barlt, als Modell ins Spiel.

Wer nur durch dieses eine Werk glaubt, Jens Rusch zu kennen, irrt sich sehr wahrscheinlich. Denn der Künstler ist enorm vielseitig und mit seinen Arbeiten in die unterschiedlichsten Lebensbereiche vorgedrungen. Zu den Grundlagen seines Künstlerdaseins befragt, antwortet er ohne Allüren und unmissverständlich: »Ich bin ein Handwerker.« Tatsächlich besitzt er eine solche Berufsausbildung, ehe er 1964 mit einem Fernstudium der »famous artist schools« (Norman Rockwell, Robert Fawcett) in die Kunst aufbricht. Doch er bleibt er selbst, zeit seines Lebens, bis heute: freischaffender Künstler seit 1972, ohne Protektion oder irgendeine offizielle Anbindung, weder finanziell noch beruflich.

»Die Lehrer hatten mir während meiner Schulzeit vergessen zu erzählen, dass man Kunst auch studieren kann«, sagt Jens Rusch und lächelt. Von 1979 bis 1982 ist er Meisterschüler bei Prof. Eberhard Schlotter in

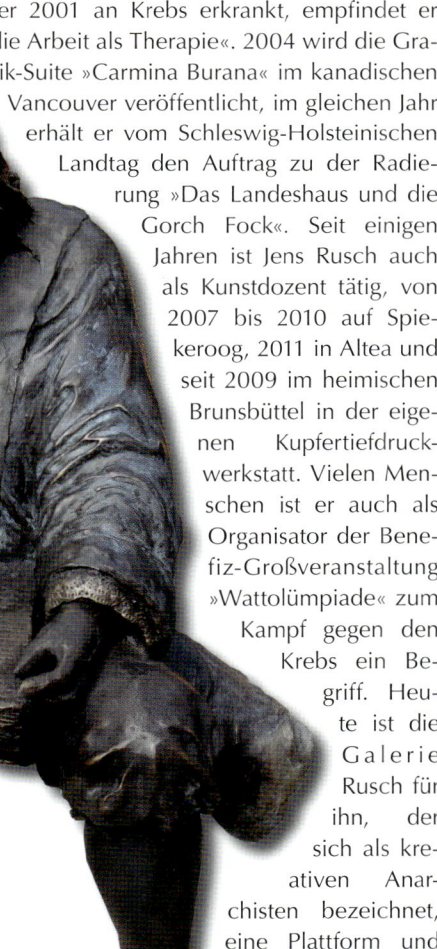

Neocorus – Bronzeplastik von Jens Rusch (Foto: Jens Rusch)

Altea/Spanien. Es folgen 17 Jahre mit mehrmonatigen Aufenthalten im spanischen Atelier in Callosa de Ensarria. Er lässt sich bei dem Ernst Fuchs-Schüler Peter Proksch in Harzöl-Lasurtechniken ausbilden. Erste Ehrungen wie die Verleihung des Dithmarscher Kulturpreises 1990 und des Premio de Comune di Mapello in Oberitalien 1991 machen Jens Rusch in der Öffentlichkeit bekannt. 1997 heiratet er Susanne Fehling, die ein Jahr später, nach Aufgabe des spanischen Ateliers, in Brunsbüttel die Galerie Rusch eröffnet. Das Werk ihres Mannes ist inzwischen angewachsen: Zeichnungen, Radierungen, Gemälde, Plastiken, eigene Texte und Bücher zu den unterschiedlichsten Themen und Begegnungen, zum Beispiel mit Arno Schmidt und Zeiten übergreifend mit Theodor Storm (»Der illustrierte Schimmelreiter«), verlangen nach einem neuen Domizil.

Als er 2001 an Krebs erkrankt, empfindet er »die Arbeit als Therapie«. 2004 wird die Grafik-Suite »Carmina Burana« im kanadischen Vancouver veröffentlicht, im gleichen Jahr erhält er vom Schleswig-Holsteinischen Landtag den Auftrag zu der Radierung »Das Landeshaus und die Gorch Fock«. Seit einigen Jahren ist Jens Rusch auch als Kunstdozent tätig, von 2007 bis 2010 auf Spiekeroog, 2011 in Altea und seit 2009 im heimischen Brunsbüttel in der eigenen Kupfertiefdruckwerkstatt. Vielen Menschen ist er auch als Organisator der Benefiz-Großveranstaltung »Wattolümpiade« zum Kampf gegen den Krebs ein Begriff. Heute ist die Galerie Rusch für ihn, der sich als kreativen Anarchisten bezeichnet, eine Plattform und ein Nährboden für viele wertvolle Initiativen.

Der Künstler in der Brunsbütteler Galerie

Atomheart Mother – Gemälde von Jens Rusch (Foto: Jens Rusch)

Traumschiffe

»Fernwehmütige« Blicke vom Kanalufer

Normalerweise gilt es als ein gutes Gefühl, irgendwo auf der Welt zu Hause zu sein, Nachbarn zu haben, die man lange kennt, einen Bekannten- und Freundeskreis, auf den man sich verlassen kann, eine Landschaft, die einem vertraut ist, und eine Sprache, die man spricht und versteht.

Das Kreuzfahrtschiff »Deutschland«, das den deutschen Fernsehzuschauern bestens bekannt ist. (Foto: Gerhard Stonus)

Das alles hat mit Fernweh nichts zu tun. Im Gegenteil. Fernweh haben Menschen, die sich nach dem Unbekannten sehnen, nach der Fremde, nach Menschen und Ländern, die man noch nie gesehen hat, nach Kulturen am anderen Ende der Erde, vielleicht auch nur nach dem Fortsein vom allzu Vertrauten, die Flucht vor dem ewig Gleichen, vor der Langeweile.

Und wer es sich leisten kann, wirft die Leinen los und geht an Bord. Selbst wenn die Reise nur ein paar Tage oder Wochen dauert: man genießt es, dem Fernweh Tribut zu zollen und liebt es unterwegs zu sein. Freilich nicht so, wie es die Abenteurer und Weltenbummler tun, denen der Weg das Ziel ist, sondern ganz geordnet mit Buchung, Fahrkarte, Route und fester Wiederkehr. Das sind die Kreuzfahrtgäste, die jedes Jahr zu Tausenden auch Dithmarschen passieren.

Die größten und berühmtesten Kreuzfahrtschiffe der Welt haben den Nord-Ostsee-Kanal schon passiert. Menschen aller Nationen sind unter den hiesigen Hochbrücken hindurch gefahren, haben den am Ufer stehenden Einheimischen freundlich zugewinkt und sich von Meer zu Meer schleusen lassen. In dieser Hinsicht leben die Dithmarscher am Tor zur Welt, auch wenn sie dem Luxusliner zumeist nur »fernwehmütig« nachschauen und kaum je einen solchen betreten.

Am Nord-Ostsee-Kanal bei Burg lebt jemand, der hier geboren ist, dann viele Jahre um die Welt reiste und beide Seiten gut kennt. Tatsächlich merkt man ihm an, wenn er freiweg erzählt, dass zwei Herzen in seiner Brust schlagen. Und wenn er seinen Fotoapparat zückt und die Traumschiffe ablichtet, weiß er auch immer genau, welchen Kreuzfahrer er vor sich hat. Die Daten kann jeder, wie auch in diesem Beitrag geschehen, dem Internet entnehmen. Es gibt dort seit einiger Zeit sogar eine Seite, auf der die Kanalpassagen aller »Traumschiffe« auf Tag und Stunde genau angezeigt werden. Hier einige Kreuzfahrtschiffe, die für deren Fans, die oft an den Schleusen oder irgendwo am Kanal auf den besten Schnappschuss warten, sozusagen »alte Bekannte« sind.

Weit oben in der Beliebtheitsskala, allein schon wegen seiner Medienpräsenz, steht das Kreuz-

Die »Nautica« bei der Einfahrt in den Kanal, von Neufeld aus fotografiert (Foto: Hans-Dieter Emmel)

fahrtschiff »Deutschland«, das in Neustadt in Holstein beheimatet ist und am 16. Januar 1998 vom Stapel lief. Seine Daten: etwa 22.400 BRZ, Länge 175,49 m, Breite 23,00 m, Tiefgang max. 5,80 m, Geschwindigkeit 19 Knoten. Die »Deutschland« kann bei einer Besatzung von 280 Personen eine maximale Passagierzahl von 480 aufnehmen.

Die »Nautica«, ein Kreuzfahrtschiff mit luxuriösem Komfort, hat folgende technischen Daten: Baujahr 2000, Tonnage 30,277 BRT, Länge 181 m, Breite 25 m, Tiefgang 6 m, Geschwindigkeit 18 Knoten, bei 400 Besatzungsmitgliedern bis zu 684 Passagiere. Die »Nautica« fährt unter der Flagge der Marshall Islands.

Das Kreuzfahrtschiff »The World« mit Heimathafen Nassau (Bahamas) lief am 28. Februar 2001 vom Stapel. Seine Daten: Länge 196,35 m, Breite 29,80 m, Tiefgang max. 6,70 m, Geschwindigkeit max. 18,5 Knoten. Bei rund 250 Besatzungsmitgliedern können 200 Passagiere aufgenommen werden. »The World« ist ein bislang einmaliges Projekt und das erste als Privatresidenz gestaltete Seeschiff. Die Bewohner und Eigentümer leben an Bord und fahren mit ihrem Schiff weltweit von Hafen zu Hafen. Die Wohnungen entsprechen den Wünschen ihrer Besitzer, der Bordkomfort ist dem von Kreuzfahrtschiffen vergleichbar.

Die 1988 gebaute »Prinsendam« fährt unter niederländischer Flagge und besitzt eine Tonnage von 37.845 BRT. Weitere Daten: Länge 205,5 m, Breite 28 m, Geschwindigkeit 22 Knoten. Das Schiff kann bei 443 Crewmitgliedern bis zu 792 Passagiere aufnehmen.

Der Heimathafen der »AIDA Cara« ist Genua. Das in Finnland gebaute Kreuzfahrtschiff lief am 16. Februar 1996 vom Stapel und hat folgende Daten: 38.557 BRZ, Länge 193 m, Breite 27,60 m, Tiefgang max. 6 m, Geschwindigkeit max. 20 Knoten, Besatzungsmitglieder 369, 1339 Passagiere.

Feriengäste, die in Dithmarschen Urlaub machen und sich einmal ein solches Traumschiff aus der Nähe anschauen möchten, haben das kostenlose Vergnügen an mehreren günstigen Stellen am Nord-Ostsee-Kanal. Die Logenplätze befinden sich an den Fähren von Kudensee, Burg, Hochdonn und Hohenhörn, weil man dort auch gewisse Parkmöglichkeiten hat. Wie auf dem einen Foto mit der »World« zu sehen, ist dies auch mit dem entsprechenden Timing von der Fähre aus möglich. Ganz dichte, aber weniger romantische Sichten hat man, wenn man die Kreuzfahrtschiffe während der Schleusung beobachtet.

Die niederländische »Prinsendam« lief 1988 vom Stapel. (Foto: Gerhard Stonus)

»The World« ist das erste Schiff, das als fahrende Privatresidenz weltweit unterwegs ist. (Foto: Gerhard Stonus)

Auf der »AIDA Cara« können über 1300 Passagiere mitfahren. (Foto: Gerhard Stonus)

Die Elbe

Ein nicht ganz deutscher Strom

*Elbbrücke bei Bad Schandau
nahe der tschechischen Grenze*

Von ihrer brunnenartig eingefassten Quelle in Tschechien, nahe der polnischen Grenze im Riesengebirge, bis zu ihrer trichterförmigen Mündung in die Nordsee zwischen Cuxhaven und Dithmarschen besitzt die Elbe eine Länge von 1091 Kilometern. Da sie selbst direkt ins Meer und nicht in einen anderen Fluss mündet, gilt sie als Strom. Im Tschechischen heißt sie Labe, was sprachlich aus demselben Ursprung stammt. Griechen, Kelten und Römer nannten sie Albis, die Germanen Albia, beides mit der Bedeutung weiß, also weißer oder grauweißer Fluss. Vielleicht kommt diese Bezeichnung von der Färbung ihres Wassers in den höheren Gebirgslagen.

Zu ihrem Quellgebiet könnte man auch die Moldau rechnen, wodurch sich eine Gesamtlänge von 1245 Kilometern ergäbe. Ihre größeren Zuflüsse sind in Deutschland die Saale, die Havel und die Elde mit der Müritz. Der deutsche Teil der Elbe ist 727 km lang und ist in seiner Gesamtheit schiffbar, was auch für einen Teil in Tschechien gilt.

Nach dem Oberlauf durch das Mittelgebirge folgt sie später dem Verlauf zweier Urstromtäler in der norddeutschen Tiefebene. An der Elbe liegen die Großstädte Dresden, Magdeburg und Hamburg. Vor der Wiedervereinigung war die Mittelelbe bis Lauenburg auf 100 km Länge deutsch-deutscher Grenzfluss. 1992 wurden die einzelnen Abschnitte der Elbe geologisch so festgelegt: der Oberlauf reicht bis etwa Riesa, der Mittellauf bis zur Staustufe Geesthacht kurz vor Hamburg, das restliche Teilstück, die Niederelbe, besitzt ab Hamburg die höchste Schiffbarkeit, auch für die derzeit größten Containerfrachter mit etwa 15 m Tiefgang, wenn auch unter der Voraussetzung der geplanten Fahrrinnenvertiefung und einer günstigen Tide.

Der deutsche Oberlauf ist zwar nicht sehr lang, aber landschaftlich äußerst einprägsam und von großer Schönheit. Das Elbsandsteingebirge mit seinen schroffen Felsformationen und die weiten Elbschwünge bei Königstein sind charakteristisch für den Austritt des Flusses aus seinem Entstehungsgebiet und den Abstieg in den Mittelelbebereich.

In Tschechien war es wirtschaftlich wichtig, die Elbe so weit wie möglich als Verkehrsader nutzen zu können. Zu diesem Zweck existieren heute dort 19 Staustufen zur Regulierung des Flusslaufes, was allerdings hochwassertechnisch und ökologisch eher kritisch zu betrachten ist. Diese Maßnahmen wirken sich zum Beispiel negativ auf den Fischbestand aus, insofern die natürlichen Wanderbewegungen der Tiere eingeschränkt oder verhindert werden.

Im deutschen Verlauf sind bis auf die Geesthachter Staustufe keine solchen Querbauten vorhanden, was den Fluss auf über 600 km Länge unreguliert belässt. Natürlich sind bei dem abnehmenden Gefälle auch keine großen Eingriffe hinsichtlich der Schifffahrt mehr nötig, außerdem wird der Schiffsverkehr ab dem Havelgebiet ohnehin über das entsprechend ausgebaute Kanalnetz abgewickelt. Dadurch entgeht man auch den Niedrigwasserständen im Sommerhalbjahr. Es besteht demnach kein vordringliches Interesse mehr am Ausbau der Wasserstraße Elbe in diesem Abschnitt, was auch eine Erholung der Flusslandschaft durch gezielten Rückbau der Buhnen mit sich bringen würde.

In den vergangenen beiden Jahrhunderten gab es allerdings andere Zielsetzungen, als man die Elbe zu einem möglichst schnellen und wirtschaftlichen Wasserweg ausbauen wollte. Dabei galt in erster Linie das Prinzip der Stromverkürzung, wodurch viele ökologisch wertvolle Elbabschnitte, Schlingen und enge Bögen, abgetrennt und dem natürlichen Durchfluss entzogen wurden. Zudem kam es zu weitreichenden Uferbefestigungen. Gerade an der Mittelelbe, bis auf ein

Vom Wedeler Willkommhöft aus kann man den Schiffsverkehr von und nach Hamburg sehr gut beobachten.

Containerschiff im Hamburger Hafen

Blick von der Bastei im Elbsandsteingebirge hinunter auf den Strom

Fährfahrt von Glückstadt nach Wischhafen

An dieser Stelle endet die gedachte Linie des Mündungstrichters auf Dithmarscher Seite.

kurzes Stück bei Hitzacker, sind mit diesen Maßnahmen große ökologische Schäden entstanden, weil die Lebensräume der am Fluss heimischen Fauna und Flora weitgehend zerstört wurden. An der Unterelbe allerdings war es wegen der bis hinter Hamburg eindringenden Nordseetide zum Schutz vor Sturmfluten notwendig, ein Deichsystem zu errichten, das bis in die Nebenflüsse hineinreichte.

Elbdeiche gibt es aber auch schon an einigen Abschnitten der Oberelbe und Mittelelbe, um saisonalen Hochwasserperioden zu begegnen. Solche zum Teil katastrophalen Naturereignisse suchten die Elbregionen zuletzt im August 2002 heim.

Der Hamburger Hafen, der rund 110 km flussaufwärts liegt, ist trotz seiner Küstenferne der zweitgrößte Seehafen Europas mit einigen hundert Liegeplätzen für große Frachter und Containerschiffe. Kleinere Unterelbehäfen sind Glückstadt, Brunsbüttel und Cuxhaven.
Die Binnenhäfen an der Mittel- und Oberelbe sind natürlich weniger bedeutend, wobei die Häfen von Magdeburg, Riesa und Dresden für die Elbschifffahrt eine wichtige Rolle spielen.

Die berühmte Weiße Flotte, die auf der Oberelbe verkehrt, besitzt ihren »Heimathafen« an den Dresdner Elbterrassen, während die Luxusliner, die alle Weltmeere befahren, oftmals an den Hamburger Landungsbrücken festmachen.

Die ganz besondere Bedeutung der Dithmarscher Elbküste hat sich erst gegen Ende des 19. Jahrhunderts entwickelt, als mit dem Bau des Kaiser-Wilhelm-Kanals auch die Brunsbütteler Schleusen gebaut wurden und hier ein Anlaufpunkt des internationalen Seeverkehrs entstand. Das Wort vom »Tor zur weiten Welt« ist durchaus berechtigt, wenn man bedenkt, dass der heutige Nord-Ostsee-Kanal die meist befahrene künstliche Wasserstraße der Erde ist und der Ort »Brunsbüttel« im selben Atemzug mit Suez oder Panama genannt werden kann. Ein kleiner Wermutstropfen ist, dass international in der Regel vom »Kiel-Canal« und nicht vom »Brunsbüttel-Canal« die Rede ist, obwohl die Dithmarscher Schleusenstadt am weitaus größeren Meer liegt, nämlich dem Atlantik!

Der bis zu 15 km breite Mündungstrichter der Elbe ist laut Bundeswasserstraßengesetz definiert durch die »Verbindungslinie zwischen der Kugelbake bei Döse und der westlichen Kante des Deichs des Friedrichskoogs (Dieksand)«. Von letzterer Position aus hat man jenen in der Weite sich verlierenden Blick übers grüne Vorland bis hin zu den silbrig schillernden Watt- und Wasserflächen der Mündung. Irgendwo im häufig vorhandenen Dunst liegen die zu Hamburg gehörenden Inseln Scharhörn und Neuwerk und das südliche Ufer der Elbe.

Einfach Urlaub

Ferienwohnung Ohlthaver am Brunsbütteler Elbdeich

Das Erlebnis, ganz nah am internationalen Schiffsverkehr Urlaub zu machen und trotzdem Ruhe und Entspannung zu genießen, bieten nicht viele Feriendomizile. Nur wenige Schritte vom Brunsbütteler Elbdeich entfernt liegt die 50 m² große Ferienwohnung Ohlthaver, die mit allem erdenklichen Komfort versehen ist. Sie hat Platz für 2–4 Personen. Der Schlafraum besitzt ein Doppelbett mit Zustellmöglichkeit für ein Kinderbett sowie einen Schrankraum. Der kombinierte Wohn- und Schlafraum ist mit einer bequemen Doppelschlafcouch ausgestattet.

Die komplett eingerichtete Küche besitzt auch eine Spülmaschine, das Duschbad eine Waschmaschine und einen Abstellraum. Auf der großen möblierten Südwest-Loggia kann man ganz für sich Sonne tanken. Die Wohnung hat Kabelfernsehen, Videorecorder, DVD-Player, Musikanlage und für heiße Tage schützende Außenjalousien. Parkmöglichkeit und sichere Fahrradstellplätze befinden sich am Haus.

Blick in den behaglichen Wohnraum

Haus Ohlthaver mit der Komfort-Ferienwohnung

Die Lage der Ferienwohnung in der frischen Seeluft lädt auch dazu ein, das Geschehen der Gezeiten hautnah mitzuerleben. Die Elbwatten vor dem Deich fallen regelmäßig trocken im Rhythmus von Ebbe und Flut. Bei einem Spaziergang zu den Schleusen des Nord-Ostsee-Kanals kann man deren Spiel wunderbar beobachten.

Auch andere Attraktionen Brunsbüttels sind gut mit einer kleinen Wanderung zu erreichen, zum Beispiel das Schleusenmuseum und das Freizeithallenbad LUV mit warmen Außenbecken oder das Freibad mit seinem einmaligen Blick auf die Kanaleinfahrt.

Beitrag von:
Ohlthaver · Langeneßweg 16 · 25541 Brunsbüttel
Tel. (0 48 52) 75 14 · Fax (0 48 52) 94 03 17
info@ohlthaver.de · www.ohlthaver.de

An Dithmarschens Tor zur Welt

Das Schleusenhotel in Brunsbüttel

Brunsbüttel ist geprägt von seiner Lage an Elbe und Kanal. Das bekannteste Merkmal der Stadt sind die Schleusen des Nord-Ostsee-Kanals, die jährlich Zehntausende von Schiffen in Richtung Elbe oder Kieler Förde passieren. Die meist befahrene Wasserstraße der Welt wurde 1895 als Kaiser-Wilhelm-Kanal eröffnet und hat Brunsbüttel zu einem »Tor zur Welt« gemacht. Heute bewundert man hier Traumschiffe und »dicke Pötte«.

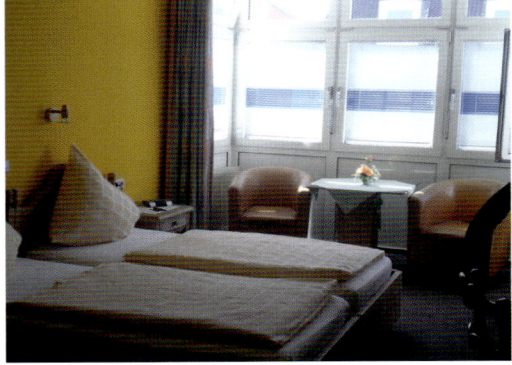

Eines der behaglichen Zimmer

Das Hotel liegt, wie der Name verrät, in unmittelbarer Nähe der Schleusenanlagen, die selbst schon eine viel besuchte Sehenswürdigkeit Brunsbüttels darstellen. Rund um das gastliche Hotel gibt es über ein Dutzend Restaurants, die zum abendlichen Ausgehen einladen. Tagsüber bietet sich ein Bummel durch die lebendige Einkaufsstraße oder der Besuch eines Museums oder der Galerien am Markt an. Auch ein Spaziergang an der Schleusenmeile mit Blick auf den internationalen Schiffsverkehr gehört zu jedem Brunsbüttel-Programm.

Das familiär geführte Schleusenhotel besitzt komfortable Einzel-, Doppel- und Dreibettzimmer, die jeweils mit Dusche, WC, Telefon, TV und Minibar ausgestattet und sämtlich bequem mit dem Lift zu erreichen sind. Der Tag startet hier stets mit einem reichhaltigen Frühstück.

Für Naturfreunde, die sich in der Meereslandschaft bewegen möchten, werden Radtouren und Wanderungen angeboten. Der Elbdeich ist in 5 Minuten zu erreichen und und gewährt weite Sichten bis hinüber nach Niedersachsen. Eine besondere Attraktion ist das Freizeithallenbad LUV mit warmen Außenbecken oder das Freibad, von dem aus man Schiffe in allen Größen beobachten kann.

Beitrag von:
Schleusenhotel GmbH
Koogstraße 67–71 · 25541 Brunsbüttel
Tel. (0 48 52) 98 80 · Fax (0 48 52) 9 88 88
info@schleusenhotel.de ; www.schleusenhotel.de

Das zentral gelegene Schleusenhotel in Brunsbüttel

Ein Brunsbütteler Kleinod

Das Matthias-Boie-Haus an der Jakobuskirche

Viele Gäste, die das fantastische Fotomotiv der Jakobuskirche ansteuern, wandern, je nach Sonnenstand, so lange hin und her, bis sich Turm, Bäume und umstehende Marktplatzhäuser in der richtigen Flucht befinden. Und irgendwann entdecken sie das schönste aller Gebäude: das Matthias-Boie-Haus.

Es wurde 1779 als Wohnsitz für den Diakonus und 2. Pastor von dem Brunsbütteler Zimmer- und Tischlermeister Heinrich Bätjer errichtet. Er hat auch die prachtvollen Türen des Fachwerkhauses gemacht.

Die zugehörige Jakobuskirche selbst entstand 1678 und bildet bis heute den Mittelpunkt eines malerischen Häuser-Ensembles, worin sich neben einigen wunderschönen historischen Gebäuden auch das Brunsbütteler Heimatmuseum befindet. Der einst hier gelegene Friedhof wurde 1840 aufgelöst, da kein Raum für weitere Grabstellen war.

Das Matthias-Boie-Haus liegt an der Nordwestecke des Platzes und ist einer der schönsten Fachwerkbauten des Landes. Die Fächer sind mit Ziegeln ausgefüllt, die im Flecht- und Ährenverbund gemauert wurden.

Das Matthias-Boie-Haus, eines der schönsten Fachwerkgebäude des Landes

1910 wurde das Gebäude an die Brunsbütteler Sparkasse verkauft und ab 1930 von ihr als Hauptzweigstelle der ehemaligen Marner Sparkasse genutzt. Der Denkmalschutz rettete das Haus vor einem modernen Umbau. 1961 ging es durch Verkauf wieder zurück an die Kirchengemeinde.

Das Gebäude trägt den Namen Matthias-Boie-Haus nach dem letzten Alt-Brunsbütteler Kirchspielsvogt (1600–1653). Heute befindet sich in seinen Räumen u.a. das Café »Zum alten Pastorat«.

Die Jakobuskirche mit dem weiten Feld, das einmal als Friedhof diente

Mehr als einen Besuch wert

Die Galerie Rusch in Brunsbüttel

Die Galerie Rusch befindet sich nahe der Innenstadt in einem historischen Schulgebäude und ist dem Werk von Jens Rusch gewidmet. Schon beim Betreten taucht man unmittelbar ein in die facettenreiche Welt des Künstlers, dessen Skulpturen,

Die Galeristin Susanne Rusch

Gemälde, Zeichnungen und Drucke dichtgedrängt Raum und Wände bevölkern. Auf einigen Bildern ist unverkennbar Jens Rusch selbst dargestellt, auf anderen Sagengestalten, Fantasiegebilde, Allegorien, Porträts und Motive aus der Literatur. Man merkt, dass sich hier ein sehr freiheitlicher Geist ausdrückt, souverän in allen Techniken und von sprudelnder Vorstellungskraft. Ein Rundgang voller visueller Überraschungen.

Die Inhaberin Susanne Rusch, Ehefrau des Künstlers, leitet mit entspannter Selbstverständlichkeit durch die Räume, zu denen auch ein kleiner Veranstaltungssaal gehört. Das Plakat an der Eingangstür hatte zu einem kulturellen Event eingeladen, das demnächst hier stattfindet. Ein kreativer Rahmen für ein kreatives Ereignis. Man erfährt aus der Biografie des Künstlers, dass er nur wenige Kilometer entfernt in Neufeld geboren ist und nach einigen »spanischen Jahren« mit seiner Frau nach Dithmarschen zurückgekehrt ist. Hier ist etwas Außergewöhnliches entstanden: Die Galerie stellt vor Ort ein kulturelles Kraftzentrum dar, zum Beispiel

»Schimmelreiter« von Jens Rusch (Foto: Jens Rusch)

als Bühne für Lyra, den Förderverein für Kulturarbeit e.V., von dem vielfältige Wirkungen ausgehen. Mehr Informationen unter www.jens-rusch.de

211

Fundstück Nr. 1

Eine Auto-Biographie

In der Pension »Alte Dorfschule« im Kaiser-Wilhelm-Koog gibt es ein herrlich normales und doch absolut aufregendes Oldtimer-Museum. Thema: die deutschen 1950er Jahre.

Während Deutschland noch in Trümmern liegt, spart der einfache Arbeiter für den ersten eigenen Mo-

Die Originalpapiere von 1954

torroller, der bessere Angestellte fährt den Lloyd und alle träumen vom Urlaub am Gardasee oder an der Nordsee. Allerdings: Ein Lloyd 400, (er belegte 1955 Platz 3 der deutschen Zulassungsstatistik), kostete in der Einstiegsvariante rund 3500 DM. Bei einem Durchschnittsverdienst von etwa 300,- DM war das ein nahezu unerschwingliches Luxusgut.

»Wer den Tod nicht scheut, fährt Lloyd« und »Wer das Leben über hat, fährt Goliath«! Das waren die Spottverse der damaligen Zeit – wegen der klapprigen Sperrholzkonstruktion oder des klöternden Zweitaktmotors.

Der hier abgebildete Lloyd LS 400 Combiwagen von 1954, der sich nach fast 60 Jahren immer noch in allerbestem und völlig unrestauriertem Originalzustand befindet,

Der 60-jährige Lloyd LS 400 in allerbestem Urzustand, zum Größenvergleich links neben einer Limousine aus jener Zeit (Foto: Pension »Alte Dorfschule«)

begeistert mit einer unglaublichen Geschichte:

Ein Schuhmachermeister aus Bad Meinberg kaufte dieses Auto 1954, fuhr bis 1961 lediglich 4539 Kilometer und meldete den Wagen dann ab, behielt ihn aber und konservierte ihn. So konnte er direkt vom Erstbesitzer in die Oldtimer-Sammlung übergehen. Dieses Auto dokumentiert bei weniger als 5000 Originalkilometern in absolut un-

verfälschter Weise den Auslieferungszustand von 1954 und dürfte damit einzigartig sein! Im Museum sind übrigens noch sämtliche Originaldokumente vom Kaufvertrag vorhanden (mit dem herrlichen Zusatz »für 250,- DM werden Schuhe in Zahlung genommen«)

Das Oldtimer-Museum hat keine festen Öffnungszeiten, sondern kann auf Anfrage unter Tel. (0 48 56) 4 95 besichtigt werden.

Fundstück Nr. 2

Der Hochsee-Bergungsschlepper »Hamburg«

Wilfried Ohlthaver, Lotse und passionierte Modellbauer, Jahrgang 1937, berichtet: »Ich bin in Westrhauderfehn/Ostfriesland geboren. 1951, mit 14 Jahren, habe ich als Schiffsjunge auf einem Kümo angefangen zur See zu fahren. Dann die damals übliche Laufbahn bis zum Kapitänspatent auf großer Fahrt.«

Wilfried Ohlthaver mit »seinem« Hochseeschlepper HAMBURG

1973 kam der Schritt an Land als Lotse auf dem Nord-Ostsee-Kanal. 1978 folgte der Einstieg als Modellbauer im Brunsbütteler Modellbauverein. Wilfried Ohlthaver sagt: »Man brauchte einfach eine Beschäftigung in den zum Teil langen Wartezeiten auf ein Schiff.«

Etliche Jahre ruhte dann die Mitgliedschaft, bedingt durch Hausbau und andere Aktivitäten, bis vor einigen Jahren die noch vorhandenen Schiffsmodelle ihn wieder in das Vereinsleben zurückkehren ließen. Inzwischen sind viele Modelle dazugekommen, z.B. auch die »Hamburg« mit ihrer z.T. tragischen Geschichte.

Das Original wurde auf der Hamburger Johann Oelkers Werft für die Reederei Petersen & Alpers, Hamburg, gebaut und 1971 in Dienst gestellt. Der Antrieb bestand aus 2 MAK Dieselmotoren von je 3200 PS. Dies erbrachte eine Geschwindigkeit von 15 Knoten. Der Pfahlzug betrug 63 Tonnen, die Besatzung zählte 16 Mann. 1974 wurde die »Hamburg« nach Holland verkauft. Bei einer Hilfsaktion 1985 geriet die

Das erste Modell, einen Krabbenkutter, hat Wilfried Ohlthaver natürlich aufbewahrt.

Schlepptrosse in die Schraube und erzeugte einen Totalschaden. Die Verschrottung erfolgte 1987.

Die Modellschiffer im Modellbauclub Brunsbüttel stellen ihre Fahrzeuge sonntags von 10.00 bis 13.00 Uhr an der Braake, gegenüber dem Marktplatz, vor.

Fundstück Nr. 3

Der große Bruder auf Eiderstedt

Ganz verborgen irgendwo auf der Dithmarscher Geest, hat jemand an seiner Hofeinfahrt einen Stein aufgestellt und ihn mit einem rot-weißen Motiv bemalt. Der Leucht-

Der große Bruder auf Eiderstedt

Der kleine Leuchtturm auf der Dithmarscher Geest

turm, der darauf zu sehen ist, steht nicht in Dithmarschen, sondern weit vor dem Deich auf einer einsamen Warft im Nordwesten Eiderstedts. Das Ensemble mit den beiden Wär-terhäusern ist wohlbekannt und das meist fotografierte Leuchtturmmotiv weit und breit. Insofern ist es kein Wunder, dass der Künstler oder die Künstlerin es ausgewählt hat. Zur Ehrenrettung: Auch Büsum hat ei-nen sehr schönen Leuchtturm, der gerade 100 Jahre alt wird. Dieses Ju-biläum hat der Leuchtturm auf dem Westerheversand schon hinter sich.

Fundstück Nr. 4

Das Wappen des Kreises Dithmarschen

Die offizielle Blasonierung gemäß Kommunaler Wappenrolle Schles-wig-Holstein lautet:
»In Rot auf silbernem galoppie-renden Pferd mit goldenem Sattel, goldenem Zaumzeug und blauer Satteldecke ein golden gerüsteter,

Manchmal sieht man das Dithmarscher Wappen auch an einer solchen Stelle!

Das Wappen am Dithmarscher Landes-museum in Meldorf

ein silbernes Schwert über dem Kopf schwingender Reiter mit silbernem Helmbusch.«

Wegen des Ritters im Wappen gab es in Dithmarschen, das lange Zeit als freie Bauernrepublik existiert hat-te, heftigen Streit. Die Figur erschien den Einheimischen als Symbol der Fremdherrschaft, zumal der Ritter auch das Siegel des Königs Fried-rich II. schmückte. Erst in letzter Zeit ist das Wappen in der Bevölkerung überwiegend akzeptiert worden.

Fundstück Nr. 5

Restormel – der englische Partnerkreis

Weit im Westen Europas, dort wo der Ärmelkanal in den Atlantik übergeht, liegt in Cornwall der eng-lische Partnerkreis des Kreises Dith-marschen. Das Pendant auf der Insel wurde benannt nach dem Schloss Restormel Castle, der Verwaltungs-sitz befand sich in der Stadt St. Aus-tell. Bekannter ist in dieser Gegend der malerische Küstenort Newquay, »The Surfing Capital of Britain«, wie er sich gerne selbst nennt. Hier finden auch internationale Wett-bewerbe im Surfen statt. Der klei-ne Hafen ähnelt in seiner heutigen Funktion ein wenig Büsum, insofern dieser nur noch von lokalen Fischern und Ausflugsschiffen genutzt wird. Die Küste selbst unterscheidet sich allerdings durch ihre steilen Hänge und die hohe Brandung erheblich von der hiesigen Wattenmeerkante. Der Kreis als solcher ist am 1. April 2009 abgeschafft worden und in einer höheren Verwaltungseinheit aufgegangen.

Das Kreisschild am Eidersperrwerk

Fundstück Nr. 6

»Musik mit Mund un Hannen«

Wiebke Jacobs aus dem Kron-prinzenkoog ist Musikerin, Kompo-nistin und Texterin in einer Person. Sie war viele Jahre mit der Gruppe »Landünner« in Sachen plattdeut-scher Musik unterwegs. Die vielsei-tige Künstlerin, die Akkordeon, Key-boards und Mundharmonika spielt, hat auch ein Liederbuch ihrer Werke unter dem naheliegenden Titel »Lan-dünner« veröffentlicht. Dazu gibt es eine gleichnamige CD. Im Lieder-buch, das auch die Vertonung des Boy-Lornsen-Textes »De Minsch hett dat mol geven« enthält, beschreibt sie auf Platt, verbunden mit eige-nen Melodien, das Lebensgefühl der Einheimischen »achtern Diek«, ihre Landschaft am Meer und kleine, in Lieder gefasste Alltagsgeschichten.

Die Künstlerin im heimischen Garten

Fundstück Nr. 7

Zentimeterstock?

Im äußerst empfehlenswerten Heimatmuseum und Natour Centrum in Lunden kann jeder auf seine ganz persönliche Entdeckungsreise gehen. Dort gibt es so viele ausgefallene Exponate zur lokalen Menschheitsgeschichte, dass niemand das Museum ohne einen sehr angenehmen Wissensgewinn verlassen wird. Von Fauna und Flora über originale Kaufmannsläden oder Arztpraxen bis zu technischen Unikaten aus allen erdenklichen Epochen ist hier alles vorhanden.

Ein ganz besonderes Stück soll hier gezeigt werden: ein echter Zollstock! Mit ihm würde man heute nicht weit kommen, zugegeben, aber wie jede Sache hat auch diese eine Rückseite. Dort nämlich sind unsere geliebten Zentimeter aufgetragen. Doch für die kurze und legendäre Übergangsperiode brauchte der Handwerker ja auch ein praktikables Maß. Und das findet sich hier ausgestellt. Auf jeden Fall handelt es sich beim »Zentimeterstock« um sehr unterhaltsame Alltagsgeschichte.

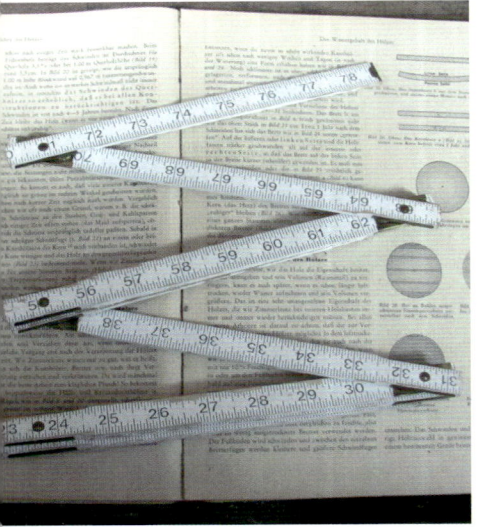

Der beidseitig benutzbare Zoll- und Zentimeterstock

Fundstück Nr. 8

Ein Dutzend Bäume

Der Künstler in seinem Heider Atelier

Der Künstler Werner Gutzeit aus Heide schafft nicht nur außergewöhnliche Gemälde, sondern, wie man auf dem nebenstehenden Bild sehen kann, auch ebensolche Skulpturen. In diesem Fall bezieht sich das Besondere auch auf das Material: Holz. Dies wäre vielleicht nicht so sensationell, wenn der Künstler nicht einen gewissen Superlativ verwirklicht hätte: Das Werk besteht nämlich aus 12 verschiedenen Arten von Holz.

Ein faszinierender Anblick

Wie bei vielen seiner Gemälde spielt auch bei diesem Werk das Fischmotiv die bestimmende Rolle, wobei die hohe handwerkliche Kunst Werner Gutzeits erkennbar wird. Dazu kommt der Anschein von Schwerelosigkeit der umeinander schwimmenden Tiere, so, als wären sie lebendig.

Fundstück Nr. 9

LZ 11 »Viktoria Luise« über Marne

In den Jahren vor dem Ersten Weltkrieg waren Luftschiffe ein nicht mehr allzu seltener, aber dennoch für das Volk sensationeller Anblick am Himmel. So erschien in jener Zeit das im Februar 1912 in Dienst gestellte LZ 11 »Viktoria Luise«, das für die DELAG (Deutsche Luftschiff Aktiengesellschaft) Passagier-Luftfahrten durchführte, auch über Marne. Es besaß eine Länge von 148 Metern und einen Durchmesser von 14 Metern. Drei Maybach-Motoren mit einer Gesamtleistung von 450 PS sorgten für den Antrieb. Bis Ende Juli 1914, also bis zum Kriegsausbruch, wurden insgesamt 489 Passagierfahrten mit 9738 Personen (inklusive Besatzung) absolviert. Dabei legt das nach der preußischen Prinzessin Viktoria Luise (1892–1980) benannte Luftschiff rund 55 000 Kilometer zurück. Im Krieg diente es vor allem der militärischen Ausbildung, wobei

noch einmal knapp 1000 Fahrten hinzukamen. Es wurde am 8. Oktober 1915 beim Einhallen in Liegnitz zerstört.

Seine Flugfähigkeit erlangte der Zeppelin durch 18 mit Wasserstoff gefüllte Gaszellen, die den Auftriebskörper mit einem Volumen von 18 700 Kubikmetern in der Luft hielten. Unter dem Tragkörper hingen zwei Maschinengondeln und dazwischen die Passagierkabine. Am Heck befanden sich links und rechts waagerechte Stabilisierungsflossen, die einen ruhigen Flug garantieren sollten. Die Manövrierfähigkeit des Zeppelins mit einem Wendekreis von 500 Metern war beachtlich. Im Normalfall bestand die Besatzung aus 8 bis 9 Personen. Die Reisegeschwindigkeit lag bei rund 60 km/h. LZ 11 war vornehmlich in Deutschland unterwegs, wozu auch Fahrten

Postkarte vom Flug über Marne. Das exakte Datum ist nicht überliefert, die Reise muss aber zwischen Februar 1912 und Juli 1914 erfolgt sein. (Quelle: Archiv Heimatmuseum Marner Skatclub von 1873)

nach Helgoland gehörten. Auf einer solchen Reise wird sich das Luftschiff befunden haben, als es Marne überflog und hier auch eine Zwischenlandung machte. Seine Reichweite schwankte, je nach Wind und Wetter, zwischen 800 und 1000 Kilometern.

Fundstück Nr. 10

Das Bratspill von Westerhever

Anfang Dezember 2011 wurde nach heftigen Stürmen an der Eiderstedter Nordwestküste auf dem Gebiet der Gemeinde Westerhever ein historisches Bratspill gefunden. Es lag oberhalb des Treibselweges Höhe Lammerswarft. Im Frühjahr 2012 ist es in den Westerhever Ortsteil Stufhusen gebracht worden, wo es unter Dach gelagert wird und konserviert werden soll.

Der ab dem 14. Jahrhundert auf unseren Meeren verwendete Schiffstyp der Kogge besaß ursprünglich nur einen Mast mit Rahsegel, wobei das Segel mit der Rah gesetzt bzw. geborgen wurde. Dazu diente eine »Bratspill« genannte Winde, welche die Rah mit dem daran befestigten Segel am Mast hoch- bzw. herunterbewegte.

Das Bratspill, eine zumeist achtkantig oder rund und beidseitig konisch gefertigte Holzrolle mit viereckigen Löchern für die »Spillspaken« genannten Drehstecken, befand sich auf dem Vordeck oder dem Achterdeck bzw. dem Achterkastell. Palldaumen oder Sperrklinken verhinderten, dass das Bratspill sich rückwärts drehte.

Das Mittelteil mit den eisenbewehrten Führungskerben

Zur Altersbestimmung wird es auch notwendig sein, den Schiffstyp herauszufinden, auf dem dieses Brat-

Das Bratspill kurz nach dem Fund auf dem Deichparkplatz von Westerhever

spill benutzt wurde. Der Fund von Westerhever hat folgende Maße:

Länge: 5,55 m, Breite in der Mitte: 0,55 m, Breite an den Enden: 0,45 m, Durchmesser der konisch zulaufenden Endfläche: 0,15 m, Mittelteil mit 8 umlaufenden Führungskerben (Eisenbewehrung ca. 0,30 m lang, 0,01 m dick). Insgesamt 8 Reihen à 4 Löcher zum Einführen der Spillspaken (Lochmaß: 0,095 m)

Fundstück Nr. 11

Normal ist relativ

Die Zuckerfabrik St. Michaelisdonn war nicht nur das industrielle Symbol des Ortes, sie stand auch für die Wirtschaftskraft der ganzen Südermarsch. Die im Jahre 1880 in Betrieb gegangene Zuckerfabrik verarbeitete vor allem die Zuckerrüben der umliegenden Landwirte. Die schon sehr bald für den Transport nach St. Michaelisdonn gebaute Bahnlinie führte über Marne nach Friedrichskoog. Das Fabrikgelände wurde ständig vergrößert und die Anlagen erweitert. Im Jahre 1938 errichtete man einen modernen Kalkofen und nach dem Zweiten Weltkrieg ein neues Kesselhaus (1951) sowie die Großtrocknungsanlage (1952). Im Jahre 1975 kam das letzte Zuckersilo hinzu, so dass nun die Schornsteine und die Silos die unverkennbare Silhouette des Ortes bildeten.

Wie heißt es in Schillers Wilhelm Tell: Das Alte stürzt, es ändert sich die Zeit und neues Leben blüht aus den Ruinen. Luftbild der stillgelegten Zuckerfabrik im Jahre 1999 (Foto: Rudolf Alert)

Mehr als 700 000 Tonnen Zuckerrüben wurden in den besten Zeiten jährlich hier verarbeitet. Die jeweiligen Kampagnen liefen von September bis Dezember. Dann musste rund um die Uhr gearbeitet werden. Der Betrieb war stets ein wichtiger Arbeitgeber in der Region. Über 120 Menschen fanden in der Zuckerfabrik Lohn und Brot. Davon profitierte natürlich auch die Kaufkraft der Einheimischen. Vor der Regulierung des europäischen Marktes durch die Brüsseler Behörden konnte die Produktion ungehindert in den Markt gebracht werden. Das war normal!

Nach dem Eingreifen Brüssels änderte sich das Ende des 20. Jahrhunderts schlagartig. Als 1995 die Schließung kam, verlor die Region ihren Wirtschaftsmotor und hat sich von diesem Verlust bis heute kaum erholt. Der Abriss der Fabrik war im Herbst 2003 beendet. Inzwischen hat sich hier ein Solarpark angesiedelt. Normal ist relativ!

Früher war Zucker für St. Michaelisdonn ein Lebenselixier. Heute ist es die Elektrizität vom »Stromacker«. Dieses Bild zeigt den neu errichteten Solarpark auf der Fläche der verschwundenen Zuckerfabrik. (Foto: Rudolf Alert)

Navigare necesse est

Schiffe gehören zu Dithmarschen wie Kohl und Plattdeutsch

Eine Küstenlandschaft wie Dithmarschen lebt, ähnlich wie Nordfriesland oder Fehmarn, von Grund auf durch seine Verbindung mit dem Meer. Die Menschen früherer Generationen fischten an den Stränden, in den Prielen und Flüssen, teils vom Ufer aus, teils mit Booten. Sie transportierten Waren von einem Ort zum anderen oder setzten über die Gewässer hinüber zum Nachbarn. Schließlich bauten sie Schiffe und befuhren auch die See. Und immer trieb sie der Drang an, ihr Dasein zu verbessern oder sich selbst und die wachsende Bevölkerung zu ernähren. Dabei spielten Beutezüge übers Wasser und kriegerische Handlungen zur See so gut wie keine Rolle. Dies war größeren Staaten vorbehalten.

Die Dithmarscher nahmen allerdings sehr wohl teil an den Umwälzungen der Schifffahrt, die durch die Industrialisierung der Wirtschaft auch hierzulande stattfanden. Ein Beispiel aus der Geschichte ist der erste Seekanal der Welt, dessen Passage über die Eider an der Dithmarscher Nordgrenze entlang führte (siehe Beitrag S. 74–75). Damals gab es bereits eine lange Schifffahrtstradition an der Eider, etwa von Delve aus. Die Dithmarscher waren aber nicht in dem Maße wie beispielsweise ihre nördlichen Nachbarn, die Nordfriesen, an der Seefahrt in »internationalen« Gewässern interessiert. Sie beteiligten sich nicht am einträglichen Walfang und betrieben auch kein umfangreiches Reedereigeschäft.

Die Hafenplätze an den Küsten und Ufern Dithmarschens waren und sind zahlenmäßig und qualitativ begrenzt, was vor allem durch die Lage am Watt und die Tiden bedingt ist. Alle funktionierenden Häfen der Westküste wie Husum, Tönning am inneren Sperrwerk, Büsum, Meldorf, Friedrichskoog und Brunsbüttel auf der Kanalseite sind durch Schleusen geschützt und dem direkten Zugriff der Tiden entzogen. Die wenigen anderen sind Tidehäfen wie der Alte Hafen in Brunsbüttel, Neufeld und fast alle nordfriesischen Häfen.

Ausflugsschiff auf der Eider bei Delve

Die Tatsache, dass sich die Menschen Möglichkeiten schafften, trotz der schwierigen Küstenverhältnisse Seefahrt zu betreiben und die Konkurrenz mit günstiger gelegenen Häfen nicht scheuten, wird gerade heute nicht genügend gewürdigt. Die Verantwortlichen in Dithmarschen wollten sich aber nicht abschneiden lassen von der Entwicklung in der Schifffahrt, die auch wachsenden wirtschaftlichen Wohlstand bedeutete.

Das lateinische »Navigare necesse est« (»Seefahrt tut not«) gilt für Dithmarschen nämlich in anderem Sinne, als es das »Navigare necesse est, vivere non est necesse« (»Seefahrt tut not, zu leben nicht«) des römischen Feldherrn Pompeius formulierte. Jener wollte lediglich seine Matrosen zur Sturmfahrt antreiben, damit genügend Lebensmittel von Nordafrika nach Rom gelangten. Dessen zum Heldentum neigender Spruch steht stolz als Inschrift am Haus der Seefahrt in Bremen, geht aber am normalen Leben vorbei. Für die Dithmarscher und gewiss auch für alle anderen, die Seefahrt mit einem vernünftigen Zweck verbinden, ging es um den Alltag an der Küste. Und dazu gehört zum Beispiel eine Fischereiflotte.

Als die Zeiten zu Ende gingen, in denen man Krabben noch mit der Gliep, einem Stielnetz, in den flachen Prielen der Watten fing und sich vornehmlich die ärmere Bevölkerung daran gütlich tat, begann die eigentliche Epoche der Küstenfischerei. Dies geschah erst um 1900, als die Motorisierung der Fischkutter einsetzte. Die aus Holland »importierte« Baumkurre, die zu beiden Seiten des Fischerbootes Netze ins Wasser lassen konnte, brachte während der Fahrt ein Vielfaches der früheren Fangerträge. Ab den 1920er Jahren vergrößerte sich die Kutterflotte Büsums bis 1948 auf 136 Schiffe, um danach wieder kontinuierlich kleiner zu werden. Heute sind es weniger als zwei Dutzend Kutter.

Rein wirtschaftlich mögen die Pläne der Landes-regierung auf den ersten Blick verständlich sein, die Dithmarscher Krabbenfischerei gänzlich nach Büsum ziehen zu wollen, etwa mit dem Ausbau des Hafenbeckens IV für acht weitere Liegeplät-ze. Wenn aber ein so traditioneller Fischerhafen wie Friedrchskoog dafür »geopfert« werden soll, werden nicht nur die Einheimischen nachdenk-lich. Friedrichskoog war über viele Jahrzehnte der Fischereihafen Süderdithmarschens mit eigenen, schnell zu erreichenden Fanggründen südlich und westlich von Trischen. Nach dem Bau des heutigen Dieksanderkooges, der 1935 unter dem Namen »Adolf-Hitler-Koog« eingeweiht wurde, war mit der Errichtung der Schleuse ein leistungs-fähiger Binnenhafen geschaffen worden.

Kritiker des Vorhabens, den Friedrichskooger Fi-schereihafen zu schließen und die Kutter nach Büsum zu verlegen, haben auf jeden Fall in einem recht: Die Verantwortlichen laufen mit derartigen Plänen lediglich einer scheinbar unvermeidlichen Marktentwicklung hinterher, anstatt das Ruder in die Hand zu nehmen und für die Region nach-haltig entgegenzusteuern. Es kann nicht angehen, dass mit Beschlüssen der Brüsseler Eurokraten ganze Landstriche veröden, während man woan-ders, sprich in Büsum, künstliche Konzentrationen herbeidiktiert. Auch die wirtschaftlichen Folgen einer solchen Politik sind verheerend, weil genau

Im Schleusenhafen in Brunsbüttel ist während der Sommersaison immer etwas los.

Die »Lady von Büsum« kehrt von Helgoland zurück.

Fischkutter im Eidersperrwerkshafen

Krabbenkutter mit fangbereitem Geschirr

das Gegenteil von dem erreicht wird, was der mo-derne nachhaltige Tourismus seit Jahren anstrebt. Fischkutter kann man nur noch an einem Fleck erleben.

Gerade die heutige Entwicklung bei den Fahr-gastschiffen hat doch gezeigt, dass nur die Vielfalt und Kleinteiligkeit der Angebote den Tourismus in die Fläche holt. Tönning, Friedrichstadt, Husum, Strucklahnungshörn, Pellworm, Hooge, Lange-ness, Schlüttsiel, Dagebüll, Wyk, Wittdün und List

zeigen doch, wie erfolgreich man sein kann. Alle Häfen sind Stützpunke von Fahrgastlinien und einige davon besitzen auch das Flair stationierter Fischkutter. In Dithmarschen wird es vielleicht bald nur noch einen echten Hafenstandort geben. Dies gilt es zu verhindern, sind sich Einheimische und Feriengäste einig!

Schiffe, ob auf dem Nord-Ostsee-Kanal, auf der Elbe, auf der Eider oder auf See, gehören zu Dith-marschen wie Kohl und Plattdeutsch.

Die Nachbarkreise

Bis hinüber zur Ostsee

Eine Schiffstour in die Insel- und Halligwelt ist in Nordfriesland obligatorisch.

Dithmarschen ist nördlich und östlich verbunden mit vier Nachbarkreisen, die für Einheimische und Feriengäste aus verschiedenen Gründen interessant sind. Zum einen stellen sie die Brücken nach Dänemark, zur Ostseeküste und in den Hamburger Raum dar, zum anderen besitzen die Gebiete auch viele wichtige Einkaufsmöglichkeiten und landschaftliche Attraktionen.

Nordfriesland

Im Norden liegt Nordfriesland mit seinen Halligen und Inseln sowie der Kreishauptstadt Husum. Die Halbinsel Eiderstedt mit dem malerischen Hafen von Tönning und dem Nordseebad St. Peter-Ording sind häufig angefahrene Tagesziele der Dithmarschen-Urlauber, aber auch Husum, Friedrichstadt und die Inselwelt stehen oft auf dem Programm. Eiderstedt und Friedrichstadt ist ein eigenes Kapitel (Seite 220–229) in diesem Buch

gewidmet, aber ein kurzer Blick darüber hinaus ist an dieser Stelle angebracht.

Die Stormstadt Husum besitzt eine wunderschöne Altstadt an einem sehr reizvollen Hafen, in dessen Nähe das Theodor-Storm-Haus, in welchem der Dichter gelebt und gearbeitet hat, ein Muss für jeden Gast ist. Sehr sehenswert ist die direkt am Marktplatz befindliche Marienkirche und das Schloss vor Husum, das, anders als der Name es vermuten lässt, mitten in der Stadt liegt. Weitere interessante Einrichtungen sind das Schifffahrtsmuseum und das NordseeMuseum, ebenfalls in der Nähe des Hafens

Von vielen Häfen aus kann man Schiffstouren in die Insel- und Halligwelt unternehmen, zum Beispiel von Husum, Nordstrand, Schlüttsiel und Dagebüll aus. Von Niebüll bringt einen der Auto- oder Personenzug nach Westerland auf Sylt.

Schloss Gottorf mit den hochinteressanten Landesmuseen

Die Rumstadt Flensburg besitzt viel dänisches Flair.

Schleswig-Flensburg

Nur ein ganz kleines Stück Dithmarschens grenzt an den Kreis Schleswig-Flensburg, nämlich an der Eider bei Pahlhude. Dieser Nachbarkreis wiederum grenzt aber auch an die Ostsee, genau genommen schon ein paar Kilometer von der Dithmarscher Kreisgrenze entfernt in Schleswig. Der bis dorthin reichende Ostseearm, die Schlei, ist

Der Husumer Innenhafen ist Treffpunkt der Feriengäste von nah und fern.

ein überaus romantisches Gewässer mit vielen Buchten und versteckten Winkeln, ein Paradies für Wassersportler und ein sehr attraktives Tagesziel. Dazu gehört natürlich auch ein Besuch der alten Residenzstadt Schleswig mit dem mächtigen Schloss Gottorf und dem darin befindlichen Landesmuseum für Kunst und Kulturgeschichte. Auf der anderen Schleiseite befindet sich das ebenso sehenswerte Wikingermuseum Haithabu. Auch die Stadt selbst mit der malerischen Fischersiedlung Holm, dem Dom und der dortigen Altstadt gehört zur Ortsbesichtigung dazu. Flensburg, etwa eine halbe Autostunde nordwärts, trägt einen etwas anderen Charakter als Grenzstadt zu Dänemark. Hier spielt das nordische Element eine große Rolle. Viele Einwohner sind dänisch orientiert und zweisprachig. Flensburg gilt als Zentrum der dänischen Minderheit im nördlichen Landesteil Schleswig-Holsteins.

Ein weiteres bauliches Juwel ist das Wasserschloss Glücksburg, die Wiege aller europäischen Königshäuser. Es liegt nahe der Flensburger Förde und steht Besuchern zur Besichtigung offen. Eine Fahrt die wildschöne Ostseeküste entlang ins idyllische Schleistädtchen Kappeln, wo es noch die letzten Heringszäune Europas zu bestaunen gibt, sollte sich anschließen. Von dort dauert der Rückweg nach Dithmarschen etwas länger als eine Autostunde.

Rendsburg-Eckernförde

Dabei kann man auch den Kreis Rendsburg Eckernförde durchqueren, der ganz im Nordosten des Kreises Dithmarschen angrenzt und ebenfalls bis zur Ostsee reicht. Die Kreishauptstadt Rendsburg liegt direkt am Nord-Ostsee-Kanal und auch an der Eider. Sie war früher eine Festungsstadt, was in der sehenswerten Altstadt mit dem Paradeplatz und den historischen Militärbauten noch nachvollziehbar ist. Ein herausragendes Merkmal ist die Eisenbahnhochbrücke, zu der sich die Züge über eine lange Rampe hinauf und hinab winden und die den Kanal in einer Höhe von 42 Metern überspannt. Unter ihr verkehrt eine der ganz wenigen Schwebefähren, die es in Europa noch gibt. Außerdem verbinden ein Auto- und ein Fußgängertunnel die beiden Kanalseiten.

Der Nachbarkreis ist sehr vielfältig und bietet viele lohnenswerte Tagesziele, zum Beispiel die Ostseestadt Eckernförde. Die Stadt ist Ursprungsort der berühmten »Kieler Sprotten«, die nur deshalb so heißen, weil sie in der Anfangszeit vom Kieler Hauptbahnhof aus in den Markt verschickt wurden. Das Ostseebad besitzt nicht nur einen idyllischen Hafen am Rande der Altstadt, sondern einen der schönsten Strände der Ostküste. Auch die nahen Hüttener Berge, ein wald- und seenreicher Naturpark der ersten Stunde, ist einen Ausflug wert. Im Osten reicht der Kreis bis an die Kieler Förde heran.

Steinburg

Der Nachbarkreis Steinburg ist vor allem für Süderdithmarschen interessant. Über die Straßenbrücken bei Albersdorf und Brunsbüttel ist man sehr schnell im Zentrum dieser von Wäldern, Hügeln und Marschen geprägten Region an der Elbe. Dort liegt die Kreishauptstadt Itzehoe an der Stör, dem dominierenden Fluss der Gegend, der, von Osten kommend, den Kreis durchfließt und bei Glückstadt in die Elbe mündet. Gegen etwaige Sturmfluten schützt hier ein Sperrwerk, das verhindert, dass das Hinterland mit den Orten Wewelsfleth, Beidenfleth und Itzehoe von Überschwemmungen heimgesucht wird. Es hat eine ähnliche Funktion wie das Eidersperrwerk, das

An der alten Eider in Rendsburg

Der reizvolle Glückstädter Marktplatz mit seinem pittoresken Häuserensemble

Das »theater itzehoe«

Blick über den Eckernförder Hafen Richtung Borby

bekanntlich Tönning und Friedrichstadt vor den Nordseefluten bewahrt.

Ein besonderes Fahrtziel ist das durch seine Matjestage weithin bekannte Glückstadt an der Elbe, wo die Fähre nach Wischhafen in Niedersachsen abgeht. Der Ort selbst mit seinem idyllischen Elbehafen und dem herrlichen Marktplatzensemble lädt zu einem romantischen Stadtbummel ein, während das wenige Kilometer entfernte Itzehoe eher als Einkaufsstadt zu betrachten ist. Es besitzt auch mit dem Theater Itzehoe ein Kulturzentrum, das ganz besondere Veranstaltungen anbietet. Einige sehr schöne historische Bauten und das renommierte Wenzel-Hablik-Museum dürfen bei einem Stadtrundgang nicht fehlen.

»Majestätische« Nachbarn im Norden

Als die Eiderstedter noch Königsfriesen waren

Nördlich der Eider, quasi mit Blick hinüber nach Dithmarschen, wohnten einst die Königsfriesen, die von den streitbaren Bauern in ihrer Republik zwar durch einen Fluss getrennt waren, was aber wenig nützte. Gegenseitige Überfälle und Landeroberungen waren lange Zeit an der Tagesordnung, sogar Entführungen von Frauen sind vorgekommen. Während die Dithmarscher als Sachsen eher dem Landbau zugetan waren, liebten es die Friesen nördlich der Eider, zur See zu fahren, zu fischen und nur das Nötigste an Ackerbau und Viehzucht zu betreiben. Auch die Strandräuberei galt bei ihnen als legitimes und einträgliches Geschäft.

Königsfriesen hießen sie, weil sie direkt dem dänischen König untergeben waren und nur diesem Rechenschaft und natürlich Steuern schuldeten. Dies wurde auch ohne große Zwischenfälle gewährleistet, was dazu führte, dass sie von Ihrer Majestät weitgehend unbehelligt blieben. Anders bekanntlich die Dithmarscher, die sich der Unterwerfung lange Zeit widersetzten und erst 1559 am Ende der Großen Fehde den Hut ziehen mussten.

Die Halbinsel Eiderstedt, die heute etwa 17 000 Einwohner hat, bestand vor einigen Jahrhunderten noch aus den Inseln Eiderstedt, Everschop und Utholm, weshalb die Landschaft auch die Bezeichnung Dreilande trug. Das riesige »Deichmuseum«, das man kreuz und quer durch Eiderstedt bewundern kann, zeugt von der langen und

schwierigen Bedeichungsgeschichte der Landschaft. Überall sieht man historische Deichlinien, weitab vom gegenwärtigen Seedeich. Eiderstedt besitzt nur zwei Orte mit Stadtrecht. Garding und Tönning, beide seit 1590.

Die Pfahlbauten

Der erste Pfahlbau auf der Sandbank vor St. Peter-Ording wurde 1911 errichtet und »Giftbude« genannt, weil es dort auch Cognac zu kaufen gab. Die zahlreicher werdenden Badegäste verlangten nach mehr Strandversorgung. Da aber sowohl das tägliche Tidehochwasser als auch die Sturmfluten ein Bauen direkt auf dem Strand unmöglich machten, entstanden nach und nach die Vorläufer der heutigen Pfahlbauten. Die festen Gebäude teilen sich pro Strandabschnitt in Restaurant, WC-Gebäude und DLRG-Station. Hinzu kommen die Hochwasserpodeste für die Strandkörbe und am Ordinger Strand das Podest für das im Sommerhalbjahr betriebene Wassersportcenter.

Strandsegeln

In den 1920er Jahren kam das Strandsegeln von den belgischen und französischen Küsten auch nach St. Peter-Ording, und zwar durch die einheimische Familie Wieben und den Kurarzt Dr. Felten. Nach mühseligen Anfängen mit abenteuerlich anmutenden Modellen aus Holz, Metall und Leinensegel baute Uhrmacher Otto Wieben nach

Fahrradtouren zum Leuchtturm von Westerhever gehören zu jedem Eiderstedt-Programm.

dem Zweiten Weltkrieg einen Großraumsegler, der mit bis zu 15 Feriengästen an Bord zwischen Hafenpriel und Sandbankspitze unterwegs war. 1961 wurde der hiesige Yachtclub YCSPO gegründet, und das Ordinger Segelrevier lockte fortan Sportler aus allen Kontinenten in das Nordseebad. 1975 konnte St. Peter-Ording seine erste Weltmeisterschaft ausrichten, der die Strandsegelregatten mit nationaler und internationaler Beteiligung folgten.

Haubarge

Auf der Halbinsel Eiderstedt findet man die größten Bauernhäuser der Welt, die Haubarge. Die kompakte und hoch aufragende Hausform brachten eingewanderte Holländer hierher, wobei die Ausmaße noch erweitert wurden.
Um den mittig gelegenen »Vierkant« mit seinem Ständerwerk, das wegen des weichen Kleibodens oft auf abgeflachten Findlingen ruhte, gruppierten sich die Wohnräume, die Ställe und die Loo. Das weithin sichtbare Kennzeichen des auf einer Warft errichteten Haubargs war sein alles überwölbende riesige Dach.
Im 18. Jahrhundert gab es auf Eiderstedt mehrere hundert Haubarge, die aber mit den Jahrzehnten entweder wegen Selbstentzündung des eingelagerten Heus abbrannten, wegen Geldmangels verfielen oder wegen anderweitigen Materialbedarfs abgebrochen wurden.
Der Name rührt von dem Heu her, das unter seinem Dach geborgen lag. Heute existieren nur noch etwa zwei Dutzend, zum Teil liebevoll restaurierte Haubarge. Der bekannteste ist der Rote Haubarg in Witzwort.

Am endlosen Ordinger Strand

Die Hafenstadt Tönning

Die ehemalige dänische Festungsstadt Tönning mit ihren ca. 5000 Einwohnern beeindruckt durch ihren idyllischen Hafen, der im 18. Jahrhundert, nach Fertigstellung des Eiderkanals 1784, der ersten durchgängigen Nord-Ostsee-Verbindung, seine Blütezeit hatte und von mehr als 2000 Schiffen jährlich angelaufen wurde. Entlang des Hafens befinden sich sehenswerte Bauwerke aus jener Epoche, z.B. am Südufer das alte Kanalpackhaus von 1783, das als Warenumschlagsplatz diente und heute eine sehenswerte Ausstellung zur Tönninger Stadtgeschichte beherbergt. Auf der gegenüberliegenden Seite des Hafens sind noch viele alte Bürger- und Kontorhäuser aus der Zeit der Kontinentalsperre erhalten. Die seit 1740 bestehende kleine Werft ist noch immer im Holzschiffbau tätig.

Über den Tönninger Hafen liefen im 19. Jahrhundert die großen Viehexporte Eiderstedts nach England, z.B. 1851 an Hornvieh 14 700 und an Schafen 5300 Stück. Aber auch der Import von Steinkohle, Roheisen, Reis, Honig, Butter, Speck, Kaffee, Tee und Gewürzen lief über diesen Wasserweg.

Der Holzpfahl am Hafen mit den Marken vergangener Sturmfluten macht deutlich, wie lebenswichtig das Eidersperrwerk ist, das seit 1973 Tönning, Friedrichstadt und das umliegende Hinterland schützt und heute die bevorzugte Verbindung zu Dithmarschen darstellt.

Der historische Hafen von Tönning

Malerischer Haubarg bei Oldenwort

Reetdachkate in Wasserkoog

Die Kirche von Tating ragt hoch hinaus über die flachen Marschen.

18 Kirchen

Wegen der drei Inseln, die hier früher lagen, und den vielen Prielen, die Eiderstedt auch später noch durchzogen, bauten sich die einzelnen Dörfer eigene Kirchen. So konnten die Einwohner, selbst wenn der nächste Ort – per Luftlinie gemessen – nur eine kurze Strecke entfernt lag, immer trockenen Fußes zum Gottesdienst gelangen. Deshalb besitzt Eiderstedt unverhältnismäßig viele Kirchen, nämlich 18 an der Zahl. Neben den großen Gotteshäusern in Garding und Tönning gibt es auch ganz kleine, zum Beispiel in Ording und in Vollerwiek. Alle sind auf ihre Weise sehenswert und bilden mit ihren hoch aus der Marschlandschaft aufragenden Türmen ein unverkennbares »Muster«.

Das Restaurant »Am Kamin« in St. Peter-Dorf

»Philosophie der kreativen Küche«

In einem der schönsten traditionellen Reetdachhäuser St. Peter-Ordings (urkundlich erstmals 1735 erwähnt) heißt das Team des Restaurants »Am Kamin« seine Gäste herzlich willkommen.

Der Innenraum der traditionellen Gastronomie ist 2011 mit frischen und lichtvollen Akzenten modernisiert worden. Im Mittelpunkt ist natürlich der beliebte Kamin geblieben.

Das malerische Reetdach-Restaurant »Am Kamin« in St. Peter-Dorf

Die nach ideenreichen Rezepten stets frisch zubereiteten Speisen können sowohl im gemütlichen Innenraum als auch auf der großzügigen Terrasse genossen werden. Machen Sie es sich dort in einem Strandkorb gemütlich und genießen Sie die Sonne, die dank der hervorragenden Lage bei schönem Wetter den ganzen Tag auf die Terrasse scheint. Der Ausblick in das lebendige Dorfgeschehen zur Hauptsaison ist eines der Markenzeichen des Restaurants, wenn man sich draußen bei leckerem Kuchen, Kaffee oder einem köstlichen Glas Wein trifft.

Die kulinarische Palette reicht von den Vorspeisen und Kleinigkeiten wie hausgebeizter Fjordlachs oder Krabben über verschiedene Suppen, Salate und Flammkuchen zu den Fisch-, Fleisch- und Pastagerichten des Hauses.

Natürlich kommen auch die kleinen Gäste mit Extraangeboten nicht zu kurz. Absolute Spezialität sind die hausgemachten Waffeln nach Großmutters Rezept, die Sie nicht verpassen sollten.

Das Team »Am Kamin« freut sich auf Sie.

Öffnungszeiten:
12 bis 22 Uhr (von 12.30 Uhr bis 21 Uhr warme Küche)
Kein Ruhetag

Beitrag von:
Restaurant »Am Kamin«
Dorfstraße 12
25826 St. Peter-Ording
Tel. (0 48 63) 950 51 70
info@amkamin-spo.de
www.amkamin-spo.de

Everybody is welcome

Mit dem X-H$_2$O-Wassersportcenter die Nordsee erleben

Am westlichsten Zipfel des schleswig-holsteinischen Festlands, am Ordinger Strand, liegt das 2006 eröffnete Wassersportcenter X-H$_2$0. Sonja Behrendt und Hein Jeve, die beiden Betreiber, bieten unter dem Motto: »Everybody is Welcome!« Schulungen und Materialvermietungen in den Bereichen Windsurfen, Kitesurfen, Katamaransegeln und SUP an.

Vor der ca. 12 x 2 km großen Sandbank von St. Peter-Ording kann man

Stand-Up-Paddler im Sonnenuntergang

eines der schönsten Wassersportreviere Deutschlands genießen. Ob in der kraftvollen Brandung und Dünung oder auf der tidenbewegten Weite der See, die Wassersportfans können hier unvergessliche Momente erleben.

Die Station, überflutungsfrei auf einem Podest eingerichtet, steht an einer 400 Meter breiten Wassersportschneise, die einen sicheren und bequemen Einstieg in die Nordsee ermöglicht. Das X-H$_2$O-Kursangebot erstreckt sich von Einsteigerschulungen über Aufsteigerkurse

»Summertime« auf der Station

und Privatstunden bis hin zu Kinderkursen. Das Lehrteam besteht aus erfahrenen und geschulten VDWS-Instruktoren, die Neueinsteiger für die faszinierenden Wassersportarten zu begeistern wissen. Für alle angebotenen Wassersportarten kann bei der Vermietung aus einer vielfältigen Materialpalette ausgewählt werden. Als Flautenkiller sind zusätzlich SUP's (Stand Up Paddle Boards) erhältlich.

Kitesurfer im Gegenlicht

Windsurfen in rauem Wetter

In den Sommermonaten laden zahlreiche Sport-Events an und um X-H$_2$O herum zum Schauen, Staunen, Spaß haben, Ausprobieren und Feiern ein.

Beitrag von:
Wassersportcenter X-H$_2$O
Sonja Behrendt und Hein Jeve
Strandpromenade 3
25826 St. Peter-Ording
Tel. (0 48 63) 47 88 00
(nur während der Öffnungszeiten der Station Mai-Oktober ab 10.00 Uhr)
Fax (0 48 63) 47 62 84
Mobil (01 75) 24 88 424 (ganzjährig)
info@x-h2o.de · www.x-h2o.de

Eiderstedter Spezialitäten und Hafenpanorama

Gästehaus Lexow mit Café und Restaurant »Hafenblick«

Die unvergleichliche Lage spricht bereits für sich. Direkt am malerischen Fischereihafen von Tönning auf der Nordseehalbinsel Eiderstedt liegt das Gästehaus Lexow mit dem Café und Restaurant »Hafenblick«. Hier erwarten den Gast gemütlich und komfortabel eingerichtete Hotelzimmer und Ferienwohnungen. Das romantisch-historische Ambi-

Die gemütliche Gaststube

Wohnen in romantisch-historischem Ambiente

Das Gästehaus Lexow am Tönninger Hafen

ente des Hauses und das reizvolle Eintauchen ins Küstenleben »bi Wind un Wedder« versprechen eine entspannte und heilsame Erholung. Land und Leute, das Weltnaturerbe Wattenmeer mit seinen vielfältigen Attraktionen und den faszinierenden Gezeitenwechsel zu erleben, machen den Urlaub an Eider und Meer einmalig und unvergesslich. Dazu empfiehlt sich auch ein Spaziergang durch die se-

henswerte Hafenstadt und selbstverständlich ein Streifzug durch die kulinarischen Köstlichkeiten der hiesigen Küche!

Diese kann man gleich im Café und Restaurant »Hafenblick« genießen, wo die Gäste zur Nachmittagsstunde mit Kaffee und selbstgebackenem Kuchen, Friesentorte, Tee, Pharisäer, Eier-Grog oder leckerem hausgemachtem Eis verwöhnt wer-

den. Die Mittags- und Abendkarte bietet vielfältige Köstlichkeiten aus der Region, worunter sich natürlich auch die leckeren Eiderstedter Spezialitäten finden. Wer dabei das idyllische Hafenpanorama nicht vermissen möchte, nimmt auf der sonnigen Außenterrasse Platz.

Das Café und Restaurant ist montags bis sonntags von 10 Uhr bis 21 Uhr geöffnet, von Oktober bis März von 12.30 Uhr bis etwa 17.30 Uhr.

Beitrag von:
Café und Restaurant »Hafenblick«
Gästehaus Lexow
Inhaber Günther und Antje Korsilack
Am Hafen 36–38 · 25832 Tönning
Tel. (0 48 61) 9 60 80
Fax (0 48 61) 96 08 17
info@hafenblick.de
www.hafenblick.de

Kultur, Gezeiten, Sonne und Watt

Welt und Vollerwiek: Zwei Idyllische Dörfer im Süden Eiderstedts

Wer in Welt und Vollerwiek Urlaub macht, weiß um die Schönheiten des Hinterlandes, aber auch um entspannende Erholung am weitläufigen Grünstrand. In Welt, dem gemütlichen Feriendorf, von Haubargen umgeben, grüsst der Turm der »Sommerkirche« St. Michael weit hinaus ins flache Land. Im In-

Der »Eiderstedter Südstrand« in Vollerwiek bietet beste Bademöglichkeiten.

nenraum ist eine Dauerausstellung über die Eiderstedter Kirchen und ihre Geschichte zu sehen, außerdem finden hier ausgewählte Kulturveranstaltungen und besondere Gottesdienste statt.

Am Vollerwieker Innendeich befindet sich rechts ein größerer Parkplatz, der kostenfrei genutzt werden kann, und links ein Imbiss, der neben Pommes, Würstchen und Eis auch leckere Fischgerichte anbietet. Nebenan sind die Strandkorbvermietung und die öffentlichen Toiletten.

Steigt man die lange, aber bequeme Deichtreppe hinauf, vorbei am »spähenden Adler«, der DLRG-Rettungsstation, wird man oben mit einem eindrucksvollen Blick belohnt: die Nordsee oder bei Ebbe das Wattenmeer liegt nur ei-

nen Steinwurf entfernt. Herrliche Liegeflächen auf grüner Seedeich-Wiese laden zum Erholen ein. Es gibt Strandkörbe, Süßwasserduschen und Sandkästen für die Kleinen, einen separaten Hundestrand sowie in die Steinbuhne eingearbeitete Treppen, die ins Wasser oder aufs Watt führen. Hier findet man Muscheln und, mit etwas Glück, auch einen Bernstein.

Von Vollerwiek aus starten nahezu täglich durch erfahrene Wattführer betreute Wanderungen in den Nationalpark Schleswig-Holsteinisches Wattenmeer.

Beitrag von:
Bade- und Verkehrsverein
Welt-Vollerwiek
Tel. (0 48 62) 174 10
www.mehr-nordsee.de

Die so genannte »Sommerkirche« in Welt, in der während der Saison ausgewählte Kulturveranstaltungen stattfinden.

Das Juwel an Eider und Treene

Friedrichstadt – ein europaweit einmaliges Stadtdenkmal

Friedrichstadt ist in vielerlei Hinsicht einzigartig in Europa. Dies liegt zum einen an dem weitblickenden »Gründungsvater« Herzog Friedrich III. von Schleswig-Holstein-Gottorf, zum anderen an den aus den Niederlanden vertriebenen »Ureinwohnern«. Zwar war und ist Friedrichstadt nicht die Handelsmetropole, die sie einmal werden sollte, jedoch als malerisches Kleinod europäischer Historie wird das Holländerstädtchen gern besucht.

Ein kurzer Ausflug in die Geschichte

Herzog Friedrich III. von Schleswig-Gottorf hatte vor, sein Land zu einem starken Knotenpunkt einer Handelsverbindung von Spanien über Russland nach Ostindien zu machen. Dazu suchte er einen leistungsfähigen Handelshafen an der Nordsee. So bot er den Niederländern, den besten damaligen Wasserbauern und Handelsleuten Europas, speziell den in ihrem Glauben bedrängten Remonstranten an, in sein Herzogtum zu kommen. Sie würden außer der Religionsfreiheit auch wichtige andere Vorteile genießen können. Gegen den Widerstand des nahen Tönning kam es ab 1620 dann zur Einwanderung.

Am 21. September 1621 wurde mit dem Bau der genau durchgeplanten Stadt an Treene und Eider begonnen. Haus für Haus wuchs das von Grachten durchzogene Areal zu einem ansehnlichen Hafenort auf. Bereits 1625 war die Südstadt fertig. Da man die angeworbenen sephardischen Juden in Spanien nicht ausreisen ließ, siedelten sich ab 1675 deutsche Juden an. Allmählich wurden auch Anhänger weiterer Religionen Bürger in Friedrichstadt, vor allem natürlich Lutheraner aus den umliegenden Gebieten, die das neue Handelszentrum nutzen wollten. Der holländische Einfluss allerdings blieb lange vorherrschend.

Vielleicht war es der genau in die Gründungsphase fallende Dreißigjährige Krieg, der die Entwicklung Friedrichstadts zunächst abbremste, möglicherweise auch die Tatsache, dass die Remonstranten ab 1630 wieder Religionsfreiheit in ihrer Heimat genießen konnten. Der große Aufschwung blieb aus, obwohl der Ort an der Treenemündung schon 1633 das Stadtrecht erhielt und Friedrich weiter um Neubürger bemüht blieb.

Ein Holländerstädtchen in der dänischen Provinz

Die Gründung Friedrichstadts 1621 war keine nur durch Religionstoleranz begründete Ansiedlung niederländischer Glaubensflüchtlinge. Es ging dem Landesherrn vor allem um den Einstieg in den lukrativen Spanienhandel, wobei u.a. hiesiges Getreide exportiert und Salz importiert werden sollte.

In wenigen Jahren war der neue Siedlungsplatz mit den Straßen, Grachten und Häuserblöcken

Marktansicht mit den holländischen Giebelhäusern

Blick entlang des Mittelburggrabens

vermessen und errichtet, alles nach holländischem Vorbild. Der Ort war und ist bis heute geprägt durch lichte, luftige Straßen- und Wasserzüge, Grünflächen, Plätze und Höfe sowie Giebelhäuser.

Zunächst gab es leistungsfähige Manufakturen, Webereien, Färbereien und Ölmühlen. Hinzu kamen eine Brauerei, eine Malzerei und eine Schnapsbrennerei.
Besonderen Ruf genoss der »Friedrichstädter Senf«. In jenen Jahren gelangte Friedrichstadt an die Weltwasserstraße des Eiderkanals, der Rendsburg mit der Kieler Förde verband.
Der Großteil der dänischen Einfuhren aus den Niederlanden ist bis zur Preußenzeit (ab 1867) über Friedrichstadt abgewickelt worden. Danach sank Friedrichstadt zurück in die Idylle eines Provinzstädtchens, dessen ganz besondere Herkunft aber allen Gästen stets sichtbar und erfahrbar blieb.

Friedrichstadt heute

In Friedrichstadt spürt man auf Schritt und Tritt noch heute den Hauch der Geschichte, die weiterwirkt z.B. in der Vielzahl kleiner Geschäfte, in der Architektur, den Grachten und Brücken und den steinernen Zeugen der freien Religionsausübung. Kulturfans erfreuen sich an den vielen Galerien und den zahlreichen Musikveranstaltungen, die über das ganze Jahr angeboten werden. Diese finden vornehmlich in der liebevoll renovierten ehemaligen Synagoge statt.

Friedrichstadt kennt im Jahreslauf eine Fülle von Festen, z.B. zum Thema Rose, die an zahlreichen Häusern der Innenstadt gepflanzt ist. Es gibt auch

Der Malerwinkel mit der Großen Brücke, die eigentlich ganz schmal und klein ist.

einen »Tag des Rads«, den man den Drahteseln gewidmet hat. Drachenbootrennen sind ein großer Spaß für Feriengäste und Einheimische, was besonders auch für die legendären Friedrichstädter Festtage mit Lampionkorso durch die Grachten und einem großartigen Feuerwerk gilt.

Heute kommen neben unzähligen deutschen Touristen immer mehr dänische und niederländische Gäste in die Stadt, da sich hier die geschichtlichen Linien dieser Nachbarvölker auf friedliche Weise kreuzen. Auch im Stadtbild bemerkt man immer deutlicher, dass auch die Friedrichstädter sich ihrer Historie sehr wohl bewusst sind und auf die Erwartungen der ausländischen Besucher eingehen, etwa mit den in holländischer Tracht gekleideten Stadtführern. Und so hört man während der beliebten Grachtenfahrten viel freundliches Dänisch, Holländisch und Deutsch durcheinander, eine schöne »Nordseeallianz« der Küstensprachen.

Typische Friedrichstädter Haustür

Die evangelische Kirche

Mit dem Tretboot auf dem Westersielzug

Die Faszination Schleswig-Holsteins vom Wasser aus erleben

Unterwegs mit der Friedrichstädter Grachten- und Treeneschifffahrt Günther Schröder v. 1971

Der Friedrichstädter Marktbrunnen

Die traditionsreiche Friedrichstädter Grachten- und Treeneschifffahrt Günther Schröder ist auf vielen Gewässern Schleswig-Holsteins zu Hause und bietet einmalige Erlebnisse auf ihren Ausflugsschiffen. Ob auf Treene oder Eider, auf dem Nord-Ostsee-Kanal oder der Kieler Förde, die »Schröder-Linie« bietet ein Programm, bei dem jeder Fahrgast seinen Wunschtörn buchen kann. Auch Reisegruppen finden ausreichend Platz an Bord der Schiffe. Diese besitzen Beförderungskapazitäten von 75 bis 250 Personen.

Mit dem Grachtenschiff auf dem Friedrichstädter Mittelburggraben

Die Remonstrantenkirche in Friedrichstadt

Grachtenrundfahrt in Friedrichstadt

Acht Grachtenschiffe sorgen in Friedrichstadt dafür, dass man stets – bei den Landungsbrücken an der Treene – an Bord gehen kann. Etwa eine Stunde geht es in gemütlicher Fahrt durch die Grachten der Holländersiedlung Friedrichstadt, dem »Venedig des Nordens«. Gleichzeitig werden humorvolle Erläuterungen zur Geschichte der Stadt gegeben. Auch SadtführerInnen in Holländertracht können gebucht werden.

Treenefahrten

Die Treene ist der größte Nebenfluss der Eider und wird von der Reederei mit Ausflügen zum malerischen Luftkurort Schwabstedt befahren. Ein Highlight auf der Treene ist die Seerosenblüte, die von Mitte Juni bis Ende August dauert. Der Ort Schwabstedt liegt auf einer bis zu 47 m hohen Ablagerung aus der letzten Eiszeit und war zeitweise der örtliche Bischofssitz. Die reizvolle Flusslandschaft hat Theodor Storm zu seinen Novellen »Zur Wald – und Wasserfreude« und »Renate« angeregt.

Fahrten auf der Kieler Förde und auf dem Nord-Ostsee-Kanal

Schiffsausflüge auf der meist befahrenen künstlichen Wasserstraße der Welt, dem Nord-Ostsee-Kanal, sind eine besondere Attraktion im Programm der »Schröder-Linie«. Wer noch nie einem der luxuriösen Traumschiffe begegnet ist, wird es vielleicht auf dem Kanal oder der Kieler Förde erleben.

Eiderfahrten

Eine interessante Alternative bieten die Eiderfahrten von Friedrichstadt nach Süderstapel oder von Friedrichstadt nach Tönning. Die »Schröder-Linie« legt in Friedrichstadt an der alten Eidermühle

An der Nordfelder Eiderschleuse

Die »Schröder-Linie« vor einem Luxusliner

ab und passiert dann die Schleuse und die Friedrichstädter Klappbrücke. Nach einer halben Stunde geht es durch die Nordfelder Schleuse, dem Tor der Ostfahrt«. Hier gelangt man von der Unter- in die Obereider, die ein wahres Naturparadies darstellt. Man kann auch westwärts von Friedrichstadt nach Tönning, der idyllischen Hafenstadt fahren, wo das Multimar Wattforum zu einem interessanten Rundgang einlädt. Für sportliche Gäste ist natürlich die Fahrradmitnahme möglich.

Auf allen Treene-, Eider- und Kanalfahrten ist für das leibliche Wohl der Gäste gesorgt. Man kann aber auch vorher oder nachher im gepflegten Restaurant-Café »Zum Alten Ruderhaus« einkehren.

Beitrag von:
Friedrichstädter Grachten- und Treeneschifffahrt
Günther Schröder
Treeneufer 1 · 25840 Friedrichstadt
Tel. (0 48 81) 73 65 · Fax (0 48 81) 72 87
info@grachtenschifffahrt.de
www.schifffahrten-schleswig-holstein.de oder
www.grachtenschifffahrt.de

Ein Schloss, das keines ist

Das Herrenhaus Hoyerswort – eine märchenhafte Idylle

Es sieht aus wie ein Schloss, der Volksmund nennt es gerne Schloss, doch es ist kein Schloss. Denn Hoyerswort, der einzige ehemalige Adelssitz auf Eiderstedt, gilt als ein Herrenhaus und ist einer der schönsten Renaissancebauten Schleswig-Holsteins aus dem 16. Jahrhundert. Es ist ein zweiflügeliger Bau mit einem achteckigen Treppenturm und geschweiften Giebeln. Der damalige Staller Caspar Hoyer begann etwa 1580 mit der Errichtung des geschichtsträchtigen Bauwerks, das wahrscheinlich um 1600 in seiner heutigen Ansicht vollendet wurde. Das Herrenhaus steht mit der Haubarg-Scheune und dem doppelten Wassergrabensystem unter Denkmalschutz.

Das Herrenhaus während einer Sommerveranstaltung, vorne das gern besuchte Gartencafé, im Hintergrund der Haubarg

Die Parkseite des Herrenhauses offenbart die Größe des historischen Baues.

Das Herrenhauscafé ist zu einem gemütlichen Treffpunkt von Einheimischen und Gästen geworden.
(Foto: Alfred Jordy)

Nach einem langen Dornröschenschlaf ist der Traum aus der Vergangenheit wieder zu neuem Leben erwacht. Alfred Jordy und seine Tochter Anna haben das Anwesen in kurzer Zeit zu einem wahren Publikumsmagneten gemacht. Die imposante Anlage mit Herrenhaus, Haubarg, Museum, Café und Töpferei bietet heute Einheimischen wie Feriengästen einen entspannten und historisch hochinteressanten Aufenthalt. Während einer Führung erzählt der Hausherr, angetan mit der Kleidung eines fernen Vorgängers, am Originalschauplatz Geschichten über die Geschichte des Prachtbaus inklusive einer »blutigen« Legende.

Wer im liebevoll gestalteten Herrenhauscafé von Anna Jordy den hausgemachten Kuchen bei Tee oder Kaffee genossen hat, macht sich danach gerne auf einen Rundgang über das Anwesen. Hier entdeckt er sogleich die urige ländliche Atmosphäre. Überall sind Haus- und Nutztiere zu sehen: Schweine, Ziegen, Schafe mit ihren Lämmern, Hühner, Kaninchen, Katzen und der kleine, aber sehr agile Hofhund. Bei schönem Wetter wählen viele Gäste zur Kaffeestunde die großzügige Gar-

tenterrasse und lassen das geruhsame Treiben rund um das Herrenhaus an sich vorbeiziehen. Treue Begleiter sind dabei die Katzen, die aus ihrem Domizil im Haubarg ausschwärmen und das Hofgelände und die angrenzenden Fennen inspizieren.

Nach alter holländischer Tradition werden auf Hoyerswort Fliesen in Handarbeit durch die Marschentöpferei Jordy GmbH hergestellt. Sie werden von Hand geformt und bemalt. Diese persönliche Note des Töpfers erfüllt jede Fliese mit Leben und lässt sie so zu einem Unikat werden. Im Laden des Herrenhauses kann man diese und viele andere schöne Dinge erwerben.

Von Anfang an war es das Bestreben der Jordys, dass Hoyerswort auch ein Ort der Kultur werden soll. Dies ist schon sehr bald gelungen. Heute gibt es ein Jahresprogramm von ausgesuchten Konzerten, Lesungen, Ausstellungen und Märkten, das seinesgleichen an der Westküste sucht. Wer mehr erfahren möchte, auch über die Möglichkeit, auf dem Herrensitz seinen Urlaub zu verbringen, kann dies unter www.hoyerswort.de tun.

Immobilienkauf ist Vertrauenssache

Die Schneider Immobilien GmbH in St. Peter-Ording

Eine Erfolgsgeschichte

Als die Schneider Immobilien GmbH im Jahre 2004 von Stefan Schneider gegründet wurde, hatte der Unternehmer das Ziel, im regionalen Immobilienmarkt eine neue Marke zu setzen. Seine Vorstellungen von Kundenbetreuung, hochwertigen Objekten und kompetenter Organisation sollten Maßstäben genügen, die hier bis dato noch nicht üblich waren. So entstand mit seiner Firma die Grundlage für eine Erfolgsgeschichte, die man seither in St. Peter-Ording und Eiderstedt in Form außergewöhnlicher Neubauten nachvollziehen kann. Die Merkmale sind augenfällig und haben äußerst zufriedene Besitzer gefunden. Die meisten Objekte sind Reetdachhäuser der höchsten Kategorie, bei denen beste Materialien genutzt werden. Gleichzeitig gelten für deren Verarbeitung die Anforderungen perfekter Handwerkskunst. Innenausstattung und Gartengestaltung folgen denselben Standards. Die Schneider

Hochwertigkeit auf den ersten Blick

Ein Traum von einem Reetdachdomizil, eingebettet in eine fachkundig gestaltete Gartenlandschaft

Immobilien GmbH hat auf diese Weise nicht nur dem Immobilienmarkt in dieser Region neue Impulse gegeben, sondern neuartige höchste Standards gesetzt.

Die Philosophie

Die konsequente Anwendung eines Konzeptes, das überall auf höhere Qualitäten setzt, kennzeichnet bis heute und auch zukünftig die Philosophie der Schneider Immobilien GmbH. Das gesamte Team arbeitet mit großem Engagement an der Aufgabe, der Kundschaft diese Top-Immobilien nahe zu bringen und den Käuferinnen und Käufern bleibende Werte zu vermitteln. Der Wunsch nach einer solchen Immobilie entsteht immer dann, wenn man auf weite Sicht plant und sein Geld so anlegen möchte, dass die Werthaltigkeit der Wunschimmobilie mit der persönlichen Freude daran einhergeht. Hierfür bietet Schneider Immobilien ausgewählte Häuser und Wohnungen in schönsten Lagen sowie eine vertrauensvolle Beratung vom ersten Kundenkontakt bis zum Abschluss des Kaufvertrages.

Ein kompetenter Partner

Die Anschaffung einer Immobilie ist immer Vertrauenssache. Das gilt für den Privathaushalt ebenso wie für geschäftliche Investitionen. Kaum eine Entscheidung hat eine solche Tragweite, ist so langfristig und bindet das Kapital über einen so langen Zeitraum. Die Schneider Immobilien GmbH ist ein verlässlicher Ansprechpartner, wenn es um Gewerbe- und Wohnimmobilien geht. Langjährige Erfahrung und Fachkompetenz haben das Unternehmen zu einer der führenden Immobilien-Beratungsunternehmen auf Eiderstedt gemacht.

Nah am Kunden und nah am Markt

Die Schneider Immobilien GmbH ist ein Markenzeichen mit hohem regionalem Bekanntheitsgrad. Das Unternehmen steht für Qualität und Sicherheit mit einem Leistungsspektrum, das die Kundschaft bei allen Schritten zum Immobilienkauf begleitet.
Es umfasst die individuelle Beratung »Rund um die Immobilie«, den Verkauf und die Vermietung von Wohn- und Gewerbeimmobilien sowie den Neubau, der höchsten qualitativen Ansprüchen gerecht wird.

Kundennähe gehört zu den Erfolgsfaktoren der Firma. Die Mitarbeiter sind an 7 Tagen in der Woche für die Kunden erreichbar. Das erklärt die starke regionale Stellung, die den Kunden den Vorteil guter Erreichbarkeit und einen leichten Zugang zu persönlicher Beratung bietet. Neben dem persönlichen Engagement in der Region St. Peter-Ording und Eiderstedt setzt die Schneider Immobilien GmbH mit seiner starken Medienpräsenz überregionale Akzente.

Ein Objekt, das aus einem historischen Bau weiterentwickelt wurde

Hochwertige Angebote – umfassende Beratung

Die Schneider Immobilien GmbH hat auch stets eine Vielzahl sonstiger hochwertiger Angebote in St. Peter-Ording und Eiderstedt zur Auswahl, etwa das historische Reetdachgebäude vor den Toren St. Peter-Ordings, das attraktive Luxusappartement in deichnaher Lage oder die exklusive Doppelhaushälfte unter Reet. Es lohnt sich für Interessenten immer, einmal »bei Schneider« hereinzuschauen. Die Kundschaft wird individuell und umfassend beraten, Objektbesichtigungen vor Ort eingeschlossen. Gleichzeitig erhalten Interessenten, die Land und Leute noch nicht so gut kennen, eine kleine Einführung in das Leben auf Eiderstedt. Die Schneider Immobilien GmbH bietet auswärtigen Kunden auch gerne Unterstützung bei der persönlichen Kaufvorbereitung an. Für diesen angenehmen »Rundum-Service« ist das Unternehmen bekannt und deshalb ein willkommener Anlaufpunkt für alle Küstenliebhaber auf der Suche nach ihrem Traumobjekt. Hier kann der Interessent in vollem Umfang von der Kompetenz und der Ortskundigkeit von »Schneider« profitieren. Ein erstes vertrauensvolles Gespräch wird dies bereits beweisen.

Öffnungszeiten:
Mo. – Fr. 09 – 16 Uhr
Sa. 11 – 15 Uhr
oder nach Vereinbarung

Ein Reetdachhaus in Naturlage mit moderner Fensterform

Beitrag von:
Schneider Immobilien GmbH
25826 St. Peter-Ording
Tel. (0 48 63) 81 84 · Fax (0 48 63) 28 94
info@schneider-immobilien-spo.de
www.schneider-immobilien-spo.de

Der rote Felsen

Höchstens 61,3 m ü. NN

Die rund 1500 Einwohner des roten Felsens weit draußen vor der deutschen Küste leben entweder ganz nah am Wasser oder hoch über dem Meer. Die Einheimischen nennen ihre Insel auf Halunder, dem Helgoländer Friesisch, Deät Lun, also »Das Land«. Der bestimmte Artikel sagt fast archaisch: Man hat ja kein anderes!

Das stimmt nicht ganz. Vorgelagert im Osten liegt die Helgoländer Düne, die 1721 von der Hauptinsel abgetrennt wurde und seit langer Zeit als herrlicher Badestrand genutzt wird. Auch der Flugplatz befindet sich auf der Düne. Beide von Wasser umspülten Ortsteile bilden die Gemeinde Helgoland, die ab dem 1. Oktober 1932 dem Kreis Pinneberg (einstmals vom 18. Februar 1891 bis zum 30. September 1922 zu Süderdithmarschen gehörig) angegliedert wurde. Ein Privileg besitzt Helgoland: Politisch und wirtschaftlich gehört es zu Deutschland, nicht aber zum deutschen Steuergebiet und auch nicht zum EU-Zollgebiet. Das ist auch allen Helgolandgästen wohlbekannt, die in gewissen Mengen hier deutlich billiger einkaufen können, insbesondere Zigaretten, Alkohol und wohlriechende Luxusartikel. Selbst das Flugbenzin ist günstiger.

Die rund 1,7 km² Gesamtfläche der beiden Inselteile sind ein kleiner Flecken gemessen an seiner geschichtlichen Bedeutung. Viele große Persönlichkeiten haben ihn umwandert und seine Schönheit bewundert, haben vom Wahrzeichen der Hauptinsel, der Langen Anna, geschwärmt und diesen Felsen vielleicht bestiegen, sie sind herumgesegelt und waren begeistert vom Farbenspiel seiner Röte in den Wogen der Nordsee. Das Helgoländer Becken ist an der Insel bis zu 56 m tief.

Die Wasserfläche zwischen Hauptinsel und Düne heißt Reede, durch deren Norden bis zur Neujahrsflut 1721 ein Damm, der Woal, verlief und beide Inselteile miteinander verband. Die Düne liegt heute etwa einen Kilometer entfernt und wird von einem Shuttle-Service angefahren, der auch die Feriengäste an die dortigen wunderschönen Strände bringt. Hier gibt es auch einen Campingplatz, Ferienunterkünfte und eine Einkehrmöglichkeit.

Der Transport zwischen Land und Schiff erfolgt traditionell mit den Bertebooten. (Foto: Lilo Tadday)

Ankunft eines Fahrgastschiffes (Foto: Lilo Tadday)

Die Frage, warum Helgoland für einige Menschen ein so attraktives Reiseziel war und ist, lässt sich unschwer beantworten. Zum einen ist es gewiss das charakteristische Hochseeklima und die von Allergikern bevorzugte weitgehend pollenfreie Luft. Zum anderen existieren ganz viele Gründe, Helgoland zu besuchen: für den Poeten oder Wissenschaftler die Abgeschiedenheit von der Welt, für den Meeresfan die Lage inmitten wogender Dünung, für den gestressten Stadtmenschen die Losgelöstheit vom Alltag, dem Lärm und den Menschenmassen. Da allerdings gilt es zumindest während der Hauptsaison und für wenige Stunden am Tag eine Einschränkung zu machen. Wenn nämlich die Fahrgastschiffe aus allen Richtungen – von Hamburg, Niedersachsen, Nordfriesland und Dithmarschen ankommen, ergießt sich ein breiter Strom von Tagestouristen über die Insel. Wäre es nicht so, hätten die Einheimischen ein Problem.

Das im Winter mildeste Klima Deutschlands mit durchschnittlich 2 °C wird »erkauft« durch wenig Sonnenschein und viel Nebel zwischen Oktober und April. Schnee fällt deshalb auf Helgoland äußerst selten. Erst im Mai oder Juni beginnt die kurze Wärmeperiode, die im Sommer kaum mehr als 20 °C bringt. Im Winter toben oft Winterstürme um den Felsen und sorgten bis zum Beginn des 20. Jahrhunderts für stetigen Flächen- und Substanzverlust. Erst dann erfolgte der Aufbau eines wirksamen Inselschutzes, etwa mit der Schutzmauer auf der gefährdeten Westseite der Insel. Sie wurde 1927 fertig gestellt. Der weiteren Verwitterung kann man allerdings kaum entgegenwirken.

Der massive Bombenangriff am 18. April 1945 und weitere Sprengungen nach dem Zweiten

Weltkrieg, die durch die Briten erfolgten, schädigte den Inselkörper zwar erheblich, konnten aber nicht dessen völlige Vernichtung herbeiführen. Die größte nichtnukleare Explosion der Geschichte am 18. April 1947, dem Jahrestag des verheerenden Bombenangriffs, an dem 6700 Tonnen Munition auf Helgoland in die Luft gejagt wurden, war bis nach Cuxhaven und St. Peter-Ording zu hören, konnte aber die Insel nicht im Meer versenken. Die inzwischen überwachsenen Bombentrichter und andere Geländeabbrüche zeugen bis heute von der Gewalt jener Ereignisse.

Schon rund 150 Jahre zuvor, während der napoleonischen Kontinentalsperre gegen das Vereinigte Königreich, übernahmen die Briten ab 1807 das Regiment auf der Insel. Helgoland entwickelte sich zu einem lukrativen Schmugglernest, indem britische Waren hier gestapelt und dann auf die verschiedenen Festlandshäfen verteilt wurden. Von dort gingen die Lieferungen, zumeist über Dänemark, wozu damals das heutige Schleswig-Holstein gehörte, nach Skandinavien, Preußen und Russland.

1826 wurde das Seebad Helgoland gegründet. Bald schon kamen auch prominente Künstler und Kulturschaffende auf die Insel, um sich zu erholen: der Verleger Julius Campe, Heinrich Heine, Hoffmann von Fallersleben, der hier das Lied der Deutschen dichtete. Im 19. Jahrhundert entwickelte sich Helgoland zu einem der beliebtesten Nordseebäder. Die Tatsache, dass die Insel zu

Blick von See her auf die Lange Anna (Foto: Lilo Tadday)

So sieht die Crew eines Seglers die näher kommende Insel. (Foto: Lilo Tadday)

Vom Oberland der Hauptinsel schaut man auf Reede und Düne. (Foto: Lilo Tadday)

Stürme und Wogen greifen beständig den Felssockel an. (Foto: Lilo Tadday)

Großbritannien gehörte, störte hierbei überhaupt nicht. 1890 kam der kleine rote Felsen im legendären Helgoland-Sansibar-Vertrag zu Deutschland. Die Insel wurde zu einer Seefestung ausgebaut und musste unter dieser verhängnisvollen »Umwidmung« im 20. Jahrhundert schwer leiden.

Zweimal musste die Bevölkerung ihre Insel verlassen, was nach dem Ersten Weltkrieg teilweise zu heftigen Ressentiments führte. Einige Helgoländer wollten wieder britisch oder gar dänisch werden. Die fatale Situation der Insel wiederholte sich im

Zuge des Zweiten Weltkriegs. Helgoland blieb bis 1952 militärisches Sperrgebiet und Bombenabwurfplatz der Briten. Zuvor hatten die beiden Heidelberger Studenten René Leudesdorff und Georg von Hatzfeld am 20. Dezember 1950 mit einer Besetzung der verlassenen und zerbombten Insel den Anstoß für die Rückkehr der einheimischen Bevölkerung und die Rückgabe an Deutschland geliefert. Danach wurde Helgoland in neuer und unverkennbarer Weise wieder aufgebaut und nahm noch einmal die Entwicklung zu einem leistungsfähigen Bade- und Erholungsort.

Helgoland

Wo Himmel und Meer sich treffen

Am Horizont und dann noch ein bisschen weiter, da liegt Helgoland, Deutschlands einzige Hochseeinsel.

Genau genommen sind es zwei Inseln: eine 61 Meter hohe Steilküste aus Buntsandsteinfelsen und eine 0,7 km². große Sanddüne. Ein Paradies mitten im Meer. Natur pur, klare Luft, sauberstes Wasser, schneeweißer Sand und soviel Sonne, wie kaum anderswo in Deutschland. Eine Oase

Das Ziel jedes Inselrundgangs ist die »Lange Anna«. (Alle Fotos: Lilo Tadday, www.foto-helgoland.de)

Die Hochseeinsel Helgoland, im Vordergrund die Düne

Blick über das Oberland

Die typische Helgoland-Ansicht beim Ausbooten

der Ruhe, die Zeit zum Abschalten, Zeit für Entspannung schenkt.

Die Insel ist eines der begehrtesten Reiseziele Deutschlands und wird jedes Jahr von über 300 000 Gästen besucht. Den meisten von ihnen, den Tagesausflüglern, bleiben nur wenige Stunden, um die Insel zu erkunden. Ein Muss ist der Inselrundgang, ein 3 Kilometer langer Weg um das »Oberland«, das man entweder zu Fuß über eine 182 Stufen zählende Treppe bewältigt oder mit einem Fahrstuhl erreichen kann.

Dort angekommen führt der Weg mit überall freiem Blick auf das weite Meer und den Horizont vorbei an schroffen Felsformationen zum »Lummenfelsen«, dem kleinsten Naturschutzgebiet der Welt. Hier nisten und brüten Seevögel wie Dreizehenmöwen, Basstölpel, Eissturmvögel, Tordalken und die seltenen Lummen, die der Felsen seinen Namen zu verdanken hat. Ziel des Weges ist die »Lange Anna«, eine 46 Meter hohe, allein stehende Felsnadel, das Wahrzeichen Helgolands.

Von »oben« hat man einen einmaligen Ausblick auf das »Unterland«, die Reede mit den vor Anker liegenden Schiffen, das beheizte Meerwasser-Freischwimmbad »mare frisicum spa helgoland«, den Hafen und die Nachbarinsel, der »Düne«. Im Halb-Stundentakt bringt die Dünenfähre die Urlauber dort hinüber. Hier hat man die Wahl zwischen dem etwas raueren Nordstrand mit nicht zu starker Brandung und dem familienfreundlichen Südstrand. An beiden Stränden befinden sich eine ausreichende Anzahl von Strandkörben und viel Platz zum Strandnachbarn. Diese unvergleichlichen Strände sind nie überlaufen.

Auch der Flugplatz befindet sich auf der Düne und wird mehrfach täglich von Büsum und Bremerhaven angeflogen. Insgesamt führen viele Wege nach Helgoland. In den Sommermonaten fahren die Seebäderschiffe täglich von den Küstenstädten Büsum, Cuxhaven und Wilhelmshaven in 2,5 bis 3 Stunden zum roten Felsen. Rascher geht es mit der Schnellfähre, dem High-Speed Katamaran, täglich ab Hamburg sowie Wedel und in nur 75 Minuten ab Cuxhaven.

Helgoland hat jedoch viel mehr zu bieten, als der Tagesgast während des knapp vierstündigen Aufenthalts erfahren kann:

Vom Fischbrötchenstand bis zum Gourmet-Restaurant, vom einfachen Privatquartier bis zum 4-Sterne-Hotel, von einer Führung über die Insel, über Inselfest und Bootsregatten bis zum Klassikkonzert erster Güte – Veranstaltungen in Hülle und Fülle – das ganze Jahr über. Helgoland hat für jeden Geschmack etwas zu bieten. Ein Besuch des Helgoländer Heimatmuseums mit den James-Krüss-Hummerbuden, ein Blick in die Unterwasserwelt der Nordsee im Aquarium des Alfred-Wegener-Instituts, der sich auf jeden Fall lohnt. Naturkundliche Strandführungen zu den Seehunds – und Kegelrobben-Kolonien auf der Düne. Und vor allem: Helgoland ist Natur pur.

Beitrag von:
Helgoland-Touristik
Lung Wai 28 (im Rathaus) · 27498 Helgoland
Tel. (0 47 25) 20 67 99 · Fax (0 47 25) 81 37 25
zimmervermittlung@kurverwaltung-helgoland.de
und online buchen unter: www.helgoland.de

Werner Heisenberg auf Helgoland

»Im ersten Augenblick war ich zutiefst erschrocken«

Die Formulierung der Quantenmechanik ist eng mit der Insel Helgoland verbunden. Im Juni 1925 floh der unter einem akuten Heufieber leidende Werner Heisenberg in das heilsame Seeklima und suchte sich den Felsen inmitten der Nordsee aus. Hier, so hoffte er, würde er in der nahezu pollenfreien Meeresluft Linderung erfahren. Seine damalige Zimmerwirtin konnte nicht umhin, ihn zu fragen, ob sein verschwollenes Gesicht vielleicht auf eine gestrige Prügelei zurückzuführen sei.

Hier gelang ihm, dem 23-jährigen aufstrebenden Physiker, weitab von irgendwelchen Versuchsanordnungen und prüfenden Experimenten, nur »bewaffnet« mit seinem Gehirn und Papier und Bleistift, der entscheidende Durchbruch zu einer neuen

Atomtheorie, der Quantenmechanik. Zwar gab es eine Reihe von Vorgängern und Kollegen, die in dieselbe Richtung forschten, aber Heisenberg schaffte als erster den Schritt über die Ziellinie.

Es war seine spezielle Begabung, Präzision und Schnelligkeit zu einer ungeheuren Arbeitsleistung zu verbinden. Seine jungenhafte Erscheinung und sein fröhliches Wesen mochten vom ersten Eindruck her nicht auf einen ernsthaften Wissenschaftler schließen lassen. Das Gegenteil aber war der Fall. Nur eben die Leichtigkeit, mit der er tatsächlich Schwieriges bewältigte, blieb für viele Begleiter seines Aufstiegs rätselhaft.

Heisenberg besaß, als er nach Helgoland kam, schon seit zwei Jahren

den Doktortitel. Er lehrte als Privatdozent an der Universität Göttingen, einer der Hochburgen der noch jungen Atomwissenschaft. Die Bedeutung seiner Tage auf der Nordseeinsel Helgoland, als er zu den Grundlagen der Quantenmechanik vorstieß, war ihm zeitlebens klar. In seinem berühmten Werk »Der Teil und das Ganze« (1969, S. 89 f.) erzählt er von diesem Moment der Erleuchtung:

»Im ersten Augenblick war ich zutiefst erschrocken. Ich hatte das Gefühl, durch die Oberfläche der atomaren Erscheinungen hindurch auf einen tief darunter liegenden Grund von merkwürdiger innerer Schönheit zu schauen ... Ich war so erregt, dass ich an Schlaf nicht denken konnte. So verließ ich in der schon beginnenden Morgendämmerung das Haus und ging an die Südspitze des Oberlandes, wo ein alleinstehender, ins Meer vorspringender Felsturm mir immer schon die Lust zu Kletterversuchen geweckt hatte. Es gelang mir ohne größere Schwierigkeit, den Turm zu besteigen, und ich erwartete auf seiner Spitze den Sonnenaufgang.«

Was aber war es, was diesen ungestümen und doch tiefblickenden Wissenschaftler so euphorisch machte? Dies lässt sich natürlich

Die Informationspyramide neben dem Gedenkstein

nicht in ein paar Zeilen darstellen, vielleicht in Worten überhaupt nicht wirklich. Es bedarf mathematischer Ausdrücke und grundlegender Einsichten in die atomaren Zusammenhänge.

Die Heisenbergsche Unschärferelation oder Unbestimmtheitsrelation führt in der Quantenphysik zu der widersinnig scheinenden Aussage, dass zwei komplementäre Eigenschaften eines Teilchens nicht gleichzeitig beliebig genau bestimmbar sind. Dies kann sich beispielsweise auf dessen Ort und Impuls beziehen. Diese Unschärferelation hat nichts mit unpräzisen Messinstrumenten zu tun, sondern ist prinzipieller Natur. Der Beobachtungsvorgang selbst impliziert stets ein Ergebnis, das nur komplementär darstellbar ist. Ist das Eine genau bestimmt, bleibt das Andere ungenau.

Der am 16. Juni 2000 enthüllte Gedenkstein auf dem Helgoländer Oberland trägt folgende Inschrift:
Im Juni des Jahres 1925 gelang hier auf Helgoland dem 23-jährigen Werner Heisenberg der Durchbruch in der Formulierung der Quantenmechanik, der grundlegenden Theorie der Naturgesetze im atomaren Bereich, die das menschliche Denken weit über die Physik hinaus tiefgreifend beeinflußt hat.
Max-Planck-Institut für Physik (Werner-Heisenberg-Institut) und Deutsche Physikalische Gesellschaft im Juni 2000

Irgendwie paradiesisch

Die Helgoländer Düne

Die ostwärts vorgelagerte Düne ist nur gut 9 m über NN hoch. Der Pinneberg auf der Hauptinsel bringt es immerhin auf 62,3 m über NN. Mit einer Länge von 1,25 km und einer Breite von 850 m ist die Düne zwar winzig, aber doch ziemlich wichtig.

»De Halem«, wie die Helgoländer zu ihrer Düne sagen, ist eine flache Strandinsel, auf der sich der Flugplatz, ein kleiner Hafen, Unterkunftsgebäude und der Leuchtturm Helgoland-Düne befinden. Die Meeresstraße, die Hauptinsel und Düne voneinander trennen, ist die Reede. Hier ankern die Fahrgastschiffe, während die Passagiere die Hauptinsel besuchen. Mit den bekannten Börtebooten werden sie hin und her gebracht.

Der Woal

Die Düne war nicht immer eine eigenständige Insel. Über den Woal, eine schmale Landbrücke, hing sie mit der Hauptinsel zusammen, bis sie

1721 während der großen Neujahrsflut abgerissen wurde. Hier hatte es noch 1640 ein Kliff gegeben, das Witte Kliff. Kreide und Muschelkalk gaben diesem die helle Farbe, die sich auf diese Weise deutlich vom rotfarbenen Buntsandstein der Hauptinsel abhob. Es muss ein Anblick von erhebender Naturschönheit gewesen sein, die beiden Farben über dem grünblauen Meer zu betrachten.

Nach der verheerenden Sturmflut von 1721 war die Strandinsel immer stärkerer Erosion ausgesetzt, weil Wind und Wellen eine breitere Angriffsfläche erhielten und kein Zuwachs an Sand oder Gesteinsmaterial stattfand. Erst im Dritten Reich nahm man im Zuge der Aufrüstung auch auf der Düne militärische Bauten und Befestigungen in Angriff. Durch Sandvorspülungen und Küstenschutzmaßnahmen verschiedener Art sollte auch auf der Düne das Ziel einer Seefestung vorangetrieben werden. Dazu zählte auch der Bau einer behelfsmäßigen Start- und Landepiste, die heute zum regulären Flugplatz Helgoland-Düne geworden ist.

Abgestellte Flieger am Tower von Helgoland-Düne (Foto: Michael Pietsch)

»Witte Kliff«, der Shuttle-Service zwischen Hauptinsel und Düne (Foto: Michael Pietsch)

Die Düne von Westen (Foto: Michael Pietsch)

Dünenidyll (Foto: Michael Pietsch)

Der kleine Bruder vom Hörnumer Leuchtturm

Auch die Errichtung des Leuchtturms auf der Düne fällt in jene Zeit. Er wurde 1936 erbaut und ist heute noch als Oberfeuer einer Richtfeuerlinie in Betrieb. Leuchtfeuer gab es hier schon vor einigen hundert Jahren, als die Hamburger hier 1663 eine so genannte Kohleblüse aufstellten. Schon 1656 gab es im Süden der damals noch bestehenden Halbinsel das Kapen-Feuer. Bei der Flut von 1720/1721 gingen beide Feuer verloren. Der Leuchtturm von 1936 bestand aus verschraubten Eisen-Tübbings der Isselburger Hütte im Münsterland und war der letzte seiner Bauart an deutschen Küsten. Größere »Verwandte« sind der Leuchtturm auf dem Westerheversand, der Pellwormer sowie der Hörnumer Leuchtturm. Der Leuchtturm auf der Düne wurde 1953 erbaut. Aber erst seit 1982 kann er von der Hauptinsel aus ferngesteuert werden.

Auf der Düne gibt es wie in anderen Orten der Westküste einen Friedhof der Namenlosen mit Grabsteinen und Denkmälern für angetriebene tote Seeleute. Hier findet sich auch eine Gedenkplatte für die Toten des weitgehend ungeklärten Adolph-Bermpohl-Unglücks am 23. Februar 1967.

Als es am 26. Juni 2011 zu einem Bürgerentscheid darüber kam, ob die beiden Inselteile durch eine aufwändige Baumaßnahme wieder miteinander verbunden werden sollten, stimmte eine knappe Mehrheit von 54,74 Prozent dagegen.

Meersenf und roter Feuerstein

Für Meeresvögel wie Austernfischern, Möwen und Steinwälzer ist die Düne ein wahres Naturparadies, ebenso für Kegelrobben und Seehunde. Auch die Flora kann sich hier ungestört entwickeln. Es finden sich in den Grau- und Weißdünen Sanddornbüsche, die Kartoffel-Rose und auch die

eigentlich in Nordamerika beheimatete Silber-Ölweide. Am südöstlichen Spülsaum haben sich Kali-Salzkraut, Salzmiere und die Pionierpflanze Meersenf angesiedelt. Im Inneren der Insel liegen Teiche mit reichen Schilf- und Röhrichtbeständen. Der Steinstrand im Osten ist reich bestückt mit »Donnerkeilen«, Seeigeln, Ammoniten und den allgegenwärtige Muscheln. Die seltenen roten Feuersteine findet man nur hier.

Hochmoralisch

Vor hundert Jahren bot die Düne ein hochmoralisches Badegeschehen, insofern die mit dem Boot von der Hauptinsel hierher transportierten Gäste säuberlich getrennt in die Fluten steigen konnten: die Damen im Nordwesten, die Herren im Südosten. Es gab auch einen Familienstrand abseits der beiden anderen.

Heute ist alles natürlich viel einfacher: Nord- und Südstrand dienen gleichermaßen als allgemeiner Badestrand. Wegen der günstigen Wind- und Strömungslage wird der Südstrand von Familien mit kleinen Kindern bevorzugt, auch deshalb, weil sich hier ein Strandrestaurant befindet, wo quengelnde Kids kulinarisch rasch ruhig gestellt werden können. Der Leuchtturm Helgoland steht dann wie ein stummer Wächter in der sommerlichen Szenerie.

Die Dünenfähre »Witte Kliff« verkehrt tagsüber regelmäßig zwischen Hauptinsel und Düne und sorgt auch für den Transfer der Fluggäste. Deshalb ist an beiden Häfen auch immer etwas los. Der zweimotorige Katamaran ähnelt der Bauweise von Tenderbooten, die bei Kreuzfahrtschiffen eingesetzt werden, hat aber offene Sitzplätze. In der Sommersaison fahren die Börteboote auf Anforderung auch direkt von den Seebäderschiffen zur Düne.

Ein Hauch von Karibik

Der 1962 eröffnete Flugplatz Helgoland-Düne, wird bei entsprechendem Wetter täglich für die Festlandsverbindungen genutzt. Ein- und zweimotorige Maschinen gehören hier zum gewohnten Anblick. Berufs- und Hobbyfotografen schießen beim An- oder Abflug, auch natürlich wetterabhängig, gerne eine Totale von Helgoland mit Haupt- und Düneninsel. Egal ob von dünnen Wolkenschleiern halb verhangen oder als klares Gebilde in den glitzernden Fluten, es ist ein wundervolles Motiv und ist den meisten Deutschen irgendwie vertraut. Von oben hat die Düne etwas Karibisches an sich: die gleißend weißen Strände, das Türkis des Wassers und die Badenden in der Gischt.

Und am Wasser erkennt man, ganz klein, ein paar graue Gestalten: Seehunde – wenn man so will – die Ureinwohner der Düne.

Der Flugplatz, die Düne und die Reede (Foto: Michael Pietsch)

Die »Ureinwohner« der Düne (Foto: Michael Pietsch)

Wie Knoten in einem Netz

Lilo Tadday's Foto-Galerie in der Hummerbude 36

Von der Frankfurter Allgemeinen Zeitung wurde sie einmal als »kleinste Fotogalerie Deutschlands« bezeichnet, die Bildergalerie von Lilo Tadday in der Hummerbude 36 am Helgoländer Scheibenhafen.

Lilo Tadday wurde in Karlsruhe geboren, absolvierte dort ihre Ausbildung als Fotografin und zog vor 40 Jahren nach Helgoland – Deutschlands einzige Hochseeinsel wurde ihr zur Wahlheimat.

Ideen für Motive gab und gibt es reichlich; neben einer schier unerschöpflichen Menge an Helgoland-Motiven zu allen Jahreszeiten (»Der Winter auf Helgoland kann für mich gar nicht lang genug sein!«) hatte Lilo Tadday auch zweimal die Möglichkeit, als sog. »artist-in-residence« mit dem Forschungs-Eisbrecher des Alfred-Wegener-Institutes »Polarstern« ins antarktische Eis zu fahren. Neben einer einzigartigen Bilddokumentation der Forschungsreise entstanden auf diesen beiden Fahrten wunderschöne Bilder, die sie unter dem Titel »Eis und Finsternis« mit großem Erfolg z.B. im Museum Helgoland, im Planetarium in Hamburg, im Deutschen Meeresmuseum Stralsund, im Staatlichen Naturkundemuseum Karlsruhe und

im Künstlerhaus auf Spiekeroog ausstellte; weitere erfolgreiche Ausstellungen z.B. in Uganda, China (mit der Künstlergruppe »paradox«) und München.

Etwa 20 Fotoreisen führte die Badenerin rund um die ganze Welt, wie z.B. nach Uganda, in die USA und nach Kanada, auf die Philippinen, in den Himalaya, zuletzt nach Zimbabwe.
Noch bis zum Jahresende 2013 stellt Lilo Tadday unter dem Titel »Vogel- und andere Perspektiven« im Flughafengebäude auf der Helgoländer Düne ungewöhnliche Aufnahmen aus, die zu einem Teil auch von Bord eines Tragschraubers entstanden sind.

Einen besonderen Fokus ihrer Arbeit legt Lilo Tadday auf die Porträtfotografie und die fotografische Begleitung von Hochzeiten in der Hummerbude des Museumsvereins.
Ihre fotografische Motivation und Triebfeder hat sie einmal wie folgt beschrieben: »Meine Fotoarbeiten, die auf Reisen in vielen Ländern der Welt entstanden, empfinde ich wie Knoten in einem Netzwerk, dessen Fäden – Erlebnisse, Begegnungen, Stimmungen – von meiner Galerie im Helgo-

Die Fotografin und Galeristin Lilo Tadday (Foto: Philipp Tadday)

Die wohl kleinste Galerie Deutschlands

Lilo Tadday geht zum Fotografieren auch gerne einmal in die Luft. (Foto: Philipp Tadday)

Wintersturm (Foto: Lilo Tadday)

länder Hafen aus unseren Planeten umspannen.« Neben hochwertig verarbeiteten Bildern (auf Acryl / auf Leinwand etc.) haben Gäste und Urlauber noch eine ganze Reihe anderer Möglichkeiten, sich »fotografische Andenken« von Helgoland mit nach Hause zu nehmen.
Mehr Informationen bei www.foto-helgoland.de. Lilo Tadday ist erreichbar unter: hummerbude36@web.de und Tel. 0162 80 30 200. Die Hummerbude ist in der Saison täglich von 13.00 bis 16.00 Uhr geöffnet.

Das Lied der Deutschen

Eine wunderschöne Melodie mit einem schwierigen Text

Das Lied der Deutschen oder auch Deutschlandlied ist in seinen Einzelteilen Komposition und Text weit voneinander entfernt entstanden. Textdichter und Komponist kommen aus verschiedenen Zeitepochen. Allerdings war die Melodie zu der Zeit, als August Heinrich Hoffmann von Fallersleben am 26. August 1841 auf dem britischen Helgoland den Text verfasste, ziemlich bekannt und beim Volk durchaus beliebt.

Hoffmann von Fallersleben (1798–1874) war ein Dichter des deutschen »Vormärz« und wollte mit seinen Werken auch politisch wirken. Er war ein erklärter Gegner der herrschenden Staatsform und forderte in seinen Gedichten unter anderem die Entmachtung der Fürsten. Er geißelte Fürstenwillkür, Kleinstaaterei und die Einschränkung der Meinungs- und Pressefreiheit an. Damit setzte er sich der Verfolgung durch seinen Landesherrn aus. Zu seiner persönlichen Sicherheit ging Hoffmann einige Zeit ins britische Exil, auf die Insel Helgoland. Hier schrieb der durch und durch deutsch gesinnte Dichter jene Zeilen, die ihn bekannt machen sollten: Das Lied der Deutschen.

Dem Lied liegt die 1797 entstandene Komposition Joseph Haydns »Gott erhalte Franz, den Kaiser« zugrunde, eine Art Volkshymne, die dem römisch-deutschen Kaiser Franz II. aus dem Hause Österreich gewidmet war. Später integrierte Haydn (1732–1809) das sehr eingängige Stück in den zweiten Satz seines berühmten Kaiserquartetts.

Viele Jahre später erlangte das Lied offizielle Weihen, als es vom ersten Reichspräsidenten der Weimarer Republik Friedrich Ebert zur Nationalhymne erhoben wurde. Während des Dritten Reiches ließ man nur noch die erste Strophe singen, in der

Das Denkmal des Hoffmann von Fallersleben am Helgoländer Hafen

Hoffmann wählte mit dem britischen Helgoland das für ihn nächstliegende sichere Gebiet.

Bundesrepublik Deutschland, nach einigem Hin und Her, nur die dritte Strophe. Es scheint offensichtlich ein im Ganzen schwer zu vermittelnder Text zu sein, den Hoffmann von Fallersleben da in die Welt gesetzt hat.

Hoffmann wurde 1841 auf Helgoland von seinem Hamburger Verleger besucht, der ihm das fertig gedruckte Exemplar der »Unpolitischen Lieder«, zweiter Teil, mitbringt. In seiner Begleitung befindet sich der Stuttgarter Buchhändler Paul Neff. Der Dichter schreibt hierüber Folgendes:

»Am 29. August spaziere ich mit Campe am Strande. ›Ich habe ein Lied gemacht, das kostet aber 4 Louisd'or.‹ Wir gehen in das Erholungszimmer. Ich lese ihm: ›Deutschland, Deutschland über Alles‹, und noch ehe ich damit zu Ende bin, legt er mir 4 Louisd'or auf meine Brieftasche. Neff steht dabei, verwundert über seinen großen Collegen. Wir berathschlagen, in welcher Art das Lied am besten zu veröffentlichen ist.« Und weiter:
»Am 4. September bringt mir Campe das Lied der Deutschen mit der Haydn'schen Melodie in Noten, zugleich mein Bildniß, gezeichnet von C. A. Lill.«

Am 5. Oktober 1841 sangen Mitglieder der Hamburger Liedertafel und der Hamburger Turnerschaft von 1816 zu Ehren des liberalen badischen Politikers Carl Theodor Welcker vor Streit's Hotel am Hamburger Jungfernstieg das »Lied der Deutschen«. Hoffmann war auch anwesend. An dieses nationale Ständchen erinnert vor Ort eine Gedenktafel.

Das Lied hatte es von Anfang an schwer, sich bei den Verantwortlichen des Staates durchzusetzen. Im Kaiserreich erschien es den Staatsoberen zu republikanisch. Immerhin wurde es 1890 auf Helgoland bei der Übernahmefeier im Zuge des Helgoland-Sansibar-Vertrages gesungen.

August Heinrich Hoffmann, bekannt als Hoffmann von Fallersleben wurde am 2. April 1798 in Fallersleben im Kurfürstentum Braunschweig-Lüneburg geboren. Er arbeitete als Hochschullehrer für Germanistik und war Herausgeber und Sammler alter Schriften. Er verfasste neben dem Lied der Deutschen zahlreiche bekannte Kinderlieder. Er starb am 19. Januar 1874 in Corvey.

Orts-, Personen-, Firmen- und Sachregister

Danksagung

Wir danken allen Protagonisten, ohne deren engagierte Mitwirkung dieses Buch nicht entstanden wäre, insbesondere:
AÖZA, Albersdorf; Hebbel-Museum, Wesselburen; Kohlosseum, Wesselburen; Flugsportclub Heide-Büsum e.V.; die Ämter Büsum-Wesselburen, Eider, Heider Umland, Mitteldithmarschen, Burg-St. Michaelisdonn und Marne; Brahmshaus Heide, Museumsinsel Heide; Heide Stadtmarketing GmbH; Dithmarschen Tourismus e.V.; Tourismus Marketing Service Büsum GmbH; Helgoland-Touristik.

Außerdem gilt unser Dank den folgenden Firmen, Institutionen, Verbänden, Vereinen und Personen, die dieses Buchprojekt unterstützt haben:
Volker Schulz; Hubert Nickels; Dr. Rüdiger Kelm; Michael Pietsch; Heimatmuseum und Natour Centrum Lunden; Henning Peters jun.; Dithmarscher Landesmuseum in Meldorf; Dr. Jutta Müller; Benjamin Mortzfeld; Karsten Schrum; Reimer Stecher; Stiftung Mensch in Meldorf; Rainer Klose; Förderverein »KIK« Kultur in Dithmarschen e.V.; Heimatmuseum Marner Skatclub von 1873, Marne; Backens-Archiv, Marne; Kultur- und Bürgerhaus Marne; Wolf Eismann; Rudolf Alert; Seehundstation Friedrichskoog e.V.; Eva Baumgärtner; Herrenhaus Hoyerswort; Alfred Jordy; Karl-Heinz Fredricksen-Böhr; Günter-Peter-Ploog; ccv concept center verlag gmbH; Hans-Dieter Emmel; Jens Albrecht; Lilo Tadday; Julia Baer; Gerhard Stonus; Dr. Dietrich Stein; Jens Rusch; Ursel Burmeister; TZ Marne; Wiebke Jacobs; Werner Gutzeit; Thomas Rust; Elisabeth Cornils; Godewind; Silke Hars; Tivoli-Heide; DEHOGA Dithmarschen; Peter Bartsch; Susanne Groth; Stephan und Dorte Bork; Peter Ibs; Bernhard von Oberg; Elisabeth Schumann; Wilfried Olthaver; Patricia Fendrich; Günter Mustermann; Thies Pohlmann; Multimar Wattforum Tönning; Monika Hecker; Rainer Kaun-Mikolajewicz; Hans Blender; Martin Fritz; Ev.-luth. Kirchengemeinde Süderhastedt, Elisabeth Piening; Dr. Telse Lubitz; Golfclub am Donner Kleve; Golfclub Büsum Dithmarschen e.V.; Gemeindebücherei St. Peter-Ording, Dr. Jens Ahlers; Schleswig-Holsteinische Landesbibliothek ; Kirsten Hansen; Norbert Hötten; Hans Blender/ Jens Uwe Blender; Rudolf Thode.

Ein spezieller Dank geht an Landrat Dr. Jörn Klimant für das Grußwort.

Der Autor und das Team des Verlages

Literaturauswahl

Bäte, Ludwig: Vossische Hausidylle, Carl Schünemann-Verlag 1925
Becker, Martin und Kaster, Gert: Kulturlandschaft Eider-Treene-Sorge, Neumünster 2005
Becker, Martin und Kaster, Gert: Kulturlandschaft Nord-Ostsee-Kanal, Neumünster 2005
Chalybäus, Robert: Geschichte Dithmarschens bis zur Eroberung des Landes im Jahre 1559, Kiel und Leipzig 1888
Crystall, Andreas: Gustav Frenssen, Gütersloh 2002
Diercks, Willy (Hg.): Flüchtlingsland Schleswig-Holstein, Heide 1997
Dokumentation zur Sturmflut am 3. 1. 1976, in: Dithmarschen, Heft 1, März 1976, S. 1-57
Dohnke, Kay und Stein, Dietrich (Hrsg.): Gustav Frenssen in seiner Zeit, Heide 1997
Gietzelt, Martin (Red.): Geschichte Dithmarschens, Heide 2000
Gietzelt, Martin: Die Gedenkstätte Gudendorf. Neue Forschungsergebnisse, in: Dithmarschen, Heft 3/ 2004
Heisenberg, Werner: Der Teil und das Ganze, München 1969
Karrer, Siegfried (Hg.): Pierre Schumann, Salzburg 2003
Kelm, Rüdiger (Hg.): Auf den Spuren der Dithmarscher Geschichte, Heide 2012
Laß, Hans Heinrich: Ernestine Voß, geb. Boie, Dissertation 1924
Langen, Klaus: Ernestine Voß, geb. Boie – Eine bemerkenswerte Schleswig-Holsteinerin, Schleswig-Holstein 9/84
Lohmeier, Dieter (Hg.): Mit Carsten Niebuhr im Orient. Zwanzig Briefe von der Arabischen Reise 1760–1767, Heide 2011
Meier, Otto G.: Wanderwege in Dithmarschen, Heide (1977)
Müller, Karl: Mit der Eider quer durchs Land, Rendsburg 1951
Nissen, Nis R.: Kleine Geschichte Dithmarschens, Heide 1986
Nissen, Nis R.: Menschen, Monarchen, Maschinen, Heide 1988
Nissen, Nis R.: Marne und seine Nachbarn Friedrichskoog – St. Michaelisdonn, Heide 1973
Opitz, Eckardt: Die Bernstorffs, Eine europäische Familie, Heide 2001
Rickmers, H. P. (Hg.): Helgoland, Hamburg 1980
Schübeler, Horst: Fischerei in Schleswig-Holstein, Husum 2005
Schulte, Kurt: Durch Marsch und Geest, Heide 1982
Stock, Wilhelm: Chronik der Gemeinde Friedrichskoog, Friedrichskoog 1979
Stock, Wilhelm: Heimatbuch Dieksanderkoog 1935–1960, Friedrichskoog 1960
Trende, Frank: Ein Führer durch die Stadt und ihre Geschichte, Heide 1990
Trende, Frank: Neuland! War das Zauberwort, Heide 2011,
Wohlenberg, Erich: 400 Jahre Deichbau und Landgewinnung zwischen Brunsbüttel Wöhrden, in: Nis R. Nissen (Hg.), Süderdithmarschen 1581–1970. Heide 1970, S. 115–170

Bildquellennachweis

Sofern am Bild oder auf der betreffenden Seite keine andere Quelle genannt ist, sind die Bilder von Jürgen Rust. Bildmaterial, das in den mit Adressabbindern gekennzeichneten Beiträgen zu finden ist, wurde dem Verlag von den Protagonisten des Buches ohne Bildautoren-Nennung zur Verfügung gestellt. Bilder der im Buch vertretenen Institutionen und Protagonisten sind demnach von diesen geliefert und verantwortet. Das Bild auf dem Umschlag hinten Mitte wurde vom Verein Östereggen-Hohnbeer (Thies Pohlmann) freundlicherweise zur Verfügung gestellt.